MATTHIAS MATUSSEK
Das katholische Abenteuer

MATTHIAS MATUSSEK

Das katholische Abenteuer
Eine Provokation

Deutsche Verlags-Anstalt

Meinem Vater

Inhalt

Endspiele

Vor Spielbeginn

»Snobs bringen uns von der Religion ab,
heutzutage, wenn's ihnen gelingt.
Ich scheiß auf sie. Und wünsch Dir Gott.«

Les Murray, Die letzte Begrüßung

Erschütternder kann unsere Diesseitsgläubigkeit – grenzenloses Wachstum, technologische Vernunft – nicht scheitern als mit dieser radioaktiven Wolke, die gerade auf Tokio zutreibt, während ich diese Zeilen schreibe. Ein apokalyptisches Scheitern. Heldenhaft arbeitet ein kleiner Trupp am Unglücksreaktor, die Übrigen tun, was sie in solchen Fällen können: beten. Zumindest versuchen sie es.

Dies ist das Buch eines Journalisten über Gott und die Welt. Es ist auch das Buch eines religiösen Journalisten. Ich weiß, das kann peinlich werden. Uns scheinen die Worte auszugehen, wenn wir über religiöse Erfahrungen reden, die bisweilen außergewöhnlich sind und bisweilen so schlicht wie die späten Songs von Johnny Cash. Wie schreibt man übers religiöse Ergriffensein? Bei uns verfällt man dann leicht der Esoterik oder dem Jargon der Ratgeberbücher.

Seltener ist der Gonzo-Stil, die Polemik, die katholische Provokation, die Achterbahnfahrt der Gefühle, der Wechsel aus Standpauken und Stoßseufzern. Dabei ist es doch so, dass Religion und Journalismus genau das gemeinsam haben. Jeder Leitartikel ist eine Standpauke, die gehalten wird aus der Anmaßung eines richtigen Lebens ins falsche hinein. Und dann die Stoßseufzer, die den Unbelehrbaren hinterhergeschickt werden. Oder dem Schicksal. Oder dem eigenen Leben. Was ist Religion anderes als ein Wechsel aus Standpauke und Stoßseufzer, aus Predigt und Verzagtheit, aus Gesetz und Gebet? So wurde sie immer verstanden.

Karl Marx hat die Religion den »Seufzer der bedrängten Kreatur« genannt. Und den »Geist in einer geistlosen Zeit«. Es ist meine tiefste Überzeugung, dass er recht hat, übrigens auch gegen sich selber, denn er hielt sich für einen abgeklärten Rechner. In Wirklichkeit war er ein Romantiker, der auf geschichtliche Erlösung setzte, ein Hegelianer, ein Paradiesbaumeister wie viele Intellektuelle und Schwärmer, die sich mitunter zu Menschenverächtern und Lagerbaumeistern abrichteten, solange das Projekt groß genug war, an dem sie mitwirken sollten.

Aber schon schweife ich ab.

Ich versuche, ein Lebensthema einzukreisen, in biografischen Erinnerungen, Polemiken, Essays, Reportagen.

Als Reporter war ich schon immer fasziniert vom religiösen Urbedürfnis der Menschen in allen Winkeln der Erde. Ob in der Baptisten-Messe in Harlem oder der Marienprozession im Amazonas-Gebiet oder im nächtlichen Warten in einer Synagoge mit der bangen Frage: »Was, wenn der Messias stirbt?«

Es gibt Gute und Böse in meinen Reportagen, und natürlich halte ich zu den Guten, aber bisweilen sind Gut und Böse nicht auseinanderzuhalten. Allerdings bin ich reflexhaft auf der Seite der Schwachen, da ist die Bergpredigt ein zuverlässiger Kompass.

Mich haben schon immer Menschen interessiert, die sich in eine andere Sphäre spannen. Die mit einem Bein in der Luft leben. Die Träumer, Romantiker, Dichter, Lebensdeppen, heiligen Idioten, ungelenken Stümper, Randmenschen, Größenwahnsinnigen, Kleinmütigen, Gottesvergifteten. Davon handeln die Reportagen in diesem Band. Das sind ihre Helden, die Paulus so benennt: »Was töricht ist vor der Welt, das hat Gott erwählt.«

Das Buch liegt in der Logik meiner Vorgängerbücher, in denen es um die Auflösung von Bindungen ging. Und wie in den Vorgängerbüchern greife ich zurück in meine Kindheit und versuche, mir zu erklären, wie ich wurde, wer ich bin, und warum ich glaube, was ich glaube. Nach der *Vaterlosen Gesellschaft* und den *Deutschen* also *Das katholische Abenteuer*.

Nach Familie und Nation nun der Glaube. Warum Glaube? Weil mich die Bekenntnisarmut unseres Betriebs anödet, diese Dauerironie, in der jeder Standpunkt zur Tänzelei wird und jeder Gläubige zur Lachnummer, der aus der Zeit gefallen ist. Wofür ich stehe? Hierfür.

Wir schwimmen in einem Ozean aus Relativierungen. Sinn macht ein solches Buch also nur, wenn es mit einem Bekenntnis verbunden ist. Mir imponiert Rousseaus Haltung, der sagte: »Ich werde meine Religion bekennen, weil ich eine habe. Und ich werde sie öffentlich bekennen, weil ich das Herz dazu habe.«

Zur Polemik: Es geht nicht ohne. Es gibt kein größeres Reizthema als Religion in diesen Tagen. Das Beten haben wir verlernt, aber nicht das Streiten. Denn Religion ist das, was uns blieb, in Resten, nachdem die Ideologien abgewirtschaftet haben und der Konsumismus keine Metaphysik hervorbringen kann.

Wir sind in gewisser Weise die »letzten Menschen«, von denen Nietzsche im *Zarathustra* spricht. »Was ist Liebe? Was ist Schöpfung? Was ist Sehnsucht? Was ist Stern? – so fragt der letzte Mensch und blinzelt.«

Unsere Bewusstlosigkeiten und die Zerstreutheiten in den Komfortzonen nehmen zu. Gleichzeitig wird die Ungleichheit ins Unerträgliche steigen, und das wird zu längst überfälligen Verteilungskämpfen führen, im Weltmaßstab. Naturkatastrophen werden sich häufen, nicht wenige davon menschengemacht, wir werden um knapp werdende Ressourcen wie Wasser Krieg führen. Wir werden Gott brauchen, wir werden wieder beten lernen, alle.

Ich beneide meine Eltern um die Unbeirrbarkeit ihres Gottvertrauens, die sie hatten und die mir leider manchmal fehlt. Mein Glaube ist momenthafter, nervöser. Doch letztlich ist er eine Notwendigkeit für mich. Er macht Sinn. Nicht zuletzt bedeutet er Trost und Hoffnung. Ich schreibe das nur, weil ich das Licht setzen will für dieses Buch. Ich glaube, dass Religion nicht nur für Gewinner ist, für die Sattelfesten und Zufriedenen. Religion ist noch viel mehr der Stoff für Zerrissene. War Paulus nicht Epileptiker? War Ignatius nicht früh verwundet worden und kam im Lazarett zum Glauben?

Noch einmal Marx, der von der Religion sagt, sie sei »das Gemüt einer herzlosen Welt«. Und, natürlich, sie sei »Opium des Volkes«. Offenbar aber haben die meisten Menschen eine Schwäche für dieses Opium. Rund 80 Prozent der Weltbevölkerung können als religiös gelten. In unseren unglücklich aufgeklärten Breiten dagegen ist das Talent zur Transzendenz verkümmert, nahezu erloschen. Nur noch 13 Prozent der Katholiken gehen in die Kirche.

Doch zurück zur Gesamtlage: Natürlich kann man die 80 Prozent Gläubigen weltweit als »wahnhaft« bezeichnen, wie es der Biologe Richard Dawkins tut, oder mit dem Publizisten Christopher Hitchens beklagen, dass »Religion alles vergiftet«.

Aber wenn sie Gift wäre, wenn sie derart schädliche Nebenwirkungen hätte, hätten die Menschen sie längst fallen lassen. Das übrigens müssten sich doch auch glaubensferne Evolutionsbiologen sagen. Der Philosoph Robert Spaemann nennt Gott das »unsterbliche Gerücht«, eines, das sich durch die Zeiten so hartnäckig hält und so weit und lückenlos verbreitet ist, dass die Beweislast mittlerweile doch bei der Gegenseite liegen sollte. Ich warte also gespannt auf den wissenschaftlichen Beweis: »Gott kann es nicht geben, weil ...«

Allerdings wird mir bisweilen bei einem anders gelagerten Einwand klamm. Die Frage nach dem gerechten Gott ist eine Irritation, die sich nicht leicht wegbeten lässt. Nicht immer. Auch für den Verzweiflungsschrei, der Gott in Frage stellt, muss Raum sein. Für Jean Pauls erschütternde »Rede des toten Christus vom Weltengebäude herab, daß kein Gott sei«. Für die Frage nach dem Sinn des Leidens, im Holocaust und in anderen menschlichen Höllenerfahrungen.

Was sagt man da, als einigermaßen frommer Katholik? Dass Gott den Menschen auch die Freiheit gegeben hat, anderen Böses zu tun? Manchmal bin ich mit meinem Latein am Ende. Dann sage ich, wie Fellini es zu tun pflegte: »Adesso fai tu.« Mach du weiter!

AUSGANGSLAGEN

Training mit dem Teufel

Eine Standpauke angesichts der Versuchungen
der Zeit und der Gefahren für das Seelenheil

> »Ich brauche keine Bequemlichkeit. Ich will Gott,
> ich will Poesie, ich will wirkliche Gefahren und Freiheit
> und Tugend. Ich will Sünde!«
>
> Aldous Huxley, Schöne neue Welt

Ein Tod ist zu beklagen. Die Verblichene starb nach langem
Siechtum, unbemerkt, in einem vergessenen Winkel der Gesellschaft.

Sie hatte ihre großen Tage. Sie hat glühende Reden beflügelt,
sie hat Menschen in den Staub gezwungen und um Vergebung
murmeln lassen, sie hat Königreiche und immense Besitztümer
ermöglicht, hat Leichenberge verschuldet und war Anlass für
spektakuläre Lebensumschwünge und Neuansätze.

Sie hat Maler wie Hieronymus Bosch angeregt und wurde
von Dichtern wie dem göttlichen Dante unvergleichlich in
Worte gesetzt, die barocken Mysterienspiele, ja die gesamte
abendländische Dramenliteratur wären blass ohne sie.

Die Rede ist, natürlich, von der Sünde. Die Sünde ist aus
der öffentlichen Rede verschwunden. Sie hat sich neue Papiere,
neue Identitäten besorgt. Von »Sünde« spricht keiner mehr. Niemand droht mehr denjenigen, die ihr verfallen sind, mit ewiger
Verdammnis, auch denjenigen nicht, die sich ihre schwarzen
Verursacher, die »Todsünden«, aufgeladen haben. Die Sünde hat
kein metaphysisches Gewicht mehr. Sie wird nicht mehr ernst
genommen. Man könnte sagen: Die Sünde hat ein Imageproblem.

Mit der Sünde ist ein existentielles Abenteuer verloren gegangen. Ein unheimlicher Unschuldswahn hat sich über unsere
überraschungsfreie Gesellschaft gelegt, in der Computer und

soziale Netzwerke und Datensammler lückenlose Kontrollen ausüben und dafür sorgen, dass alles verläuft wie geplant und berechnet. Eine schöne neue Welt, in der Google-Chef Eric Schmidt auf einer Konferenz in München ausrufen kann: »Es wird nie wieder Langeweile geben. Keiner kann je wieder verloren gehen, denn es gibt Ortungssysteme. Keiner muss etwas behalten, denn es gibt Speicher.«

Huxleys Held beharrt auf Gott und der Sünde, gerade weil er auf seiner Freiheit beharrt in der *Schönen neuen Welt*. Sündenbewusstsein ist das, was uns von anpassungsschlauen Tieren unterscheidet.

Nach jüdischer, christlicher und islamischer Definition ist sündig derjenige, der sich von Gott entfernt hat. Sünde ist Vertrauensbruch. Gott versteht in diesem Punkt keinen Spaß. Der Sünder schaut in einen metaphysischen Abgrund. Allerdings, wo es keinen Gott mehr gibt, gibt es keine Sünde. Oder doch? Heute ist Sünde allenfalls eine Art Verstoß gegen die soziale Straßenverkehrsordnung und, soweit Schuld und Seelenqual und Gewissensbisse mit ihr verknüpft sind, eine Sache für Therapeuten und in jedem Fall verhandelbar.

Tatsächlich wird die Verabschiedung der Sünde bei uns nicht groß beklagt. Das sündige Treiben, das uns der Karneval als fünfte Jahreszeit in Köln und Mainz und anderen Hochburgen beamteten Ordensschwachsinns turnusmäßig beschert, unterscheidet sich in seiner Sündigkeit kaum von den übrigen vier. Partnertausch und Ehebruch kommen in jeder besseren Soap-Opera vor, Fluchen oder aufmüpfige Kinder sind Banalitäten, um die sich die Supernanny kümmert, und Geiz ist keine Todsünde mehr, sondern einfach nur geil. Was, könnte man sagen, will man im Karneval noch ausleben, wenn er ganzjährig geworden ist? Der Karneval feierte den Ausnahmezustand. Jetzt ist er die Regel.

In einem Erzählband hat sich die österreichische Schriftstellerin Eva Menasse mit dem Verfall der Sünde beschäftigt. Ihr Buch heißt *Lässliche Todsünden*, theologisch unsauber, denn die Kirche unterscheidet streng zwischen lässlicher Sünde und

Todsünde. Und dennoch ist Menasses Titel präzise, denn in unserer Gesellschaft sind die Schwellen verschlurft, all die Lehrerinnen und Regisseure und Kneipiers des gehobenen Mittelstands, die Menasses Menagerie bevölkern, trotten bewusstlos durch ihren sündigen Alltag und machen sich eher nebenbei schuldig durch Gefräßigkeit und Neid, Trägheit und Wollust oder Hochmut.

Nicht zuletzt die unterschiedliche Evaluierung der Sünde ist schuld an der lähmenden Kommunikationslosigkeit zwischen dem strengen Islam und dem eher lockeren Westen. Die Sünde ist somit bei weitem nicht nur ein theologisches Problem, sie ist ein Politikum. Es ist der »gottlose« und »sündige« Westen, gegen den sich zwanzigjährige Selbstmordattentäter mit ihren Sprengstoffgürteln agitieren lassen, ob es uns passt oder nicht.

Für den Fundamentalisten ist das irdische Leben nur ein »Transitraum« (Rüdiger Safranski) in Vorbereitung auf das ewige Leben. Auch das Christentum kennt derartige »heiße« Phasen von endzeitlicher Erwartung, am prominentesten in den religiösen Wahnjahren der reformatorischen Täuferbewegung in Münster, die in bizarren Übersprungshandlungen sündigte auf Teufel komm raus, mit Orgien aus Mord und Totschlag, mit Prahlerei, Hochmut und Vielweiberei.

Um zu begreifen, wie sehr die Sünde auch bei uns einst mehr gewesen ist als der Nasch-Verstoß gegen eine Diätvorschrift, müssen wir zurück zu den Fundamentbrocken unserer Zivilisation, zum Buch der Bücher, zurück in den ehrwürdigen Frühdämmer der Schöpfungsgeschichte, in eine Zeit, als Gott noch direkt mit dem Menschen sprach. Himmel und Erde wurden in Bewegung gesetzt, um, in der Genesis, die Sünde in die Welt zu bringen. Adam und Eva lehnten sich auf im Garten Eden gegen Gottes Verbot, von der Frucht der Erkenntnis zu essen. Sie waren ungehorsam und wurden, mit dem Makel der Erbsünde behaftet, aus dem Paradies vertrieben. Seither ist die Sünde in der Welt und mit ihr die Schlange, die ständige Versucherin, die bereits beim Ur-Sündenfall Pate stand. Man muss sich den Garten Eden als Zustand voller Unschuld und Harmonie vorstellen. Es gibt keine zartere und schönere Nackte in der Geschichte der Malerei als Dürers Eva.

Der Sündenfall, der als erstes Augenaufschlagen des menschlichen Bewusstseins, als erste große Entfremdung von der Natur begriffen werden kann, hat uns das alles verdorben. Seither ist Nacktheit mit Scham verbunden, Mord und Totschlag folgten, rasend vor Eifersucht erschlägt Kain den Abel. Die biblische Geschichte Israels ist eine des permanenten Sündenfalls und der permanenten Vergebung, der Enthemmungen des Volkes und der Domestizierungen durch Gott. Städte der Sittenlosigkeit werden von ihm niedergebrannt, die ganze Schöpfung wird überschwemmt, zu wenig Gerechte sind in dem sündigen Geschlecht, das der Herr geschaffen hat. Doch eines darf nicht übersehen werden in diesem Gemetzel: Der Herr selbst rast vor Zorn und ist eifersüchtig, er ist maßlos in seinem Alleinvertretungsanspruch, und er wird in den alttestamentlichen Rachepsalmen für die extremsten Eifereffekte seines Volkes nutzbar gemacht.

Schließlich der Vertrag, die große Codifizierung, der Dekalog, der in allen großen Religionen und Gesetzesbüchern bis heute leuchtet, nicht zuletzt wegen seiner theologischen Letzt-Begründung. Du sollst nicht stehlen, nicht morden, nicht begehren des Nächsten Weib, Vieh und Gut. All das sind nicht nur Verstöße gegen den Nächsten, sondern Verstöße gegen Gott. Das heißt: Wer mordet und damit durchkommt, muss davon ausgehen, dass er im Jenseits gerichtet wird. Raskolnikow aus Dostojewskis *Schuld und Sühne* kann mit seiner Schuld nicht leben. Er wird bereuen, gestehen und büßen und erst dadurch innerlich befreit.

Das Sittengesetz funktioniert vor allem über das Sündenbewusstsein, das die Entscheidung zwischen Gut und Böse trifft. Ohne den Gedanken an Gott ist dauerhaftes moralisches Handeln nicht möglich, das wusste schon der Aufklärer Immanuel Kant, dessen tröstender Lieblingspsalm war: »Der Herr ist mein Hirte, mir wird nichts fehlen.«

Im Verlauf der Kirchengeschichte, besonders unter Papst Gregor I. (um 540 bis 604), sind als Warnung für Klosterbrüder sieben besonders schwere Laster ausformuliert worden, die zur Wurzel von Sünden werden können. Den Lastern wurden bestimmte Dämonen zugeordnet: des Teufels Armee. So war der Satan für den Zorn verantwortlich, der Mammon für die Habgier, der Leviathan für den Neid, Beelzebub für die Völlerei. Dass gerade die Kirche im Verlauf ihrer Geschichte eine besondere Anlage zur Sünde an den Tag gelegt hat, dass sie eifernd und prassend und tötend in die Irre gelaufen ist, gehört zu ihrer ganz besonderen Tragik.

Die als Todsünden bekannten Verfehlungen haben eine merkwürdige Eigenschaft. Die ihnen verfallen, müssen nicht bestraft werden wie diejenigen, die in David Finchers Hollywood-Krimi *Sieben* von einem psychopathischen Serienmörder bestialisch gerichtet werden – wer sich ihrer schuldig macht, straft über kurz oder lang sich selbst und macht das eigene Leben zur Hölle.

Bei genauerem Hinschauen erweist sich die Kirche in ihrer Todsündenlehre als kluge Psychologin. Der Aufruf zur Vermeidung der Todsünden kann auch als Anleitung zu guter Lebensführung verstanden werden, zu aristotelischer Mäßigung, die selbst Buddhisten – lächelnd! – unterschreiben würden.

Im Takt der Sünde tanzt das Menschengeschlecht bis heute: Der Hochmut führt die Reihe an, gefolgt von Geiz oder Habgier, Genusssucht oder Wollust, Zorn oder Rachsucht, Völlerei oder Selbstsucht, Neid oder Eifersucht, Trägheit des Herzens oder Trübsinn. Lauter gute Bekannte, so vertraut, dass sie nicht mehr groß auffallen im Maskenball unserer Zeit. Sie fallen nicht auf, weil sie universell geworden sind.

Superbia: Hochmut und Eitelkeit

Eines kann die Todsünde Eitelkeit mit Sicherheit garantieren: hohe Einschaltquoten. Wenn sie da wieder in einer Reihe stehen wie jede Saison, die Mädchen für Heidi Klums Show *Germany's Next Topmodel,* alle hübsch, alle ähnlich, wird deutlich, dass Eitelkeit einen Kampf bis aufs Messer bietet, spektakulär, denn hier geht es für viele auf Leben und Tod. Bis zu 4,5 Millionen verfolgen normalerweise die Schlacht. Wöchentlich.

Die Kandidatinnen lassen sich Schlangen umlegen, sie stöckeln bei Minustemperaturen in Miniröcken herum und lächeln. Sie weinen hemmungslos, wenn sie ausscheiden. Sie werden durchs öffentliche Feuer geschickt, vorwärtsgepeitscht von einer penetrant gutgelaunten blonden Kerkermeisterin, deren Geschäft die Schönheit und deren Adressatin die Eitelkeit ist.

Ein mörderisches Geschäft. Selbst Profis können da in die Knie gehen. Wie anstrengend es ist, die Selbstvergottung permanent zu betreiben, erleben immer wieder Brad Pitt und Angelina Jolie. Der eine ist Achilles. Die andere ist bis zur Makellosigkeit perfekt, die Lippen, der Busen, die Taille. Nicht nur das. Sie ist eine Supermutter mit drei eigenen und drei adoptierten Kindern. Wenn die beiden Gutes tun, dann geschieht es in Superlativen. Ein Paar wie ein Unternehmen, mit zahllosen Angestellten. Ihr gemeinsames Vermögen wird auf 235 Millionen Euro geschätzt.

Ein Paar auf dem Hochseil, dem das Massenpublikum aus der Tiefe einer anderen Todsünde heraus, dem Neid, zuschaut. Auch dessen scheele Schwester, die Gehässigkeit, steht in den Startlöchern und wird bald losstürmen, wenn es sich bewahrheiten sollte, dass die Beziehung der Göttlichen wackelt. Dann werden sich alle die Augen reiben und fragen, warum sie sich dem Glauben hingeben konnten, dass dieser blendende Celebrity-Fries keine Risse bekommen und von Dauer sein würde. Kann sich irgendeiner »Brangelina« als Rentnerpaar in Florida vorstellen?

»Denn das Schöne ist nichts als des Schrecklichen Anfang«, schrieb Rilke. Hat er die Gefahren für diese narzisstischen Supernovae vorausgeahnt, die, nur fragil durch eine Reihe von Kindern verbunden, womöglich doch jede ihr eigenes Planetensystem braucht? Verläuft nicht überhaupt die Partnerwahl in einer komplett veräußerlichten Gesellschaft wie die Suche nach einem passenden Accessoire? Die Brautsuche, die der Scientologe Tom Cruise betrieb und die ihm schließlich die Schauspielerin Katie Holmes bescherte, soll dem Vernehmen nach durchgeführt worden sein wie die sorgfältige Auswahl einer edlen Zuchtstute.

Doch sind wir anders, sind wir besser? Wir legen den Kopf in den Nacken, und da es unter einem entgötterten Himmel niemanden mehr gibt, den wir anbeten könnten, nehmen wir mit ein paar Kinoplakaten vorlieb, und jedes davon ruft uns den Vorwurf zu: Wir sind perfekt, warum seid ihr es nicht, ihr Würmer?

Das ist mittlerweile ein Alltagsvorwurf, in jeder Großstadt das gleiche Spießrutenlaufen. Am Times Square in New York sieht dieser Vorwurf nicht anders aus als auf Berlins Unter den Linden und auf jeder anderen Innenstadtmeile. Haushoch räkeln sich die Models auf Plakatwänden, um Taschen zu verkaufen oder Unterwäsche, aber in erster Linie wohl sich selbst und ihre Schönheit. Sie flirten mit uns, und sie schüchtern uns ein in ihrer Perfektion, ein Trommelfeuer aus trägen Blicken, durchtrainierten Torsi, endlosen Beinen, die auf eine neue Gefechtslage schließen lassen. Das Motto: Die Welt können wir nicht verbessern, aber wir können unser Aussehen optimieren.

Die Kirchenväter, die den Katalog der Todsünden zusammengestellt haben, paarten die Eitelkeit mit Hochmut und Stolz, eine weise Entscheidung. Was anderes ist es als Hochmut, zu glauben, man könne die eigene Schönheit beliebig formen? Was anderes als Stolz, durch Schönheit andere überglänzen zu wollen? Die ehrwürdigen Väter aber haben vergessen, darauf hinzuweisen, dass Eitelkeit einen hohen Preis fordert: Einsamkeit. Wer sich nur um sich selbst dreht, ist allein.

Der universelle Schönheitskult schlägt Kapital aus der todtraurigen Todsünde Eitelkeit in noch nie dagewesenem Maße. Fitnesscenter, Kosmetika, Botox-Kliniken, Wellnessfarmen setzen rund 20 Milliarden Euro allein in Deutschland um, und sie schicken ihre Kunden in ein Rennen, das sie nie gewinnen können. Dieser Kampf einer alternden westlichen Gesellschaft ist tragisch und komisch zugleich. Wir setzen keine Kinder mehr in die Welt, sondern wollen die ewige Jugend für uns selber. Dabei sind die Karten gezinkt. Auf uns alle warten Verfall und Tod, und keine Epoche hat das drastischer bebildert als der Barock mit seinen Vanitas-Darstellungen, keiner hat es anrührender beklagt als Shakespeare in seinen Tragödien und Sonetten.

Dabei stand ein durchaus harmonischer Körperkult an der Wiege unserer Zivilisation. In den Gymnasien Athens wurde dem Ideal der »Kalokagathia« nachgeeifert, schöner Wuchs und schöne Gesinnung wurden zusammengedacht, wenn auch Platon bereits vom Körper als »Gefängnis der Seele« sprach. Paulus nannte den Körper den Tempel des Heiligen Geistes – immerhin Tempel –, doch die großen Asketen des frühen Christentums waren zunächst damit beschäftigt, den Körper und seine Begierden zu domestizieren.

Die gar nicht prüde Renaissance zeigte Haut, zeigte Lust an Schmuck und Prunk und entwickelte eine durchaus anziehende Kultur der Eitelkeit, die erst mit der Aufklärung jäh an ein Ende kam. Die Puritaner, die kalten Verstandesmenschen, wollten über die Natur und die Sinne triumphieren, sie schlossen den Kragen der Frauen hoch und verbargen sie unter schwarzen bodenlangen Kleidern. Dass die Burka, die Ganzkörperverhüllung für muslimische Frauen, ausgerechnet im katholischen und aufgeklärten Frankreich verboten worden ist, ist eine der Pointen in der Sittengeschichte der Religionen. Und dass es auf der anderen Seite Frauen gibt, die um das Recht auf Verhüllung kämpfen wollen, eine weitere. Da trifft insbesondere in Paris, der Stadt der Mode und der Genüsse, die libertäre Eitelkeit auf die organisierte Uneitelkeit, das System des Narzissmus auf die Dogmatik der Unterwerfung. Die Frauen allerdings werden das Spiel nicht mitmachen. Wer die Augen aufmacht, etwa in den Shopping Malls der islamischen Golfstaaten, sieht unter manchem schwarzen Schleier goldene Armreifen blitzen, sieht Nagellack, sieht sogar Ansätze von Spitze.

Tatsächlich aber kann eine Betrachtung über Hochmut und Eitelkeit nicht ohne kurzen Rekurs auf die männliche Seite auskommen. Ist eigentlich schon Signor Presidente erwähnt worden, unser haartransplantierter, mehrfach gelifteter Silvio Berlusconi?

Avaritia: Habgier und Geiz

Habgier ist die salonfähigste Todsünde, und dabei eine, die vor kurzem fast die ganze Welt an die Wand gefahren hätte. Sie wird als Motor unseres Wirtschaftssystems verstanden. Wir haben die Habgier als Ansporn gefeiert, als Cleverness gerühmt, und plötzlich hat es »wrumms« gemacht, quer durch alle Schichten. Bis zu 30 Billionen Dollar sind in der Finanzkrise an Aktienkapital verbrannt worden, rund 60 Prozent des Aktienvermögens. Die Insolvenzen allein in Europa stiegen um 22 Prozent.

Immer noch leicht benommen stehen wir da und fragen uns: Wie konnten wir diesem Dämon gegenüber, den die Alten »Mammon« nannten, so blind sein? Schütteln den Schmutz aus der Jacke. Und machen weiter. Offenbar können wir nicht anders. Schon wieder blähen sich gewaltige Schuldenblasen, schon wieder genehmigen sich Banker astronomische Bonus-Zahlungen und stürzen sich in Risikogeschäfte, und die Profit-Fantasie hat den Wert einer gerade mal sechs Jahre alten Internetplattform eines 26-Jährigen auf 50 Milliarden Dollar hochgeblasen.

Unter den Todsünden ist die Habgier des Menschen die verlässlichste. Sie entzweit Familien, führt Heere gegeneinander, legt Städte in Asche, rottet Völker aus, zerstört die Natur. Worauf man sich am ehesten verlassen kann bei der Habgier, ist ihre immense Schädlichkeit.

Der antike König Midas bat Dionysos um die Gabe, alles in Gold zu verwandeln, was er berührte. Der Wunsch wurde ihm erfüllt, und Midas wäre verhungert, da auch das Brot, das er essen wollte, zu Gold geworden war, wenn Dionysos seine Gabe nicht zurückgenommen hätte. Nichts gegen Besitzstreben – schon Jesus lobte denjenigen, der sein Geld, seine Talente mehrte. Genauer gesagt: verdoppelte. Thomas von Aquin sah das Recht, Eigentum zu erwerben, als Zugeständnis an das Gemeinwesen an. Für den großen Nationalökonomen Adam Smith ist das Eigeninteresse die Triebfeder jeder Volkswirtschaft. Allerdings arbeitete er nicht nur über den *Wohlstand der Nationen,* sondern er legte auch gleichzeitig ein umfangreiches moralphilosophisches Werk vor. Smith erkannte: Ungeregelte Raffgier zerstört das soziale Gewebe.

Es blieb Karl Marx vorbehalten, im Kapital die Religion der neuen Zeit zu erkennen. Wer Geld besitzt, erwirbt auch dessen magische Qualität. Jede Ware, ob Hut, Hose oder Pferd, erfährt über ihren Gebrauch hinaus einen Fetischcharakter. »Eine Ware scheint auf den ersten Blick ein selbstverständliches, triviales Ding. Ihre Analyse ergibt, dass sie ein sehr vertracktes Ding ist, voll metaphysischer Spitzfindigkeit und theologischer Mucken.« Die Ware übernimmt. Sie treibt uns und unsere Bedürfnisse vor sich her. Sie verschleiert sich und durchläuft Metamorphosen. »Wenn ich sechs Hengste zahlen kann, / Sind ihre Kräfte nicht die meine? / Ich renne zu und bin ein rechter Mann, / Als hätt' ich vierundzwanzig Beine«, sagt Mephisto zu Faust.

Kapital und die Anhäufung von Kapital – marxistisch: Akkumulation – bestimmen seither den Takt, nach dem unsere Gesellschaft tanzt, mit einer eisigen Pause im vorigen Jahrhundert, als die Gleichheitsideologen den ausgeträumten Marx als Praktiker ernst nahmen und dem Menschen den Egoismus aus der Seele herauszuoperieren versuchten. Es blieb ein erfolgloses Experiment am lebenden Organismus mit jeder Menge Leichen.

Wir haben uns also einzurichten mit der Habgier. Und deshalb müssen wir uns jetzt hinter den Maschendrahtzaun des Butner-Gefängnisses in North Carolina begeben, wo ein weißhaariger Gentleman Boule und Schach spielt und von den Mithäftlingen respektvoll »Pate« genannt und um Autogramme gebeten wird. Es handelt sich um Bernie Madoff, der das wohl größte Schneeballsystem der Finanzgeschichte ins Rollen gebracht hat. Und hier ging es um Summen, die Madoffs Mithäftlinge nicht einmal denken können. Der Mann hat seine Gläubiger um geschätzte 65 Milliarden Dollar erleichtert. Sein Geheimnis: Er konnte sich auf die Habgier verlassen. Nicht seine eigene, sondern die seiner Kunden.

Tatsächlich hat Madoff, der als Rettungsschwimmer in Queens seine ersten Dollars verdiente, seine Jugendliebe heiratete, später als Börsenhändler erfolgreich war, nicht besonders protzig gelebt. Gut, da waren das Penthouse an der East 64th Street in New York, ein Neun-Millionen-Dollar-Haus mit sieben Badezimmern in Palm Beach, ein Embraer-Regional-Jet 145, ein Haus in Frankreich, die 17-Meter-Yacht und ein bisschen Schmuck, ein paar antike Armbanduhren. Jeder dahergelaufene russische Milliardär bringt mehr auf die Waage, und er zeigt es.

Madoff hingegen habe eher bescheiden gewirkt, versichern die Geprellten, die Schlange standen, um sich von ihm vertreten zu lassen. Darunter waren die Sekretärin, die geerbt hatte, genauso wie Hollywood-Star John Malkovich; der Ruheständler, der von einem sorgenfreien Alter mit ein bisschen Luxus träumte, genauso wie Steven Spielberg und der untadelige Elie Wiesel mit seiner Stiftung. Es ging um Menschen, die Gutes taten, aber auch um Broker, die ihre Portfolios glänzen lassen wollten. Es ging um Verwalter von riesigen Pensionskassen. Allen lag das gleiche Motiv zugrunde: Sie wollten mehr.

Wie sehr die Habgier die Systeme an den Rand des Abgrunds gebracht hat, hat besonders die letzte große Finanzkrise gezeigt. Die Welt erstrahlte im Zeichen universeller Habgier. Habgier bei den Börsenzockern der Lehman-Bank. Habgier bei den Bankern von Morgan Stanley und anderen Big Playern auf der Jagd nach gigantischen Bonuszahlungen. Habgier bei Kleinanlegern, die sich auf Spekulationen einließen und sich ruinierten. Habgier auch in der Politik. Mit welchem Treibstoff sollte Silvio Berlusconi sich sonst sein Medienimperium zusammengezimmert haben?

Da er katholisch ist, sollte er sich dieses Pauluswort aus dem Epheserbrief zu Herzen nehmen: »Denn das sollt ihr wissen: Kein unzüchtiger, schamloser oder habgieriger Mensch – das heißt kein Götzendiener – erhält ein Erbteil im Reich Christi und Gottes.« Soweit erkennbar ist, liegt unser italienischer Mediendarling, was den Weg ins Himmelreich angeht, in allen drei Bereichen schwer hinter der Gnade zurück – avanti, Signor Presidente!

Luxuria: Wollust und Genusssucht

Bevor wir auf Silvio Berlusconis Kandidatinnen zum Europaparlament zu sprechen kommen, also auf die Todsünde Wollust, ein Blick auf die Gesamtlage. Man kann mit Fug und Recht behaupten: Die Wollust hat sich totgesiegt. Sie hat alle Geheimnisse verloren. Sie hat Staatsmänner zu Deppen gemacht, Karrieren ruiniert, Ehen in Trümmerhaufen verwandelt. Sie hat sogar, man sollte es nicht fassen, Kirchenmänner verführt. Kurz: Sie hat die letzten Masken der Lust abgelegt.

Wer die peinlichen Hearings zur Lewinsky-Affäre im amerikanischen Kongress verfolgt hat, sagte sich irgendwann: Hätte dieser rotgesichtige Naturbursche Clinton, der mächtigste Mann der westlichen Welt, nicht wenigstens einmal den Reißverschluss oben lassen können? Besonders in diesem Falle, der doch so durchsichtig war und konsumiert wurde wie ein Hamburger?

Die Wollust ist Fast Food geworden. Sie ist jederzeit greifbar. Über einen Mausklick rülpsen die Porno-Seiten jede ihrer Spielarten auf den Bildschirm. Das Top-Video der Internetseite Youporn wurde mehr als 35 Millionen Mal geklickt. Die Fantasie ist optisch totgeschlagen. Unter Sexualität verstehen Jugendliche heute Analverkehr. Ein Dreizehnjähriger fragte seine Mutter: »Mama, was ist eigentlich Faustficken?« Wollust ist im wahrsten Wortsinn ein abgefucktes und kaltes Geschäft geworden, ohne jedes Interesse an echter Lust oder Ekstase oder gar Liebe. Was sie interessiert, ist Geld. Rund hundert Milliarden Dollar setzt die Porno-Industrie um.

Im besten Falle trübt Wollust das Urteilsvermögen und gibt alternden Cavalieri wie unserem Silvio »Papi« Berlusconi noch einmal das Gefühl, durchaus im Rennen zu sein. Sein TV-Imperium hat er auf die »Velina« genannten Showgirls gegründet, die langbeinig und stets lächelnd durch die populären Quiz- und Sportshows führen. Nun gedachte er auch seine Politik mit dieser Mischung zu durchsetzen – er schickte drei Veline als Kandidatinnen für das Europaparlament ins Rennen. Das

Vorhaben wurde gestoppt, nach energischen Protesten seiner Frau. Als dann Fotos von einer enthemmten Party aus Berlusconis »Villa Certosa« in der Presse zirkulierten – neben Tschechiens ehemaligem Regierungschef waren jede Menge Nymphen geladen –, reichte sie die Scheidung ein.

Mittlerweile hat Berlusconi ernsthafte Probleme, denn in dem Harem, aus dem er sich bediente, sollen auch minderjährige Gespielinnen gewesen sein. In den Protokollen der abgehörten Telefonate äußern sich die üppig beschenkten Freundinnen zudem äußerst verächtlich über den alten Galan. Der Lack des Latin Lover ist ab. Dass er bei manchen immer noch Sympathien verzeichnen kann, zeigt, dass die Wollust und das mit ihr verbundene Spektakel den Schwachsinn durchaus befördern können, was die katholische Pädagogik schon immer predigte und was auf keinem Beichtzettel fehlte: Die Unkeuschheit, insbesondere die Onanie, führe, so hieß es, zu zerebraler Zersetzung und Rückenmarksschwund.

Dabei kann die so unendlich trivialisierte Todsünde Wollust eine überaus spannende Geschichte aufweisen. Ihr Dämon (Asmodäus) wurde als ernstzunehmender Gegner aufgefasst. Der heilige Antonius im dritten Jahrhundert wurde ständig von ihm versucht, obwohl weit und breit nichts war, das ihm hätte Nahrung geben können. Nur Sand und Gebete und Askese eines heiligen Mannes, der zum Gründer des christlichen Mönchtums werden sollte. Antonius' Wort hatte Gewicht. Er soll mit Konstantin dem Großen korrespondiert haben. Dennoch hatte er zu kämpfen mit der Wollust. Er war ein Weiser, der wusste: »Wer in der Wüste sitzt und Herzensruhe pflegt, ist drei Kämpfen entrissen: dem Hören, dem Sehen, dem Reden. Er hat nur noch einen Kampf zu führen: den gegen die Unreinheit!«

In der *Versuchung des heiligen Antonius* hat Gustave Flaubert diesem Dämon und seinen Versuchungen glühend Worte verliehen, hat Ketten aus bunten Traumbildern gereiht, schillernde Verführungsdichtung in orientalischer und antiker Pracht, das Ganze ein früher religiöser Acid-Trip unter heißer Wüstensonne.

Wollust ist ein gefährlicher Gegner, denn sie kommt überfallartig auf Sünder und Heilige gleichermaßen hernieder. Wahrscheinlich ist das »Begehre nicht ...« das einzige Gebot, das auch die tugendreichsten Menschen zu Versagern werden lässt. Nicht morden, nicht stehlen, das geht in Ordnung. Aber nicht begehren?

Schon der Blick ist die Tat, da sind sich die Evangelisten mit dem Islam einig, doch auch für die Juden ist die krankhafte Wollust (»yetzer hara«) eine Verführung durch das »Böse«, das jedem Menschen innewohnt. Nicht begehren? Selbst Buddha, der Erleuchtete, hat jahrelang darum gerungen. Womit der Dämon des Begehrens nicht rechnen konnte, ist, dass ihm, in der Gegenwart, der metaphysische Boden unter den Füßen weggezogen wurde. Wo soll er noch wüten, wenn alle bereits im Swingerclub abhängen und sich dort zu Tode gähnen?

Schon bevor die Hysterisierung um die Sexualität begann, zunächst mit Freud, dann den Ritualen der 68er gegen die sogenannte repressive Sexualmoral, mahnte Schopenhauer zur Gelassenheit: »Wozu der Lärm? Wozu das Drängen, Toben, die Angst und die Not? Es handelt sich ja bloß darum, dass jeder Hans seine Grete finde.« Kann man die Wollust endgültiger und cooler zur Hölle schicken?

Ira: Zorn und Rachsucht

Wir werden in der Beschäftigung mit der Todsünde Zorn nicht umhinkommen, den alttestamentlichen Gott selbst ins Gebet zu nehmen. Der Morgen, an dem die neue Ära des Zorns anbrach, hätte nicht ruhiger beginnen können für den Mann, den der Höchste für eine Weile zum mächtigsten der Welt gemacht hatte.

Nach einem Jogging mit anschließendem Frühstück saß Präsident George W. Bush in der Emma-E.-Booker-Grundschule in Sarasota, Florida, und hörte Siebenjährigen bei ihren Leseübungen zu. Lächelnd zwar, aber zerstreut. Er hatte kurz zuvor von einem Flugzeugunglück in New York gehört, verstörend, doch Genaueres wusste man nicht. Er lauschte den Pennälern, gedankenversunken, bis sich sein Stabschef über ihn beugte und ihm ins Ohr flüsterte, dass eine zweite Maschine in das World Trade Center gerast war, in den Südturm. Nun war klar, dass die erste Maschine kein Zufall gewesen war.

Jener Gott, den die andere Seite für sich reklamierte, hatte zugeschlagen. Terroristen hatten im Namen Allahs, des Allmächtigen, die Türme des World Trade Center zum Einsturz gebracht. Die »radikalen Verlierer«, wie sie Hans Magnus Enzensberger 2005 in einem SPIEGEL-Essay nannte, hatten den Satan besiegt, indem sie die Hochtechnologie des Feindes gegen ihn selbst wandten – sie hatten dessen Passagiermaschinen mit Teppichmessern entführt und in Bomben verwandelt. Das Mittelalter triumphierte über die Moderne.

Während Bush erstaunliche weitere sechs Minuten unter den Kindern sitzen blieb und seine Gefühle unter Kontrolle zu bringen und seine Gedanken zu ordnen versuchte, wurde Manhattan zum Schauplatz der Apokalypse. Da war ein Feuerball. Ein Trümmerregen. Schreiende Menschen, die vom Himmel stürzten. Ein Krater tat sich auf im Herzen der westlichen Welt. Mit lähmendem Entsetzen sah die globale Gemeinschaft dem Beginn einer neuen Epoche zu – der Epoche des rotglühenden religiösen Zorns.

Nachdem sich der Präsident von den Kindern verabschiedet hatte, griff er nach einem Filzschreiber und notierte auf gelbem Notizpapier Stichworte für eine Erklärung. Es waren Stichworte für einen Rachefeldzug, der seine Präsidentschaft in den kommenden Jahren zu einem Schwert schmieden sollte. »Wir werden die Typen, die das angerichtet haben, jagen, bis wir sie haben.« Das sollte er im Folgenden variieren: Wir werden sie jagen in ihren Höhlen, wir werden sie zur Strecke bringen. »Terrorismus gegen unsere Nation hat keine Chance.«

Doch in den Höhlen Afghanistans wurde gejubelt. Auf der Westbank wurde gejubelt. Zorniger Jubel in Pakistan, in den fundamentalistischen Koranschulen in Ägypten, im Sudan, und überall schworen junge Männer in Videobotschaften, den Weg der Märtyrer zu gehen.

Dieser moderne Religionskrieg unterschied sich von den gottlosen Genoziden und Ausrottungskriegen des vergangenen Jahrhunderts. Jene waren ideologisch, dieser ist theologisch. Auf beiden Seiten. Denn tatsächlich stand ja mit George W. Bush ein christlich-fundamentalistischer Gotteskrieger im Visier der islamistischen Killer der Al Qaida. Bush war als Kandidat der Evangelikalen zur Macht gekommen. Er hat oft davon gesprochen, dass er wiedergeboren wurde, nachdem er 1986 sein Alkoholproblem erfolgreich in den Griff bekommen hatte. In den Jahren danach sollte er wiederholt davon sprechen, dass er sich als Werkzeug Gottes fühle.

Bereits am 16. September 2001, fünf Tage nach der Attacke, skizzierte er den Kreuzzug, zu dem er aufbrechen wolle: »Dies ist eine neue Art – eine neue Art des Bösen. Und wir verstehen. Und das amerikanische Volk beginnt zu verstehen. Dieser Kreuzzug, dieser Krieg gegen den Terrorismus wird eine Weile dauern.«

Berater des Präsidenten ließen zunehmend entnervt an die Presse durchsickern, wie ihr Chef, unbeeindruckt von Fakten, von Einwänden, von strategischen Überlegungen und Feinheiten, seine Spur zog. Sein Zorn hatte sein Denken zu einem Tunnel gemacht. »Bush hat diese bizarre, messianische Idee davon, was Gott ihm aufträgt zu tun«, sagte Bruce Bartlett, ehemaliger Wirtschaftsberater im Weißen Haus, der *New York Times*. »Er glaubt, man muss sie alle töten. Sie können nicht überzeugt werden, sie sind Extremisten, getrieben von einer dunklen Vision. Er versteht sie, weil er genauso ist wie sie.«

Der religiöse Zorn kennt kein Federlesen. Der Irak-Krieg, der unter falschen Prämissen begonnen wurde, hat bisher über 4000 amerikanische Soldaten und allein im Irak rund 100 000

Zivilisten, darunter sicherlich auch Christen, das Leben gekostet. Doch der islamistische Terror, der in Bali, Madrid oder Djerba wütete, richtet sich durchaus gegen eigene Glaubensbrüder. Als im Londoner Bus- und U-Bahn-Netz am 7. Juli 2005 vier Bomben gezündet wurden, gingen diese auch in muslimisch bevölkerten Stadtgegenden los – 56 Menschen starben, 700 wurden verletzt.

Wie sehr der religiöse Zorn Liebe und Leben verdüstern kann, lässt sich zwei Wochen nach dem Attentat auf dem Gesicht des 19-jährigen Farraq ablesen. Der Teenager lungert vor der Finsbury-Park-Moschee herum, wo jahrelang der hakenarmige Hassprediger Abu Hamsa seinen Sermon abgab. Farraq lässt sich ungern vom Reporter ansprechen. Aus seinen dunklen Augen schießt Hass wie eine schwarze Flamme. Für ihn sind die U-Bahn-Attentäter Helden. Die USA und ihre Vasallen müssten vernichtet werden. Er trägt Kurzhaarfrisur, Nike-Turnschuhe und Bomberjacke und sieht keine Spur so aus, als würde er einen Bogen um die Modegeschäfte des Satans machen. Irgendwann, sagt er, werde er sich aus diesem Leben befreien und seinen Brüdern, wo immer sie seien, helfen. Der Prediger hatte seine antiamerikanischen und antibritischen Tiraden immer wieder mit Versen aus dem Koran gewürzt. Vom Paradies war die Rede und vom Verderben für die Ungläubigen.

Die Pointe an der Geschichte des neuen Zorns ist, dass sie eine sehr alte ist. Und dass es in diesem Fall wohl Gott selbst ist, der sich der Todsünde Zorn schuldig macht. Der Philosoph Peter Sloterdijk weiß eine Therapie: »Die Zivilisierung der Monotheismen ist abgeschlossen, sobald die Menschen sich für gewisse Äußerungen ihres Gottes, die unglücklicherweise schriftlich festgehalten wurden, schämen wie für die Auftritte eines im Allgemeinen sehr netten, doch jähzornigen Großvaters, den man seit längerem nicht mehr ohne Begleitung in die Öffentlichkeit lässt.«

Einen Anfang hat die römisch-katholische Kirche schon vor Jahrzehnten getan – sie strich die berüchtigten Fluch- und

Rachepsalmen (»O Gott, zerbrich ihnen die Zähne im Mund …«)
aus dem Stundengebet, das den Tagesablauf von Priestern,
Ordensbrüdern und Nonnen gliedern soll.

Gula: Völlerei und Maßlosigkeit

Einst bedeutete Sünde die Markierung zwischen Gut und Böse.
Wer dagegen heute sagt »Ich habe gesündigt«, meint damit
Pralinen und Eisbein mit Sauerkraut, und die Hölle, die ihn
erwartet, besteht aus Sodbrennen. Vielleicht ein paar Pfunde zu
viel, ein hoher Cholesterinspiegel. Bis auf den Herzinfarkt, der
immer droht, ist die Sache ein absolutes Diesseitsproblem.

Kann man trivialer über die sieben Todsünden reden als
die Werbestrategen der Langnese-Marke »Magnum«, die vor
einigen Jahren ihre Eissorten danach benannten? In einem solchen Milieu hat die Todsünde der Völlerei naturgemäß völlig
abgewirtschaftet. Sie ist aus der Metaphysik in die Ernährungswissenschaften übergewechselt. Völlerei ist ein Problem, mit
dem sich nicht die Seelsorge, sondern die Weltgesundheitsorganisation beschäftigt, übrigens vor einem moralisch prekären Hintergrund: Den 1,6 Milliarden Übergewichtigen in der
Welt stehen eine Milliarde Hungernde gegenüber.

Mittlerweile ist die christliche Tugend der Mäßigung, die
der Völlerei stets gegenübergestellt wurde, wieder mächtig im
Kurs. Diätberater und Fitnesskurse haben übernommen, was
die Kirche einst dekretiert hat. Augustinus hört sich an wie
ein moderner Arzt, wenn er sagt, der Zweck des Essens und
Trinkens sei die Gesundheit.

Die Bibel redigierte den Speiseplan des auserwählten Volkes
mit ihren Koschergeboten bis ins Genaueste und bestrafte rigoros. Eine der Sünden in Sodom und Gomorrha war die Völlerei,
die Sprüche Salomos warnen: »Sei nicht unter den Säufern und
Schlemmern, denn die Säufer und Schlemmer verarmen, und
ein Schläfer muss zerrissene Kleider tragen.« Auf den ersten

Blick rätselhaft, wie der Schläfer plötzlich ins Spiel kommt, aber das mit den zerrissenen Kleidern haut hin, wenn man sich die Bierleichen am Morgen nach der Wiesn in München oder dem Karneval in Köln ansieht. Nur in Verknüpfung mit der darauffolgenden Fastenzeit hat die Völlerei ihren Attraktionswert. Sie ist die von der Kirche sanktionierte Ausnahme von der Regel. Im Karneval wird das Schlaraffenland, das Schlemmerparadies, evoziert, in dem die gebratenen Tauben dem ins Maul fliegen, der es noch aufkriegt. Ein Land mit Zäunen aus Würsten, Fenstern aus Stören und Lachs, Ziegeln aus Fladen wird da erträumt. »Durch dieses Land«, so heißt es in einer mittelhochdeutschen Beschreibung, »strömt ein Fluss aus goldenem Wein und Bier. Jeder darf dort trinken, ohne zu zahlen, ob er Bier, Wein oder Most will.« Bis auf die Kostenfreiheit klingt das wie eine frühe Version der »All you can eat«-Angebote und des Flatrate-Saufens.

Jedoch: Von der poetisch-derben Paradiesvorstellung, wie etwa der Dichter und Dramatiker Hans Sachs sie 1530 beschwört, hat die Todsünde der Völlerei einen pathologischen Höllensturz erfahren. Einst diente sie einer nicht unsympathischen Diesseitsfeier der einfachen Stände, die von flämischen Meistern wie Pieter Bruegel in lebensfrohen Bildern festgehalten wurde. Heute ist sie ein Krankheitsbild. Sie kommt als Bulimie (»Ochsenhunger«) daher, die ihre Patientinnen hineinfressen und wieder erbrechen lässt, oder als Magersucht, ihrer Umformulierung ins Negative. Magersüchtige Teenager halten sich für zu dick und hungern sich zu Tode. Sie leiden an einem falschen Selbstbild, sie sind an der Seele erkrankt.

Die Völlerei ist der Wollust als beliebteste Todsünde dicht auf den Fersen. Erstaunlich, wie sehr der Kult um das Essen wieder in den Mittelpunkt gerückt ist. Wer Eindruck machen will bei seinen Freunden, verfügt über eine Bulthaup-Küche und probiert gewagte Cross-over-Rezepte aus. Wenn Lafer und Lichter bei Lanz vor den TV-Kameras die Schürze umbinden, sind Hochämter angesagt.

Tatsächlich lassen sich die Kochshows als eine Travestie des Abendmahls verstehen. Da sind die Kutten der Ministranten, die Schürzen, da sind die ehrfürchtig betrachteten Altäre (auf denen es schmurgelt und zischt), und da ist schließlich die Gemeinde im Studio, die mit Wein bei Laune gehalten wird. Ein Hochamt des Genusses, das die Sakralität der Vorgabe hemmungslos verjuxt. Blasphemie! Womit eine weitere Sünde aufs Konto kommt. Aber die fällt, angesichts der bisher angehäuften Schuld, wohl kaum noch ins Gewicht.

Invidia: Neid und Missgunst

Das Handwerkszeug der Todsünde Neid ist – man hätte es sich denken können – das Gift, da genügt ein Blick in die Gazetten. Etwa Frankreich: »Eine Pharma-Assistentin hat mehr als 20 Kollegen jahrelang Schlafmittel in den Kaffee geschüttet. Ihr Motiv: Neid.« Oder der Mordanschlag mit vergiftetem Mineralwasser im Berliner Klinikum Charité: »Mögliches Motiv Neid?« Oder Nanjing: »Ein Imbissbesitzer hat in China das Essen seines Konkurrenten mit Rattengift vermischt (38 Tote). Motiv: Neid.«

Der Neid, die schleichende gelbe Todsünde. Sicher kann sie auch explodieren. Dann wird die Nachbarsfamilie erschossen, die Konkurrentin mit dem Hammer erschlagen, die Schwägerin mit dem Messer attackiert. Doch meist ist es ein langer Weg dahin, eine destruktive Spirale nach unten, aus leisen Stichen, scheelen Blicken und Vergleichen, die immer böse ausgehen – für die eigene Person.

Wer neidet, fühlt sich unterlegen, vom Schicksal betrogen, zu kurz gekommen in jeder Beziehung. Er verstößt auf seine Weise gegen die letzten beiden der zehn Gebote (»Du sollst nicht nach dem Haus deines Nächsten verlangen. Du sollst nicht nach der Frau deines Nächsten verlangen ...«). Auch hier scheint Gegenwehr unmöglich, vor allem in unserer Gesellschaft, die eine des ständigen Vergleichens ist.

Der Neid holt das Schlechteste aus uns heraus, weshalb ihn niemand eingesteht. Unter allen Todsünden ist der Neid die am meisten geächtete. Nietzsche bezeichnete Neid und Eifersucht als »die Schamteile der menschlichen Seele«. Der Neid lebt im Untergrund, »schmalgesichtig«, wie ihn Shakespeare nannte, keiner gesteht ihn ein, vielleicht wütet er deshalb umso zerstörerischer. Man darf getrost behaupten, dass die von vielen Deutschen begangenen oder geduldeten Verbrechen gegen die Juden neidgetrieben waren, denn diese stellten die Elite, die reichen Kunstsammler, Bankiers und Fabrikanten, auch Ärzte, Schriftsteller, Professoren. Auf allen gesellschaftlichen Stufen, in allen Berufen gab es jüdische Konkurrenten, die der Nazi-Mob nun aus dem Weg räumte.

Der erste Mord, als Kain den Abel erschlug, geschah aus Neid. Doch eines unterscheidet den Neid von den anderen Todsünden. Während Schlemmerei, Unkeuschheit oder Habgier zumindest vorübergehend als Spaßprogramm durchgehen können, quält der Neidische in erster Linie sich selber. Auf alten Radierungen und Gemälden wird er dargestellt mit einer Schlange, die aus seinem Mund züngelt und mit ihren Zähnen in seine Augen fährt, mit einem Skorpion, der sich selber sticht, mit einem Hund, der an einem Knochen nagt.

Forscher der University of Warwick und der Cornell University haben in Experimenten bewiesen, dass Probanden eher auf einen eigenen Vorteil verzichten, wenn sie dafür andere schädigen können. Der Neid ist eine derart elende Kreatur, dass man versucht ist, ihn in Schutz zu nehmen, schon aus sportlichen Gründen.

Ohne das gesellschaftliche »Neidkraftwerk« (Sloterdijk), könnte man einwenden, gäbe es keinen Leistungsansporn. Nur die Tatsache, dass man dem Nachbarn das größere Haus, das schnellere Auto neidet, führt dazu, dass man Überstunden hinlegt. Das sicherste Zeichen für den Erfolg ist es, Neid bei anderen zu erregen, deshalb wurde der Slogan des Autoverleihers Sixt für seinen Miet-Porsche, »Neid und Missgunst für

99 Mark«, auch auf Anhieb verstanden. Allerdings, wer möchte mit Angebern im Miet-Porsche Kontakt haben?

Nein, Neid ist ein durch und durch freudloses Geschäft. Rund tausend Briefe und Anrufe mit meist anonymen Hinweisen erreichen jedes Jahr allein die Finanzbehörde in Hamburg. Da geht es nicht nur um Schwarzgeldkonten in der Schweiz, sondern um Ex-Ehepartner, Freunde, Nachbarn.

Der Neid ist derart unterste Schublade, dass man nicht darin herumwühlen möchte. Früher gab es Kaliber wie Cassius und seinen Hass auf Cäsar. Heute ist da nicht mal mehr Berlusconi anzutreffen.

Acedia: Trägheit des Herzens

Machen wir uns nichts vor: Trotz aller Spendengalas und »Sorgenkind«-Aktionen sind wir, in unserer Wagenburg Europa, doch eine recht traurige Veranstaltung gefühlloser Couch-Potatoes, und wer daran noch zweifelt, zappe sich einen Abend lang durch die Privatsender. Im Ernst glauben wir an nicht viel mehr als an uns selbst und die Bundesliga-Ergebnisse. Ab und zu Bilder von erschöpften Afrikanern am Strand Fuerteventuras. Wir dagegen schaukeln überdrüssig auf der Dünung unserer Wohlstandsgesellschaft, und je besser es uns geht, desto trübsinniger werden wir.

Für Papst Gregor war der Trübsinn verwandt mit der Trägheit des Herzens. Ein Zustand innerer Leere, weit entfernt von Gott. Wer trübsinnig ist, sündigt, denn Gottes Schöpfung ist ein Grund zur Freude. Im Übrigen blockieren Überdruss und Trübsinn das Mitleiden.

Die Mönche, kluge Menschenkenner, wussten, dass die Trägheit die Wurzel aller Süchte ist, der Fresssucht, der Ruhmsucht, der Habgier, die ja nur dazu dienen, die innere Leere zu übertönen. Wenn es ein zeitgenössisches Totemtier dieser Todsünde gäbe, dann wäre es die Kunstfigur Cindy aus Marzahn in ihrem pinkfarbenen Schluffianzug, dieses bunte Zotenpolster gegen das Elend der Welt, in dem sich offenbar viele wiedererkennen, besonders die in Marzahn.

Nun ist die Seelenträgheit womöglich ein Effekt der Globalisierung, die uns jederzeit alle verfügbaren Schreckensmeldungen aus allen Winkeln der Erde zuträgt. Mit den Informationsfluten zum Elend steigt die Ohnmacht darüber. Wer fühlte sich nicht überfordert von den Bildern aus Haiti?

Drei Beispiele zum Prozess der Abstumpfung: José war 15, sein älterer Bruder Andrés 18. Sie trugen lehmverkrustete Pullover über ihren T-Shirts, Strickmützen und Handschuhe mit Löchern. Sie arbeiteten bei Temperaturen unter null in einer Silbermine nordöstlich von Lima. Ihr Schlafplatz war ein Erdloch, an die Wand war ein Poster von Maradona getackert. Eisiger Wind fegte über dieses Hochplateau in den Anden. Die Eltern der Jungen hatten sie an den Grubenbesitzer verkauft, für einen Sklavenlohn. Schufterei, oft 16 Stunden am Tag, für ein paar lausige Céntimos. In ihren Augen lag das abgestorbene Glück wie ein schwarzer Baumstrunk, ihr Leben ein dunkler, hoffnungsloser Schacht.

Jeder Reporter erlebt diese Momente, in denen sich Mitgefühl und die Ohnmacht, nicht helfen zu können, mischen. Was hätte man tun sollen? Den Grubenbesitzer entführen? Du gibst ein paar Dollar und kaufst dein Herz frei von der Scham.

Beispiel zwei: In einem Slum in Mumbai sitzt ein Verkrüppelter, hält einen Blechtopf in die Höhe und murmelt dabei Gebete. Da er aber bereits der zehnte Bettler ist, der das tut, und es heiß ist, läufst auch du weiter und verscheuchst das Gefühl des Mitleids wie eine lästige Fliege. Du kennst das Gleichnis vom barmherzigen Samariter, du weißt, wie du handeln solltest, aber dein Herz ist träge.

Beispiel drei: Nachdem ein Erdbeben die Stadt L'Aquila in den Abruzzen in Trümmer gelegt und Zehntausende Menschen obdachlos gemacht hatte, flog unser instinktsicherer Krisenhelfer Silvio Berlusconi ein. Er besichtigte bester Laune die Zelte, flirtete mit einer Rettungsärztin und machte den Opfern Mut mit dem Spruch, sie sollten die Angelegenheit als »Campingwochenende« begreifen, denn schließlich fehle es an nichts. Alle diese Beispiele wären nicht erwähnenswert, wenn es nicht diese leise Instanz in uns gäbe, die Einspruch erhebt. Wenn wir nicht tatsächlich mehr wären als nur das Produkt »egoistischer Gene«, als das uns unser naturwissenschaftlicher Metaphysiker Richard Dawkins sieht.

Albert Schweitzer, der Missionar des Mitleids, sagte: »Die Welt, dem unwissenden Egoismus überantwortet, ist wie ein Tal, das im Finstern liegt; nur oben auf den Höhen liegt Helligkeit. Alle müssen in dem Dunkel leben, nur eines darf hinauf, das Licht schauen: das höchste, der Mensch.« Der Mensch hat den Impuls zu helfen. Wo er ihn nicht verspürt, ist er krank. Die Mönche empfahlen ein Rezept gegen die Todsünde Trägheit: Man solle sie auf einen gegenüberstehenden Stuhl platzieren und mit ihr in Dialog treten. Das klingt nach moderner Gestalttherapie. Würde ungemütlich werden für unsere Cindy aus Marzahn!

Nach diesen Streifzügen durch unsere lasterhafte Gegenwart müssen wir mehrere Schlussfolgerungen ziehen. Die erste ist, dass Silvio Berlusconi für ein Klosterleben überhaupt nicht geeignet ist. Die zweite, dass wir anderen es auch nicht sind.

Die Schlange mit ihren Todsünden denkt gar nicht daran, sich aus dem Staub zu machen. Ganz im Gegenteil. Sie hat es sich gemütlich gemacht in unserem Alltag und richtet größere Schäden an, als wir es uns vorstellen konnten – wenn nicht für unser individuelles Seelenheil, so doch für die Gesellschaft.

Allerdings scheinen von Zeit zu Zeit, zumindest der katholischen Kirche, einige Auffrischungen und Spielanpassungen nötig. Statt der charakterlichen Todsünden verdammt sie nun nackte Tatsünden. An erster Stelle sieht sie den Konsum und Handel von Drogen. Es folgt – höchste Zeit – der Missbrauch von Kindern und Jugendlichen. Außerdem im Sündenkatalog der Moderne: Umweltverschmutzung, Abtreibung, Genmanipulation, Profitgier, die andere in die Armut treibt, exzessiver Reichtum. Bis auf die Sache mit der Abtreibung eine völlig unkontroverse Liste. Wer ist schon für Profitgier zu haben, die andere in die Armut treibt?

Was aber machen mit denen, die sich schuldig gemacht haben? Wie überhaupt gehen wir mit der Sünde um? Wenn wir Geschöpfe Gottes sind, hat er nicht auch das Böse in uns geschaffen? Tut sich da nicht ein Engpass in unserer Freiheitserfahrung auf?

Schuld bedeutet die Verletzung einer kosmischen Ur-Ordnung, wie sie sich in der Genesis-Erzählung vom Garten Eden spiegelt. Im Chaos nach der Vertreibung sollten religiöse Grundregeln Identität schaffen. Ihr Bruch, also die Sündenerfahrung, erzeugt Selbstzweifel, Angst, Scham. Die Psalmen sind voll davon.

Mit der Menschwerdung Gottes in Jesus ändert sich die Lage. Im Römerbrief konzentriert sich Paulus ganz auf die Schuldfrage. Die neue Freiheit wird nicht mehr von der Gemeinschaft und der Tora gestiftet, sondern durch das vorbehaltlose Vertrauen in Jesus und seine Auferstehung. Sehr viel später wird der protestantische Existenzphilosoph Søren Kierkegaard diesen Gedanken aufnehmen. Aus der Verzweiflung über die Sünde und der Angst heraus hilft nur der »Sprung« zu Gott. Der Weg aus der Schuld läuft allein über tiefempfundene Reue. Selbst unsere Rechtsprechung mag darauf nicht verzichten, ein reuiger Angeklagter kann mit Strafmilderung rechnen. Wie viel mehr gilt das für das letzte Gericht!

Die Protestanten bekennen ihre Schuld kollektiv, vor der ganzen Gemeinde. Für Katholiken bietet sich der Beichtstuhl als Ort göttlicher Vergebung an. Die Stille, das Holzgitter, das Murmeln des Priesters, der nach einigem Nachfragen – Präzision ist wichtig – sein »Ego te absolvo« spricht. »Welchen ihr die Sünden erlasst, denen sind sie erlassen«, sagte Jesus seinen Jüngern. Das alles in der Intimität der Ohrenbeichte, als persönliches Geheimnis, fernab vom Geständnistrubel bei Facebook.

»Die Beichte«. Joyce' Held Leopold Bloom lästert darüber in der Gottesdienstszene im *Ulysses*. »Jeder drängt danach. Dann will ich dir auch alles erzählen. Buße. Bestraf mich bitte ... Und ich habe geschschschschschsch. Und hast du auch gechechechecheche ... Dann kommt sie raus. Reue, hauttief. Entzückende Scham.«

Allerdings, nach der Absolution ist vor der Absolution, Sündenfreiheit auf Dauer ist dem Menschen nicht möglich, deshalb wird weiterhin jeder etwas zu erzählen haben und einen Grund, sein Gewissen zu entlasten, und wenn es nicht Gott ist, dann ist es die Gemeinschaft, die den Einzelnen zwischen Ehre und Scham stellt. Analytisch gesprochen ist das Gewissen das Über-Ich, das die zerstörerischen Triebimpulse auf ein sozial verträgliches Maß bändigt. Doch das Böse kämpft immer wieder neu um Geltung. In diesem Doppel aus Auflehnung und Reglementierung sind wir alle gefangen seit der Vertreibung aus dem Paradies, Sünde und Vergebung tanzen insbesondere in der Mediengesellschaft einen nicht unspektakulären Tango.

Die Sünde kann mit beträchtlicher Aufmerksamkeit rechnen. Und die öffentliche Beichte erst recht. Hier ein paar derjenigen, die jüngst Verfehlungen, Schwächen, Verschwiegenes öffentlich gebeichtet haben: David Letterman (Ehebruch), Tiger Woods (Ehebruch), der britische Ex-Vizepremier John Prescott (Bulimie), der »Bulle« Ottfried Fischer (Sex mit Prostituierten), Brigitte Nielsen und Kiefer Sutherland (Alkoholsucht) – dazu rund 50 000 Einträge, die Google bei der Wortkombination »öffentliche Beichte« ausspuckt.

Man sollte sich nicht täuschen lassen, die Sünde ist selbstverständlich weitaus spektakulärer als die Tugend, besonders in katholischen Gegenden. Als die Sambaschule »Viradouro« beim Karneval in Rio de Janeiro mit den sieben Todsünden durch die Avenida defilierte, rasten die entzückten Sambistas. Besonders der Wagen der Wollust wurde frenetisch gefeiert mit all den Extraladungen an nackten Tänzerinnen in lasziven Posen. Als im Jahr darauf die Sambaschule »Mangueira« mit den »Zehn

Geboten« zum Gegenschlag ausholte, war man überrascht, mit wie vielen Goldbikinis auch die mosaischen Gesetzestafeln zum Leben erweckt werden konnten.

Wie aber steht es um das Höllenfeuer, in dem die schweren Sünder auf ewig verdammt sind? »Die Hölle gibt es, aber sie ist leer«, soll Hans Urs von Balthasar, ein markanter katholischer Denker, gesagt haben. Die Sünder können mit der verzeihenden, mit der alldurchdringenden Liebe Gottes rechnen. Die Theologie spricht von der »Apokatastasis« am Ende aller Tage, wenn Gott die Welt wieder in ihren sündenfreien Urzustand versetzt. Das ist der Moment der Allversöhnung, auf den sie hoffen können.

Einstweilen werden wir wohl mit der Hölle vorliebnehmen müssen, die wir uns selber bereiten.

Das katholische Abenteuer

Ein Bekenntnis

Man wird nach dieser Buß- und Strafpredigt eines unschwer erkennen können: Ich bin katholisch, und das ist auch gut so. Ich habe mir die Sache nicht ausgesucht. Sie ist mir in mein Gemüt gelegt, von Kindheit an, so sehr, dass sie mir vorkommt wie angeboren. Eine Veranlagung. Vielleicht ist sie das auch. Tief in mir verwurzelt.

Für dieses Bekenntnis den gleichen Beifall zu kassieren wie, sagen wir, Berlins Party-Bürgermeister Klaus Wowereit, aka »der Wowi«, für das seiner sexuellen Orientierung, erwarte ich gar nicht – aber ich will ja auch keine Wahlen gewinnen. Katholizismus, ganz besonders in diesen Tagen, ist nicht mehrheitsfähig. Er ist nicht in Partylaune. Er ist im Verteidigungsmodus. Begeben wir Katholiken uns auf den Marktplatz, müssen wir zickzack rennen, denn es wird aus allen Rohren gefeuert. Doch natürlich bleibe ich katholisch. Geht gar nicht anders. Jetzt erst recht.

Die bequemere der christlichen Konfessionen ist derzeit eindeutig die protestantische. Ihre Bekenntnisse tropfen ins gesellschaftliche Gewebe in homöopathischen und jederzeit gut verträglichen Verdünnungen, ihre Pastoren sind wie alle, sie lassen sich scheiden, sie leben in schwulen Lebensgemeinschaften, sie fahren ab und zu betrunken Auto, nichts, was irgendeinen groß aufregen würde, im Gegenteil, sie werden geliebt dafür, dass sie sind wie alle. Ach was, sie werden wegen ihrer allzu menschlichen Schwächen sogar für Preise vorgeschlagen. Man kann sich in ihnen wiedererkennen. Sie holen die Menschen da ab, wo sie sind, wie man so sagt.

Und passiert mal so was wie diese dumme mutmaßliche Vergewaltigung in der Hamburger St. Petri-Kirche durch einen

Pfarrer nach einer Feier spätnachts in der Kirchenbank, dann ... beten die Gläubigen für ihren Pastor. »Herr gib uns die Kraft zu verzeihen«, titelte die *Hamburger Morgenpost*. Die Öffentlichkeit nimmt bei denen irgendwie anders Anteil. Bei uns ist das schwieriger. Uns wird die Mitgliedschaft als solche um die Ohren gehauen.

Ich bin kein Vorzeige-Katholik, aber dennoch bin ich seit neuestem so leidenschaftlich katholisch, wie ich vor vierzig Jahren Marxist war. Warum? Weil mein Verein angegriffen wird. Ohnehin halte ich reflexhaft zu denen, auf die eingedroschen wird. Darüber hinaus bedeutet Katholischsein einfach, ein spannendes Verhältnis zur Welt zu haben. Mein Katholizismus kennt keine ruhige Mittellage. Er besteht aus Zorn und Liebe, Glaube und Zweifel und bisweilen Verzweiflung über den eigenen Verein. Er ist auch die Religion der Schwärmer und Sünder, der gefallenen Geistlichen und aufopferungsvollen Heiligen, des Säuferpriesters bei Graham Greene und des Märtyrer-Landpfarrers von Georges Bernanos.

Mein Katholizismus ist übrigens nicht demokratisch. Er ist nicht konsensabhängig. Glaubenswahrheiten sind keine Abstimmungssache. Mein Katholizismus ist auf dunkle Art monarchistisch. Als Jesus von Pilatus gefragt wird: »Bist du der König der Juden?«, verweigert er stolz die Antwort. Er sagt: »Mein Reich ist nicht von dieser Welt.« Das ist so anders, dass wir es gar nicht ermessen können.

Aber dann gibt es seine Botschaft, von der ich spüre, dass sie an mich gerichtet ist. Zum Beispiel das Gleichnis vom guten Hirten, der seine Herde zurücklässt, um das verlorene Schaf zu finden. Das ist die frohe Botschaft für uns Leute auf der Klippe. Katholizismus, der besonders, ist eine Religion für diejenigen, die hinfallen und aufstehen.

Meine Frau übrigens kann sich mit dem Gleichnis überhaupt nicht anfreunden. »Was ist mit den übrigen 99 Schafen? Die lässt der gute Hirte einfach im Stich, nur weil ein einziges sich in die Büsche schlagen musste?«

»Um die macht er sich keine Sorgen, weil sie es auch so schaffen. Gott liebt eben besonders diejenigen, die sich verirrt haben.«

»Und die anderen, die sich an die Vorschriften, an den geraden Weg halten, sind nichts wert?«

»Aber die hat er doch sicher, es kommt ihm auf das schwarze Schaf an.«

»Kein Wunder, dass du die Geschichte magst«, sagt sie.

Zum Katholischsein gehört außer der Zustimmung zum Credo (und ein bisschen Bekenntnismut für den Fall, dass man beim SPIEGEL arbeitet) nicht viel: Morgens und abends beten und bei Tisch, sonntags in die Messe, einmal im Jahr zur Beichte. Das kann doch nicht so schwer sein, Leute! Ach so, die Zehn Gebote einhalten wäre prima. Also Bohlen nicht mehr anbeten als den lieben Gott. Die Eltern respektieren und umsorgen, was zunehmend wichtiger wird in unserer alternden Gesellschaft. Nicht stehlen, nicht töten, aber das regelt ja schon das BGB. Und was das Lügen angeht, das wird im nächsten Kapitel gründlich entzaubert: So nützlich ist es nämlich gar nicht.

Ich habe das katholische Abenteuer in nahezu allen Erdteilen erfahren, über Priester und Gemeinden, die sich mutig dem Elend und den Gangstern in den brasilianischen Favelas entgegenstellen, über Franziskanerbrüder in New York, die den Armen zu essen geben, über Ordensleute in Thailand, die mit Reisbauern und Kellnern den Weihnachtsgottesdienst mit Krippenspiel feiern, über singende Nonnen in Goa an Mariä Himmelfahrt.

Lauter Menschen wie weiße Elefanten. Sie sprechen von Gott. Sie sind skandalöserweise nicht von Eigennutz getrieben, sondern von der Liebe zu den Menschen und von der Mission, die frohe Botschaft weiterzugeben. Und sie werden im öffentlichen Gerede behandelt wie Idioten oder Verbrecher. Zumindest bei uns. Christopher Hitchens schrieb über Mutter Teresa ein Buch mit dem gehässigen Titel *Die Missionarsstellung*. Das ist so in etwa das Schwachsinns-Kichern, mit dem Nächstenliebe und Frömmigkeit heutzutage zu rechnen haben.

Dabei geschieht nicht nur in Kalkutta im Namen der Kirche viel Gutes, sondern auch bei uns, in den Schulen, in den Krankenhäusern, in den Pflegeheimen, ganze gesellschaftliche Räume würden ohne die Kirchen veröden, den Einsamen, den Schwachen und Vergessenen kämen der Trost und das Mitgefühl abhanden. Früher habe ich Heilige und Drachentöter bewundert, heute bin ich stolz auf diese stillen Glaubenshelden.

Und es gab auch die anderen, immer schon, die für ihren Glauben und das, was sie für richtig hielten, in den Tod gingen, nicht nur unter römischen Soldaten, auch in der Neuzeit. Katholische Bekenner wie den Journalisten Fritz Gerlich, der von den Nazis erschossen wurde. Oder die Lübecker Märtyrer, die im Sommer 2011 seliggesprochen werden. Drei junge Kapläne, die mit einem protestantischen Pfarrer wegen »Zersetzung der Wehrkraft« am 10. November 1943 von den Nazis enthauptet wurden.

Katholische Priester. Heutzutage beginnt das Spaßpublikum zu hyperventilieren, wenn es in einer Talkshow einen schwarzen Talar sieht und einen Mann, der zölibatär lebt. Die Debattenbeiträge zum Thema katholische Kirche sind eine geradezu beleidigende Unterforderung der Intelligenz, denn sie kreisen um die immer gleichen Reizthemen: Zölibat, Papst, Priester. Gleich drei Verstörungen, nämlich kein Sex, keine Demokratie, keine Gleichberechtigung. Völlig quer, der Haufen!

Übrigens auch quer zum kommerziellen Lauf der Welt. Sozialpolitisch sind Katholiken links. Der Papst schreibt mahnende Enzykliken oder Hirtenbriefe, als würde er einen Zwischenruf aufnehmen, der rund 200 Jahre alt ist: »Besteht nun die heutige Religion in der Geldwerdung Gottes oder in der Gottwerdung des Geldes?« Das ist von Heinrich Heine, doch in Wahrheit stammt die Verachtung des Mammons aus der Bergpredigt, und da weiß ich dann schon, dass mein Verein was richtig macht.

Ja, es gibt für einen debattenfreudigen Journalisten in diesen Tagen keine sportlichere Rolle als die des Katholiken, nicht erst seit den Missbrauchsskandalen, aber seit diesen besonders. Deshalb gleich vorweg: Wie jeder, der seine Tassen noch im Schrank hat und ein Gespür für Gut und Böse, bin ich empört über jeden einzelnen Fall, der geschehen ist, besonders aber über jeden Fall der versuchten Vertuschung seitens der Kirche. Aber ich bin auch empört über die 99,9 Prozent der Missbrauchsfälle, die sich außerhalb der katholischen Kirche ereignen. Noch einmal in Worten: Neunundneunzigkommaneun Prozent. Tatsächlich liegt der Anteil der Missbrauchstäter, die aus den Reihen der katholischen Kirche stammen, nach Angaben des Kriminologen Christian Pfeiffer gerade einmal bei 0,1 Prozent. Katholische Kirche ist so unendlich viel mehr als Missbrauch, doch die Kirchenkritiker drehen an diesem Punkt den Regler so weit hoch, dass alles andere ausgeblendet wird.

»Die katholische Kirche ist voller Päderasten«, rief *Stern*-Chefredakteur Hans-Ulrich Jörges, der mir in einer Talkshow gegenübersaß. Anschließend, die Sendung war vorüber und das Publikum weg, meinte er versöhnlich, er leide doch genauso wie ich unter dem schlechten Image der Kirche, weil sie die einzige Institution in unserer Gesellschaft sei, die sich noch für Werte zuständig fühle. Wo sollten die denn sonst herkommen, die Werte?

Aber, lieber Herr Jörges, zunächst mal ist die Kirche kein Pumpwerk für das Gute, wie es sich die Sozialingenieure so gern einbuchen in ihren Masterplänen für eine ethisch ausgelaugte Gesellschaft, sondern eine Glaubensgemeinschaft. Durchaus mit Werten, unter denen übrigens die Nächstenliebe und die Wahrheitsliebe weit oben stehen, aber auch so unbequeme Sachen wie Achtung vor dem Leben schon dem ungeborenen gegenüber und die Achtung vor Liebe und Treue, die durchaus Keuschheit bedeuten kann. Das sind lauter Verstörungen des gehobenen bürgerlichen Gourmet-Gewissens, lauter antibürgerliche Tumulte im behaglichen Alltag.

Der Katholizismus zielt auf die Gegenwelt. Ja, eigentlich sind wir die Sex Pistols unter den Konfessionen. Ohne dass jetzt der Sex im Vordergrund steht. Oder die Pistols. Und wir machen nicht so einen Lärm. Also, auch die Klamotten sind ein bisschen schöner. Auf alle Fälle kann man es sicher bequemer haben als Publizist. Es gibt eine sprungbereite Feindseligkeit dem Katholizismus gegenüber aus dem Juste Milieu heraus. Er wird als großangelegte Spielverderberei in der Feier des Lebens betrachtet, wo er doch eine der fröhlichsten, der kunstsinnigsten und sinnenfreudigsten Religionen ist, die es gibt – wenn man die ästhetischen Avantgarde-Katastrophen für einen Moment außer Acht lässt, die seit dem Zweiten Vatikanum über Kirchen und Andachtsräume geschwappt sind und nur kahle protestantische Innenwelten hinterlassen haben.

Der Katholizismus hat eine ausdrucksfrohe, geheimnisvolle und formbewusste Tradition, und man müsste vom Hahn gehackt sein, da erneut die Abrissbirne anzulegen, wie es Heiner Geißler für sein nächstes Buch annonciert. Der Katholizismus ist eine 2000 Jahre alte Bastion. Ein Kulturspeicher, ein Gedächtnisspeicher der Menschheit. Ist sie fehlbar, die katholische Kirche? Und ob. Jesus hat seine Kirche auf fehlbare Menschen gebaut, auf Apostel, die ihn verkauft (Judas) und verraten haben (Petrus). Und doch hat sie die Zeiten überdauert. Und sie wird weiterdauern. Schon Lenin hat prophezeit: »Ich glaube jedoch, dass unter den Trümmern der gegenwärtigen Institutionen noch die katholische Hierarchie weiterleben wird.« Sie muss.

Die größte Kirchenfeindlichkeit scheint bisweilen aus den eigenen Reihen zu kommen. Da zählt dann nur noch die Eitelkeit diverser publizistischer Gegenpäpste wie eben Heiner Geißler. Nur eine Revolution könne die Kirche retten, heißt es in einer Presse-Vorschau zu seinem neuen Buch, *Immer dieser Jesus*. Jesus wäre längst ausgetreten, meint Geißler. Weil sie, die Kirche, demokratie- und frauenfeindlich sei und so weiter.

Allerdings, das erzählte Geißler mir vor einer Maischber-ger-Sendung zwischen zwei Mettwursthäppchen, habe er das Projekt zunächst verschoben, um ein anderes vorzuziehen, ein Buch über seine Rolle als Stuttgart-21-Schlichter. Man muss Prioritäten setzen. Erst er selbst also, dann Jesus, von dem er im Übrigen so genau weiß, was er tun und wie er denken würde, dass ich den starken Verdacht habe, Geißler hofft nach seinem phänomenalen Schlichter-Erfolg nun auf einen Platz in der Heiligen Dreifaltigkeit. Stünde natürlich die Frage im Raum, wer von den anderen drei Platz macht.

Ja, wahrscheinlich sind die katholischen Betriebsnudeln und Vereinsmeier noch schlimmer als die Spötter von außen. Rechtzeitig zum nächsten Besuch des Papstes in Deutschland haben prominente CDU-Politiker mit dem Vorschlag, verheiratete Männer, sogenannte »viri probati«, zum Priesteramt zuzulassen, eine teilweise Aufhebung des Zölibats gefordert. »Aus Sorge« über den zunehmenden Priestermangel.

Allerdings nimmt die Zahl der Gottesdienstbesucher noch rapider ab als die der Priesteranwärter. Hier liegt das Drama, auf das mit keinem Wort eingegangen wird. Kann es sein, dass sie wegbleiben, weil den Kirchen im Reformeifer der letzten Jahrzehnte zunehmend das Geheimnis, die Liturgie, die Andacht abhandengekommen sind, dass einfach zu viel gewöhnliches Tageslicht auf dieser Gegenwelt liegt?

Kurz nach den Politikern meldeten sich 144 Theologieprofessoren zu Wort. Ebenfalls »aus Sorge«, diesmal über die Kirchenkrise, die der Missbrauchsskandal ausgelöst habe. Sie empfehlen unter anderem eine Lockerung des »moralischen Rigorismus«. Wie das? Sollte nicht der Rigorismus eher verschärft werden? Würde sich die winzige pädophile Minderheit unter den Priestern bei Lockerung der Moral eher dem Briefmarkensammeln zuwenden, statt sich über die Schutzbefohlenen herzumachen? Die Odenwaldschule hat wohl zur Genüge bewiesen, wie wenig eine lockere Moral geeignet ist, den Missbrauch zu verhindern!

Des Weiteren fordern die Theologen (die immerhin den Nachwuchs der deutschen katholischen Kirche ausbilden!) den üblichen, sattsam bekannten Reformkatalog ein, also eine Aufhebung des Zölibats, Priesterweihe für Frauen, den Segen für schwule Lebensgemeinschaften und die Basisdemokratie bei der Bestallung von Bischöfen und Pfarrern. Eigentlich verlangen sie den Protestantismus.

Auch von den Theologen kein Wort darüber, dass die »Kirchenkrise« in Wahrheit eine »Gotteskrise« ist, wie Kardinal Kasper zu Recht ausführte, also ein alarmierendes Verdunsten des Glaubens, dem dann doch nicht mit Verfassungsfragen begegnet werden kann, sondern nur mit einem erneuerten Bekenntniseifer. Mit galvanisierenden Beispielen wie dem, das Johannes Paul II. gegeben hat. Ach, ganz vergessen: Auch gegen ihn, den verkündungsstarken Mystiker-Papst, der das System der Gottlosigkeit, den Kommunismus, mit Kirche und Gebet bezwungen hatte, hatten Theologen ja protestiert, bereits 1989 in einem Memorandum, wegen undemokratischer Strukturen und so weiter. Wahrscheinlich ist es einfach so unter deutschen Theologieprofessoren, dass es mittlerweile als uncool gilt, von Gott zu reden statt von Memoranden.

Zurück zur Kirchenverfassung. Nehmen wir nur den Zölibat, der den katholischen Priester am augenfälligsten von seinem protestantischen Kollegen unterscheidet. Man wendet gegen ihn ein, dass ein katholischer Priester Eheleuten keinen Rat geben könne, weil ihm die Erfahrung fehle. Kann es der geschiedene evangelische Pfarrer denn besser? Die Scheidungsrate in evangelischen Pfarrhäusern ist hoch. Gibt es bei denen dann nicht viel eher das Glaubwürdigkeitsproblem, wenn sie zur Eheschließung die Formel sprechen: »Was Gott zusammengefügt hat, soll der Mensch nicht lösen«?

Der Zölibat ist offenbar eine Provokation. Warum, frage ich mich? Merkwürdigerweise respektieren wir Mahatma Gandhi, der ein dem Zölibat entsprechendes Gelübde abgegeben hat, über alle Maßen. Ebenso den ehelosen Dalai Lama.

Aber den katholischen Priester will das Saalpublikum unserer Partydemokratie immer wieder mit rhythmischem Klatschen zur regelmäßigen Triebabfuhr ermuntern, weil alles andere unnatürlich sei?! Wie eigenartig, denn gleichzeitig beklagt der *Stern* in einer Titelgeschichte, dass in deutschen Betten nichts mehr los sei. Der Zölibat ist offenbar im ermüdeten Ehe-Alltag angekommen – vielleicht weil ihm unter dem durchsexualisierten Dauerbeschuss ganz einfach die Lust vergangen ist?

Aber noch einmal: Da ignorieren hochgesinnte Einzelne nicht nur Karrieren und Wohlstand, sondern auch die geschlechtliche Vereinigung in zeichenhafter Enthaltsamkeit mit Verweis auf eine andere Welt, und wir können es nicht dulden? Hat denn nicht jede Religion ihre spirituellen Höchstleistungssportler? Wir sollten, um unserer Kirche willen, die ja auch in ihrem antimodernen Mysterium besteht, diese Frömmigkeitsartisten und Entsagungskünstler stützen, wo es nur geht – statt ihnen ständig die Ohren vollzublöken damit, was sie alles verpassen.

Die geistliche Anstrengung und Askese, die uns unsere Priester vorleben, wird nicht mit Goldmedaillen oder Schlagzeilen belohnt, obwohl sie doch um einiges bedeutsamer sind für unser Heil als eine neue Rekordzeit im 800-Meter-Lauf. Wir sollten ihnen wenigstens mit unserem Respekt danken, weil sie uns allen, mitten im Alltag, eine Ahnung geben, dass es im Leben um mehr gehen kann als darum, seine Bedürfnisse – und zwar subito – zu befriedigen.

Nicht katholische Sexualfeindlichkeit spricht aus der Tradition des Zölibats, wie immer wieder in einem groben Missverständnis behauptet wird. Den Zölibat gab es bereits im Hellenismus. Für die Kirchengeschichte lässt er sich bis in die Spätantike zurückverfolgen, ja bis zu den Briefen des Paulus, der vom »Unverheiratetsein um des Herren willen« spricht. Nach Max Weber zeichnete es die Träger des prophetischen oder künstlerischen Charismas schon seit je geradezu aus, dass sie ehelos sind.

Selbst wenn, liebe Theologen und Politiker und aufgeregte Reformaktivisten, selbst wenn der Zölibat nicht biblisch zwingend verankert sein sollte, so ist er doch tief in der katholischen Tradition eingewoben. Auch der Kölner Dom ist nicht biblisch belegt, und trotzdem machen wir kein ökumenisches Parkhaus daraus.

Von außen wird der Katholizismus samt Zölibat und Papsttum als »überwältigender Kontrastreiz« empfunden. »Auf keinen Fall darf es sich auf die altbekannte Reformagenda katholischer Kirchenkritiker einlassen«, schreibt der evangelische Probst Johann Hinrich Claussen in seinem bemerkenswerten Buch *Zurück zur Religion*. Demokratisierung, Abschleifung der Hierarchie, Aufhebung des Zölibats, Priesterweihe für Frauen, das mag für gelangweilte Betriebszugehörige mit umstürzlerischem Erlebnishunger spannend klingen. »Doch wer nur von ferne zuschaut, dem müssen solche Reformen herzlich gleichgültig sein«, schreibt Claussen. »Denn er möchte ein Gegenbild zur eigenen Lebenswirklichkeit betrachten.«

Noch einmal: Zu diesem Gegenbild gehört der Zölibat für uns Katholiken ganz zentral. Ich weiß, dass er oft missglückt. Dass er umgangen wird, dass er zu Doppelbödigkeiten, zu versteckten Familien, zu falschen Fassaden führen kann. Aber dort, wo er gelingt, hat er für mich etwas Strahlendes.

Ja, der zölibatäre Priester ist eine auratische Glaubens-Figur. Er lebt im Vorhof des Heiligen. Er lebt eine radikale Frömmigkeit und dient mit Einsatz seines Lebens und verweist auf die zukünftige Welt. Franz von Assisi und Mutter Teresa sind zölibatäre Figuren, denen weltweite Bewunderung entgegengebracht wird. Mit welchem spirituellen Heroismus die Mönche des Klosters »Notre Dame de l'Atlas« ihre zölibatäre Liebe zu den Menschen der Umgebung leben und zu Gott, und wie fasziniert das Kinopublikum des Films *Von Menschen und Göttern* davon war! Doch auch für weniger entrückte Gottesdiener, für Männer, die monastisch leben und mitten in der Welt stehen wie der Jesuiten-Pater Breulmann, mit dem ich mich kurz nach seiner Amtseinführung als Leiter der katholischen Akademie in Hamburg traf, ist der Zölibat nichts Geringeres als ein »Abenteuer«. Er fühle sich, so der Pater, ungebundener und freier, als er es könnte, wenn er für eine Familie zu sorgen hätte. Der Zölibat ist neben allem anderen eine antibürgerliche Lebensform.

Und was meine Vorbehalte gegen die Ordinierung von Frauen zum Priesteramt angeht, gibt es für mich keinen anderen Grund als wiederum den einer ehrwürdigen Tradition, in deren Urgrund das Bild von Jesus und seinen Jüngern liegt. Es waren Fischer, die ihre Netze liegen ließen und sich diesem wandernden Endzeitprediger anschlossen, der nach den Rekrutierungspassagen der Evangelien keinen Zweifel daran ließ, dass er bindungslose einzelne Männer bevorzugte und sich in einer durchaus antifamiliären Rhetorik gefiel.

Dass der Vatikan des Weiteren keine basisdemokratische Veranstaltung ist, sondern eine grandiose, feudale Zuspitzung auf den obersten Kirchenfürsten, kann doch im Ernst keinen verstören, der noch ein Sensorium für Geschichte und Glaubensfragen hat. Ist die rhetorische Brillanz und menschenkluge Tiefe einer Enzyklika wie *Deus caritas est* (Gott ist die Liebe) etwa der Kompromissformel einer Stuttgart-21-Schlichtung unterlegen oder die Schönheit der Petersbasilika dem Sitzungssaal eines Rathauses?

Wer einmal mit Zigtausenden anderen aus der Umarmung der Bernini-Kolonnaden rund um den Obelisken hinaufgeschaut hat zur Balustrade des päpstlichen Palastes und den Mann in Weiß den »Urbi et Orbi«-Segen spenden sah und den Ostergruß in Dutzenden von Sprachen und die Freudenrufe aus buchstäblich allen Teilen des Erdkreises gehört hat, diese polyphone Glaubenssinfonie aus Stimmen und Gebeten, der weiß, dass die katholische Kirche tatsächlich Weltkirche ist und nur durch den Einzelnen an der Spitze sicher durch die Zeiten geführt werden kann. Und nicht durch eine proporzbesetzte Kommission mit Klarsichthüllen und Aktenordnern.

Die Mitgliederzahlen der katholischen Kirche schrumpfen, das ist richtig. Allerdings nehmen sie bei den demokratischen, liberalen, zeitgeistigen Protestanten noch dramatischer ab als bei uns, was eindeutig gegen all jene Modernisierungen spricht, die der katholischen Kirche immer wieder vorgeschlagen werden von Werbe-Fachleuten, die sich ansonsten selten in ein Gotteshaus verirren.

Ein paradoxes Bild: Die Kirchen bluten aus, gleichzeitig steigt die Sehnsucht nach Orientierung, nach Standpunkten, nach Glaubwürdigkeit. Über die eigene religiöse Position redet man – anders als in den USA – in unseren Breiten nicht gerne, das scheint sich nicht zu gehören. In seinem Bestseller *Wofür stehst Du?* bekennt Giovanni di Lorenzo im vorletzten Kapitel, dass er Katholik sei, das aber als Privatsache behandelt sehen möchte. Warum?

Sicher, die fröhliche, unkomplizierte religiöse Raufbold-Welt von Don Camillo und Peppone ist endgültig dahin. Zwar gibt es Peppones ungläubige KP mit den Stalinporträts nicht mehr, aber auch Don Camillos Glaubenswelt existiert nicht länger, in der er vor dem Gekreuzigten steht und zu ihm aufschaut wie zu einem guten Freund und immer mal wieder von dessen sanfter Stimme auf den Weg der Tugend zurückgeholt wird. Denn Don Camillo stürzt sich gern in eine Prügelei für seinen Glauben. Allerdings gibt es auch das nicht mehr. Glaubensstreit mündet heutzutage gleich in Dynamit, Terror und globale Vernichtungsfantasien.

Dennoch, wenn ich mir die Verzerrungen und Gehässigkeiten gegen die Kirche in unserem Medienzirkus anschaue, kann ich mir vorstellen, wie Don Camillo in seiner Dorfkirche vor dem Kreuz zu beten: Lieber Herr, Du bist groß und allmächtig und allwissend, können wir nicht bitte dem oder dem mal aufs Maul hauen, ab und zu mal Tische umstürzen in den Tempeln unserer Tage, den Fernsehstudios, natürlich NUR IN WORTEN!, Händler hinausjagen, dem Zerstreuungs-Schwachsinn unserer Tage genauso den Kampf ansagen wie der alles überlagernden Geldgier?

Haben wir nicht gebüßt für unsere Schuld? Die schrecklichen Missbrauchsfälle der 50er, 70er und 80er Jahre werden gesühnt, langsam zwar, aber stetig und konsequent. Sie sind nicht die einzigen, aber in unserem Laden, da hat der Papst recht, ist es besonders verwerflich, denn wir sollten mit leuchtendem Beispiel vorangehen.

Doch das andere, das uns in jeder zweiten Talkshow von blondierten Kabarettnudeln und sozial engagierten Tatort-Kommissaren und grünen KirchenkritikerInnen zur Neuvorlage hingelegt wird, die Kreuzzüge nämlich, die liegen tausend Jahre zurück. Und jetzt mal unter uns, Herr, im Ernst, es waren doch zuerst die Muslime, die Jerusalem und die heiligen Stätten erobert hatten mit ihren Krummsäbeln, Du bist Zeuge, und im Übrigen, warum wird den Protestanten dieser Vorwurf nie gemacht? Nur weil es sie noch nicht gab?

Und gibt es nicht derzeit eher Kreuzzüge gegen uns, auf der ganzen Welt? Mit Bomben und Gewehren in Ägypten, im Sudan, in Pakistan? Doch die werden von unseren demokratischen Dauertalkrunden übersehen, denn dass Christen Opfer sein könnten, passt nicht auf die Platte, die in unserer Gesellschaft am liebsten aufgelegt wird und die beim Täter-Christen einen Sprung hat.

(Nicht vergessen, ich bin im Moment Don Camillo!)

Kommen wir zu den Hexenverbrennungen. Mittelalterlich? Nein, die Kirche hatte den Hexenglauben verboten. Hexenverbrennungen sind eine Erfindung der frühen Neuzeit, und sie blühten besonders prächtig auf in protestantischen, später puritanischen Gegenden, wie in Salem. In Spanien hat die katholische Inquisition die Hexenverfolgung verhindert.

Allerdings kümmert man sich in unseren Talkshows auch eher wenig um die jüngsten Exzesse der Hexenverfolgung, im Kongo, in Tansania, in Südafrika, wo es zu Hunderten, ja Tausenden Hexenmorden gekommen ist. Es waren die Kolonialmächte, insbesondere die christlichen Missionare, die die Hexenverfolgung untersagt hatten. Nun, mit Erkämpfung der Unabhängigkeit und Vertreibung der Missionen, wird nachgeholt, was liegen geblieben ist.

Fazit, Herr: Deine Kirche ist zahm und zivil und aufgeklärt, und Dein Stellvertreter auf Erden spricht mit so sanfter Stimme (wenn auch nicht ohne imponierende Konsequenz und Unerschütterlichkeit), und der antikirchliche Lärmpegel ist so gewaltig, dass ich durchaus Lust hätte auf eine lautstarke katholische Konterrevolution.

Und dann warte ich, bis der Anfall vorüber ist. Schlimme Sache, aber es ist nun mal so: Ich denke katholisch, ich fühle und lache und wüte katholisch, ich sündige, ich beichte, ich schaue katholisch auf die Welt. Die lutherische Schreckenstheologie war mir immer fremd. Der Gedanke daran, dass ich selber gar nichts tun kann, um in den Himmel zu kommen, sondern vollständig von der Gnade Gottes abhänge, ließ mich von jeher schaudern. Meine Schuld wäre nie abzutragen. Es ist der finsterste Teil der Augustinischen Erbsünden-Theologie, den Luther übernommen hat.

Deswegen bin ich gerne katholisch, und da diese Welt so überraschend religiös aufgeladen ist, werde ich ständig daran erinnert, dass ich katholisch bin und nicht, sagen wir, moslemisch. Ich habe im Koran gelesen und war weniger beeindruckt als Goethe. Ich fand die Beschreibung der Höllenqualen für die Ungläubigen auf Dauer ermüdend und die Himmelsekstasen für die Gerechten übersüßt. Dann schon lieber die psychedelischen Delirien aus der Johannes-Apokalypse. Ansonsten: not my cup of tea, auch wenn mir Elemente aus dem Alten und dem Neuen Testament wie die jungfräuliche Empfängnis bekannt vorkommen.

Ich bin katholisch. Punkt.

Da ist zum Beispiel die Debatte über den Plan, in Manhattan, New York, 250 Meter von Ground Zero entfernt, eine 100-Millionen-Dollar-Super-Moschee samt islamischem Kulturzentrum zu errichten. Und rums – ich reagiere in meinen Vereinsfarben: katholisch.

Sicher hat die betreffende Moslem-Bruderschaft das Recht auf einen Moscheebau. Dennoch halte ich diesen Plan für, um es vorsichtig auszudrücken, emotional nicht sehr intelligent.

Um nicht zu sagen: unsensibel. Um nicht zu sagen: provokativ. Andere denken ebenso. Widerstand bildet sich. Worauf der für den Plan verantwortliche Imam prompt meint, dass es die moslemischen Gläubigen in allen Teilen der Welt sehr erzürnen würde, wenn es den Gegnern der Moschee gelingen würde, sich mit einer Baublockade durchzusetzen. Und wir wissen, wie furchteinflößend es sein kann, wenn der Islam sich ärgert. Und das wiederum ärgert mich. Doch nicht nur mich.

Hani Shukrallah, Chef der englischsprachigen Internetseite »Ahram Online« in Kairo, schrieb nach dem Anschlag auf die christlichen Kopten in Ägypten: »Ich klage jene unter uns an, die sich lautstark über die Entscheidung empört haben, dass der Bau eines muslimischen Zentrums in der Nähe des Ground Zero in New York gestoppt werden sollte, und auf der anderen Seite applaudieren, wenn die ägyptische Polizei den Bau eines Treppenhauses in einer koptischen Kirche im Kairoer Omranya-Bezirk zum Stillstand bringt.«

Was den Terrorangriff von 9/11 angeht, der rund 3000 Todesopfer gekostet hat, vergaß der New Yorker Imam übrigens nicht, hinzuzufügen, dass dieser Massenmord auch mit der »amerikanischen Politik« zu tun gehabt habe. Gut, dass das mal klargestellt wurde und damit jeder Zweifel daran ausgeräumt, dass er als Hausherr der Moschee eventuell das mörderische Attentat vom 11. September gutheißen könnte.

Aber zurück zu mir und meinem katholischen Gemüt. Zurück in die 50er Jahre, als der Katholizismus eine Volksreligion war.

Eine katholische Education sentimentale

Ich war das Jesuskind. Ich lag in einem Korb. Ich spürte Stroh. In jenen Tagen lag ein Glanz über uns, denn Deutschland war Fußballweltmeister gewonnen. Ich lag nicht in einem Stall, sondern einer schon ganz properen Zwei-Zimmer-Nachkriegs-

Wohnung in Münster, der rabenschwarzen Bistumsstadt. Der Katholizismus war Leitkultur, die Auflage des *Rheinischen Merkur* lag bei 200 000, und ich war einige Monate alt und bekam von all dem nichts mit. Aber vom Lichterglanz, von Wärme, von Feierlichkeit.

Zurück zum Kind in der Krippe. Denn das war meine Rolle als Neuankömmling in unserer an Kindern gesegneten Familie. Die beiden älteren Brüder waren Josef und Maria, der dritte spielte einen Hirten und hatte mit Ochs und Esel und offensichtlich Hunderten von Schafen alle Hände voll zu tun. Zwei Jahre später war ich eines der Schafe, weil mein jüngerer Bruder die Titelrolle erhalten hatte, völlig unverdient, denn er hatte bis dahin nichts weiter geleistet als blöde herumzuliegen. Hätte er nicht wenigstens die nächste Weltmeisterschaft schon mal vorbereiten können?

Unsere Kindheit war vom Kirchenkalender bestimmt und vom Fußball. Und vom Gebet. Wir beteten zu Tisch. Wir beteten abends den Rosenkranz. Dabei knieten wir vor unserem

Hausaltar, der aus Kreuz, Madonna, Kerze und einem Triptychon des Niederländers Dieric Bouts bestand: eine Anbetungsszene in der Mitte, links Johannes der Täufer mit einem Lamm, rechts Christophorus, der durch einen reißenden Strom schreitet, den kleinen Jesus auf den Schultern, segnend. Ich fand es waghalsig. Dann wiederum machte Christophorus einen vertrauenerweckend robusten Eindruck.

In der Zeit zwischen den Gebeten spielten wir Fußball in unserem Garten, jetzt in Oberhausen-Osterfeld. Er lag in der Nähe einer Zeche, was an Tagen, an denen der Wind schlecht stand, dazu führte, dass meine Mutter die zum Trocknen aufgehängte Wäsche noch einmal waschen musste, und zwar mit Hilfe eines großen anzuheizenden Bottichs und eines Rührprügels. Wenn sie nicht gerade von der Anstrengung erhitzt den Knüppel in der Hand hielt, sah sie der heiligen Maria sehr ähnlich.

Ich half ihr beim Aufwickeln der Wolle, nachdem wir zuvor alte Pullover aufgeribbelt hatten. Daraus wurden dann neue gestrickt auf einer dieser praktischen Nachkriegs-Wiederaufbau-Strickmaschinen. Der Ehrgeiz war, alle fünf Söhne zu Weihnachten mit einer jeweils neuen Pullover-Kreation zu beschenken. Wobei das jeweils Neue dadurch auftrumpfte, dass es gleich in fünffacher Ausführung vorlag, also wiederum zur Uniform wurde. Das, so lernte ich später, soll durchaus praktisch sein bei Katastrophen: Der Clan findet sich schneller wieder, und nur wenn er zusammenbleibt, hat er Chancen, durchzukommen.

Frank Schirrmacher hat ein überzeugendes Buch darüber geschrieben, mit dem Titel *Minimum*. Ich stellte es im SPIEGEL in einer Titelgeschichte vor, und in der redaktionellen Hausmitteilung zeigte die Redaktion ein Foto aus den Tagen unseres Rudels mit identischen Pullovern. Der Zeitschrift *Emma* genügte ein Blick darauf, um sich sofort zu einem mitfühlenden Editorial aufgerufen zu sehen, der arme Kleine da, der Zweite von rechts. Was musste er ertragen!

Ach nee, *Emma,* eigentlich war es schön. Es gab zwar immer nur Eintopf und Rote Beete, aber meine Mutter war eine wunderbare Vorleserin. Und überhaupt: Freitags gab es Fisch und an manchen Feiertagen Schweinebraten mit Klößen. Vor allem aber gab es viel Liebe und Anregung und Spiel, und wenn wir uns zwischendurch die Köpfe einschlugen, hieß das noch lange nicht, dass wir uns nicht liebten.

Ich kann nicht garantieren, dass ich beim Beten des Rosenkranzes kniend vor dem Hausaltar immer voll bei der Sache war, besonders bei »HeiljeMariamuttergottes bittefürunsSünder jetzuninnerStundeunseresTodes Amen« schwenkte

ich weg, denn klar war ich Sünder, aber
die Stunde meines Todes schien mir
noch lange hin. Zunächst galt es für das
Nahziel zu beten, für die nächste WM
oder Spiele von RotWeiß Oberhausen.
Wir beteten zu allen möglichen Anlässen. Vor Reisen zum heiligen Christo-
phorus. Beim Verlust von Schlüsseln oder Portemonnaies
zum heiligen Antonius. Einst verlor mein Vater im Urlaub die
Brille im Meer. Wir versammelten uns zum Antonius-Gebet
am Strand. Danach ging er wieder in die Wellen, griff in die
braune Brühe und hielt die Brille in der Hand. Ein Wunder,
und ich war dabei!

Natürlich holten wir uns den Blasius-Segen ab, der gegen
Fischgräten im Hals gut war, ein äußerst spannender Segen,
denn dabei wurden zwei Kerzen vor dem Hals gekreuzt. Wenn
dann in den Heiligenlitaneien Hundertschaften an meistens
obskuren lateinischen und altdeutschen Namen Revue passier-
ten, gab es doch immer auch großes Hallo und Wiedersehens-
freude mit Heiligen-Bekannten aus unserem Alltag.

Der Besuch der Sonntagsmesse wurde vorbereitet wie ein
feierlicher Opernbesuch. Eigentlich begann es schon am Samstag, mit der Badewanne und der Beichte. Sonntags dann die
Galakleidung. Lange Hose, weißes Hemd, spannend, man sah

darin aus wie die Großen. Die Sonntagsmesse war so
selbstverständlich Pflicht wie die zahlreichen Marien-
andachten. Natürlich nahmen wir an den Fronleich-
namsprozessionen teil und streuten Blumen vor den
Altären aus und trugen das Kreuz durch Straßen und
Wege und Fluren und Auen, sofern es in die Ferien-
zeit fiel.

Die Osternächte waren im Kerzenlicht erstrah-
lende festliche Höhepunkte. Wie geheimnisvoll das
»Lumen Cristi« in der noch dunklen Kirche, dann
weitere Kerzen, schließlich ein funkelndes Kerzen-

meer. In Mexiko habe ich, Jahrzehnte später, die Osternacht mit Feuerwerk und Krachern in der Kirche erlebt: Die Gläubigen freuten sich lärmend, dass Christus erstanden war, sie freuten sich über ihr eigenes Leben wie Kinder, wie ich mich freute, und die Kracher dienten auch dazu, die finsteren Geister und Dämonen zu vertreiben, die sich in den Schatten der Gewölbe verborgen hielten, denn Glaube und Aberglaube sind oft nicht weit voneinander entfernt.

Am Ostersonntag, nach dem Hochamt, segneten wir unsere Wohnung ein. Wir Kinder trugen Kerzen, Vater marschierte mit einer Weihwasser-Amphore hinterher. Spä-ter, als wir einen Fernseher hatten, knieten wir uns davor, um den Papst-Segen »Urbi et Orbi« zu empfangen, der einen kompletten Erlass der Sündenstrafe bewirkte, auch vor dem Fernseher!

Versunkene Welt. Man kann sie nur mit Verwunderung schildern. Was sie einem Psychologen womöglich erzählt, ist: Religionsvergiftung erschwerten Grades. Was sie mir erzählt, ist, dass ich eine glückliche und beschirmte Kindheit hatte. Es gab tatsächlich einen lieben Gott, aber auch einen strengen, der alles sieht. (Was später in der Pubertät irgendwann lästig war, denn man wollte ja auch mal allein sein.) Es gab Schutzengel, die auf mich aufpassten. Es gab Gut und Böse, es gab die Madonna, die der Schlange den Kopf zertritt. Dieser Kinderglaube hat ein Reservoir angelegt wie einen unterirdischen See. Der mochte im Laufe des Lebens teilweise verschüttet werden, doch er war stets da.

Kürzlich wurde ich auf einem Seminar gefragt, ob sich mein Gottesbild im Laufe der Jahre gewandelt habe. Einer der anwesenden evangelischen Pastoren hatte das Buch *Gott 9.0* in der Hand gehabt, in dem den Gottesbildern Farben und Stufen zugeordnet werden, von Beige über Blau bis hin zu Türkis, von der Mutterbrust über den Schöpfergott (mit Jesus als Gottessohn) bis hin zu Gott als »Geist« und »pulsierender Prozess«

samt einem »kosmischen Christus«, der ein »musterbildendes Fraktal im Universum« ist. Ich musste mir (und den anderen) eingestehen, dass ich bei Blau, also ziemlich weit unten, hängen geblieben bin. Bei meinem Kindheitsglauben. Aber ich bin in guter Gesellschaft. Es ist wohl so, wie der große katholische Philosoph Spaemann sagte: Für ihn war da der Glaube der Kindheit, und all das spätere Nachdenken bedeutete nur, dass dieser Glaube vertieft und befestigt wurde.

Meine religiöse Kindheit war anregend, abenteuerlich, theaterhaft. Unsere Rollenmodelle waren die Heiligen. Ich war stolz auf meinen Namenspatron, den Apostel Matthias, der für den Verräter Judas aufgenommen wurde. Matthias wurde später, in Trier, von einem römischen Legionär enthauptet. Wie romantisch. »Du wirst später entweder Verbrecher oder Heiliger«, sagte mein Vater zu mir. Ich konnte mich lange nicht entscheiden, beides schien reizvoll zu sein. Im Übrigen gab es genug Verbrecher (und Christenverfolger), die zu Heiligen wurden. Abenteurer waren sie alle. Da war zum Beispiel Johannes der Täufer, der bekanntermaßen in der Wüste von wildem Honig lebte. Also organisierte ich mir mit meinem jüngeren Bruder ein Glas Blütenhonig aus dem Küchenschrank, dann setzten wir uns konspirativ in unsere »Laubhütte«, die wir mit ein paar Blätterzweigen im Sandkasten markiert hatten. Die Heuschrecken ließen wir aus. Ich hatte das Gefühl, ich müsse etwas Bedeutendes, etwas Aufrüttelndes verkünden, aber mir fiel nichts ein, was sich auch nur entfernt anhörte wie: »Es wird aber einer nach mir kommen ...« oder »Kehret um ...«. Wir brachen den Versuch dann vorzeitig ab, weil man uns und das Honigglas entdeckte und uns wie gewöhnliche Kriminelle behandelte. Unschön.

Unsere Kindheit war gleichzeitig frommer Hokuspokus und von hoher religiöser Innigkeit, sie bot eine lebenslustige katholische Sinn-Folklore. Meine Seele war eine dramatisch beleuchtete barocke Landschaft, die aus Sonne und

Wolken bestand, dem lieben Gott und gerüsteten Erzengeln mit Flammenschwertern und eben den Heiligen mit ihren abenteuerlichen Lebensläufen, die schon Goethe faszinierten. »Man möchte doch wohl gut heißen, daß es so viele Heilige gibt«, schrieb er.

Der Katholizismus, mit dem ich groß wurde, war in eine faszinierende Formensprache gehüllt. Heute ringt er um Form und Fassung. Und er versucht zaghaft wieder, die alten Quellen anzugraben, weil er spürt, dass die Form auch gleichzeitig Inhalt ist und Riten ihre eigene innere Wahrheit haben. Ich glaube, dass Martin Mosebach recht hat mit seiner Warnung vor einer »Häresie der Formlosigkeit«. Der Katholizismus besitzt in seiner gewordenen Formensprache ein grandioses kulturelles Gedächtnis, und bei allen notwendigen Reformen des Zweiten Vatikanischen Konzils kann es für mich keinen Zweifel geben, dass es in der Zeit danach in der Zertrümmerung der Form zu weit gegangen ist. Dass der Heilige Vater die tridentinische Messe nun wieder zulässt, halte ich für eine wichtige Korrektur, da sie das Bekenntnis zu einer kirchengeschichtlichen Kontinuität enthält.

Bei dieser Gelegenheit: »Heiliger Vater« – was ist das allein für eine wunderbare Anrede in einer vaterlosen Gesellschaft, wie altmodisch würdevoll auf diesem ordinären Rummelplatz, auf dem wir heute unser Leben einrichten.

Messdiener sein, das war mein erster Berufswunsch. Meine älteren Brüder waren Messdiener, da wollte ich hin. Raus aus der Bank, hinein in den Altarraum, hinauf auf die Altarstufen, dorthin, wo das Allerheiligste ist, das Geheimnis schlechthin. Ich wollte mitwirken, auf welche Art auch immer. Bis es so weit war, übte ich, damals, in den späten 50er Jahren. Meine Mutter hatte uns Kutten genäht, in denen spielten wir Messe, mein jüngerer Bruder und ich. Einer der älteren machte den Priester. Wir sprachen die Stufengebete auf Lateinisch, und derjenige, der den Priester darstellte, beschränkte sich auf effektvolles Murmeln, während er sich über das Gesangsbuch beugte, denn er hatte ganz sicher kein römisches Missale.

Es war die Zeit vor dem Zweiten Vatikanum, die Priester wandten den Messdienern und der Gemeinde den Rücken zu, und alle schauten hin zum Tabernakel, der im Hochaltar untergebracht war. Wie geheimnisvoll und wie heilig das war. Messdiener zu sein bedeutete, teilzuhaben, viel näher, als es von der Bank aus

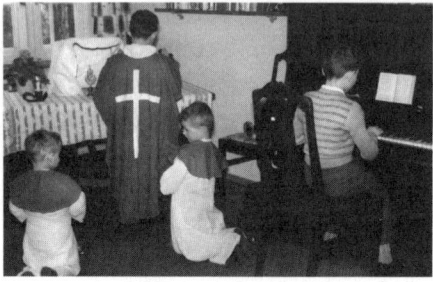

möglich war. Ich konnte die lateinischen Stufengebete – die man so nannte, weil sie zu Beginn der Messe mit dem Priester kniend auf den Altarstufen gesprochen wurden – schnell auswendig, konnte sie wie im Schlaf, denn ich hatte genug Gelegenheit, sie zu üben. Messdiener zu sein war abenteuerlich und gefährlich: Während eines Hochamtes durfte ich, zum ersten Mal, das Weihrauchfass schwenken. Ich war stolz. Weihrauchschwenken ist die womöglich älteste und heiligste aller sakralen Verrichtungen, ganz sicher älter als das Christentum. Es hat mit Schauer und frühgeschichtlicher Ergriffenheit und Ekstasetechnik zu tun. Das Weihrauchfass hing schwer und silbern an den drei Kettenführungen, die in einem Griffring rund einen Meter oberhalb des durchbrochenen Deckels endeten. Aus dem silbernen Deckel stiegen mit jedem Schwenken zarte weiße Wolken auf, hinauf zu Gott. Vorbei an meiner Nase. Ich nehme an, dass dies der Moment war, in dem ich zum ersten Mal mit einem Zustand von Trance und Bewusstseinsveränderung zu tun hatte, was einst sicher der Sinn von Weihrauch war. Augenzeugen berichten, wie ich kalkweiß wurde, aber noch die (schwindende) Konzentration besessen hatte, das Fass abzustellen. Danach ging ich puddingweich in die Knie.

Natürlich half uns mein Vater beim Ausfüllen unserer Beichtzettel, was für ihn den praktischen Nebeneffekt hatte, dass er sich über unsere Verfehlungen auf dem Laufenden halten konnte. Allerdings haben wir schnell Überlistungstechniken entwickelt, das heißt, wir beichteten erst später im schützenden Beichtstuhl zusätzlich alles das, was wir in der Vorbereitung mit dem Vater ausgelassen hatten. Trotz dieser kleineren Manipulationen war mir das Beichten als schönes und ernstes Ritual der Selbstbegegnung und Gewissenerforschung und Entlastung merkwürdig lieb. Tatsächlich fühlte ich mich erleichtert, wenn ich den Beichtstuhl verlassen und meine drei Vaterunser zur Buße gebetet hatte. Und so viel und schwer hatte ich nun wirklich nicht gesündigt. Das Ruchloseste war der Diebstahl von zehn Pfennig aus Mutters Portemonnaie, die in Kaugummi umgesetzt wurden, also streng genommen straffreier Mundraub. Oder?

Heutzutage gibt es Beichtzimmer. Man sitzt sich gegenüber und führt ein Gespräch. Aber ich will meinem Beichtvater nicht ins Gesicht schauen. Ich will meine Last loswerden, durchs Holzgitter, ich will die Stimme hören und in mich hineinschauen, ich will die Ohrenbeichte.

Der Katholizismus damals, in den frühen 60er Jahren, war eine machtvolle und allumfassende Lebenswelt. Katholisch war überall. Die Christmetten feierten wir im Skiurlaub in dem kleinen Tiroler Kaff Fiss, das heute eine mondäne alpine Wellness- und Pistenlandschaft ist. Damals hingegen: ein paar Dutzend Familien, im Stall beim Bauern das Krippenspiel, und in der ungeheizten Dorfkirche war das Weihwasser im Becken gefroren.

Die Spaziergänge führten an unzähligen Wegrandkreuzen vorbei. Unsere Wanderungen waren religiöses Trainspotting, nur dass die Kreuze feststanden und wir uns bewegten. Die Regel war, dass Christus unter einem kleinen Bretterdächlein hing, die Mutter Gottes dagegen in ummauerten Vitrinen stand, was meine Zustimmung fand – schöne Frauen sollten es besser haben.

Jesuiten-Pater Leppich, das »Maschinengewehr Gottes«, ging bei uns ein und aus. Der Mann füllte mit seinen Predigten in jenen Jahren Fußballstadien. Mein Vater predigte ebenfalls gern, auch als Politiker. In Oberhausen war er, als CDU-Mitglied, unter der legendären SPD-Bürgermeisterin Luise Albertz Stadtrat für Familie, Gesundheit und Soziales. Er war also der Verantwortliche für »Gedöns«, würde Gerhard Schröder sagen. Doch das Gedöns war in den 50er Jahren ein Kernressort. So viel Familienpolitik war nie, und mein Vater war Aktivist.

Der Vater

Er war, was die soziale Frage anging, eindeutig im linken Flügel der CDU angesiedelt, und er lebte die christliche Soziallehre tatsächlich konkret. Häufig saßen Gäste aus dem »Lager Zementwerk«, einer städtischen Obdachloseneinrichtung, bei uns am Mittagstisch. Allerdings hatte die Sache für sie ihren Preis. Sie mussten ein längeres Tischgebet und eine regelrechte Predigt über sich ergehen lassen, aber mein Vater war in ihren Augen absolut einer der Ihren, seit er mal eine Nacht dort bei ihnen im Lager in einem Doppelstockbett geschlafen hatte. Die Schuhe, so hatten ihm Veteranen erklärt, band man an den Pfosten fest, damit sie nicht geklaut würden. Mein Vater brachte uns Kindern vor allem bei, keinen Dünkel zu haben.

Ich denke mit Liebe und Respekt an meinen Vater zurück. Oh ja, er war streng, bisweilen sogar jähzornig, es gab tatsächlich auch Hiebe auf den Allerwertesten, wenn wir was angestellt hatten, und das kam bei fünf Jungen oft vor. Er kannte es nicht besser, kannte es nicht anders, wie er mir einige Zeit vor seinem Tod gestand. Es tat ihm aus tiefstem Herzen leid. Ich habe ihm verziehen. Auch er war nach dieser Maxime erzogen worden: »Vater schon die Rute nicht, sonst wird dein Kind ein Bösewicht.« Heute nennt man das Misshandlung.

Mein Vater. Seine Jugend war die eines armen Schneiderkindes unter sieben weiteren Geschwistern im Berlin der 20er Jahre. Natürlich waren er und seine Brüder in der Pfarrjugend von St. Ansgar in der Altonaer Straße aktiv. Eine große Gemeinde mit rund 20 000 Gläubigen. Unter seinen Hinterlassenschaften

habe ich in einer alten Aktentasche Belege aus dem Gemeindeleben gefunden, Vorträge, die er als Halbwüchsiger gehalten
hat, auch Pfarrmitteilungen über Rosenkranznachmittage und
liturgische Kalendernotizen. Da sind beschwörende Appelle
wie der aus dem Jahre 1938, das Weihnachtsfest nicht als Mar-
zipan- und Geschenke-Orgie zu verstehen, sondern als den
tatsächlich »dramatischen Einbruch in die Geschichte«. Dann
das trotzige Bekenntnis: »Diese Weihnacht kann uns niemand
rauben«, kein Nazi-Blockwart, kein Parteiaufmarsch.

Dramatische Zeiten. Mein Vater und seine Brüder lieferten sich Saalschlachten mit der Hitlerjugend. Sie verachteten
sie. Und die Schwestern hatten Angst, besonders, als die jüdische Nachbarfamilie abgeholt wurde. Sie hörten die
Schreie ihrer Spielgefährtinnen, nächtelang weinten
sie. Wo war Gott in diesen Zeiten? Die Kirche bot
Halt, sie bot einen religiösen Alltag in finsterer, gott-
ferner, bestialisierter Zeit, sie bot der Seele Raum.

Die Mutter war früh gestorben. Mein Vater hatte
ihr vor ihrem Tod das Versprechen gegeben, Priester
zu werden, und er schien sich schon früh auf eine
Karriere als Prediger und Zeitkritiker vorbereitet zu haben. Ich
habe einen in Sütterlin abgefassten Aufsatz vor mir, in dem er
zwei Frauenfiguren miteinander vergleicht: Die heilige Maria
Ward, die englische Ordensgründerin aus der Zeit des Dreißig-
jährigen Krieges, und die Filmdiva Zarah Leander. Er spricht in
dieser Arbeit von Menschen, denen »das Leben mehr bedeutet
als Essen, Trinken und Schlafen, und mehr als Ruhmhasche-
rei und Ehrgeizbefriedigung, denen vielmehr das Leben die
Erfüllung einer Sendung vorschreibt«. Er hat darin sein eigenes
Lebensprogramm niedergelegt, und das hat er versucht, mit
wechselndem Erfolg, an seine Söhne weiterzutragen.

Ja, er war streng. Aber er las auch vor, liebte Streitgesprä-
che. Er war der Mannschaftskapitän beim Fußballspiel gegen
die weitverzweigte Verwandtschaft. Er lief mit uns im nahen
Stadtpark. Er ging morgens mit uns in die Badeanstalt. Im Som-

mer begaben wir uns auf ausgedehnte Radtouren, im Winter
wurde Ski gefahren. Sport war Teil der Erziehung von frühster
Kindheit an.

Das und Bücher. Wir liehen in der Stadtbücherei alles aus,
was im weitesten Sinne als pädagogisch einwandfrei durchgehen konnte, das waren die *Fünf-Freunde*-Romane von Enid
Blyton, das konnte auch Karl May sein, den er selber als Junge
gelesen hatte und der voll auf der Linie lag, denn irgendwann in
Winnetou III lernt die edle Rothaut, dass es neben dem Großen
Manitou noch einen Größeren gibt.

Mit seinem Willen zur Volkserziehung trieb er es weit. Er
rief die Aktion »Wertvolles Buch« ins Leben, in der man die
»bunten Heftchen« eintauschen konnte gegen richtige Bücher,
also McDonald's gegen eine richtige Mahlzeit. Unser katholischer Kosmos war so einfach und farbig wie ein Katechismus-
bildchen, es gab den verdammt schmalen Pfad der Tugend, der
sich steinig himmelwärts wand, und es gab die breiten Auto-
bahnen in die Hölle, den Highway to Hell, den ich mir für
später aufhob.

Himmel und Hölle und das Fegefeuer, das waren unsere
Fantasy-Welten. Wer hätte gedacht, dass es diese ein paar Jahrzehnte später im Computer geben würde, mit edlen und durchaus heiligen Helden in Rennaissance-Spielen wie »Assassin's
Creed«, mit Geschwadern an Drachen und geschupptem Höl-
lengewürm wie aus Bildern von Hieronymus Bosch.

Ich glaube mit Safranski, dass die religiöse Vorstellungskraft
in einem ungeheuren Maße von den Ersatzreligionen der Fantasy-Welten geschwächt wird, weit mehr, als wir es uns überhaupt vorstellen können. Unser metaphysisches Talent nimmt
ab, weil das »Bewohnen virtuell anderer Räume so ein trivialer
Massensport« geworden ist (siehe Seite 151). Wir, besonders
aber unsere Kinder, sind mittlerweile anthropologisch umge-
baut. Wir leben in einem Schwebezustand zwischen Realität
und künstlich erzeugten Bildern. Wir sind gleichzeitig weit
mehr ins Fantastische hinausgelehnt und weit weniger in

den Himmel. Wir sind abergläubischer, aber weit weniger glaubensfähig.

Die 50er Jahre und die frühen Sechziger gründeten in einer Glaubenswelt, die sich mit dem allergrößten Selbstbewusstsein auf Traditionen berief. Namen, die bei uns zu Hause fielen, waren Karl Rahner, Luise Rinser, Romano Guardini. Der Letztere war den Nazis und ihren Mythisierungsversuchen des Christentums mit der Schrift *Der Heiland* mutig entgegengetreten, während Luise Rinsers Widerstandsvita, wie sich jetzt herausstellte, doch eher ein nachträgliches Konstrukt war.

Romano Guardini wurde uns oft vorgelesen. Immer wieder forderte er, das Christentum zu leben, es praktisch werden zu lassen. Er war unter den Vorbereitern des Zweiten Vatikanischen Konzils. Er schrieb Sätze wie »Was das Leben des Glaubens müde macht, ist das beständige Hören und Sagen und Lesen der heiligen Worte. Darin werden sie staubig und alt; so muß der, dem an ihnen liegt, sie immer wieder blank und neu machen.«

Das waren notwendige Sätze in Zeiten der Katechismus-Sicherheit und Glaubensfülle. Heute geht es vielleicht doch eher wieder um das beständige Hören und Einprägen und neu Lernen.

Die Internatswelt

Als in den frühen 60er Jahren die ersten Hammerschläge hörbar wurden, die ersten Abbrucharbeiten an einer Epoche, tauchte ich noch einmal zurück und ein in die Welt eines Jesuiteninternates, die der alten Ordnung verpflichtet war. Diplomaten und Politiker und Grafen schickten ihre Kinder hierher, um sie schleifen zu lassen, oder auch einfach, um sie sich vom Halse zu schaffen. Oft zum Glück der Kinder.

Das hieß: Schlafsäle mit vierzig Jungen, Batterien von Waschbecken auf dem Flur, aus denen nur kaltes Wasser kam, und vor dem Frühstück wurden die Messdienste für die Kapellen der Krypta verteilt. Vom Zweiten Vatikanischen Konzil bekam ich hier nichts mit, die Messe wurde weiterhin auf Latein gehalten. Jeden Morgen hatten wir vier Kapellen in der Krypta zu bespielen. Wir rissen uns um den Messdienst bei Pater Peireira, der schon alt war, aber ein enormes Tempo vorlegen konnte. Mittlerweile hatten auch wir die lateinischen Gebete im häufigen Gebrauch abgeschliffen wie Ziegelsteine, sodass das Stufengebet (»Introibo ad altare Dei, ad Deum qui laetificat juventutem meam«) etwa so klang: »Introibodalta quiklaeficatuemeam … pohahhhhh«. Das pohahhh war lautlos, aber es war – strukturell – das Geräusch eines Hundertmetersprinters nach dem Zieleinlauf. Natürlich gab es viele profane Momente, selbst mit Kutte, übrigens auch für Pater Peireira, der im Sommer öfter mit seiner Stola nach brummenden Fliegen zielte, die über dem Kelch mit dem süßen Wein die heilige Andacht stören wollten.

Unsere Kutten waren entweder rot oder schwarz. Über sie wurde ein weißes Leinenhemd geworfen, das an den Ärmelstulpen und am Rocksaum aus Spitze bestand. Es war weder männlich noch weiblich, sondern anders. Ich war Messdiener, bis ich vierzehn Jahre alt war. In meiner Erinnerung war der Messdienst immer eine Mischung aus heiligem Ernst und Pflichterfüllung und Lust an der Kostümierung und am Schauspiel. Er war eben das Andere.

Es gab in meinem Leben damals Fußball und Lernen und Prügeleien und Reisen und dann eben dieses Andere, diesen heiligen Bezirk, den ich als Messdiener mit erhöhter Wachsamkeit und Andacht betrat. Und als mein Sohn Messdiener wurde, glaubte ich, diese erhöhte Wachsamkeit für das Andere auch in seinem Gesicht lesen zu können.

Doch zurück in meine eigene religiöse Education sentimentale. Wir lernten, »Großer Gott, wir loben dich« so laut zu singen, dass es Gott auf alle Fälle hören konnte. Wir trieben Sport bis zum Umfallen, vor allem, als wir in die Pubertät kamen. Da wurde kalt geduscht. Wir lasen viel, wir studierten in Stille an einer langen Reihe von Pulten, und unter meinem Pultdeckel hatte ich trotz aller jesuitischen Abhärtungsversuche ein Foto von Vivi Bach kleben, das einen Ansatz von Dekolleté zeigte. Meine erste große Liebe.

Nie in meinen Jahren im Aloisiuskolleg war ich Zeuge irgendwelcher sexuellen Übergriffe seitens der Patres, geschweige denn selber Opfer. Als ich nun kürzlich von einem ehemaligen Ako-Schüler informiert wurde, dass ein Schuldirektor, lange nach meiner Zeit, Schüler nicht nur fotografiert, sondern auch sexuell behelligt haben soll, mochte ich das zunächst nicht glauben, denn es widersprach völlig meinem eigenen Erleben. Doch es war so. Der Schuldirektor war ganz offensichtlich ein kranker Mann, der seine Neigungen nicht kontrollieren konnte. Er war der falsche Mann in der falschen Institution mit der falschen Funktion. Das gibt es.

Das gibt es nicht nur in der katholischen Kirche. Die hat Schuld auf sich geladen, weil sie aus falsch verstandener Loyalität geschwiegen und Problemfälle lediglich versetzt hat, statt sie ganz aus dem Verkehr zu ziehen. Doch nun tut sie, Gott sei Dank, alles, um den Opfern zu helfen und nachträglich Genugtuung zu geben, allem voran: sich zu verneigen und um Verzeihung zu bitten.

Von all dem wusste ich, ahnte ich damals nichts. Meine Welt war eine andere. Ich war tief erschüttert von Pier Pasolinis Film *Das 1. Evangelium – Matthäus* und wollte diesem wilden und langlockigen und zornigen und sanften Jesus nacheifern, ja ich wollte für ihn sterben. Wenigstens als Missionar. Wenigstens in einem gefährlichen Land. In Afrika oder im Dschungel.

Was das Missionieren angeht: Ich kann nicht ausschließen, dass das Interesse daran sich hielt. Nur nannte man es einige Jahre später »Agitieren«. Und wieder ein paar Jahre später engagierten Journalismus.

Natürlich drangen auch ins Internat die Sirenengesänge der neuen Zeiten, die Disharmonien des Epochenbruchs, die sich eigentlich erst mal in Engelschören in Dur ankündigten, den Beatles oder den Beach Boys, und in der Aula gab es einen Auftritt der unbotmäßig langhaarigen Internatsband, die »Wild Thing« von den Troggs spielten, und bei »You make my heart sing« war die Show vorbei, weil einer der Patres den Stecker aus dem Verstärker gezogen hatte. Immerhin wurde so deutlich, dass hier zwei Welten miteinander rangen und die interessantere der beiden nur mit Brachialgewalt und wohl auch nur vorläufig am Sieg gehindert werden konnte.

Während draußen Oswalt Kolles Softpornos aufgeregt die Aufklärung in deutsche Schlafzimmer brachten und sich das Bahn brach, was man die »sexuelle Befreiung« nannte, wurden wir im Internat behutsam auf die Mysterien der Liebe vorbereitet. In Form von Exerzitien, die ich als ungewollt komisch erlebte, eine dreitägige Schweigephase, in der wir mit Vorträgen und Gebeten auf die Geschlechtlichkeit vorbereitet wurden, mit Geschichten von Bienen und Blüten und den Eltern, die sich sehr lieb haben, aber anders als uns. Dann wurde gebetet. Im Ernst.

Aber da war es eigentlich auch schon zu spät, denn mittlerweile waren bei uns im Schlafsaal Hefte mit halbnackten Frauen konfisziert worden, die von den Externen erworben worden waren, und die Patres dachten, es sei an der Zeit, ein paar Worte über den respektvollen Umgang mit der Sexualität zu verlieren. Im Nachhinein finde ich diese Anstrengung ehrenwert. Es wurde sehr viel über Liebe gesprochen und eher weniger über Körperfunktionen, aber das war völlig in Ordnung. Es wäre prima, wenn auch heute mehr über Liebe gesprochen würde als über »Shoppen und Ficken«, wie es ein bekanntes Theaterstück schon im Titel auf den Punkt bringt.

Die Internatszeit war eine glückliche Zeit. Sie war erfüllt von Gemeinschaftserlebnissen und Rudelkämpfen, von Pauken und neugierigem Lernen und musischen Olympiaden und Theateraufführungen, von Geländeläufen und griechischen Dramen und Zeichenwettbewerben in der »Stella«, einem kleinen Schlösschen oberhalb der Sportplätze.

Doch plötzlich wusste ich, dass ich nicht mehr dazugehöre. Ich fiel aus der Ordnung, weil ich bei meinen Heimatbesuchen in den Ferien mitbekam, dass draußen etwas im Gang war, das ich nicht verpassen wollte. 1967 kehrte ich dem Internat den Rücken. Ich verließ eine für mich heile Welt, die nur einen tragischen Tiefpunkt erlebte: Die Niederlage von Wembley war lange nicht aus meinem Gemüt zu tilgen. Gab es Gott?

Wilde Jahre

Mein Vater war Bürgermeister in Stuttgart, wo er seinem Hang zum Predigen bei jeder zweiten politischen Grundsatzrede nachgehen konnte. Ich muss in diesen Tagen oft an ihn denken, wenn ich die Schlichtungsgespräche im Stuttgarter Rathaus um das Bahnprojekt 21 verfolge. Er wäre auf der Seite der Gegner gewesen. Was hat er getobt über die banale Kaputtmodernisierung Stuttgarts in den 60er Jahren, als das Ziel die »autogerechte Stadt« hieß. Alles war damals den Bedürfnissen des Sindelfinger Autokonzerns Daimler-Benz untergeordnet.

Mein Vater war ein früher Grüner. Er warb fürs Fahrradfahren. Er plädierte fürs klassenlose Krankenhaus. Er war ein Überzeugungstäter. Mein Gott, er zitierte Lenin in seinen Reden! Klar, dass er sich nicht halten konnte in der Stadt der Auto-Lobbyisten. Wir diskutierten. Wir veranstalteten Schriftlesungen im Kreise der Familie, abends, in denen mein Vater von Martin Buber über Romano Guardini bis Marx oder Dostojewski alles vortrug, was kontrovers klang und was die Seele beschäftigen und zur Diskussion reizen könnte.

Meinem Kinderglauben war ich längst entwachsen, doch nicht dem Interesse an einer anderen Welt. Das blieb. In unserer Kirche in Stuttgart hatte das Zweite Vatikanische Konzil ganze Arbeit geleistet. Sie war weitgehend schmucklos. Der Hochaltar verschwunden, der Marmor-Messtisch ein archaischer Opferblock. Der Priester verrichtete die heiligen Handlungen der Gemeinde zugewandt. Die Predigten beschäftigten sich mit dem Krieg in Vietnam, sie waren vorsichtig pazifistisch, aber sicher nicht auf Seiten der Vietcong. Sie beschäftigten sich mit dem Einmarsch der Sowjets in die Tschechoslowakei. Die Misereor-Kollekten dienten den Landlosen in Brasilien und den Hungernden in Biafra. Die Kirche hatte sich weit geöffnet. Sie hatte sich den Armen und Entrechteten und Kämpfenden zugewandt. Sie war sozial, sie war politisiert, aber sie verlor auch ihr Geheimnis, ihre Gegenweltlichkeit.

Engagiert war ich selber. Ich hatte im Marxismus-Leninismus eine neue Religion entdeckt, eine, die ebenfalls begeisterte, die ebenfalls Märtyrer bot, die Opfer verlangte und die eine geschlossene Welterklärung vermittelte. Eines Tages würde sie den Himmel auf Erden aufschließen und alle Menschen wären Brüder. Das alles war gar nicht weit entfernt von Pasolinis Film. Pasolinis Jesus, der im Übrigen sehr genau der Vorlage des Matthäus folgt, spricht seine Rätselworte und Gleichnisse wie Vorgriffe auf ein nahes Paradies. Es ist ein endzeitlicher Jesus, ein revolutionärer Jesus, ein poetisch kämpferischer Jesus.

Die Kirche und ich, wir verloren uns aus den Augen. Das Gleiche galt für mich und meine Eltern. Ich zog in eine maoistische Wohngemeinschaft ein, aber die Madonna, die in unserem Wohnzimmer hing, nahm ich mit. Jesus war sozialrevolutionär. Er war Umstürzler. Er kämpfte für Gerechtigkeit, und die Madonna, die in meinem Zimmer in der WG neben einem Marx-Poster hing, zertrat mit zartem Fuß die Schlange, die sich um die Weltkugel schlängelte. Und natürlich war die Schlange das Kapital. Das war meine private Befreiungstheologie.

Selbstverständlich habe ich das *Kapital* gelesen und das *Monopolkapital* von Baran/Sweezy, Letzteres mit dem aufgeregten kabbalistischen Interesse, das man einer Geheimschrift entgegenbringt, in der Begriffe wie »Surplusvernichtung« erläutert werden. Sicher, ich habe auch die in revolutionärem Kauderwelsch und primitivstem Aufmarsch-Pathos verfassten Flugblätter vor Werkstoren und auf Demonstrationen verteilt, aber ich habe mich nicht wirklich ernsthaft für das neue Betriebsverfassungsgesetz interessiert, gegen das die revolutionären Daimler-Benz-Lehrlinge in ihrem Zentral-Organ, dem *Rebell,* agitierten.

Die Gegenkultur hat mich immer dann entzündet, wenn sie poetische oder romantische Funken schlug und das ganz andere Leben fest im Blick hatte und oft genug die ganz andere Wirklichkeit, die sich jetzt eher auf LSD-Trips besichtigen ließ. Die Beatles, die zum Maharishi pilgerten, interessierten mich mehr als die, die »Yeah, Yeah, Yeah« sangen, ich war mit den Byrds »Eight miles high«, Jim Morrison sang vom Eidechsenkönig und göttlichen Visionen, und Eric Burdon erklärte »War«. Wir interessierten uns für Schamanismus und psychedelische Pilze und für fernöstliche Weisheitslehren.

Meinen jüngeren Bruder zog es nach Indien (wie übrigens auch Peter Sloterdijk), er ging, um sich zu lockern und die »Repressionen«, den Katholizismus, diesen Komplex aus Schuld und Gewissen, freizuschütteln und das Leben zu tanzen und lachen zu lernen. Auch er suchte dann neuen Halt und fand ihn in der Meditation und dem Studium der buddhistischen Philosophie. Es waren harmlose, spirituelle Lockerungsübungen in jenen Tagen, es herrschte eine schöne Sanftheit, die wirksamer und nachhaltiger und vor allem nächstenliebender war als die mörderische und mörderisch dumme Ballerei der RAF-Killer um Andreas Baader.

Ich hatte Erlebnisse mit meinen Freunden, wie sie von Mystikern beschrieben wurden. Sie liefen allesamt auf die platonische Erkenntnis hinaus, dass es jenseits unserer erfahrbaren Welt noch eine andere gab. Da wollten wir hin. Da ging es um eine andere Form des Betens. Um Versenkung und Meditation. Um Ausschaltung der diskursiven Vernunft und ein Hineinhören ins eigene Ich. Allerdings nahmen wir dann doch die banale Abkürzung – mit Joints.

Ich habe kürzlich bei den Dominikanern in Hamburg eine »Mystische Nacht« besucht, die mich an den Seelenzustand von damals, an diese andere Frömmigkeit erinnerte. Der Mittelgang der dunklen Kirche war von Hunderten von Teelichtern erleuchtet, die das Wort JETZT bildeten. Darüber hinweg schwang ein großes Weihrauchfass. Ein Chor sang mittelalterliche Kirchenmusik. Ein Dominikanerpater meditierte über einen Text von Meister Eckhart. Das alles kam einer religiösen Hippie-Erfahrung sehr nah. Doch diesmal war ich, wie Hölderlin sagen würde, »heilig-nüchtern«.

Was mich angeht, ich war ebenfalls nach Indien gefahren und hatte gekifft und kiffte weiter, aber weder die innere Erleuchtung noch der innere Frieden stellten sich noch ein. (Mehr habe ich darüber in meinem letzten Buch *Als wir jung und schön waren* geschrieben.) Ich träumte von einer neuen Weltordnung, in der es keinen Besitz gab und keinen Neid und keinen Hass und in der natürlich jeder mit jedem schlief und Spaß hatte. Die maoistische WG war längst eingetauscht gegen eine anarchistisch-hedonistische, in der es viele Joints gab und desertierte US-Soldaten und ausgerissene Halbwüchsige, ein Tollhaus, in dem ich allmählich den Überblick verlor und mich nach Berlin absetzte, um ernsthaft zu studieren.

In die Kirche ging ich nun gar nicht mehr. Ich hatte mich nicht nur von meinen Eltern und meinen Brüdern abgewendet, sondern auch von Gott. Eine frühe Liebe brach mir das Herz, und irgendwann hatte ich keinen Lebensmut mehr und wollte nur noch ausruhen, und zwar ewig. Nach zwei Tagen und zwei Nächten stöberte mich eine Freundin auf und brachte mich in eine Klinik. Dort blieb ich und wurde körperlich wiederhergestellt.

Für mein seelisches Gleichgewicht sorgte ein anderer. Es waren die Tage vor Ostern. Mein Vater kam mich besuchen. Er war voller Mitgefühl. Auf langen Spaziergängen redete er mit mir, ernst und sanft und liebevoll. Wir beteten. Und in diesen Tagen der Passion spürte ich, dass es tatsächlich auch für mich die Hoffnung auf eine Auferstehung geben konnte.

Von nun an konzentrierte ich mich auf das, was mir am meisten Befriedigung verschaffte: zu schreiben. Ich war hungrig auf Menschen, auf Schicksale, auf ferne Länder, auf Extremsituationen. Ein Journalist kann viele Leben in einem einzigen haben. Wie sonst kommt man an die Chance, mit einer japanischen Bhuto-Gruppe auf einem Friedhof in Kyoto die Geister der Ahnen zu beschwören, oder mit einem Unberührbaren in seinem Slum in Bombay der Göttin Shiva zu opfern? Wie sonst kann man mit dem Politbüro-Mitglied Hans-Peter Minetti die Auflösung des ZK erleben und damit die marxistische Heilslehre in Scherben zerfallen sehen, mit dem russischen Dichter Jewtuschenko über die Toten von Babi Jar reden oder mit dem amerikanischen Schriftsteller Harold Brodkey über Engel?

Lauter Jenseitsbezüge. Stets habe ich mich für Randfiguren interessiert, vielleicht weil ich mich selber in ihnen fand. Ob ich mit Allen Ginsberg meditierte oder mit William Burroughs und den Beat-Poeten auf die Zielscheibe an einem Scheunentor ballerte, ob ich mit jüdischen Lubawitschern eine ganze Nacht lang auf den Messias wartete oder mich von einem einhändigen brasilianischen Pianisten in die Geheimnisse von Bach-Sonaten einweihen ließ und seine erneute Hinwendung ins Leben durch die Musik und durch Gott, stets waren es die dramatischen Umbauten auf der inneren Bühne von Menschen, die mich besonders anzogen. Weil in all diesen Biografien Umschwünge und Hoffnungen waren.

Ich habe in den knapp dreißig Jahren meiner journalistischen Karriere alle Höhen und Tiefen durchlebt. Ich habe Auszeichnungen erhalten und bin beschimpft worden, habe mich angelegt, mit Kollegen, mit Vorgesetzten, aber mir ist immer klar gewesen, wofür ich stehe. Und mir wird immer klarer, dass ein großer Teil meiner Überzeugungen vom Glauben geformt wurde, in und von der Kirche.

Woran ich glaube? Zum Beispiel daran, dass es einen Gott gibt, der alles geschaffen hat. Manchmal bezweifle ich, dass es ein lieber und gerechter Gott ist, aber wer tut das nicht.

Ich glaube, dass Gott durch Jesus Christus in unsere Menschengeschichte eingetreten ist und sich gezeigt hat. Ohne dieses Ereignis, von dem die Menschheit bis heute redet, hätte die Geschichte einen anderen Lauf genommen.

Ich glaube, dass ich eine unsterbliche Seele habe.

Ich glaube an das verdammte Recht, meine Meinung sagen zu dürfen.

Das Recht? Noch mal anders: ich glaube an die Pflicht, meine Meinung sagen zu müssen.

Ich glaube, dass die ungerechte Verteilung des Reichtums ein Skandal ist, der bekämpft werden muss.

Ich glaube, dass wir den Schwachen helfen und unsere Politik danach ausrichten sollten.

Ich glaube, dass wir mit der Natur sorgsam umgehen sollten.

Ich glaube, dass die katholische Kirche trotz ihrer zahlreichen Verschattungen und Fehler jedes Recht hat, stolz auf ihre Geschichte zu sein und auf all das, was sie an Gutem bewirkt.

Ich glaube, dass mir meine Sünden in der Beichte verziehen werden.

Ich glaube ... ich hoffe, dass Jesus auferstanden ist. Und ich glaube, dass jeder Mensch nach dieser wundervollen österlichen Metapher der Auferstehung die Chance auf einen Neuanfang hat.

Ich glaube, dass Gott jeden Einzelnen von uns meint und uns in den Mittelpunkt der Schöpfung rückt.

Ich wünsche mir, dass es ein Leben nach dem Tode gibt und dass ich meinen Vater wiedersehe.

Das ist doch schon eine ganze Menge.

Der Thrill der Wahrheit

Das achte Gebot in der Politik: Warum sich das Lügen
letztlich dann doch nicht rechnet

> *»Denn wahr ist nur, was nicht in diese Welt passt.«*
> Theodor W. Adorno, Ästhetische Theorie

*Die Situation: Die hessische SPD-Landtagsabgeordnete Dagmar
Metzger verweigert ihrer Parteichefin und Spitzenkandidatin Andrea
Ypsilanti die Gefolgschaft, als diese sich mit den Stimmen der Linken
zur Ministerpräsidentin küren lassen will, obwohl sie genau das vor
der Wahl dem Wähler gegenüber ausgeschlossen hatte.*
Und da steht sie nun in der Landschaft, die Abgeordnete
Metzger, mit ihrem verrutschten Bienenstock auf dem Kopf,
wie ein Sperrbalken, und sie sagt »Nö«. Dabei schnurrte doch
alles gerade so schön. Und lief in Richtung Macht, und plötzlich
stehen alle Räder still.

Man kann sich die eindringlich geführten Gespräche in der
Parteizentrale gut vorstellen. Gewissen? Hä? Haben wir eigentlich so jetzt nicht mehr vorgesehen, Genossin, wenn du ver-
stehst, was wir meinen, wir haben schließlich Fraktionsdisziplin,
verdammt, wir können auch anders …

Doch die Dame steht wie eine Eins, und 41 hessische SPD-
Abgeordnete sind überhaupt »nicht begeistert«, während
Dagmar Metzger sie und sich selber um die Macht bringt
nach einer hauchdünn gewonnenen Wahl, die rein rechne-
risch mit einer Koalition mit der Linken zur Macht verhelfen
könnte. Allerdings war eine Koalition mit der Linken vor
der Wahl ausgeschlossen worden. Jetzt eine einzugehen,
wäre Betrug am Wähler. Wäre eine Lüge. Und da sagt Frau
Metzger: Nein. Und stürzt damit womöglich den großen
Chef. Das hat antiken Rang. Und der Chef? Dem dämmert

gerade, dass er gar nicht Churchill ist, sondern doch nur Kurt Beck.

Alle hatten sich gerade so schön machiavellistisch heißgeredet. Noch zwei Wochen zuvor hatte der Politologe Franz Walter im SPIEGEL das »Lob der Lüge« gesungen und sie als Erfolgsmodell der Politik gepriesen. Er hielt Metzgers »Nein« für übertrieben. Koalitionsaussagen seien nicht in Granit gemeißelt, sie müssten angepasst werden, wenn sich die Mehrheiten ändern. Allerdings, das sei hier ebenfalls vermerkt, Bismarck und Adenauer und Hannah Arendt als Zeugen zu rufen, um ein paar linke Betonköpfe zu salvieren, war Geiselnahme in besonders schwerwiegenden Fällen. Aber sowieso zeigt sich jetzt: Die Lüge ist gar nicht so erfolgreich! Effektiver als Andrea Ypsilanti konnte man sich nicht tottricksen, und jetzt war wieder dieser Finsterling Koch am Ruder, den man doch schon zur Strecke gebracht hatte mit einem Sperrfeuer von unglaublich moralischen Wahlkampfparolen. Was für ein Kollateralschaden! Ein Riss im Himmel!

Die Lüge hatte doch einen so schönen Lauf. Neben den Ethik-Ratgebern und *Gauner-muss-man-Gauner-nennen*-Episteln nämlich gibt es durchaus diese andere Welle, die der Lüge Wert beimisst. Die *Kunst des Lügens, Die Wahrheit über die Lüge* und, klar, *Lob der Lüge* heißen entsprechende Titel. Da tobt ein leiser Kulturkrieg. Er wird geführt zwischen Biologisten und Moralisten.

Der Bestseller von Roger Willemsen (mit Dieter Hildebrandt und Traudl Bünger), dieses flotte Lügenkompendium mit dem gar nicht flotten, sondern doch eigentlich tragischen Uwe-Barschel-Titel *Ich gebe Ihnen mein Ehrenwort!*, scheint nur Belege für das zu liefern, was die Evolutionsbiologen schon seit einiger Zeit laut und ebenfalls bestsellerträchtig sagen: Alle lügen! Sie geben der ganzen Sache naturwissenschaftlichen Glanz. Für unseren Kampf ums Dasein, führen sie aus, ist die Täuschung essentiell. Tarnverhalten oder Mimikry sind eingeschriebene Programme.

Seitdem die Biologie auch nach Fragen der Moral greift, haben wir ganz beachtliche kulturelle Adaptionsleistungen an die Lüge hinter uns gebracht, Mimikry sozusagen. Zu Ende gedacht bedeutet das: Die Lüge ist keine ethische Kategorie mehr, sondern eine ausschließlich biologische, womit die Schuld abgeschafft wäre. Uff! Das wird in einem größeren Zusammenhang diskutiert derzeit. Nach Ansicht von Wissenschaftlern wie Richard Dawkins haben wir ohnehin kaum etwas, das den Namen freier Wille verdient. Wir sind gesteuert von den Genen, die uns als Wirte nutzen, um zu überleben.

Wir haben so viel Schuld wie eine Koralle. Man darf gespannt sein auf die Gerichtsverhandlungen der Zukunft: Ich hab das Auto nicht geknackt, Herr Vorsitzender, es war das egoistische Gen! Wie sehr sich die Biologie da an Dingen vergreift, von denen sie keinen blassen Schimmer hat, das hat uns die Dame mit der drolligen Frisur und ihrem dämlichen Gewissen vorgeführt, die so arterhaltungswidrig »nein« sagte und Fragen aufwarf, die weit über die hessische Politik hinausgingen.

Plötzlich hat die Wahrheit doch einen gewissen Charme. Könnte es sein, dass wir sie die ganze Zeit unterschätzt haben? Dass das Kapital der Politik nicht die Lüge, sondern die Wahrheit ist? Dass mit der Glaubwürdigkeit auch die Politikfähigkeit baden geht? Dass Machiavelli einfach nicht taugt, wenn es um den großen verantwortungsethischen Wurf geht, etwa den Generationenvertrag oder die Klimakatastrophe?

Nun fällt auf, dass die Geschichte der Lüge auch eine Geschichte von Pleiten ist, ganz besonders in der Politik. Die Lüge ist äußerst unpraktisch. Sie verlangt ständige Nachbesserungen, und irgendwann wird sie zu kompliziert. Bill Clinton war nach der Lewinsky-Affäre so immobil wie Tony Blair nach seiner Irak-Lüge und Fujimori nach seinen Betrügereien. Das ist die andere Liga, die Franz Walter vergessen hat: Lügner, die sich selber ins Knie geschossen haben.

Modell Bismarck? Mittlerweile spricht vieles dafür, dass der Bismarck-Schüler Henry Kissinger mit seiner Schaukelpolitik

den Friedensprozess in Vietnam eher verschleppt und beschädigt hat, weil sowohl die Sowjets wie die Chinesen sich ständig
von ihm hinters Licht geführt fühlten. Die Wahrhaftigkeit dagegen ist zu durchaus nachhaltigen Siegen in der Lage, und es wird
niemanden geben, der bestreitet, dass Mahatma Gandhi oder
Martin Luther King erfolgreicher waren als Richard Nixon.

Von der Wahrheit geht offenbar ein unwiderstehlicher, ein
wirkungsmächtiger Zauber aus, und diejenigen, die sich ihr
verpflichtet haben, genießen merkwürdigerweise Heldenstatus.
Warum halten wir zu Josef und nicht zu Potifars schöner Frau?
Warum hassen wir die Lüge und bewundern die Wahrheit? Sind
wir plemplem? Oder geht es am Ende ohne Wahrheitsziel gar
nicht? Vielleicht ist es das, was uns Frau Metzger ins Gedächtnis
gerufen hat.

Wenn wir uns näher über die Exkurse zur Lüge beugen, so
fällt doch auf, dass sie lückenhaft sind und weder praktisch noch
plausibel. Die Biologen zum Beispiel bleiben uns die Antwort
schuldig, warum uns die Gene bisweilen zu überhaupt nicht
arterhaltendem Verhalten treiben, etwa wenn wir einen Sei-
tensprung beichten oder gar einen Mord. Eine der genialsten
Partien in Dostojewskis *Schuld und Sühne* ist die Verhörszene.
Raskolnikow ist versucht, sich im philosophischen Gespräch mit
dem Untersuchungsrichter überführen zu lassen. Die Wahrheit
will ans Licht. Raskolnikow wird dafür in Sibirien büßen – wo
liegt da der Vorteil, Gen?

Vorübergehend schlüssiger scheint die Apologie der Lüge
im Alltag durch die Sozialpsychologie. Steffen Dietzsch kommt
in einer *Kleinen Kulturgeschichte der Lüge* zu dem Befund, dass
die Dauerlüge den »Normalfall von Kommunikation« darstellt.
»Lernen wir, damit umzugehen.« Kein Mensch erträgt den, der
immer mit allem herausplatzt. Es ist nett, auch einer dicken
Dame Komplimente zu machen. Es hilft durchaus dem beruf-
lichen Fortkommen, dem Chef nicht jeden Fehler auf die Nase
zu binden, sondern ihn allenfalls durch eine geschickte Intrige
kaltzustellen.

Willemsen findet das Lügen regelrecht bewundernswert. Der Lügner, sagt er, brauche »Phantasie und einen flexiblen Geist. Auch schnelle Reflexion und Bildung, dazu ein gutes Gedächtnis.« Für ihn ist die Lüge der Selbstausweis besonderer Eleganz. Aber warum nur klingt das alles eine Spur zu geschmeidig, eben nach einer faden, milieutypischen Apologie der Bussi-Bussi-Gesellschaft und nebenbei nach parfümiertem Kabarett, also langweilig?

Sicher können Lockerungsübungen im Krieg zwischen Moralisten und Anti-Moralisten durchaus guttun. Oscar Wildes Paradoxien sind hinreißend, und er hat recht mit seiner Feststellung, dass es keine moralischen oder unmoralischen Bücher gibt, sondern nur gute und schlechte. In seinem besten Buch übrigens, dem *Dorian Gray,* führt er den Horror der Lüge vor. Überhaupt kennt die Literatur faszinierende unmoralische Spielernaturen, wahre Virtuosen des Falschen wie Felix Krull. Ohne die romantische Ironie, die auch Verstellung bedeutet, sind Heines Gedichte unmöglich. Goethe nannte den Bericht seines Lebens *Dichtung und Wahrheit,* wobei ein erheblicher Arbeitsaufwand in den Anteil der Dichtung ging.

Auf der anderen Seite werden häufig gerade die Wahrheits-Angeber als moralische Nullen überführt: »Richter Gnadenlos« Schill verfolgte unter großem Lärm jeden armen Junkie – bis er selbst als Drogenkonsument enttarnt wurde. Und wie hinreißend ist diese Pointe, dass bei Post-Chef Zumwinkel just in dem Moment eine Steuer-Razzia durchgeführt wurde, als sein Lob auf ethische Lebensführung im Mitarbeiter-Magazin erschien?! Sollten wir da nicht weniger manichäisch mit Lüge und Wahrheit, mit Richtig oder Falsch umgehen? Mal nicht ganz so sehr Gas geben und die Freiheit zur Verstellung preisen?

Antwort: Es geht nicht. Kirchenvater Augustinus, selber in jungen Jahren äußerst lebenslustig und gern gesehener Gast in Mailänder Bordellen, hat erklärt, warum die Lüge schon methodisch nicht funktioniert. Seine Analyse wurde von Thomas von Aquin und Immanuel Kant weiterentwickelt und hat

Gültigkeit bis heute: Die Lüge zerstört jede Kommunikation. Die Lüge vernichtet das soziale Gewebe. Der Lügner nimmt weder sich noch den anderen ernst. Er verletzt sowohl die Würde des Angesprochenen wie seine eigene. Auch Willemsen will nicht verkohlt werden. Die Wahrhaftigkeitsregel gehört zum kategorischen Imperativ: Der Lügner nimmt Zuflucht zu einem Mittel, von dem er selber nicht möchte, dass es allgemeine Akzeptanz findet und dann auch auf ihn angewendet wird. Dass das nicht geht, ist einsehbar für jeden.

Gibt es die Lüge, die erlaubt ist? Aber sicher, und selbst Augustinus scheint mit sich reden zu lassen, wenn sie hilft, eine Vergewaltigung zu verhindern. Noch deutlicher: Natürlich ist man nicht verpflichtet, dem SS-Mann auf die Frage nach dem Versteck der jüdischen Familie die Wahrheit zu sagen. Auch diesen Fall hat Kant, sonst so prinzipienfest wie Augustinus, bereits diskutiert: »Die Wahrheit zu sagen ist eine Pflicht, aber nur gegen denjenigen, welcher ein Recht auf die Wahrheit hat.« Der SS-Mann hat kein Recht darauf. Er muss belogen werden.

Allerdings hat es diese extreme und extrem notwendige Ausnahme von der Wahrheitsverpflichtung verdient, mit großem Respekt behandelt zu werden. Es handelt sich um die Lüge als Form der Zivilcourage. In unserer Vergnügungsgesellschaft ist diese allerdings mittlerweile so weit trivialisiert, dass sie jeder Kretin bemüht, der seinen Mitmenschen übers Ohr haut. Das ist dann, pardon, so unappetitlich, wie Hannah Arendt zu zitieren, um eine Ypsilanti zu exkulpieren.

Eine Gesellschaft, in der die Lüge zur allgemein akzeptierten Verkehrsform gehört, marschiert in den Schwachsinn. Dafür – für den allgemeinen Schwachsinn – gibt es durchaus Anhaltspunkte. Der Sänger König Boris der Gruppe Fettes Brot bringt die Sache auf den Punkt. »Ich frag mich, was das über ein Land aussagt, wenn nachts Frauen im Fernsehen oben ohne nach Automarken mit A fragen und dann Leute anrufen und ›BMW‹ sagen. Da kann irgendwas auf beiden Seiten nicht stimmen.«

Das ist die Lage. Wir haben uns an den Schwachsinn gewöhnt, an eine Situation, in der es völlig irrelevant geworden ist, was wir sagen und ob es die Wahrheit ist oder nicht, geschweige denn, dass wir sie erkennen. Was wir haben, ist das Zwielicht der Unterhaltungsindustrie, die alles gleich und billig ausleuchtet, selbst die besten Zwecke, für die sie sich ins Zeug legt. Das lässt sich auch auf Illustriertencovern oder Charity-Events besichtigen. Auf eine Mutter Teresa kommen ganze Heerscharen von Society-Damen und Starlets im schwarzen Mini und Popstars mit Sonnenbrille, die Geld für kranke Kinder sammeln und darauf achten, dass sie am Buffet in der richtigen Klatschspalte neben dem richtigen Zwölfender richtig abgelichtet sind. Warum können die nicht mal Kartoffeln schälen, wenn die Kamera nicht dabei ist?

Frage also: Sie tun doch objektiv Gutes – warum will der Brechreiz darüber dennoch nicht verschwinden? Offenbar zählt die Absicht mit. Sie klebt am Zweck. Ein aristotelisches Paradigma ist: Wahrhaftig ist nur der, der sich so darstellt, wie er ist. Derjenige, der nur an PR und Selbstvergrößerung interessiert ist, lügt nach Aristoteles besonders hässlich. Auch derjenige übrigens lügt, der sich verkleinert, der Ironiker. Aristoteles ist da durchaus humorlos. Gesucht wird der Mann der Mitte, der Mann mit Maß. Nun ja, ein Kabarettprogramm wird da wohl nicht mehr draus.

Dass die Lüge unter den Bedingungen der politischen Propaganda und der Unterhaltungsindustrie triumphal gewonnen hat, hat der Kulturphilosoph Theodor W. Adorno bekanntermaßen in unzähligen Diskursbewegungen immer wieder beklagt. In seiner postum erschienenen *Ästhetischen Theorie* steht der Satz: »Denn wahr ist nur, was nicht in diese Welt passt.« Das heißt: Die Lüge ist total. Bei ihm ist es kein Satz der Bewunderung, sondern des Ekels. Allerdings hat er selber immer wieder gegen sein eigenes Verdikt verstoßen, indem er weiter schrieb und sich in zahllosen Radiogesprächen hineingemeldet hat in das Unwahre, mit der Hoffnung auf Wahrheit. Die Suche nach der Wahrheit ist einfach nicht kaputtzukriegen. Die einzige andere Alternative wäre das Verstummen, eine Art intellektueller Selbstmord. Doch solange wir reden, haben wir nicht aufgegeben.

Aus gegebenem Anlass sollte der Kulturgeschichte der Lüge eine der Wahrheit entgegengesetzt werden, nicht um zu predigen – der Verfasser dieser Zeilen lügt schätzungsweise so viel wie alle anderen –, sondern aus sportiven Gesichtspunkten. Bei Aristoteles bildet die Wahrhaftigkeit zusammen mit der Freundlichkeit und der gesellschaftlichen Gewandtheit die später so genannten homiletischen Tugenden, also solche, die den Umgang der Menschen untereinander bestimmen. Wohlgemerkt: Freundlichkeit gepaart mit Wahrhaftigkeit! Das geht angeblich. Das wäre die Herausforderung, die uns von den Anfängen des Philosophierens herübergereicht wird. Oder, um mit Muhammad Ali zu punkten: »Ich sage die Wahrheit, einfach weil sie spannender ist.«

Glaubt man dem Soziologen Peter Stiegnitz, können wir den Alltag ohne Täuschungen und Lügen gar nicht überleben, denn diese bewahren »das Netz menschlicher Kommunikation vor dem Zerreißen«. Sollte man es nicht einmal darauf ankommen lassen? Wie wäre es, wenn wir, die wir angeblich 200-mal am Tag lügen, am kommenden Donnerstag zwischen 14 und 15 Uhr mal stur die Wahrheit sagten? Nach Stiegnitz würde an diesem Tag Blut durch die Bürokorridore fließen. Was aber, wenn stattdessen in all dem Lügengedudel nur eine helle, nette Pause eintreten und alles ein wenig entspannter und gleichzeitig interessanter würde?

Die Rede über die Pleiten der Lüge kann, wie gesehen, ohne große Rückgriffe auf die Bibel oder das Gewissen auskommen. Man braucht sie nicht, um Überdruss an der Lüge zu empfinden, es genügt fürs Erste der Blick auf eine Dame mit komischer Frisur. Die allerdings beruft sich auf ihr Gewissen, das sich so ohne weiteres auch nicht wegplappern lässt in der Beliebigkeits- und Geschmeidigkeitsrhetorik unserer Tage. Wir haben das Gewissen mit gutem Grund als Instanz der Politik und des Rechts eingeschrieben, und es ist damit beileibe nicht nur für Kirchenbänke reserviert, wie Politologe Walter meint.

Dass sich die Nazi-Mörder in den Nürnberger Prozessen auf geltendes Recht beriefen, war letztlich irrelevant für ihre Verurteilung. Alle Menschen, so argumentierten die Richter, trügen in sich eine moralische Instanz, die es verbiete, Verbrechen gegen die Menschlichkeit zu begehen. Es gibt ein Bewusstsein darüber, was gut ist und was böse, egal, wie das die Gene jetzt finden. Es ist das Gewissen, das einfach nicht totzukriegen ist, ob es uns behagt oder nicht. Der Moraltheologe Eberhard Schockenhoff nennt es »die innere Stimme«. Die meldet sich eben bisweilen, ganz unpraktisch. Und das, können wir sagen, ist auch gut so.

Spielbericht: Ohne Gott läuft gar nichts

Einige Argumente für den Glauben, die das
atheistische Team blass aussehen lassen, sowie
ein paar Mitspieler, vor denen selbst der
Gegner normalerweise in die Knie geht

> *»Was ist selbst der glücklichste Mensch*
> *ohne Glauben? Eine schöne Blume in einem*
> *Glase Wasser, ohne Wurzel und ohne Dauer.«*
> Ludwig Börne

Ich glaube, wir haben uns mittlerweile warmgespielt. Ich habe
mich vorgestellt, in meinen zahlreichen Fehlern und spärlichen
Tugenden, zu denen ich mein großes Verständnis für menschliche Schwächen aller Art zähle. Allerdings habe ich überhaupt
kein Verständnis für Leute, die an gar nichts glauben. Nicht
dass ich sie nicht tolerieren würde. Viele finde ich sogar nett.
Einige liebe ich geradezu. Ich verstehe sie nur nicht. Denn meiner Ansicht nach spricht alles für den Glauben. Genauer: für
den katholischen Glauben. Spätestens wenn man eine Mozart-
Messe gehört hat.

Zu den Tollheiten unserer Tage gehört für mich die
Anstrengung von Intellektuellen zur Selbstentzauberung.
Viele Kollegen darunter, auch in unserer Redaktion. Die
scharfsinnigsten Geister halten es für erstrebenswert, unsere
und ihre eigene geistige Existenz auf das Spiel von Proteinen
und Enzymketten und Genen herunterzurechnen. Garantiert
glaubensfrei. Tatsächlich entsteht dabei ein geradezu rüh-
rendes Mischlicht aus Anmaßung und Bescheidenheit nach
der Maßgabe: »Ich bin nichts als schiere Materie, nichts als
purer Stoffwechsel, aber ist es nicht genial, wie spritzig ich
das bewiesen habe?«

Diese Entzauberungskunst wird bisweilen so fanatisch vorgetragen, dass sie selber alle Verhärtungsanzeichen eines dogmatischen Glaubensartikels hat. Stutzen diese unabhängigen Geister nicht über den paradoxen Umstand, dass sie das Hochamt der Unfreiheit feiern? Wenn wir aus nichts als Zellstruktur und physio-chemischen Reiz-Reaktions-Ketten bestehen, kann man doch wohl von einem freien Willen nicht mehr reden.

In den Augen der Wissenschaftsatheisten sind wir also determiniert. Wir sind so sehr vorherbestimmt, wie es nur der düstere späte Augustinus in seiner Erbsündentheologie ausgebrütet hat, wo wir nichts sind, wenn nicht aus der Gnade Gottes. Für die Biochemiker und Neurologen sind wir nichts, wenn nicht aus der Gnade der Gene. Im Grunde sind Wissenschaftler Theologen des Schreckens. Auf alle Fälle aber auf ihre Weise Glaubende. Das hat bereits Nietzsche, der den Tod Gottes verkündet hat, erkannt und in seinem berühmten Aphorismus 344 aus *Die fröhliche Wissenschaft* »Inwiefern auch wir noch fromm sind« ausgeführt. In dem heißt es, dass »es immer noch ein metaphysischer Glaube ist, auf dem unser Glaube an die Wissenschaft ruht, – daß auch wir Erkennenden von heute, wir Gottlosen und Antimetaphysiker, unser Feuer noch von dem Brande nehmen, den ein jahrtausendealter Glaube entzündet hat, jener Christenglaube, der auch der Glaube Platons war, daß Gott die Wahrheit ist, daß die Wahrheit göttlich ist«.

Wie sehr wir heute, im primitiven Biologismus und Materialismus unserer Tage, diese immerhin mächtig nachklingende Tiefenschwingung der Gottverneinung vermissen. Stattdessen: Reflexionsfaulheit. Die Brücken nach oben sind abgebrochen, und alle Energie wird in die profane Existenz investiert. Statt des alten Glaubens wird ein geradezu albernes positivistisches Beharren auf den Siegen der naturwissenschaftlichen Vernunft vorgeführt! Sicher, die hat uns Heilkraft und Gelehrsamkeit gebracht und den Beweis, dass wir um die Sonne kreisen, und vieles mehr, was in christlichen Klöstern bereits im frühen Mittelalter studiert wurde. Ihr Gestus allerdings ist: Es gibt nichts sonst.

Als sei die Aufklärung nicht längst müde geworden an sich selber! Als sei die technologische Zurichtung der Welt nicht unrettbar an ein erhebliches Maß an Irrationalität, ja Wahnsinn geknüpft. Wir züchten die genetisch veredelte Turbokartoffel, aber jeden Tag verhungern 26 000 Menschen. Wir schaffen gigantische Staudämme zur Energiegewinnung, wir bohren die Meeresböden auf, wir holzen Wälder ab und lassen die Natur veröden, bis Ökosysteme kippen, Arten sterben. Ja, tatsächlich machen wir uns die Natur so sehr untertan, dass sie japsend unter uns zusammenbricht. Dabei, auch das steht in der Bibel, sollten wir sie pflegen als unseren Garten. Woher der Stolz auf diese Form von Un-Vernunft rühren soll, ist mir schleierhaft.

Am bemerkenswertesten aber ist unser Stolz darüber, dass wir die Religion als kindisches Märchengespinst entlarvt haben wollen. Wir laufen aufrecht. Wir sind mündig. Wir müssen uns nicht mehr anlehnen. Wenn wir nach oben schauen, dann nur, um uns zu vergewissern, dass wir recht haben: alles leer.

Doch merkwürdigerweise fühlen wir uns auch innerlich leer dabei, zumindest die Empfindlicheren unter uns. Und haltlos. Und verloren. Gilbert Chesterton, Schöpfer des scharfsinnigen Pater Brown, hat in seiner *Orthodoxie* beobachtet: »Das mystische Moment ist es, was den Menschen im Laufe ihrer Geschichte die Gesundheit erhalten hat. Solange es das Mysterium gibt, bleiben die Menschen gesund; zerstört man es, liefert man sie dem Verfall aus.«

Chesterton nahm vorweg, was ausgerechnet atheistische Wissenschaftler unserer Tage bestätigen. Der Anthropologe Lionel Tiger und der Neurologe und Psychiater Michael McGuire präsentieren in ihrem Buch *God's Brain* Befunde, die darauf schließen lassen, dass religiöse Menschen glücklicher und länger leben. Sie widerlegen die Mär einer Verkrüppelung durch Religion. Und sie erklären, warum das so ist. Weil die Gottesannahme das nicht ausgelastete Gehirn beschäftigt. Der Mensch ist das Wesen, das an morgen denken kann und an den eigenen Tod. Die Frage nach Sinn und Herkunft, so die

Autoren, stimuliere das Gehirn und schütte das Glückshormon Serotonin aus. Auch Ordnung schaffende Rituale und Gemeinschaftserlebnisse tun das. »Kirchen sind regelrechte Serotonin-Fabriken«, sagt Lionel Tiger.

Eines der Mysterien, das uns beschäftigt, ist ganz sicher »der gute Mensch« und das Ideal, das er uns aufweist. Wir sind aufgewühlt, wenn wir einem solchen begegnen, und wir wollen in gleicher Weise über uns hinaus. Wir fiebern, wenn wir im *Idioten* von Dostojewski mit dem sanften Fürsten Myschkin durch eine Welt voller Eitelkeit und Habsucht unterwegs sind. Das Urbild, das durch ihn hervorschimmert, ist selbstverständlich Christus.

Von Gottfried Benn gibt es ein spätes Gedicht, in dem es heißt: »Ich habe mich oft gefragt, und keine Antwort gefunden, woher das Sanfte und das Gute kommt, weiß es auch heute nicht, und muß nun gehen.« Benn, der Mediziner, der Zyniker, der in zwei Weltkriegen Zeuge unvorstellbarer Grausamkeiten war, fragt sich am Ende seines Lebens plötzlich mit Erstaunen, woher das Gute kommt. Eine Sache der Enzyme, der Gene? Diese Antwort wäre ihm, dem Wissenschaftler, ob ihrer Primitivität nicht über die Lippen gekommen, selbst wenn er die Beobachtungen von Altruismus im Tierreich – ja, den gibt es auch – gekannt hätte.

In seinem großartigen Essay über die Notwendigkeit unserer Selbstvervollkommnung, *Du musst dein Leben ändern,* entwirft der dichtende Philosoph Peter Sloterdijk eine Art Religiosität nach und jenseits aller Religion. Es gibt Gott nicht, aber wir müssen so tun, als ob. Ohne vertikale Spannung, so Sloterdijk, kann ein Leben nicht gelingen, ja, ist es kaum wert, gelebt zu werden. Religion ist für ihn nur ein »missverstandenes spirituelles Übungssystem«. Was er empfiehlt, klingt sehr nach ignatianischen Exerzitien. Doch deren Absolventen bleibt die Ernüchterung erspart, oben nur erneut dem stolzen Ich zu begegnen – die haben es dann mit einem doch größeren Übungsleiter zu tun.

Auch Gesellschaften brauchen Vollkommenheits-Ideale, sonst zerbrechen sie. Wir brauchen den Glauben daran für unser Zusammenleben, für unser Weiterleben, und sei es den an Gerechtigkeit und Würde und Freiheit, wie wir es derzeit in der arabischen Welt erleben. Bischof Tutu segnete den Aufstand als gottgewolltes Recht. Für Kant speiste sich schon der anteilnehmende Enthusiasmus für die Französische Revolution aus einer »moralischen Anlage im Menschengeschlecht«. Im christlichen Menschenbild ist diese Idee in vollendeter Weise notiert, denn der Mensch ist als Ebenbild Gottes gedacht. Der Gedanke, dass er genau dadurch eine unantastbare Würde besitzt, wird nicht nur im ersten Artikel unseres Grundgesetzes festgeschrieben und garantiert, sondern er durchpulst als innerster Kern das gesamte Gesetz, das unser ziviles Zusammenleben regelt.

Ohne diese Streckung einer Gesellschaft auf Ideale hin kann sie nicht funktionieren. Ohne diese Werte, die doch oft gerade im Glauben verkapselt sind, gibt es keine Zukunft, und die Anzeichen mehren sich, dass wir säkularen, glaubenslosen Gesellschaften sie uns zunehmend verbauen.

Wenn wir die Ehrfurcht vor dem menschlichen Leben als Gottes Geschöpfe nicht mehr haben, werden wir den Menschen als züchtbares Ersatzteillager, als Rohmaterial, als seelenlose Biomaschine sehen, mit der alle Experimente erlaubt sind. Daher ist der Einspruch der Kirchen etwa in Fragen der Präimplantations-Diagnostik ein zutiefst humaner. Wir dürfen uns nicht anmaßen, Leben danach zu beurteilen, ob es wert oder unwert ist. Es ist eine schöne Pointe, dass es unserem gottesfürchtigen Umgang mit menschlichem Leben zu danken ist, dass es Stephen Hawking, den großen Gotteszweifler, überhaupt gibt – seine Krankheit wäre womöglich in einer pränatalen Diagnostik erkannt und der ganze Stephen Hawking schon früh aussortiert worden.

Nicht dass es an Plädoyers für eine Welt ohne Gebote und Gewissen mangelte, allerdings muss das Team der Atheisten mit düsteren Bündnispartnern rechnen. Mit diesem hier zum Beispiel: »Die zehn Gebote haben ihre Gültigkeit verloren.

Das Gewissen ist eine jüdische Erfindung. Ich befreie die Menschen von den schmutzigen und erniedrigenden Selbstpeinigungen des Gewissens. An die Stelle des Lehrsatzes von dem stellvertretenden Leiden und Sterben eines göttlichen Erlösers tritt das stellvertretende Handeln des neuen Führers, das die Massen der Gläubigen von der Last der freien Entscheidung entbindet.« Das stammt von der atheistischen Spitzenkraft Adolf Hitler.

Nein, ohne Glauben, der auch der Glaube an das Gute ist und daran, dass wir zur Rechenschaft gezogen werden für das Böse, fällt die Gesellschaft auseinander – in einander zerfleischende Wolfsrudel. Natürlich verfügen wir alle über einen tiefsitzenden Instinkt für Gerechtigkeit und das Gute und Wahre, sonst würden wir uns nicht so empören, wenn dagegen verstoßen wird, sei es von einzelnen Interessengruppen wie den Bankern oder von politischen Entscheidungsträgern. Der Wutbürger ist auch einer, dessen Glaube an das Gute enttäuscht wurde. Noch auf seinem Sterbebett bekannte der Kirchenkritiker Voltaire: »Es ist höchste Weisheit, an einen Gott zu glauben, der bestraft und belohnt.«

Noch ein Wort an unsere Propheten der »egoistischen Gene« und andere Wissenschaftsdogmatiker: Glaube und Wissenschaft müssen keine Gegensätze sein, im Gegenteil. Sie ergänzen sich. Ist es nicht interessant, dass die großen Evolutionsbiologen Mendel und Darwin Theologen waren? Darwin hielt am Gottesglauben allerdings nicht aus sittlichen, sondern aus logischen Gründen fest. Er war für ihn eine Sache der Vernunft. Er schrieb: »Ich habe niemals die Existenz Gottes verneint. Ich glaube, dass die Entwicklungstheorie absolut versöhnlich ist mit dem Glauben an Gott. Die Unmöglichkeit des Beweisens und Begreifens, dass das großartige über alle Maßen herrliche Weltall ebenso wie der Mensch zufällig geworden ist, scheint mir das Hauptargument für die Existenz Gottes.«

»Die Naturwissenschaften braucht der Mensch zum Erkennen, den Glauben zum Handeln«, sagte Max Planck, der Begründer

der Quantentheorie. »Für den gläubigen Menschen steht Gott am Anfang, für den Wissenschaftler am Ende aller Überlegungen.«

Das sind doch Traumtore, die gegen das Team der Atheisten verwandelt wurden, durch alle Zeiten hindurch, und zwar ausgerechnet von denen, die sie immer als ihre Sturmkanonen reklamiert haben. Aber wem das noch nicht genügt, muss nur einen Blick auf die Fankurve der Atheisten werfen, die sich den Glaubenstrotteln und Gottessuchern so unendlich überlegen fühlen. Er fällt ernüchternd aus. Denn was tun all die Dschungelcamp-Bewohner mit ihrer stolzen Vernunftsfreiheit, nachdem sie endlich die »Bevormundung der Religion« abgeschüttelt haben, was tun sie so mit dem Rest ihrer Zeit? Erfreuen sich ihrer stolzen Glaubenslosigkeit? Nicht die Bohne. Sie stecken den Daumen in den Mund und staunen über die neuesten Celebritys und Torschützenkönige und Kinoprinzessinnen der Herzen. Jeden Monat liefert uns die Star-Industrie neue Götzen, neue Idole, neue Himmelswesen, die wir anbeten in Gedanken, Worten und Werken, so weit der Illustriertenteppich reicht.

Ja, unsere Tage sind markiert durch ein steigendes Anbetungsbedürfnis, und tatsächlich ist unsere Medienwelt bevölkerter als ein indischer Tempelfries und wimmeliger als der Götterhimmel im ehrwürdigen »Mahabarata«. Wir glauben, wir beten an, wahlweise das Geld, den Erfolg oder Lady Gaga. Offenbar gibt es in der Zeit nach aller Religiosität immer noch ein triviales Glaubensbedürfnis, das gewissermaßen leer weiterarbeitet und ständig für billigen Nachschub sorgt.

Ohne Glauben geht es offenbar nicht, und wenn es der an die Magie von Kristallen ist. Mir persönlich war immer schleierhaft, warum unsere Zeitgenossen so große Probleme damit haben, an die Jungfrauengeburt zu glauben, aber überhaupt keines damit, dass jemand behauptet, durch Geisteskraft Löffel zu verbiegen. Glauben ist eine anthropologische Konstante. Ohne Glauben läuft nichts, schon gar nicht im Alltag.

Gehen wir an die ontologische Wurzel. Zunächst mal glaube ich, dass es mich gibt. Dass es überhaupt ein »Ich« gibt. Es gibt keine Beweise dafür. Jüngere neurologische Erkenntnisse belehren mich darüber, dass das, was ich »Ich« nenne, nur ein zufälliger neuronaler Zustand ist, eine labile Mischung aus Prägungen und Gewohnheiten und molekularen Dispositionen. Das beweisen auch die wunderbaren Fallgeschichten des Neurologen und Schriftstellers Oliver Sacks, der von hirngeschädigten Patienten berichtet, die sich für einen Apfel hielten und ihre Frauen mit einem Hut verwechselten. Unsere Welt ist voll von Tücken und optischen Tricks und philosophischen Hypothesen und lebensgeschichtlichen Halluzinationen.

Im Grunde genommen weiß ich nicht, wer ich bin, wer das ist, der da der Welt mit meinen Augen gegenübertritt und sie erkennt und interpretiert und seine Schlüsse zieht, aber ich sage »ich«, denn ich glaube, dass es mich gibt. Ohne diesen Glauben käme ich nicht durch den Alltag. Wir alle glauben, sobald wir den Mund aufmachen. Wir glauben, dass der andere versteht, was wir sagen. Besonders wir Journalisten glauben. Nämlich dass Sinn in dem liegt, was wir schreiben, und dass die Leser diesen Sinn entziffern werden. Gut, einige von uns haben aufgehört, daran zu glauben. Vielleicht haben sie schlechte Erfahrungen gemacht, mit sich oder ihren Lesern oder der prinzipiellen Möglichkeit, verstanden zu werden, aber dann sind sie entweder betrunken oder Linguisten.

Aber auch abgesehen von der menschlichen Kommunikation: Schon die Bewältigung unseres Alltags kommt ohne Glauben nicht aus. Ich habe die Konstruktionspläne unseres Fahrstuhls noch nie eingesehen und auch die letzten Wartungsprotokolle nicht, aber ich glaube einfach mal, dass er kommt, wenn ich auf den Knopf drücke. Es wäre unvernünftig, nicht daran zu glauben. Man nennt das Alltagsvertrauen.

Ist es nicht sonderbar, dass wir selbst in der Sphäre nüchterner pragmatischer Problemlösungen von unseren Politikern vor allem erwarten, dass sie glaubwürdig sind? Glaube, stellen wir fest, ist ein ganz besonderer Stoff. Wir glauben an den Sinn unserer Rechtsordnung. Wir glauben, dass wir Theater brauchen und Sonne und Sinfonieorchester und Freundschaften und den Wald und dass es gut ist, Sport zu treiben.

Noch einmal zu unseren Messfanatikern mit Zollstock und Waage: Selbst die exakteste Wissenschaft kommt ohne ständige Rückgriffe auf den Glauben nicht aus. Und die Meinung, dass die Arbeit eines Wissenschaftlers ständig auf belegbaren Annahmen beruhe, ist selber ein Reflex blinden Glaubens. Der Wissenschaftler verlässt sich auf Forschungsergebnisse von Kollegen. Er vertraut ihnen. Wenn wir uns in den Bereich der theoretischen Mathematik begeben, ist das wie der Grottenbesuch in Lourdes. Da türmen sich Annahmen auf Hoffnungen auf Erleuchtungen auf weitere Annahmen, sodass die spekulative Energie allein ausreichen würde, die wissenschaftliche Glaubensarena in strahlendes Licht zu tauchen. Und immer wieder gibt es Besonnene wie den Physiker Werner Heisenberg, den seine Forschung und seine Weisheit demütig gemacht haben und der erkannte: »Der erste Trunk aus dem Becher der Naturwissenschaft macht atheistisch, aber auf dem Grund des Bechers wartet Gott.«

Wir glauben ständig an das eine oder andere Unbewiesene, das ist die Definition von Glauben. Man sollte Leute, die für alles Beweise haben wollen, meiden, aber außerhalb von Irrenanstalten trifft man sie auch eher selten. Manche schreiben mir, dem Zeitschriftenredakteur, Briefe. Ach was, dicke Konvolute mit Zeichnungen und Beschreibungen und mathematischen Formeln, in denen sie lückenlos belegen, dass sie von ausländischen Geheimdiensten mit Sendern am Kopf angepeilt und gequält werden.

Ständig ist unser Gehirn damit beschäftigt, das, was wir sehen, zu einem sinnvollen Ganzen zusammenzufügen und Fehlstellen zu ergänzen. Wir konstruieren. Wir vertrauen. Wir glauben. Ohne Glauben geht es nicht.

Nun aber weiter. Ein Kind glaubt, dass es von seinen Eltern geliebt wird. Man nennt so was Urvertrauen. Fehlt dieses Urvertrauen, wird unser Sprössling später womöglich auf der Couch eines Analytikers liegen. Wenn er es bis dahin geschafft hat und nicht vorher Amok gelaufen ist oder einen Weltkrieg angefangen hat.

Mit diesem Urvertrauen kommen wir dem religiösen Glaubenserlebnis schon sehr nahe, nur daraus resultiert die Kühnheit, dass wir Christen den Schöpfergott mit »Vater« anreden.

Schöpfergott?

Hm. Wir müssen noch mal zurück, weit zurück.

Die Wissenschaften können uns die Entstehung des Lebens erklären, aber nicht, warum es überhaupt Leben gibt. Sie können die Entstehung des Kosmos aus dem Urknall erklären, aber nicht, was davor lag. Den ersten Anstoß. Den Urknall für den Urknall. »Gott ist die erste Ursache aller Dinge«, schreibt der Mathematiker und Philosoph Leibniz. »Es gilt den Grund für die Existenz der Welt als den Zusammenschluss aller zufälligen Dinge aufzusuchen, und zwar in der Substanz, die den Grund ihrer Existenz in sich selbst trägt und die darum notwendig und ewig ist.« Mit einem anderen Wort: Gott.

So wenig wie den Beginn kann die Wissenschaft das Ziel der Schöpfung erklären. Ich hatte mit dem Wiener Molekularbiologen Schuster darüber gesprochen, der in Castelgandolfo dem sehr neugierigen Papst Rede und Antwort zu diesen Fragen stand. Schuster führte aus, dass sich die Schöpfung in einem sehr schmalen Korridor folgerichtig bewege. Unzählige andere Vektoren wären genauso möglich gewesen. Dass es nun ausgerechnet unserer wurde, könne Zufall sein. Genauso wenig aber wolle er ausschließen, dass es einen gestaltenden Willen gäbe, einen Dirigenten, eine ordnende Hand, einen intelligenten Designer, der die Richtung vorgegeben hat.

Doch die Wissenschaft kümmert sich um Wissenschaft und um nichts sonst. Oder um es in den Worten des Amerikaners Guy J. Consolmagno, Astronom am Observatorium des Vatikan, zu sagen: »Meine Religion sagt mir, dass Gott die Welt geschaffen hat, und die Wissenschaft erklärt mir, wie er es getan hat.« Consolmagno hat eine interessante Karriere. Bevor er in den Jesuitenorden eintrat, arbeitete er für die NASA und lehrte an den Elite-Unis Harvard und MIT. Religion, so der Astronom, braucht die Wissenschaft, »um an der Realität zu bleiben und sich gegen Vorstellungen wie den Kreationismus zu schützen.« Die Wissenschaft, fährt er fort, erklärt uns die Wahrheit über das Universum. »Aber sie kann uns nicht die Schönheit, nicht die Liebe erklären.« Oder den Sinn des Lebens.

Und das ist es doch, was uns letztlich umtreibt: den Sinn unserer Existenz zu entziffern, die Geheimschrift, die unser Leben unterlegt. »An einen Gott glauben heißt, die Frage nach dem Sinn des Lebens verstehen. An einen Gott glauben heißt, dass es mit den Tatsachen der Welt noch nicht getan ist. An einen Gott glauben heißt, dass das Leben einen Sinn hat.« Klingt logisch. Kein Wunder. Es stammt von Ludwig Wittgenstein.

Nun kann es sein, dass heutzutage ein sinnvolles Leben gar nicht hoch im Kurs steht. Reicht es nicht einfach, Pizza zu ordern und sich im Nacken zu kratzen und auf die Sportschau zu warten? Oder das geile Outfit bei H&M wirklich billig zu schießen und megamäßig auf der nächsten Party aufzutrumpfen? Oder den Konkurrenten aus dem Weg zu räumen und seine Position einzunehmen in diesem Irrsinn, den wir für das Leben halten? Oder diese Show zu haben oder bei jenem Vortrag zu glänzen, diesen Wahlkreis zu erobern oder jene Frau?

Kann ja sein, dass das genügt fürs Erste. Aber dann? Was ist es nur, das uns diese merkwürdige Nervosität eben gerade nicht nimmt und diesen Hunger? Warum dieses Mangelgefühl, trotz Pizza und Boutiquenfummel und Karriereschritt und dem Applaus in Konferenzsaal oder Wahlkreis?

Ich behaupte mal, wir sind mit einer spirituellen Unzufriedenheit auf die Welt gekommen, mit diesem eingebauten Mangelgefühl, mit einer Art Heimweh, von dem Platon spricht, einer melancholischen Neugier, die uns suchen lässt, ein Leben lang. Dieses Heimweh ist das nach dem Urzustand der Liebe. »Wenn es Gott nicht gibt, warum fehlt er mir dann so?«, heißt es in einem Gedicht des Priesters Andreas Knapp.

Einigen gelingt die Gelassenheit eines Buddha, der nicht nur Pizza und Discofummel für Quatsch hält, sondern auch die Suche nach dem Sinn, und der diese Suche eingestellt hat, ein für alle Mal. Andere haben sich zum Heroismus Nietzsches durchgekämpft und zur Erkenntnis, dass wir nichts als nackte Affen sind, die, in ein Stück Erde gekrallt, durch ein endloses unbewohntes kaltes All rasen. Daraus lässt sich ein Programm machen. Entweder das einer rauschhaften Daseinsfeier und ästhetischen Ich-Formung bis hin zum heroischen Übermenschen. Oder das der totalen absurden Verzweiflung.

Wie sehr ich den Hut vor diesen Haltungen ziehe! Wie sehr ich Camus und andere existentialistische Matadore bewundere und wie sehr ich durchaus anfällig bin für den Stolz ihrer Schlussfolgerungen und ihre atheistische Unbestechlichkeit und ihre Wachheit, die ohne Trost auskommt. Wir brauchen keine Religion, keinen Trost, sagen sie, und sie leben danach. Mutig. (Von Camus allerdings stammt der Satz, der wie eine christliche Meditation ist: »Es gibt keine Liebe, außer in Gott.«)

Doch es gibt eine populäre Variante dieses Atheismus, die mutig tut, aber ansonsten in der Herde blökt. Und das ist die verbreitetste, die zu finden ist in jedem gesellschaftlichen und intellektuellen Milieu. Sie will sich die Mühen der Reflexion ersparen und gleich weiterziehen zum Ballermann. Man lebt nur einmal. Und danach Zapfenstreich. Da fehlt mir dann die Fallhöhe. Jeder abgestumpfte Gegenwartsidiot kann heutzutage Gott für tot erklären. Wie viel spannender ist doch, zu sagen: er lebt!

Für den Aufklärer Kant war der Glaube an Gott ein Akt der Vernunft. »Die Vernunft entrüstet sich bei dem Gedanken, all das dem Zufall zuzuschreiben. Zwei Dinge erfüllen das Gemüt mit immer neuer und zunehmender Bewunderung und Ehrfurcht, je öfter und anhaltender sich das Nachdenken damit beschäftigt: der bestirnte Himmel über mir und das moralische Gesetz in mir.« In anderen Worten: Die Kosmologie kommt so wenig ohne Gott aus wie der innere Mensch.

Dennoch sieht es heute so aus, als könne es für einen Intellektuellen keine größere Herausforderung geben, als den Glauben und die Kirche und ihre Anliegen in Schutz zu nehmen. In Toronto kam es zu einem bemerkenswerten Showdown zwischen Christopher Hitchens und Tony Blair, dem ehemaligen britischen Premier, der nach dem Ausscheiden aus dem Amt vom Anglikaner zum Katholiken wurde. Hitchens betete den Sündenkatalog der Kirchen hoch und runter. Er kritisierte ihr Menschenbild, das den Einzelnen als sündenbeschwertes Wesen ansehe, abhängig vom Schuldspruch oder Gnadenerlass eines himmlisches Politbüros, dessen Ratschlüsse unerforschlich seien.

Er sagte tatsächlich »Politbüro« und kassierte beifälliges Gelächter und nahm dafür einfach mal in Kauf, dass die Assoziationen bei »Politbüro« doch in eine ganz andere Richtung als die gewünschte laufen, nämlich in absolut himmels- und gottferne Gegenden wie Nordkorea, dessen Heilsplan den Menschen nur als Massewesen und Ameise vorsieht. Also das Gegenteil des Christentums.

Dessen Menschenbild, möchte man hier noch einmal einwerfen, ist doch um einiges heller. Kann es eine radikalere und fundamentalere Aufwertung geben als den Gedanken an die Ebenbildlichkeit Gottes? Philosoph Habermas mahnte eindringlich an, dass man sich um die rettende Übersetzung dieses jüdisch-christlichen Glaubensinhalts in die säkulare Gegenwart bemühen solle.

Eine Welt ohne Gott, so behauptete Hitchens, habe einen enormen Humanitätsvorsprung. Religion erschwere das Zusammenleben, sie befeuere Hass, sie sei schwulenfeindlich, frauenfeindlich, demokratiefeindlich. Tony Blair fiel es relativ leicht, diesen Ansturm populistischer antikirchlicher Phrasen ins Leere laufen zu lassen. Er nannte in Toronto ganz schlicht die Kernbotschaft des Christentums: die Nächstenliebe. Er führte die zahlreichen Ordensleute in aller Welt an, die ihren Daseinszweck darin sehen, Gutes zu tun. Ja, das gibt es tatsächlich: das Gute, das aus Selbstlosigkeit erfolgt und aus dem Bedürfnis heraus, Gott zu dienen.

Von Heinrich Böll stammen die Worte: »Selbst die allerschlechteste christliche Welt würde ich der besten heidnischen vorziehen, weil es in einer christlichen Welt Raum gibt für die, denen keine heidnische Welt je Raum gab: Krüppel und Kranke, Alte und Schwache; und mehr noch als Raum gab es für sie: Liebe für die, die der heidnischen wie der gottlosen Welt nutzlos erschienen und erscheinen.« Und dann, um seinen Worten Nachdringlichkeit zu verleihen: »Ich empfehle es der Nachdenklichkeit und Vorstellungskraft der Zeitgenossen, sich eine Welt vorzustellen, auf der es Christus nicht gegeben hätte.« Das war 1957. Mittlerweile, lieber Heinrich Böll, haben die Zeitgenossen erhebliche Fortschritte darin gemacht, sich eine Welt ohne Christus vorzustellen, mehr noch, sich darin einzurichten.

Ich bin mit der Vorstellung von einem Schöpfergott groß geworden, der alles lenkt und leitet und richtet. Dieser Schöpfergott ist die Hauptfigur einer großen Menschheitserzählung. Die meisten von uns – nach der jüngsten Bertelsmann-Religionsstudie rund 70 Prozent der Bevölkerung – glauben an einen Schöpfer, wie bärtig auch immer, der Himmel und Erde gemacht hat. Wir sind aufgewachsen mit dem Glauben, dass es einen himmlischen Vater gibt, der uns liebt und trägt. Dieser Kinderglaube überdauert nicht immer. Doch selbst diejenigen, die aus dem Glauben gefallen sind, lesen ihren Kindern Teile dieser großen Erzählung aus der Kinderbibel vor.

Wir lesen uns die Geschichten vor, weil wir ahnen, dass eine Gesellschaft ohne christlichen Glauben, ohne Ehrfurcht vor dem Höchsten und dem Mitmenschen und dem Wunder der Schöpfung, dehumanisiert. Ohne Glauben geht es nicht. Im Osten Deutschlands glaubt nur noch ein Drittel der Menschen. Im Westen sind es noch zwei Drittel. Meine Frau ist im Osten groß geworden. Sie ist nicht katholisch, und sie ist es auf ihre Weise doch: Ihre Vorstellung von Gott stammt aus der Sixtinischen Kapelle. Bisweilen stellt sie sich eine große Hand vor, die sie trägt.

Sie findet die Abschaffung des Religionsunterrichtes in Berlin bedauerlich. Ich halte sie für einen Skandal. Warum? Weil die christliche Religion Teil unserer jahrtausendealten Kultur, Teil unserer Identität ist. Man sollte den religiösen Analphabetismus nicht auch noch durch den Staat fördern. Das Fach »Ethik« ist ein blasser Ersatz für Glauben. Es enthält längst nicht den Glutkern der Religion, auch nicht die Poesie und Farbigkeit und Überzeugungskraft der biblischen Geschichten. Ethik hat mit Religion so wenig zu tun wie der Verfassungspatriotismus mit Nation – es fehlt die Emotion, die eine Gruppe, ein Volk zusammenbindet, es fehlt das Zugehörigkeitsgefühl, die Identität einer großen Gemeinschaft.

Dabei schienen die Vorzeichen für eine Renaissance der Religion gegeben. Sie begann mit der Korrosion des Kommunismus in den 80er Jahren des letzten Jahrhunderts. Wie groß die Sprengkraft des Glaubens sein kann, wurde in den polnischen Protestbewegungen gegen die stalinistischen Apparatschiks vorgeführt. Die wissenschaftliche Weltanschauung, die die Unaufgeklärtheit der Vorläuferjahrhunderte endgültig aufheben sollte, war ja so sichtbar gescheitert. Sie war in Unterversorgung und Massengräbern bruchgelandet.

Nie hat eine Religion derartig gewütet und verheert und gemordet wie die Religion des Atheismus, bei den Nazis genauso wie bei den Kommunisten. Wie inhuman die Züchtungsidee vom »neuen Menschen« tatsächlich war, wie sehr die Wissenschaftlichkeit der atheistischen Weltanschauungen selber einen verfratzten Gottesersatz im ideologischen Hokuspokus produzierte, haben die Opfer des Stalinismus über mehrere Jahrzehnte hinweg erleben und bezahlen müssen. Und sie haben gelernt, dass die Kraftquellen zum Widerstand vor allem von der Religion bereitgestellt wurde, wie zum Beispiel in der Figur des Lager-Priesters in Grossmans gewaltigem Roman *Leben und Schicksal*. Immer wieder sind es in der Schreckenswelt des Krieges, der deutschen KZs und der sowjetischen Gulags die Beispiele von nahezu unbegreifbarer Güte und Menschlichkeit, die leuchten.

Reichen dafür biogenetische Erklärungen aus?

Ohne den polnischen Katholizismus und seine charismatische Führerfigur Johannes Paul II. wäre der Ostblock nicht, oder erst sehr viel später, zusammengebrochen. Sind die egoistischen Gene, Mr. Dawkins, vielleicht doch heimlich fromm? Oder war es vielleicht nur der unwissenschaftliche beseelte alte Glaube, der hier Berge versetzt und gleich mehrere Diktaturen erledigt hat?

Jetzt scheint sich aber eine neue Diktatur etabliert zu haben, nämlich die Spießigkeit einer Habsuchtsgesellschaft ohne jede Transzendenz, das heißt: ohne Hoffnung. Wir erleben den grassierenden religiösen Analphabetismus und das spirituelle Desinteresse der westlichen Überflussgesellschaft. Doch selbst diese Gesellschaft kommt, gegen alle wissenschaftlichen Ausnüchterungen, ohne Glauben nicht aus. Zumindest nicht ohne dessen Travestie. Das gilt insbesondere für die Hedonistenmeute, die in den Börsensälen der Welt unterwegs ist.

Nirgendwo wird so sehr in der Sprache der Religion geredet wie in der Finanzwelt mit ihren Gurus, ihren Prophezeiungen, ihren Zukunftsprognosen. Hier, unter dem Schein höchster Rationalität, wird am innigsten geglaubt. Fällt der Glaube weg, kollabieren Gesellschaften, brechen Ordnungen zusammen, geht insbesondere die Wirtschaft in die Knie, die von nichts als Glauben lebt, wie wir in den Oktobertagen 2008 erfahren haben.

Weltuntergang

Ein Oratorium in fünf Tagen und acht Aufzügen
aus den Tagen des großen Crash. Und mittendrin ein
Gespräch mit Martin Walser über Glauben und Geld

Der Untergang des Kapitalismus hat ein ganz übles Timing gewählt, und zwar genau den Tag, an dem die Redakteure der Studentenzeitschrift *Campus* ihr zweijähriges Jubiläum feiern wollen in einem Hamburger Alternativ-Treff. Stil linksradikal, aber nett.

Man will auf die Zukunft anstoßen, und plötzlich ist die Zukunft futsch, und der Boden schwankt. Die Investmentbank Lehman Brothers war gerade pleitegegangen, andere drohten in die Knie zu gehen, die gewagt gebastelten Schaumgebilde aus faulen Krediten, die den US-Immobiliensektor getragen hatten, waren zusammengefallen wie ein ganz schlechtes Soufflé. Und damit auch das Glaubenssystem, das unsere Wirtschaftsordnung trägt, denn was ist Kredit anderes als Glauben. War zusammengebrochen, so wie knapp zwanzig Jahre zuvor der Kommunismus zusammengebrochen war. Beide kollabierten an innerer Auszehrung, an moralischer Entkräftung.

Doch noch stehen wir am Anfang der Katastrophe, noch ist sie nur als Grollen vernehmbar und als erster Kurssturz- und Paniktag (dem viele weitere folgen werden), und so wird erst mal weiter gefeiert auf der *Campus*-Fete, und zwar mit Bildern aus glücklicheren Tagen. Über einen Beamer wird der Woodstock-Film auf eine aufgespannte Leinwand projiziert. Höhlenbilder der Popkultur. Die Nackten und die Haarigen, die Elterngeneration bekifft im Schlamm!

Das ist eine interessante Doppelbelichtung an diesem Abend. Damals haben sie, die Eltern, reichlich bedröhnt die Ankunft eines neuen Zeitalters gefeiert, und jetzt, vierzig Jahre später, genau an diesem 7. Oktober 2008, geht das der Babyboomer zu Ende: Die Börsen rund um die Welt rauschen in die Tiefe, trotz hastiger Milliardeninfusionen durch Regierungen, und alle ahnen, sie werden weitersacken, und das Gefühl der Stunde ist das Gegenteil von Schwärmerei.

Eigentlich ist Börse kein Thema für Leute Mitte zwanzig, doch an diesem Tag ist sie das. Sie ist es schon eine ganze Weile. Vielleicht ist die Börse für diese Generation das, was Vietnam für die Woodstock-Generation der Eltern war: Diskurs-Schlacht-feld, Glaubensfrage, Freund-und-Feind-Bestimmung, System-Lyrik, Kapitalismus-Kritik.

Ach, es wird schon wieder. Philipp, der Kolumnist, ist krisenerprobt, ein Crash-Veteran bereits mit Mitte zwanzig. »Ich habe gerade angefangen zu studieren, als die Internet-Blase platzte.« Er glaubt an den Fortschritt. »Ich bin Hegelianer.« Come to the dance floor.

★

Man rückt zusammen am nächsten Morgen, und gleichzeitig bleibt man am besten unter sich. Am Hamburger Hauptbahnhof steht der Zug nach Berlin, und an einem Vierertisch der Ersten Klasse unterhalten sich Geldmacher übers Geldmachen. Meistens schütteln sie die Köpfe. Der DAX steht schon wieder an der Kante und überlegt sich, wie tief er heute springt. Hinter ihnen sitzt einer allein, missmutig.

Ein Mann im dicken Pullover kommt durch den Mittelgang, über der Schulter eine Umhängetasche mit der Obdachlosen-Zeitschrift *Straßenfeger*. Er sammelt für eine neue Teestube. Die Vierergruppe ignoriert ihn, der missmutige Einzelne schnarrt: »Kann ich mal Ihren Ausweis sehen?«

»Klar«, sagt der Obdachlose und sucht. »Hamwer gleich.« Die beiden sind ungefähr gleich alt. »Hier ist er«, sagt der Obdachlose schließlich triumphierend. Der Missmutige nickt grimmig. Er zückt das Portemonnaie und gibt großzügig. Es ist ja nicht so, dass man nicht gerne geben würde, aber es muss alles seine Ordnung haben. Deregulierung bitte nur dort, wo sie volkswirtschaftlich sinnvoll ist.

Im Speisewagen löffelt ein älterer Herr an seiner Gemüsesuppe. Pfeffer&Salz-Sakko, ein Bier, lange Blicke hinaus über die Felder, als wir auf offener Strecke sind. Rattatt, rattatt, rattatt, er schaukelt im sanften Schaukeln des Zuges, er wirkt bescheiden, freundlich, wirkt nach einem arbeitsreichen Leben, was mag er tun? Wirtschaftsprofessor, Gärtner?

Er besitzt ein Autohaus, das nun die Söhne führen. »Das letzte Jahr war fürchterlich.« Die Banken finanzieren nichts mehr. Und jetzt haben Opel und BMW und Daimler beschlossen, vorerst die Produktion zu stoppen, weil keiner unter diesen Umständen noch Autos verkauft. »Stellen Sie sich vor, die Deutschen hören auf, Autos zu bauen.«

Er kam fünf Jahre nach dem Wallstreet-Crash zur Welt. Er hat mehrere Währungsreformen miterlebt, sogar die in der DDR 1953 ist ihm noch im Gedächtnis, denn da standen plötzlich sowjetische Soldaten auf den Straßen.

Draußen fliegen Felder vorbei, eine kleine Ortschaft, eine Plattenbausiedlung mit zerstörten Fenstern. »Am besten kommt man mit Immobilien über die Runden«, sagt er, »aber auch da muss man aufpassen.« Dann schaut er auf und lächelt: »Es gibt keine Sicherheiten im Leben, außer der, die man in sich trägt.« Über den Feldern geht rot die Sonne unter. Eine Stimmung wie Abendandacht. »Manchmal«, sagt er, »hilft nur noch beten«.

★

Der Weltuntergang hat ein merkwürdiges Aussehen: Alles ist so, wie es immer war. Vielleicht ist die Welt hinter dem Horizont bereits verschwunden, aber hier, in Berlin am Spreebogen, laufen Spaziergänger in der Oktobersonne wie immer, stehen die Schlangen vor der Reichstagskuppel wie immer, fliegen innen die Frotzeleien hin und her wie immer.

Vielleicht doch nicht wie immer: Philipp Mißfelder, CDU, läuft dem Linken Dietmar Bartsch in der Bundestagskantine über den Weg. Bartsch gehört jetzt eigentlich ins Lager der Schon-immer-recht-gehabt-Haber. Hat Marx nicht davon gesprochen, dass der Kapitalismus zu seinem eigenen Totengräber wird? Bartsch, der Marxismus-Leninismus-Doktorand, sieht nicht so aus, als ob er das tatsächlich wolle. Er kalauert mit gespieltem Grimm: »Das hat uns alles Gorbatschow eingebrockt.«

Beide warten auf die Regierungserklärung der Kanzlerin zur Finanzkrise. »Das wird die wichtigste Rede ihrer Karriere.« Sie muss die Märkte beruhigen, die Welt retten. In der Kantine sagt Mißfelder, er habe sich jetzt mal erklären lassen, was ein Derivat ist. Es klang nicht gut. Er hat sein Geld auf der Sparkasse, aber keiner kann sagen, wo dieser ganze Alptraum enden wird.

Die Börsen rutschen weiter, Mißfelders Blackberry piept. »Goppel steigt aus, jetzt macht es Seehofer.« Interessiert im Moment eigentlich keinen, wie die bayrische Thronfolge geregelt wird, hier geht es um das Schicksal der westlichen Zivilisation, und vielleicht auch der östlichen. Das Klingelzeichen, alle begeben sich in die Rotunde, die Kanzlerin spricht.

Die wichtigste Rede Merkels klingt eher klein und unwichtig. Vielleicht lässt die blaugraue Job-Center-Bestuhlung im Parlament hier auch gar keine wichtigen Reden, mehr zu. Der Tonfall: Wenn die Welt untergeht, gibt es ein Pflasterchen. Applaus brandet parteiübergreifend erst auf, als Merkel davon spricht, die Schuldigen zur Rechenschaft zu ziehen. In vielen politischen und religiösen Systemen hat der Sündenbock eine wichtige, gemeinschaftsstiftende Funktion.

Sie wirkt unaufgeregt, als hätte sie Vorsprung, was sie ja auch hat: Sie ist in der DDR groß geworden, da hatte man kapitalistische Schurkenfiguren schon im Staatsbürgerkunde-Unterricht immer wieder neu besiegt!

*

Am Abend hat Heinrich Haasis, Chef des Sparkassen- und Giroverbandes, ins Foyer der Kasse am Gendarmenmarkt zu einem lange geplanten öffentlichen Gespräch geladen: Ein Schriftsteller und ein Journalist unterhalten sich über Glauben und Geld. Der Schriftsteller ist Martin Walser, der Journalist bin ich.

Ich hatte Walser über einen Film kennengelernt, den ich für die ARD über Religion gedreht hatte. Titel: *Mein Gott*. Eigentlich aber habe ich Walser als religiös Nachdenklichen über eins seiner Gedichte kennengelernt, das mir in die Hände fiel. Es geht so: »Ich bin an den Sonntag gebunden wie an eine Melodie. Ich habe keine andere gefunden, ich glaube nicht, aber ich knie.«

Walser war Ministrant in seiner Jugend. Ich hatte mich mit ihm in der Kirche seiner Kindheit am Bodensee getroffen. Dort saßen wir in einer Kirchenbank vor einem Barockaltar und sprachen über Kierkegaard. Er zitierte ihn mit dem Satz: »Die Größe des Glaubens ermisst sich an der Größe des Unglaubens.«

An diesem Abend wollte die *Cicero*-Redakteurin Christine Eichel mit uns über den Zusammenbruch des kapitalistischen

Glaubenssystems diskutieren, über die Liturgie des freien Marktes, über die rituelle Entfesselung der Gier.

Walser hatte in einem Aufsatz über »religöse Begabung« geschrieben, und Christine Eichel wollte wissen, was er darunter verstehe.

WALSER: Man muss eine bestimmte Kindheit gehabt haben. Vater und Mutter müssen eingewirkt haben, vielleicht kommt auch noch Biologisches hinzu. Und man muss auch später kindlich bleiben können in einem Teil seines Wesens. Mozart und Schubert wurden ja nie wirkliche Erwachsene, und sie waren religiöse Begabungen.

MATUSSEK: Das Staunen gehört dazu. Wer das nicht kann, ist für Wunder verloren. Ich hatte eine katholische Kindheit, wie Sie. Später haben sich bei mir die Heilskoordinaten verschoben, die Erlösung der Menschheit sollte nun durch den politischen Kampf erfolgen, aber als die Revolution 14 Tage später immer noch nicht eintraf, verlor ich das Interesse.

EICHEL: Herr Walser, Sie haben mal von der Kultur der Gewissenserforschung gesprochen.

WALSER: Meine Kinder sind beichten gegangen, ich früher auch, relativ häufig. Da hat man das Gewissen erforscht. Da hat sich eine Gewissensmuskulatur herausgebildet. Meine wichtigste Erfahrung war, dass man nichts bereuen kann. Und Reue gehörte dazu, wenn man eine Absolution haben wollte.

MATUSSEK: Also all das Beichten für die Katz. (Gelächter im Saal) Bei uns wurde der Beichtzettel gemeinsam mit dem Vater angefertigt.

EICHEL: Das ist ja ein doppeltes Patriarchat, erst der Vater und danach Gottvater. In Ihrem Roman *Angstblüte*, Herr Walser, ist die Rede von einer inneren Instanz, die der Held Kahn, ein Anlageberater, in sich spürt, und der Unfähigkeit, ihr zu genügen.

WALSER: Ja, und wem gegenüber soll man sich verantworten? Und was heißt Gott? Im Griechischen gibt es kein Wort für Gott. Hegel sagt, Gott ist ein sinnloser Laut, wenn er nicht mit etwas anderem umschrieben wird. Unsere größte religiöse

Begabung ist Hölderlin. Bei ihm kommt »Gott« 320 Mal vor. Und er sagt: Ist eines sich unbekannt, schickt es sich ins Fremde. Man muss eine andere Ausdrucksweise von Gott haben, um von ihm reden zu können.

MATUSSEK: Was die Konkretion angeht, da unterscheidet sich ja das Christentum vom Judentum. Juden dürfen den Namen des Höchsten nicht nennen. Für Christen hat Gott in Jesus konkret Gestalt angenommen.

EICHEL: Ist Fleisch geworden, ganz buchstäblich.

MATUSSEK: Und mit diesem Jesus hat man im Gebet tatsächlich ein Gegenüber, einen, an den man sich richten kann. Aber generell kann man wohl sagen, dass das Heilige aus unserem Alltagshorizont verschwunden ist.

EICHEL: Herr Walser, wo können wir müde Aufgeklärten jenseits der Debatten heute noch religiöse Erfahrung machen?

WALSER: Ein junger Geistlicher hat mir mal ein kleines Büchlein gewidmet, in dem stand vorne drin: Wer schreibt, glaubt. Toll! Und er hat recht! Der ganze Ausdrucksbereich ist ein religiöser Bereich. Da muss man nicht in die Sixtinische Kapelle, da genügt jede Dorfkirche. Das Weihnachtsevangelium. Es ist euch ein Heiland geboren, fürchtet euch nicht! Das kriegst du mit als Sechs-, Sieben-, Achtjähriger, und es bleibt ein ganzes Leben, und ich würde sagen: Das ist große Literatur. Und natürlich muss man von Anfang an dabei gewesen sein, sonst kriegt man das Vibrato wahrscheinlich nicht mit.

EICHEL: Wir sehen gerade die Entzauberung einer Ersatzreligion, wenn man das Finanzsystem so bezeichnen will. Und es wird sehr moralisch darüber debattiert.

MATUSSEK: Man will ja als Katholik nicht besserwisserisch klingen, aber hat nicht der Papst gesagt, wer auf Geld baut, hat auf Sand gebaut? Steht das nicht so auch in den Evangelien? Und der Vorgänger-Papst, der Mystiker Johannes Paul II., hat ständig gepredigt: Hört auf mit diesem Tanz ums Goldne Kalb, kniet euch mal hin und betet den Rosenkranz. Er hat den Zusammenbruch des kommunistischen Heilssystems begleitet, und er hat früh gemerkt, dass es das kapitalistische Heilssystem auch nicht bringt. Wobei ich heute über den Kursverlust meiner BASF-Aktie auch persönlich enttäuscht bin. (Gelächter)

WALSER: Ich hab gestern in der *Washington Post* gelesen, dass die Wallstreet-Banker jetzt in die Kirchen und Synagogen der Umgebung strömen.

MATUSSEK: Weil auf der Wallstreet kein Segen mehr ruht.

EICHEL: Ihr Held, der Kahn, empfindet eine ungeheure Befriedigung am Geldverdienen, aber er gibt es nicht zu, er zensiert sich.

WALSER: Das ist unsere Spezialität, dass das Geldverdienen einen falschen Ruf hat. Im Übrigen: Er ist Anlageberater. Er verdient nicht Geld, er vermehrt es.

MATUSSEK: Auch was Biblisches: die wundersame Geldvermehrung.

WALSER: Da ist das Matthäus-Evangelium, von dem Diener, der die Talente vermehrt, und dem anderen, der seine vergräbt. Und der Herr lobt denjenigen, der sie vermehrt.

MATUSSEK: Das war die Geburt des Thatcherismus im Jordanland. (Gelächter)

EICHEL: Sie haben diesen Film für die ARD gemacht, Herr Matussek, und Walsers Gedicht rezitiert: »Ich bin an den Sonntag gebunden ...«

WALSER: ... wie an eine Melodie ...

MATUSSEK: ... ich habe keine andere gefunden ...

EICHEL: ... ich glaube nichts ...

MATUSSEK: ... aber ich knie.

MATUSSEK: Wunderbar.

WALSER: Sind wir uns einig, gell.

EICHEL: Das neue Terzett ist geboren.

MATUSSEK: Ich find das deshalb wunderbar, weil die Muskeln die Übung noch machen, die sind der Erinnerungsspeicher. Deshalb reicht es nicht, theoretisch Katholik zu sein. Man muss sonntags in die Kirche und sich hinknien. Dieses »aber ich knie« ist genial.

WALSER: Sonst hätte es sich nicht gereimt. (Gelächter)

MATUSSEK: Verantwortungsloser Ästhet.

WALSER: Ich muss mich nach den Wörtern richten.

MATUSSEK: Alle Macht der Sprache.

WALSER: Nein, Herr Matussek, da gibt es eine Differenz, die ich sehr gerne spüre. Sie wissen, wie sehr ich Ihre religiöse Begabung achte, aber bei mir geht es doch anders. Es gibt eine Anzahl von Wörtern – Unsterblichkeit, Ewigkeit – für etwas, das es nicht gibt. Und das kann man nicht durch sonntägliche Routine herbeibeten. Vielleicht überhaupt nicht abringen. Vielleicht überhaupt nicht durch die Kirche. Vielleicht in einer Schubert-Messe. Sie haben vorhin die Unterscheidung zwischen Gott und Christus eingeführt. Ich habe schon eine Christus-Zugewandtheit erlebt, die viel überzeugender war als diese Adressierung an einen nicht fassbaren Gott, der, wie Hegel sagt, ein sinnloser Laut ist. Nehmen Sie Dostojewski, der an seine Frau schrieb, wenn mir jemand beweisen würde, dass Christus außerhalb der Wahrheit ist, dann würde ich mich immer für Christus und gegen die Wahrheit entscheiden. Erst das ist Glauben, ist wirkliche Religiosität. Mein persönlicher Sprachfechtmeister ist natürlich Kierkegaard, der sagte, die Größe des Glaubens wird kenntlich an der Ungewissheit.

EICHEL: Wie sieht denn Ihre Glaubenspraxis aus, außerhalb der Gottesdienste, wie erleben Sie den Alltag, gibt es für Sie Begriffe wie Vergebung?

MATUSSEK: Das geht gar nicht ohne, sonst wäre ich schon krepiert, ich bin extrem empfindlich, und das beste Gebet ist das »Vater unser«…

EICHEL: … und vergib uns unsere Schuld …

MATUSSEK: … wie auch wir vergeben unseren Schuldigern.

EICHEL: Machen Sie das jetzt aus christlicher Demut, oder weil es therapeutisch geboten ist?

MATUSSEK: Religiosität hat immer auch praktische Seiten. So wie das Rosenkranzbeten nicht nur fromm ist, sondern auch eine großartige Meditation, wie das Ein- und Ausatmen bei den Buddhisten.

EICHEL: Herr Walser, in einem Ihrer Gedichte heißt es: »Wem nur die Wahrheit einfällt, der schweige. Und schämen sollte er sich auch.« Ist Wahrhaftigkeit und Schreiben eigentlich ein Widerspruch?

WALSER: Ich bewundere den Tübinger Theologen Eberhard Jüngel. Der schreibt wie Musik. Der schreibt über Gott, der die Wahrheit ist, und über das Böse, das die Lüge ist. Das steht ohne Übergang nebeneinander. Das ist für einen Schriftsteller natürlich tödlich. Der Kahn in meinem Buch sagt ja, Lüge ist kein moralisches, sondern ein linguistisches Problem.

MATUSSEK: Das glaube ich nicht. Wir müssen von der Wahrheitsvermutung ausgehen, sonst könnten wir uns gar nicht verständigen. Wenn wir nicht glauben können, dass der andere die Wahrheit sagt, ist Kommunikation sinnlos.

WALSER: Ich habe niemals im Leben volle zehn Minuten lang die Wahrheit gesagt. Sie haben vorhin die Beichte erwähnt und dass die Bilanzen da immer ein wenig geschönt wurden. Das kenne ich auch.

EICHEL: Sie haben in Regensburg studiert, wie Ratzinger. Sind Sie sich mal begegnet?

WALSER: Ich könnte jetzt sagen wie Grass, natürlich, in dem und dem Lager, aber nein, bin ich nicht. Aber ich habe sein Jesus-Buch sehr gerne gelesen, diese Christus-Fixiertheit interessiert mich, weil ich die Christusfigur nicht erhöht genug sehen kann.

*

Wenn alles falsch war, wie es sich in diesen Tagen ausnahm, wo wäre dann das Richtige? Was soll jetzt nur werden? Wie wird die Welt in fünf Jahren aussehen? Walser hielt an diesem Abend nichts von apokalyptischem Tremolo. Er machte eine abfällige Handbewegung. »Das ischt doch alles Hysterie.«

Da man mit einem achtzigjährigen Dichterfürsten nicht ernsthaft über die Zukunft reden kann, kann man vielleicht mit Ironie über den Markt reden. Okay, dann also: Sind das dann jetzt schon Einstiegskurse?

Erregte Debatte mit Moderatorin Christine Eichel und einigen Herren von der Bank, die im Auditorium Platz genommen haben. Walser erinnert an die goldene Regel: »Allenfalls 20 Prozent Aktien.« Die anderen nicken. Das heißt aber nicht, dass er nicht zockt. Zocken gehört zum Menschsein. Bei ihm ist es jetzt Lotto. Wo sonst soll Aufregung herkommen, zweimal die Woche. Er lächelt wild. Früher ist er in Casinos gefahren, um was zu riskieren.

An diesem Abend riskiert er ungesicherte Erklärungen, Formulierungen wie Stoßtrupps in unerforschtes Gelände, das Gespräch über den Glauben verläuft tastend, innig, das übers Geld nicht minder. Wer auf Geld baut, sagt der Papst an diesem Tag, hat auf Sand gebaut.

Ich sage: Na bitte, wie recht er hat, der Papst. Walser sagt: Dieser religiöse Triumph sei zu billig.

Walser spielt an diesem Abend den Apologeten des Kapitals, ach was: dessen Erotomanen. Sein grandioser Finanzmakler-Roman *Angstblüte* spricht von der »wundersamen Vermehrung des Geldes« in fast religiöser Verzückung. Und er genießt die Provokation und die Poesie, die damit verbunden sind. Geld ist Sünde, sicher, aber was für eine tolle!

Bankenchef Heinrich Haasis sitzt nicht im Publikum. Er stößt erst später beim Dinner wieder zur Gruppe. Es sind die Stunden der Krisenprogramme und der heißen Interventionen. In den vorangegangenen siebzig Minuten hatte er ein paar Stockwerke höher die Anteile am Rettungspaket für die HRE-Bank verteilt, insgesamt 600 Millionen, in einer Konferenz mit anderen Landesbankern.

Haasis hat die Chose kommen sehen, dem Späth hat er es schon vor drei Jahren gesagt, aber wer hört schon auf vorsichtige Sparkassenmenschen, wenn die Bullen-Herde in Bewegung ist. Sparkassenmenschen galten als Lachnummer. Jetzt ist seine Sparkasse die attraktivste Adresse der Republik, »ein feste Burg«, wie es in dem frommen Lied heißt, und für Kleinsparer so trostvoll wie ein Kirchenschiff.

An diesem Abend klingt er, der einstige CDU-Abgeordnete, wie Lafontaine. Aber eigentlich klingen seit geraumer Zeit alle wie Lafontaine. Wer in der Bundestagsaussprache die beste Figur gemacht habe? Haasis' sprühende, gutgelaunte Frau sagt ohne zu zögern: »Lafontaine.«

Ein paar Querstraßen weiter im Osten auch ein langer Tisch mit Experten, allerdings nicht bei Jakobsmuscheln und Weißwein, sondern Bier und Bockwurst. Es ist die Internet-Guerilla von der »ZIA«, der Zenralen Intelligenz Agentur, die hier gegenüber von Kaminers »Russendisko« tagt.

Gerade hatte die Autorin Kathrin Passig ihr Buch über die Wichtigkeit des Prokrastinierens vorgestellt, Titel *Wie man Dinge geregelt kriegt ohne einen Funken Selbstdisziplin*. Es ist ein stimulierendes Guerilla-Buch für den kapitalistischen Dschungel, man hat den Eindruck: Hier gelingt der Brückenschlag zwischen Anpassung und Verweigerung, zwischen System und Anarchie, zwischen Woodstock und Generation Praktikum. Insgesamt: eine Möglichkeit, im Kapitalismus zu leben, ohne an der Seele krank zu werden.

Literaturexperten und Kulturwissenschaftler, die geläufig über den Rohstoffmarkt und die Hypothekenkrise palavern, und Holm Friebe, einer der Köpfe, erklärt, wie wichtig so ein »black swan«, ein unvorhersehbarer Einbruch sei: »Er lehrt uns Demut vor der Zukunft.« Das klingt verdammt groß für einen, der knapp dreißig ist. Wir können nichts wissen, sagt uns die Krise.

*

»Vielleicht wird der Kunstmarkt zusammenkrachen«, meint Constanze leichthin, »aber der Kunst tut so eine Krise sicher gut.« Heutzutage hängt man doch nur noch mit dem Interesse auf, mit dem man ein Portfolio besichtigt. Constanze steht vor der temporären Kunsthalle an der Spree, im Nebel dahinter verlieren sich Abbruchreste des Palastes der Republik wie Kulissenteile aus dem Film *Der Untergang*. Weiß auf Blau die große Kunsthutschachtel, das Weiße ist eine gepixelte Wolke.

Constanze wollte »schon immer mal im 20er-Jahre-Berlin leben«. Die Krise gibt ihr vielleicht die Möglichkeit. Es ist beileibe nicht so, dass die Krise nicht auch herbeigesehnt werden könnte, von den Nachtvögeln und Tigerinnen und Abenteurern Berlins. »Die Karten werden neu gemischt – wie wunderbar.«

Constanze, die einstige Slawistikstudentin der Humboldt-Uni, hat schon ein paar Neuanfänge hinter sich. Die Währungsunion, die Ankunft des Kapitalismus, was für ein Fest! Nur ein paar Querstraßen weiter lag die Filiale der Deutschen Bank am Alexanderplatz. Nie wieder wurde der Kapitalismus so leidenschaftlich-taumelnd gefeiert wie hier in der verblassten DDR in der Nacht der Währungsunion, als die D-Mark in den Osten kam.

Die Filiale gab die ersten D-Mark-Scheine aus, echtes Geld. Hupende Trabbis blockierten die Straße, vom Dach eines Hochhauses dröhnte Abba mit »Money, money«, Rotkäppchensekt floss in Strömen, und immer wieder wurden Ohnmächtige aus der Schalterhalle getragen, denn jeder wollte die Fetische als Erster berühren in dieser Heiligen Nacht.

*

Mehr als achtzehn Jahre später ist Kassensturz im Osten: »Kassa Blanca« heißt das Programm des Leipziger Kabaretts »Pfeffermühle«, das einst, unter sozialistischen Bedingungen, eines der muntersten war. Mittlerweile ist es verkommen zu einem Touristenbums ohne wahren Biss: Ein wenig Parteienverdruss, ein bisschen Hartz-IV-Lamento, zwei schweinische Pikanterien, das wäre es dann schon. Auszug aus dem Programmheft: »Früher war Deutschland ein reiches Land, heute ist es ein Land der Reichen«. Früher? Wie viel früher? Zwanzig Jahre?

Es hat sich einiges getan seither, und Leipzig gehört zu den Gewinnern. Kaum irgendwo ist die Aufbauhilfe Ost schöner sichtbar als hier, am neuen Standort der »Pfeffermühle« in der Gottschedstraße, die an diesem Abend mit ihren Straßencafés und Restaurants und Diskotheken aussieht wie ein römischer Sommertraum.

Ja, was die Großwetterlage angeht, haben die Kabarettisten recht, auch wenn es an diesem schönen lauen Sommerabend nicht direkt ins Auge springt: Die Gesellschaft ist tatsächlich in Arm und Reich auseinandergefallen. Aber man muss doch keine Alleinerziehende mit zwei Kindern erfinden, die nebenbei an der Tankstelle und im Puff arbeitet, um Lacher zu erzielen.

»Kassa Blanca«. Leere Kassen, der Kollaps der Zocker, was für eine Steilvorlage für linke Lacher im Osten. Stattdessen: eine Elvis-Parodie mit dem Titel »Ich brauch netto« sowie pädagogisch Wertvolles zum Kampf gegen Rechts, was das ältere Publikum wohlwollend nickend mit Zustimmung quittiert.

In der Pause in der Garderobe möchte man wissen: War politisches Kabarett womöglich doch aufregender im alten sozialistischen System, als man Kopf und Kragen riskierte oder zumindest Exkommunikation, sobald man gegen die reine Lehre verstieß?

Ach, sagt da Kabarettisten-Veteran Marco, »war im Prinzip doch das Gleiche, war immer Klassenkampf.«

»Um Gottes willen, hör auf!«, sagt da die blonde Ute und springt auf und geht hinaus.

»Na ja, nicht ganz«, lenkt Marco ein, »heute wird man wegen einer misslungenen Pointe nicht gleich abgeführt.« Die Blonde kommt nicht zurück.

Jan, der Jüngste, sieht im Crash der Märkte so etwas wie die Rache Gottes an den Amerikanern. Für das, was sie mit ihren Autos der Umwelt antun. Das macht zunächst keinen Sinn, hat aber eine gewisse alttestamentarische Logik.

Er schaue keine Nachrichten, sagt der Junge. Er bezieht seine Infos über YouTube, das ist nicht manipuliert. Dort übrigens

wurde der lückenlose Beweis erbracht, dass der Anschlag des
11. September von den USA selbst inszeniert worden war. »Ein
Inside-Job.«

Vielleicht ist auch das eine Folge der Globalisierung: nicht
nur der Beschleunigungskollaps des Marktes, sondern auch
der herkömmlichen Nachricht. Der Dramatiker Heiner Müller hatte nach dem Mauerfall genau das prophezeit: Hitzetod
durch Beschleunigung.

Marco denkt in traditionelleren Spuren über die Wirtschafts-
krise. Er glaubt, dass der Kapitalismus in Leipzig und im Rest
der Welt wieder auf die Beine kommt. »Ist nur ein zyklischer
Schwächeanfall – lässt sich alles bereits bei Marx nachlesen.«

Das wäre dann die jüngste Pointe der Marxisten im Umgang
mit dem Kapitalismus – sie nehmen seine Rückschläge nicht
sehr ernst. Sie trauen ihm offenbar mehr zu als er sich selber.

*

Rund 120 000 Besucher laufen die Rotkäppchen-Kellerei im Jahr
an, und an diesem schwarzen Donnerstag des Jahres 2008, an
dem der Dow Jones weitere sieben Prozent abgibt und in einer
Panikspirale die Börsen der Welt ein weiteres Stück mit sich
reißt, steht eine Gruppe von der Schulbehörde bei der Verkos-
tung auf dem Parkplatz zusammen.

»Rotkäppchen« ist eine der überzeugendsten kapitalistischen
Erfolgsgeschichten im Osten. Ihr ehemaliger VEB-Geschäftsfüh-
rer Heise kaufte sie 1993 der Treuhand ab und verwandelte sie
in die mittlerweile zweitgrößte Sektkellerei der Welt. Zunächst
hatte er die Belegschaft von 450 auf 50 reduziert, dann die Pro-
duktpalette vergrößert und später dazugekauft, Mumm und
Eckes-Kirschlikör. An die Börse ging er nicht, er wollte Herr
im eigenen Laden bleiben. Heute beschäftigt er über 500 Mit-
arbeiter und hat den Ort wieder hinter sich gebracht.

Sektkelche mit halbtrockenem Rosé also, um elf Uhr vor-
mittags, Prösterchen. Nach einem letzten Tanz auf der Titanic

sieht das überhaupt nicht aus, kein Mensch hier glaubt, dass die Welt untergegangen ist, zukunftsfroher geht es gar nicht.

»Ist doch prima, wie der Staat eingreift«, sagt eine resolute Dame, und dann ein tiefer Rückgriff in die Weltgeschichte. »Das Reich der Mitte ist nur deshalb untergegangen, weil der Staat zu schwach war.« China hat aus seinen Fehlern gelernt. Starker Staat, starker Kapitalismus, das ist das Erfolgsrezept der Zukunft. »Dass Rusland jetzt Island rettet, und zwar ausgerechnet mit Geld, das ist doch zum Piepen«, ganz besonders hier, im deutschen Teil des ehemaligen Ostblocks. Die Gruppe nickt und lacht.

Und wie wäre es mit einem funktionierenden Sozialismus? »Auf keinen Fall«, sagt Ilona Kaiser, die Marketing-Chefin und Touristenführerin. »Hat ja ganz offensichtlich nicht geklappt, haben wir ja alle mitgekriegt.« Frau Kaiser war früher Winzerin in einer LPG. Parteimitglied, weil man nur dann in Führungspositionen kam, wenn man in diesem Verein war. Nun gut, ein wenig war sie auch aus Überzeugung mit dabei. Zumindest so überzeugt, dass sie 1986 auf eine Westreise nach Hamburg durfte. Dort sah sie vor dem Hauptbahnhof eine Bettlerin und berichtete davon ihren Freundinnen zu Hause. Die wollten es nicht glauben, eine Bettlerin im reichen Westen. Die hielten Bettlerinnen vor Westbahnhöfen immer für DDR-Propaganda, so sehr haben sie den kapitalistischen Westen bewundert, heimlich.

Die Finanzkrise macht ihr keine Angst.

»Jetzt bloß kein Griesgram«, sagt Frau Kaiser. »Was wollen wir denn machen? Etwa zurück zum Kommunismus, wo keiner mehr arbeitet?« Das geht ja wohl nicht.

Alles Psychologie. Man könnte auch Glauben sagen. Deshalb, ausgerechnet aus Sachsen-Anhalt: Krise? Was für eine Krise? Prost Deutschland!

GLAUBENSSCHLACHTEN

Ausweitung der Kampfzone

Der Nahe Osten bei uns: Über Moslems und Sarrazin,
Bundespräsident Wulff als Nathan, die Scharia
in Mönchengladbach und die liberalen Feuilletons

Mit allergrößter Verblüffung erleben wir, wie uns der islamistische Fundamentalismus die Frage nach unserer eigenen religiösen Identität neu zuspielt. Unsere Antworten sind widersprüchlich und ratlos, aber das hat mit der Intensität der Frage zu tun.

Nach der Mitternachtsmesse am Silvesterfest 2010 explodiert eine Autobombe vor einer christlich-koptischen Kirche im ägyptischen Alexandria und reißt 21 Menschen in den Tod. Es ist nur eine kleine Hassbekundung von vielen in einem langjährigen Krieg, der aus Terror, Vertreibung und Diskriminierung besteht. Es ist ein Religionskrieg. Es ist der Krieg des fundamentalistischen Islam gegen das Christentum.

Dieser Krieg begann mit den Anschlägen auf die Wolkenkratzer des World Trade Center, die Türme der Gottlosen in den USA. Er setzte sich fort mit Anschlägen auf Züge in Madrid, Busse in London, eine Diskothek in Bali, gegen Zivilisten, die stellvertretend für ein System, für eine Religion, für eine Ideologie gemordet werden. Jetzt ist er zurückgekehrt an den Ursprung, in den Nahen Osten.

Für die Christen des Orients ist das vergangene Jahrzehnt eine Tragödie gewesen. Vor hundert Jahren bestand die Bevölkerung zwischen Mittelmeer und Zweistromland zu einem Fünftel aus Christen. Heute sind es nur noch rund fünf Prozent. Dramatisch ist die Lage im Irak. Einst lebten hier über eine Million Christen. Mittlerweile ist die Hälfte von ihnen außer Landes geflohen. »Einen vergleichbaren Exodus«, so schreibt die FAZ, »hatte es womöglich nicht einmal während der islamischen Eroberungswellen in Mesopotamien im Mittelalter gegeben.«

Doch auch im Sudan, in Algerien und in Pakistan, in Indonesien oder Nigeria werden unter Christen Blutbäder angerichtet. Was die Lage der Kopten in Ägypten angeht, ist die Situation besonders tragisch, denn die Religionsgemeinschaft, deren Gründer der Evangelist und Märtyrer Markus gewesen sein soll und die nun von den Dschihadisten gejagt wird, hat bereits ein halbes Jahrtausend vor der islamischen Eroberung hier gelebt und gebetet und gearbeitet.

Die Bundesregierung beeilte sich gleich nach dem Attentat, nicht etwa zu protestieren, sondern dem korrupten, kurz darauf in die Knie gehenden ägyptischen Regime zu bescheinigen, dass es wohl alles in seinen Kräften getan habe, um die koptischen Christen zu schützen. Auf die seit langem drangsalierten Christen, die prompt in Kairo auf die Straße gingen, muss das wie der blanke Hohn gewirkt haben. Sie wehrten sich, auch gegen ein gleichgültiges Regime, das sie dem islamistischen Mob überlassen hatte.

Übrigens ließ auch die übrige Weltgemeinschaft die Verfolgung der Christen relativ kalt. Während Israel wegen kriegerischer Akte gegen (zumeist islamistische) Terroristen insgesamt 225 Resolutionen über sich ergehen lassen musste, gab es wegen der (zumeist islamistisch motivierten) Christenverfolgungen in aller Welt – bisher – keine einzige.

Bei uns ist man vollauf damit beschäftigt, den Islam mit großen Umarmungen zu entschärfen und seine Kritiker als Panikmacher zu diffamieren. Offenbar möchte man ihn so lange ans Herz drücken, bis alles Kriegerische aus ihm abgeflossen ist. Was aber, wenn wir es mit einer Religion zu tun haben, die sich als Gefechtsideologie versteht und an aufklärerischen und demokratischen Domestizierungen überhaupt nicht interessiert ist?

Unvergessen sind die Worte des türkischen Ministerpräsidenten Erdogan, die er einem religiösen Gedicht entlehnt hatte:

»Die Demokratie ist nur der Zug, auf den wir aufsteigen, bis wir am Ziel sind. Die Moscheen sind unsere Kasernen, die Minarette unsere Bajonette, die Kuppeln unsere Helme und die Gläubigen unsere Soldaten.« Und er rief seinen in Deutschland lebenden Landsleuten die Warnung zu, sich nicht assimilieren zu lassen. Mit anderen Worten: ihren Kampfauftrag nicht zu vergessen, der ebenso sehr ein Glaubenskampf wie ein politischer Kampf ist.

In seinem in einigen falschen Statistiken und grotesken Nebenaspekten umstrittenen Buch *Deutschland schafft sich ab* referiert Thilo Sarrazin in der Hauptsache den Tatbestand einer breiten Gruppe nicht integrationswilliger Muslime in Deutschland, und er tut dies mit einem üppigen Zahlenwerk, zu dem auch Kriminalitätsstatistiken und die finanzielle Transferleistungen gehören. Das Buch, alles andere als ein Brevier für Skinheads, richtet sich an eine gutverdienende, gebildete und besser qualifizierte Leserschaft, die es mobilisiert, weil es ihren Erlebnishorizont und ihre Befürchtungen bestätigt.

Weite Teile des publizistischen und des politischen Establishments dagegen schufen aus Sarrazin die Karikatur eines demokratiefeindlichen Populisten und ließen ihn sozusagen vom konsensdemokratischen Saalschutz vor die Tür setzen. Die Kanzlerin verurteilte das Buch, ohne es gelesen zu haben. Bundespräsident Wulff empfahl der Bundesbank, »mit diesem Problem fertig zu werden«, mit anderen Wort: den Mann zu feuern. Man ging also durchaus rabiat, um nicht zu sagen: wenig christlich mit einem Mann um, der eine zur herrschenden Politik der Problemverharmlosung abweichende Meinung geäußert hatte. Was Sarrazins Popularität immens steigerte. Heute gehört sein Buch zu den meistverkauften der Nachkriegsgeschichte.

Die Rede

So weit der Rahmen für die denkwürdige Rede, die der frisch gekürte Bundespräsident zum zwanzigsten Jubiläum der Deutschen Einheit hielt. Wo man erwartet hatte, dass der neue Mann an der Spitze des Staats Ermunterndes zur Einheit zwischen Ost und West sagen würde, nahm er eine andere Bruchlinie ins Visier. Die zwischen Islam und Christentum. Ein großes Unterfangen.

Es gibt leuchtende Beispiele für Aussöhnungsrhetorik zwischen den Religionen. Eines davon ist Lessings Drama »Nathan der Weise«. Es spielt in der Zeit des dritten Kreuzzuges (1189 bis 1192) während eines Waffenstillstandes in Jerusalem, also zur Zeit der buchstäblich hochgerüsteten Glaubensbekenntnisse. Im Kern des Stückes steht die Ringparabel, mit der der Jude Nathan die Frage des Sultans Saladin nach der besten Religion beantwortet: »Ein reicher Mann im Osten besaß einen Ring, der die geheimnisvolle Auswirkung hatte, vor Gott und den Menschen angenehm zu machen, wer ihn mit Zuversicht trug. Er hatte drei Söhne und vererbte jedem von ihnen einen Ring, der dem echten völlig gleich war, so daß keiner der Söhne wußte, wer den echten Ring besaß. Alle drei wurden von einem weisen Richter schließlich belehrt, jeder sollte so handeln, als wäre der echte Ring sein eigen: ›Es eifre jeder seiner unbestochenen, von Vorurteilen freien Liebe nach!‹«

Ein wunderschönes Märchen. Es gibt Adoptionsgeschichten, Liebesdramen, Geldnöte darin, der gefangene Christ wird vom Moslem begnadigt, der Jude Nathan leiht dem Sultan Saladin Geld, der christliche Tempelherr entsagt der großen Liebe, am Ende sind alle geläutert und fassen sich an den Händen und vertragen sich. Letzte Bühnenanweisung des edlen (und leicht langweiligen) Spiels: »Unter allseitiger Umarmung fällt der Vorhang.«

Womöglich wollte Bundespräsident Wulff in seiner Rede den Nathan geben. Doch er hat das Gegenteil von Versöhnung erreicht. Denn plötzlich hatte er eine Debatte über religiöse

Identitäten und ihre Unterschiede eröffnet, eine, die alle über-
rumpelte. Bischöfe schalteten sich ein, Kabinettsmitglieder,
Leitartikler, Leserbriefschreiber. Rund zwei Drittel der befragten Deutschen lehnten die Wulff'sche Kernaussage rundweg
ab. Diese nämlich lautete: »Aber der Islam gehört inzwischen
auch zu Deutschland.«

Nun ist Wulff kein Lessing. Vielleicht war er noch nicht mal
richtig Wulff, als er zum Pult schritt, um mit schönem Scheitel
schöne Gedanken auszusprechen und eben diesen Satz. Man
hörte ihm förmlich an, wie er in die Rede geschraubt worden
war, mit zwei, drei Anlaufsätzen: ein Statement, eine Integra-
tionsformel, ein Beschwichtigungssatz, der ins Goldene Buch
des guten Deutschen eingehen sollte.

Was war daran nur falsch? Alles. Man sah dem Satz das Erzie-
herische an. Es war dann doch kein Versöhnungs-, sondern ein
Rechthabersatz. Er ließ sich als Anweisung lesen. Der Islam
gehört zu Deutschland, basta. Er war wohl als Schlusswort zur
Sarrazin-Debatte gedacht, in der sich der Präsident ja mit einer
ganz unpräsidentenhaften, nicht ganz demokratischen Intervention fast die Finger verbrannt hätte.

Nein, Wulff, dem Katholiken, ging es nicht um Religion. Es
war der Versuch, aus einer Lessing'schen Geste innenpolitisches
Kapital zu schlagen. Ein Satz aus der Religionsmärchenstunde.

Das Publikum sagte sich: Moment, »der Islam« gehört also
zu Deutschland? Aber welcher? Der des kunstliebenden afghanischen Arztes oder der, von dessen Poesie Goethe in seinem
West-östlichen Divan so fasziniert war, oder der der Koranschule
oder der Moschee unter Terrorverdacht? Der Islam des halal
schächtenden Metzgers oder der verhüllten Mädchen oder der
Ehrenmörder? Der Islam, von dem wir in den Terrornachrich-
ten aus aller Welt hören, oder der Islam der christenmordenden
Bombenkommandos oder der iranischen Ayatollahs, die zur
Vernichtung Israels aufrufen?

Der Präsident sagte nicht: Der Islam ist bereits in Deutschland, ob es euch passt oder nicht! Er sagte: »Aber der Islam

gehört inzwischen auch zu Deutschland.« Diese Formel setzte Fragen in Gang. Gehört der Islam tatsächlich zu uns? Ist uns der Kölner Dom nicht doch näher als die Moschee in Duisburg? Die sich daran logisch anschließende Frage wäre: Was gehört denn eigentlich zu Deutschland? Und da wurde eine interessante Leerstelle deutlich, die einige Wochen später von der Bundeskanzlerin selbst benannt wurde, als sie auf dem CDU-Parteitag ausrief: »Es gibt nicht zu viel Islam in Deutschland, sondern zu wenig Christentum.«

Unter dem Eindruck des Islamismus also forderte die Kanzlerin die Christen des Landes dazu auf, Farbe zu bekennen. Sie ging mit gutem Beispiel voran. Beziehungsweise wurde durch die Dynamik ihres Arguments dahin geschubst. Ob ihr das tatsächlich recht war? Oder hat sie nicht doch nur mit einem leicht höhnischen Unterton das Verlangen nach konservativ-christlicher Politik und religiöser Identität so abgefertigt?

Es ist interessant, wie Wulffs Aussage rhetorisch vorbereitet wurde. Er machte einen Dreisatz daraus. Er wusste um die Hürde. Er nahm Anlauf, und schon der war holprig. Er sagte zunächst: »Das Christentum gehört zweifelsfrei zu Deutschland.« Nun ja, möchte man in Zeiten beschleunigter Kirchenaustritte murmeln, wenn er denn meint, dann soll es wohl so sein, schön, dass er uns erinnert.

Ganz in Lessings Spur fuhr er fort, als seien wir das umstrittene und umkämpfte Morgenland der heiligen Stätten: »Das Judentum gehört zweifelsfrei zu Deutschland.« Hm, da wird es schon auf geschichtsvergessene Art problematisch, möchte man einwerfen. Eine Zeitlang haben die Deutschen doch sehr versucht, das Gegenteil zu beweisen. Wacklig das Ganze, bisher, aber der Zweck heiligt wohl die Mittel, nur, was ist der Zweck?

Vorerst sichert sich unser Präsident in seiner Steilwand politreligiösen Diskurses erst einmal ab durch eine Wiederholung, er schlägt einen zusätzlichen rhetorischen Haken ein, sozusagen. Er fasst zusammen: »Das ist unsere christlich-jüdische Geschichte.« Nicht ganz so elegant wie Lessings Nathan, eher das Deutsch der Redenschreiber, aber immerhin.

Bis hierhin erst mal geschafft. Ausruhen. Vorbereiten für den rhetorischen Gipfelsturm. Und dann kommt er: »Aber der Islam gehört inzwischen auch zu Deutschland.« Eine taktische Meisterleistung. Mit »inzwischen« deutete er an, dass der Islam noch keine lange Geschichte bei uns hat und nicht gerade das kulturelle Erbe bestimmt. Mit »auch« stemmte er den Raum zwischen den beiden anderen monotheistischen Religionen frei. Puh, das wäre erledigt. Mit anderen Worten: Jetzt bitte Schluss mit der ganzen Sarrazin-Debatte. Und unter allseitiger Umarmung möge nun bitte der Vorhang fallen.

Der Rest der Ringparabel

Was Wulffs Beschwichtigungsformel nicht verhüllen konnte, war, dass es sich lediglich um ein politisches Manöver handelte. Und es war nur folgerichtig, dass sie durch eine noch absurdere Formel einige Wochen später ergänzt werden musste, und zwar im Rahmen seines Staatsbesuchs in der Türkei, als er in spiegelverkehrter Konsequenz sagte: »Natürlich gehört das Christentum auch in die Türkei.« Das sahen die Türken aber dann doch ganz anders, jetzt und in den vergangenen hundert Jahren, und die Floskel verwehte folgenlos in der Höflichkeit gutgemeinter Staatsbesuchsgesten. Nur Cem Özdemir erkannte prompt, dass mit dem erklärten Wegfall religiös-kultureller Unterschiede die letzten Hindernisse für einen Beitritt der Türkei in die europäische Gemeinschaft gleich mitgefallen seien.

Umfragen zufolge lehnten zwei Drittel der befragten Deutschen die Kernaussage der Wulff'schen Rede ab. Und das türkische Parlament war zur Hälfte leer, als Wulff seine Rede hielt – die war nämlich schon vorher verteilt worden, mitsamt ihrer Anweisung, das Christentum zu umarmen. Die neue Ringparabel eierte gewaltig. Es scheint so etwas zu geben wie eine ideengeschichtliche und religiöse DNA, die verteidigt wird, wie sehr auch immer sie gelitten hat in einer globalisierten Welt. Religion scheint ein wichtiges Identitätsmerkmal zu sein, das sich nicht einfach wegschminken lässt.

Vielleicht hätte der Präsident stattdessen tun können, was Wallraff tat: vor der »schleichenden Islamisierung« in der Türkei warnen, der immer mehr kritische Intellektuelle zum Opfer fallen. Woher dieses Engagement Wallraffs für die Menschenrechte? Einfache, klare Antwort Wallraffs: »Ich bin christlich geprägt.«

Heute leben in der Türkei noch rund 100 000 Christen. Vor hundert Jahren waren es zwei Millionen. Christen dürfen keine neuen Kirchen bauen, viele alte sind nur noch als Museen zugelassen. Christen werden schikaniert. Einige Monate zuvor war Luigi Padovese, der ranghöchste katholische Bischof der Türkei, von seinem moslemischen Fahrer nach einer »religiösen Eingebung« getötet worden. Das Christentum ist marginalisiert in der Türkei.

Umgekehrt kann es dagegen keinen Zweifel daran geben, dass der Islam in Deutschland, in asymmetrisch großem Maße, Fuß gefasst hat. Die Türken, die zu uns kommen, nehmen ihre Religion mit. Es gibt – von unzähligen »Hinterhofmoscheen« abgesehen – 2600 offizielle Moscheen in Deutschland, davon 206 Großmoscheen mit Minarett. Allein die DITIB, der türkischmuslimische Dachverband, betreibt ungefähr 850 Moscheen. Neben türkischen und saudischen Geldgebern ist auch der deutsche Staat als Finanzier beteiligt. Die Imame der DITIB mischen sich ein, sie üben über die in der Türkei entworfenen Freitagsgebete hinaus einen erheblichen Einfluss auf deutsche Großstädte aus, in denen es vielfach Stadtteile gibt, in denen nur noch türkisch gesprochen und gebetet wird.

Und es wird gebetet. Von der Intensität moslemischer Glaubensausübung können katholische Pfarrer in ihren Sonntagsgottesdiensten vor den halbleeren Bankreihen nur träumen.

Der Vollständigkeit halber muss erwähnt werden, dass Wulffs Reisen in Sachen Ringparabel ihn schließlich nach Jerusalem geführt haben, den Ursprungsort, den Theaterort, den Kreuzzugsort. Und dort zollte er dann, ganz Nathan, der dritten monotheistischen Religion Tribut und beschwor mit wirksam-belegter Stimme – und gleichzeitig völlig unsinnig –, dass man doch »das Judentum stärken« sollte in Deutschland. Sollte man denn nicht wenigstens das den Rabbis und den jüdischen Gemeinden überlassen? Kann ein Bundespräsident auch darüber verfügen?

Die Heimatfront

Doch zurück zum islamistischen Furor und unserer kompletten Hilflosigkeit davor. Sprechen wir von unserer eigenen religiösen Leerstelle. Es ist ein weißglühender Glaube, der uns da entgegentritt und so merkwürdig ins Leere einer permissiven religiös desinteressierten Gesellschaft greift.

Häufig sind es Konvertiten, die am aggressivsten auftreten. Beispiel Mönchengladbach. TV-Reporter drehten in den Wochen nach der Veröffentlichung des Sarrazin-Buches dort auf einem Marktplatz. Hier, zwischen properen Klinkerbauten und Fußgängerzonentristesse, hält die Salafistengruppe »Eingang ins Paradies« öffentliche Gebetsstunden ab. Durchsetzt und eingerahmt sind sie durch Vorträge Pierre Vogels, eines konvertierten ehemaligen Boxers, eines Hasspredigers mit kölschem Akzent.

»Da sarrisch dooch der Merrkkel, führen Se doch mal die Scharia in Neukölln ein bei den kriminellen Jugendlischen. Todesstrafe. Handabhacken bei Diebstahl. Und dann ma abwarten, ma sähn, wat passieren dot.« Höhnisches Zustimmungsgelächter unter den meist jüngeren Anhängern. Kernige Militanz. Die Jungs, spürt man, ziehen sich den Islam über wie eine Bomberjacke. Und sie setzen die Worte des Propheten ein wie einen Baseballknüppel. Hier ist dann jener Gewaltkern spürbar, der Goethe schließlich davon Abstand nehmen ließ, eine große Theaterhuldigung auf Mohammed zu dichten.

Selbstverständlich erinnert Vogels Truppe an Aufmärsche von Neonazis. Die Worte des Propheten dienen hier als orientalisch duftende Lizenz, loszuschlagen. Wie herrlich, das im höherem Auftrag zu tun. Die Gebetsstunde in Mönchengladbach, unter den irritierten oder furchtsamen Blicken der Anrainer, ist eine Verkaufsmesse radikaler Erlösungsrhetorik. Die Scharia im Sonderangebot.

Unsere wackeren Reporter werden behindert, besonders von einem jungen Mann, der eine mit Zetteln gespickte Bibel hält. Er schwenkt die Schrift. Er fordert den Reporter heraus. »Isch schwör dir, du kennz deine eigne Bibel nit.« Er dagegen habe sie studiert. »Isch gib dir hundert Euro, ach wat, hier sind tausend Euro«, er zieht tatsächlich einen Packen Geldscheine aus der Jeans, »dat du nich die zehn Jebote auswendisch kannz.« Religion als Hütchenspieler-Wette.

Mann, möchte man dem Reporter zurufen, tausend Dinger, greif zu, greif an!

Der Reporter lässt sich nicht darauf ein. Und dann sieht man: Er könnte es gar nicht. Er hat von seiner Religion tatsächlich wenig Ahnung. Hätte er denn nicht wenigstens zwei oder drei der Gebote nennen können, die es ins *Bürgerliche Gesetzbuch* geschafft haben? Du sollst nicht töten, du sollst nicht stehlen, nicht meineidig werden? Bei »Du sollst nicht ehebrechen« hätte er sicher anerkennendes Schulterklopfen vom islamischen Fundi geerntet, allerdings hätte er dann noch mal gesondert über das Steinigen von Frauen im Wandel der Zeiten diskutieren müssen.

Dass es unserem Reporter ganz und gar unverständlich werden muss bei dem Gebot »Du sollst keine Götter neben mir haben«, liegt auf der Hand. Da schiebt sich dann doch lärmend und blinkend die westliche Star-Industrie dazwischen, die Celebrity-Kultur unserer unglücklich aufgeklärten Moderne, die so besessen ist von ständig neuen Göttern, die alle gelten wollen und um Aufmerksamkeit buhlen und ebenfalls niemanden neben sich gelten lassen wollen.

Aber sonst? Der religiöse Fundus scheint leergeräumt. Vielleicht hätte aus einer verblassten Erinnerung an einen Kinderkatechismnus jener magische Satz aufsteigen können, mit dem unser aufgeklärter Reporter einen eleganten Sieg über den finsteren Fundi gelandet hätte. Es ist ein verblüffend einfacher Satz, der die Jahrhunderte überdauerte, dunkle Zeiten, kriegerische Zeiten, böse Zeiten, und der unverdrossen doch immer wieder nach oben ins Helle geweht wurde, nämlich der siegreiche und strahlende Satz: »Liebe deinen Nächsten wie dich selbst.« Der Grundsatz eines idealen Menschen. Er wäre auch ein Sieg über die zornigen Anteile in uns selber.

Das Liebesgebot

Ein unmöglicher Satz. Ein so schwerer Satz, auch für mich, wie man meinen Auslassungen oben entnehmen kann. Das haben wir in unseren schwärmerischen weltbeglückenden Hippiezeiten eigentlich nur geschafft, wenn wir das richtige Zeug gekifft hatten. Nächstenliebe und Gewaltfreiheit, hm, Jesus als Vorläufer Ghandis. Ist das nicht unser in allen Leitartikeln beschworener Schönheitsvorteil?

Aber was ist mit jenen dunkleren Seelenanteilen, mit Wut, mit heiliger Empörung, mit all den Gefühlen, die in den Fluch- und Rachepsalmen des Alten Testaments enthalten sind? Jesus war Jude. Er hat sie doch gekannt! Sagt er nicht selber »Ich bin nicht gekommen den Frieden zu bringen, sondern das Schwert«?

Da ist dieser ungeheure Psalm 139, der mit dem innigen Geständnis beginnt »Gott, du erforschest mich und kennst mich« und der sich mit einem Crescendo an Allmachtsbeschwörungen und Verbundenheits-Beteuerungen fortsetzt »Denn du hast meine Nieren bereitet und hast mich gebildet im Mutterleib«, was für eine All-Umarmung, bis er schließlich ausbricht in dem Ruf »Ach Gott, wolltest du doch die Gottlosen töten! Dass doch die Blutgierigen von mir wichen!«.

Da stehen wir nun und sind maßlos irritiert in unserer domestizierten Sonntagsredenreligion und verbieten uns dieses Gebet und das, was es ausdrückt: den Wahrheitsanspruch der eigenen Religion und den Furor. Ist der durch das Liebesgebot der Bergpredigt aufgehoben und damit auch der streitbare Eifer, die Identifikation mit der eigenen Sache?

Sicher steckt schon im Psalm selber ein Domestizierungsfortschritt. Man tötet nicht mehr selber, sondern bittet Gott um Vergeltung. Man wünscht dem Feind alles Schlimme an den Hals, aber schreitet nicht mehr selber zur Tat. Wir zünden keine Bomben, sondern appellieren an den Richter-Gott, der die gestörte Ordnung wiederherstellen soll. Und tief in unserer Brust appellieren wir auch an einen zornigen Gott, der sich beteiligt zeigen soll, so, wie wir selber zornig sind.

Lauter dunkle Affekte. Sollten wir sie uns nicht wenigstens eingestehen? Sollten wir nicht traurige Wut verspüren dürfen über die Militanten in Algerien, die den Zivilisten die Kehle durchschneiden? Und schließlich die unschuldigen Mönche des Kartäuserklosters im algerischen Tiberine abführen wie Lämmer zur Schlachtbank, weil sie einem Glauben anhängen, der auch unser eigener ist?

Unser Reporter spürt nichts dergleichen, auch, weil er professioneller Reporter ist, der nicht in die Schlacht zieht, sondern einen brauchbaren Beitrag drehen will. Gleichzeitig aber wirkt er komplett uninteressiert und hilflos vor diesem religiösen Gefühl, das ihn da anstürmt. Womöglich hat auch er in der Schule keinen Religionsunterricht mehr gehabt, sondern Ethik und Trallalla und Backebackekuchen. Was lerne ich da? Todsicher, tolerant zu sein. Das Dumme ist nur, dass man heutzutage Toleranz und interesselose Gleichgültigkeit so schlecht voneinander unterscheiden kann.

Deshalb gelingt es ja auch unserer Sirtakitanzenden Stadtfest-Indianerin Claudia Roth, Sätze abzusondern wie: »Ich liebe die Türkei, ich liebe Sonne, Mond und Sterne, ich liebe die Konflikte dort«, und, peng, wird wieder irgendwo ein Bischof erschossen oder ein Brandsatz gegen eine Kirche geschleudert, was ihr aber nicht im Geringsten ihre touristische Multikulti-Laune verhagelt. Das tut es nur, wenn im deutschen Fernsehen ein katholischer Priester für Religionsunterricht und gegen Abtreibungen Stellung nimmt.

Unser Land: ein religiös unterbelichtetes kulturhistorisches Nirwana, in dem unser Präsident anordnet, dass der Islam da reingehört und, klar, das Christentum auch, das Judentum natürlich, wahrscheinlich auch Hinduismus, jede Menge Vegetariertum und, wieso nicht, geben wir noch Yoga und Buddhismus und Bachblütentherapie dazu, ist doch eh alles das Gleiche.

Aber zurück in die Wirklichkeit, zurück zum Religionskrieg. Am 11. September letzten Jahres wollte ein kruder protestantischer Pastor in Florida tatsächlich öffentlich einen Koran verbrennen, der ja durchaus auch als eine Anleitung zum Töten der Ungläubigen verstanden werden kann, ja ein komplettes himmlisches Belohnungssystem für dasselbe in den schönsten Farben ausmalt. Wir wollen nicht vergessen: Der Anschlag aufs World Trade Center in Manhattan ist im Namen eines radikalisierten Islam verübt worden.

Das Vorhaben des Pastors rief alle auf den Plan: den amerikanischen Präsidenten, den Außenminister, den Verteidigungsminister, den Oberbefehlshaber der Nato, den Nato-Generalsekretär, Staatsmänner anderer Nationen, Leitartikler in der ganzen Welt. Alle verurteilten dieses Ansinnen aufs Schärfste. Als der Pastor von seinem Vorhaben Abstand nahm, atmete die Welt auf. Aber: Ein knappes Jahr zuvor brannte eine Bibel, und keiner schaute hin.

Und hier müssen wir über diese andere Front sprechen, die bei uns verläuft.

Ein paar hundert kirchenfeindliche Aktivisten in Berlin demonstrierten gegen eine Versammlung von christlichen Abtreibungsgegnern, und sie taten es mit ebendieser Bibelverbrennung. Die Bibel enthält bekanntermaßen sowohl jüdische wie christliche Texte. Die mutigen Religionsfeinde skandierten dazu

Sprüche wie »Orgasmus statt Abendmahl« und »Hätt' Maria abgetrieben, wärt ihr uns erspart geblieben«. Gleichzeitig warfen sie Kreuze in die Spree. In dem Fall griff kein Außenminister zum Telefon. Meldete sich kein Militärchef, kein Leitartikler zu Wort. Nicht mal dem *Spandauer Volksblatt* war die Aktion fünf Zeilen wert. Ab und zu ist es notwendig, auf die Asymmetrie in der Behandlung von Religionen in unserer säkularisierten Gesellschaft aufmerksam zu machen.

Natürlich hätten sich die Aktivisten, die da für das »Recht auf Familienplanung« und gegen eine »rigide Sexualmoral« marschierten, ebenso gut gegen den Islam austoben können, der eine noch wesentlich sittenstrengere Angelegenheit ist. Aber nein: Die mutigen Frontkämpfer gegen den »Fundamentalismus« nahmen sich die Vertreter des langmütigen und kränkungsgewohnten Christentums in Deutschland vor.

Der Papst der Randschärfe

Es war der Papst, der den Dialog mit dem Islam suchte, und er tat es, einige Jahre vor Wulff, ohne taktische Einbindungsversuche und staatsmännische Kosmetik. Er tat es als Gelehrter. In seiner Regensburger Rede von 2006 sprach er den mangelhaft entwickelten Toleranzbegriff des Islam an, den er mit einem Zitat aus einer historischen Debatte belegte. Es stammt von dem byzantinischen Kaiser Manuel II. Palaiologos, der sich äußerst schroff zum Verhältnis von Religion und Gewalt äußert. Er sagt: »Zeig mir doch, was Mohammed Neues gebracht hat, und da wirst du nur Schlechtes und Inhumanes finden wie dies, dass er vorgeschrieben hat, den Glauben, den er predige, durch das Schwert zu verbreiten.« Die Rede des Papstes schien geradezu gemünzt auf den iranischen Präsidenten, die Hisbollah, die Al Qaida und alles, was die islamischen Terrornetzwerke der Welt so auf ihre Propagandaseiten stellen und den von Huntington beschriebenen Krieg der Zivilisationen derzeit unterfüttern.

Die Intention des Papstes in seiner Vorlesung war klar: Er war um Randschärfe bemüht. Er stellte fest, dass man, erstens, den Glauben nicht mit Gewalt verbreiten dürfe. Und dass der Glaube, zweitens, durchaus mit der Vernunft vereinbar sei, ja, dass die Vernunft eine Gottesgabe sei, die man nutzen müsse, auch im Glauben. Neben all diesem war es auch eine Einlassung über religiöse Identitäten, über die christliche und über die davon verschiedene islamische.

Die Reaktionen? Rage, zunächst. Es gab einen Mordaufruf von Al Qaida. Der iranische Ayatollah Ali Chameini nannte die Papstrede das »letzte Glied eines Komplotts für einen Kreuzzug«. In Mogadischu wurde eine italienische Nonne ermordet. Die Westbank demonstrierte. Der Papst, erschrocken, erklärte sich, bedauerte das Missverständnis, sich die Worte des byzantinischen Kaisers zu eigen gemacht zu haben. Er habe nur auf den wesentlichen Zusammenhang von Glaube und Vernunft hinweisen wollen.

Doch es gab auch Zustimmung. Der Papst wurde zu seinem Mut und seiner Genauigkeit durchaus respektvoll beglückwünscht. Reformorientierte Muslime wie der Schriftsteller Abdelwahab Meddeb stellten sich hinter ihn: »Er darf keinesfalls den Disput abmildern und sich einschüchtern lassen. Er hat sich schon zu sehr entschuldigt.« Die Rede wurde von 138 muslimischen Geistlichen zum Anlass genommen, in einem 29-seitigen Brief zu einem Dialog zwischen Christentum und Islam aufzufordern. Historisch. Erstmals hatten sich hier die Führer verschiedener islamischer Richtungen aus verschiedenen Ländern zu einer gemeinsamen Erklärung zusammengefunden. Da war etwas ins Rollen gekommen.

Doch auch in unseren Feuilletons war etwas ins Rollen gekommen. Allerdings völlig anders als erwartet. Mehr und mehr setzte sich in den Nachbetrachtungen die Meinung durch, der Papst sei »instinktlos« gewesen und seine Rede eine Unverfrorenheit der muslimischen Welt gegenüber. Interessanterweise waren das oft die Gleichen, die zuvor die Mohammed-Karikatur mit der Bombe im Turban verteidigt hatten, ja, die islamistischen Proteste dagegen im Namen der Meinungsfreiheit ausdrücklich verurteilt hatten.

Aber hier nun schlug der antipapistische Reflex der linksliberalen Presse durch. Und dann tat man, was man in solchen Fällen immer tut: Man wies auf die lange Geschichte christlicher Glaubenskriege und Kreuzzüge hin, auf die Inquisition, die Hexenverbrennung, auf den ganzen großen Sündenkatalog christlicher Verstöße gegen Vernunft und Toleranz, ohne überhaupt Notiz davon zu nehmen, dass Papst Benedikt sich und die Kirche, die er im Kopf hat, gerade auch davon distanzieren wollte – Glaube und Vernunft dürfen nicht länger als Gegensätze behandelt werden!

Aber selbst ein aufgeklärtes Christentum findet in unseren Feuilletons nur selten Gnade, und der Katholizismus schon gar nicht. Es wird besprochen wie eine schlecht überwundene Krankheit auf dem Weg in die moderne Bürgergesellschaft, während der Islam den multikulturellen Immunitätsstatus genießt. Wenn die Schriftstellerin Necla Kelek die Situation islamischer Frauen beklagt, wenn mein Kollege Henryk M. Broder auf die israelfeindliche Aggressionsbereitschaft islamischer Fundamentalisten hinweist, gelten sie als – man staune – radikalisierte Vorposten von Fremdenfeindlichkeit.

TV - RADIO

FÜR EINHEIMISCHE SYMBOLISIERT ES DAS ZENTRAL MOTIV IHRES GLAUBENS. DIE AUF-ERSTEHUNG JESU!

Streber-Immigranten !!!

Man soll den Islam nicht verteufeln, heißt es da etwa in der *Süddeutschen Zeitung*. Sicher, der Islam geriere sich als »fortlaufendes Strafgericht«, auch und gerade dort, wo er sich mit Terror durchgesetzt hat, das ist aber noch lange kein Grund, »ihn zum finsteren Gegenteil der abendländischen Kultur zu erklären.«

Ach nee. Und zu was sonst?

Kommentator Thomas Steinfeld weiter: Auch die christliche Religion verstehe sich schließlich nicht nur als Privatangelegenheit. »Ihr Gottesdienst findet in der Öffentlichkeit statt, er ist in jeder Stadt, in jedem Dorf auf mannigfaltige Weise sichtbar.« Das nennt man wohl Waffengleichheit. So eine Frechheit aber auch von den verbliebenen ungefähr acht Kirchgängern in Deutschland, sich sonntags so offensiv zu versammeln und dazu noch Glocken läuten zu lassen in Erinnerung daran, dass auch das Christentum zu Deutschland gehört.

Mit einer eigentümlichen Einäugigkeit sind unsere kämpferischen Intellektuellen vollauf damit beschäftigt, die Rückständigkeit der katholischen Kirche anzuprangern, ganz besonders wegen ihrer »Sexualmoral«, aber sie belassen es rhetorisch bei einem neckischen Fingerschütteln, wenn es sich um einen mittelalterlichen Dorfrichter im Turban handelt, der wieder mal eine Steinigung wegen Ehebruchs anordnet, weil es die Scharia so will. Und wenn Christen für ihren Glauben sterben, ist ihnen das keine drei Zeilen wert. Nein, das Christentum als Volksreligion ist in der bunten Postmoderne verblasst wie die ausgeblichene Kopie eines einst faszinierenden Films.

Doch eigenartig: Plötzlich meldet es sich, aus einem Phantomschmerz heraus, wieder vehement zurück. Wir merken auf einmal, was da fehlt, und wir merken es besonders in der Auseinandersetzung mit dem Islam, die durch das Buch von Thilo Sarrazin erneut auf die Tagesordnung gekommen war. Und das nicht erst seit dem Ausruf der Kanzlerin, dass wir nicht zu viel Islam, sondern zu wenig Christentum hätten.

Stoßseufzer: Zum Dschihad im Feuilleton

Über Kulturkampf und Aufklärung und die Kritik
an der Islamkritik

So dermaßen aus dem Häuschen hatte ich lange keinen Kritiker
mehr erlebt. Wie freute sich Thomas Steinfeld, Feuilletonchef
der *Süddeutschen Zeitung*, über Patrick Bahners, Feuilletonchef
der *Frankfurter Allgemeinen Zeitung* und sein Buch *Die Panikmacher*! Schon in der Kopfzeile hauchte er: »Ein Meisterwerk
der Aufklärung«. Um seine ganzseitige Hymne mit den aller-
ergriffensten Sätzen über den Autor zu schließen: »Er prüft und
denkt. Er ist allein, so wie das Denken immer allein ist. Aber
welche Freude, dass es ihn gibt.« Kerzenlicht, Streicher, Seufzen.

Hier müssen wir kurz unterbrechen. Also, so ganz allein ist
er ja nicht, denn mit Steinfeld sind es schon zwei, die gegen den
angeblich islamophoben Mainstream anschreiben und insbesondere die Sarrazin-Buch-Käufer niederstarren. Und mit Bundespräsident Christian Wulff (»Der Islam gehört zu Deutschland«) schon drei. Ach ja, richtig, der damalige Innenminister
Wolfgang Schäuble (»Der Islam ist Teil Deutschlands«), also vier.
Langsam wird's voll. Und dann wäre da noch die Kanzlerin mit
ihrem Verdikt, dass Sarrazins Buch »nicht hilfreich« sei. Und die
Zeit mit ihrer umfänglichen Sammlung an Sarrazin-Kritiken, die
mittlerweile in Buchformn erschienen sind. Auch der SPIEGEL,
der eindeutig gegen Islamophobie Stellung bezogen hat.

Also jetzt mal die Kerzen auspusten, die Vorhänge aufzie-
hen, was für ein Gedränge dort auf der Bühne, praktisch das
gesamte politische und publizistische Establishment hat sich
da versammelt, wie soll sich der tapfere Einzelkämpfer Patrick
Bahners da noch konzentrieren bei dem Lärm?

Nun, er hat angefangen. Zwar nicht, so Steinfeld, mit »Pointen, die einen Saal zum Johlen bringen«, aber doch schon mit

aufgeblasenen Backen und dem großflächigen, ganzseitigen Schmähruf »Die Panikmacher«. Ein Vorabdruck aus seinem Buch. In seinem eigenen Feuilleton.

Die Panikmacher sind, das wird schnell klar, nicht etwa die Verursacher von Panik, also Islamisten, die sich mit Flugzeugen oder Sprengstoffladungen in New York, London oder Moskau inmitten von Menschenmengen in die Luft jagen, sondern diejenigen, die vor ihnen und der heiligen Mörderideologie, die sie beseelt, warnen.

Für eine dieser Panikmacherinnen hält Bahners Ayaan Hirsi Ali, eine zarte und mutige Frau, der im Namen Allahs im Alter von fünf die Klitoris abgeschnitten und später im Koranunterricht wegen Unbotmäßigkeit der Schädel zerschlagen wurde. Sie hat den Absprung geschafft. Ein weiterer Panikmacher ist Henryk M. Broder, der jüdische Publizist, der etwas dagegen hat, dass Israel vom islamofaschistischen Menschenrechtsverächter Mahmud Ahmadinedschad von der Landkarte radiert wird. Eine weitere Panikmacherin wäre Necla Kelek, die türkische Frauenrechtlerin, die gegen die Scharia und das Islamverständnis der Ehrenmörder anschreibt.

Hirsi Ali wird von Bahners mit dem Satz zitiert, dass der Islam nicht diskutiere, sondern bei abweichender Meinung doch eher töte. Tötet, wie Mohammed Bouyeri, der Mörder des niederländischen Filmemachers Theo van Gogh. Töten möchte wie das Scharia-Gericht im afghanischen Masar-i-Scharif den Journalisten Sajid Perwis Kambachsch wegen Gotteslästerung – das Urteil wurde schließlich in zwanzig Jahre Haft umgewandelt.

Sagen wir es so: Hirsi Alis Einwände gegen einen radikalen, Einspruch nicht duldenden Islam sind nicht ganz so sehr aus der Luft gegriffen, ebenso wenig wie viele der Argumente Broders oder Keleks, die vielleicht auch Bahners oder Steinfeld einfallen könnten, wenn sie wieder mal zwei Stunden vor Abflug wegen islamistischer Terrorgefahr ihre Zahnpastatuben in Klarsichthüllen durch den Sicherheitscheck tragen müssen, auf Socken, denn die Schuhe liegen auf dem Band.

Für Bahners Münchner Feuilleton-Sekundanten Steinfeld jedoch sind die Exponenten der »sogenannten Islamkritik die schreibende Eingreiftruppe einer falsch verstandenen Aufklärung«, wobei er unter richtiger Aufklärung jetzt nicht die Security am Flughafen versteht, sondern das, was er selber betreibt, und das ist Gott sei Dank nicht ganz so lebenswichtig.

Bahners rühmt Steinfeld in seinem Buch ausgiebig. Nun rühmt Steinfeld zurück, und marschiert eifrig aufklärend an seiner Seite. Oder doch zumindest in seinem Schlepptau. Eine der »fixen Ideen« der Islamkritik, so Bahners, sei das »Prinzip der Taqiyya im Islam«, das die Verstellung erlaube. So reproduziere sie, die Islamkritik, »das Klischee des verschlagenen Orientalen«. Dabei sind die Lehrmeinungen zur Taqiya so eindeutig nicht, weiß Bahners. Und sie ist auch eher eine Sache der Schiiten. Und sie darf nur angewendet werden, wenn die Wahrheit lebensbedrohlich wäre. Ach so!

Es ist beruhigend zu wissen, dass Allah dem gewöhnlichen Feld-Wald-und-Wüsten-Terroristen eine einfache Lüge im Verhör durch den Verfassungsschutz nicht durchgehen ließe, wenn er nicht glaubhaft mit dem Tod bedroht wird. Womit Aufklärung – schon wieder! – im Umfeld verdächtiger Koranschulen und Moscheen kein Problem mehr sein dürfte. Die müssen die Wahrheit sagen, Leute!

Steinfeld ist einfach verzückt über Bahners kluge Aufklärungsarbeit, über seine Art, mit islamkritischen »Wahngebilden« zurechtzukommen. »Er behandelt diese Sätze, wie ein aufgeklärter Theologe mit den Dogmen einer Religion umgeht.« Wohlgemerkt: Die Dogmatiker macht Steinfeld auf der Seite derjenigen aus, die den Religionsdogmatismus des Islam kritisieren.

Die Taqiyya übrigens, die Erlaubnis zur Verstellung, ist nach Bahners, wie könnte es auch anders sein, den Katholiken wohl bekannt. Und zwar als »reservatio mentalis«, als Gedankenvorbehalt, der es erlaubt, nach außen ein Versprechen so zweideutig zu formulieren, dass man es jederzeit brechen darf. Ziel ist es, seine eigentlichen Absichten zu tarnen.

Bahners will auf einen Analogieschluss hinaus. So wie die Islamisten verdächtigt werden, so wurden einst die Katholiken in Misskredit gebracht, damals im 19. Jahrhundert, unter den Bedingungen des preußischen Kulturkampfes Bismarcks gegen die katholische Kirche. In dem von ihm zitierten *Meyers Konversationslexikon* wurde unter der Überschrift »Wachsender Einfluss des Jesuitismus in der Gegenwart« die perfide Methode der Jesuiten zur Verstellung beschrieben und vor der Gehirnwäsche der Jugendlichen gewarnt. Mir ist nicht geläufig, dass Jesuiten damals Selbstmordattentate gegen Spaziergänger im Tiergarten durchgeführt hätten, dass also ein derartiger Generalverdacht substantiiert gewesen wäre und mehr als pure antikirchliche Hysterie, aber möglicherweise verfügt Bahners über Quellen, die außer ihm nur Steinfeld kennt.

Mit anderen Worten: Die antikatholischen Verdächtigungen waren gegenstandslos, die antiislamistischen sind es nicht. Den Katholiken, nach Rom orientiert, war damals mangelnde Loyalität zum Reich vorgeworfen worden. Bismarck entzog der katholischen Kirche Rechte. In dem 1871 verabschiedeten Kanzelparagrafen wurde den Priestern verboten, in ihrem Beruf »den öffentlichen Frieden« zu gefährden. Über 1600 Geistliche wurden in den Folgejahren eingesperrt. Kirchengüter wurden konfisziert. Mit aller polizeilichen und propagandistischen Härte schlug der preußische Staat zu.

All das war vorsorgliche Unterdrückung durch den Zentralstaat, ohne dass Katholiken Züge in die Luft gejagt oder die Machtergreifung angekündigt hätten. Will Bahners das im Ernst mit unserer freiheitlichen und überaus toleranten Situation vergleichen?

Noch einmal: Alle großen Geheimdienste der Welt sind mit islamistischem Terror und seinen Zellen befasst, auch bei uns, und das ist keine Panikmache. Es gibt Tote, überall in der Welt, und es gibt Reden wie diese, die der türkische Ministerpräsident Recep Tayyip Erdogan hielt: »Die Demokratie ist nur der Zug, auf den wir aufsteigen, bis wir am Ziel sind. Die Moscheen sind unsere Kasernen, die Minarette unsere Bajonette, die Kuppeln unsere Helme und die Gläubigen unsere Soldaten.« Wenn wir schon die Taqiyya bemühen, lieber Bahners, hier wird sie zum Drehbuch!

Jüngst rief Erdogan seinen in Deutschland lebenden Landsleuten erneut die Mahnung zu, sich nicht assimilieren zu lassen. Mit anderen Worten: ihren kulturellen Kampfauftrag nicht zu vergessen, der ebenso sehr ein Glaubenskampf wie ein politischer Kampf ist. Das ist keine eingebildete, sondern eine ausgesprochene Drohung, und sie wird als solche auch in den sattsam bekannten Brennpunkten unserer Städte verstanden, ob in Neukölln oder Duisburg-Marxloh oder den Salafisten-Versammlungen in Mönchengladbach, wo diejenigen, die da wohnen, schlichtweg Angst bekommen.

Ist es nicht von maßloser Arroganz, wie Steinfeld diesen Menschen zuzurufen, sie hätten ein falsches Bewusstsein? Ist es nicht pompöser Unfug, angesichts der islamistischen Groß-wetterlage diejenigen, die auf der Einhaltung von Menschenrechten auch im religiösen Raum bestehen, als »schreibende Eingreiftruppe« zu denunzieren?

Ja, ist es nicht geradezu makaber, wie Bahners aus dem gepolsterten Sessel eines Feuilletonisten heraus einer Frau wie Hirsi Ali mit ihrer Leidensgeschichte die leidenschaftliche Absage an jene Religion vorzuwerfen, die sie verkrüppelt hat? Hat man so von oben herab eigentlich auch katholische Miss-brauchsopfer behandelt?

Unsere Feuilleton-»Aufklärer« nehmen an ihren Gegnern einen Zeichenwechsel vor, der antiaufklärerischer, also magischer nicht sein könnte. Sie machen aus demokratischen Kritikern am Islam Gotteskrieger. Bahners paraphrasiert die traumatisierte Hirsi Ali, die an eine Reformfähigkeit des Islam nicht mehr glauben kann: Der Krieg, den die Islamkritik führt, sagt sie, müsse mit einem Sieg zu Ende gehen. Nun, Hirsi Ali und Broder und Kelek sind hochgerüstet: Ihre Waffe ist das Wort. Ihre Gegner verfügen über Sprengstoff. Eigentlich doch span-

nend zu erleben, welchem der beiden Lager sich unsere Feuille-
ton-Aufklärer zuordnen.

Am Tag nach Bahners Kampfruf übrigens stand ein sehr nach-
denklicher Artikel im gleichen Feuilleton über den islamischen
Rechtsgelehrten Tariq al-Bishri, der an der neuen ägyptischen
Verfassung, die die Scharia fixieren wird, mitarbeitet. Tariq al-
Bishri ist ein Freund Irans, weil Teheran sich der »Aggression«
Israels widersetze. Letzter zweifelnder Satz des Autors Joseph
Croitoru: »An solche Prioritäten wird man sich im Westen wohl
gewöhnen müssen.«

Ist das jetzt schon Panikmache? Und ist es Panikmache, in
all dem euphorischen Taumel über die Freiheitsaufbrüche der
arabischen Welt nicht aus den Augen zu verlieren, dass der
islamistische Mob das Bordellviertel in Tunis eingeäschert hat
zu Kampfrufen, dass Tunesien nun endlich ein islamischer Staat
werde? Oder dass einer Umfrage des Pew Research Center zu
Folge eine Mehrheit der Ägypter die Steinigung bei Ehebruch
befürwortet und das Handabhacken bei Diebstahl sowie die
Todesstrafe für diejenigen, die vom Islam zu einer anderen Kon-
fession konvertieren? Und das war vor Mubaraks Sturz!

Die Demokratie kam nach Gaza – und die Hamas gewann
die Wahl. Die Demokratie kam nach Marokko – und die fundamentalistische PJD steht kurz vor der Mehrheit im Parlament. In Bahrain kämpft eine fundamentalistische sunnitische
Regierungsclique gegen eine nicht minder fundamentalistische
schiitische Bevölkerungsmehrheit um ihr Überleben. Und in
Pakistan wird ein christlicher Politiker erschossen, weil er
gegen ein islamistisches Gesetz votierte, das die Todesstrafe
für Gotteslästerung vorsah.

Niemand kann sich wünschen, dass die Flamme der Freiheit
wieder ausgetreten wird, weder von einem westlich orientier-
ten Operetten-Diktator, noch von einer Clique düsterer Mullahs. Beide Möglichkeiten müssen im Auge behalten werden,
ganz ohne Panikmache.

Zwischenbilanz: Heiße und kalte Religion

Gespräch mit dem Philosophen und Schriftsteller
Rüdiger Safranski über Christentum, Islam und
den Kulturkanon des Katholizismus

MATUSSEK: Sie haben einen Essay mit dem Titel »Gott ist
nicht tot« geschrieben. Ein Einspruch gegen Nietzsche. Was
hat Sie dazu veranlasst?
SAFRANSKI: Weil die Position »Gott ist tot«, so wie sie heute
zu hören ist, eine besonders primitive Religion ist. Es gibt so
eine Art von Atheismus, der ist einfach nur flach. Bei Nietzsche
war es so gemeint, dass er den Horizont öffnen wollte. Er hatte
das Gefühl, er müsse wieder Raum schaffen mit dieser Todes-
erklärung. Aber unser geistiges Problem heute ist ja, dass wir
umstellt sind von Naturalismus, von Reduktionismus, immer
nach diesem Motto: »Das ist ja nichts anderes als ...«
    Das Denken, der Geist, das gilt heutzutage gewissermaßen
als nichts anderes, als wenn das Gehirn schwitzt. Eine rein
physiologische Angelegenheit. Und immer wieder dieses Insis-
tieren auf Natur, diese Dauerverkündigung eines vulgarisier-
ten Darwinismus. Kurzum, es hat sich die Wertung verdreht.
Heute ist der Atheismus eng geworden, dogmatisch, fantasielos.
Deswegen muss man jetzt sagen: Gott ist nicht tot.
MATUSSEK: Nietzsche war Pfarrersohn. Er selber hat Theologie studiert. Er wusste, wovon er sprach. Schwang in seinem
Ausruf vielleicht auch Trauer mit?
SAFRANSKI: Bei Nietzsche steckt in dieser Formel, was heute
auch nicht mehr gegeben ist, ein kühner Mut, ein Heroismus.
Er sagt: »Ich versuche jetzt, erwachsen zu sein.« Die unter-
schwellige Gefühlsnote ist: »Seht her, wie kühn ich bin, ich
steh im Freien, ich will mir Platz schaffen.« Dann sicher auch
Trauer. Es war ja schön, solange sich dieser Sinnhimmel über

allem gewölbt hat, und jetzt, das ist die neue Lage, stehen wir gewissermaßen in der kalten Nacht… Es ist eine Mischung aus Elegie, Mut, Freiheitsdrang, all diese Töne mengten sich in diesen Ausruf, und die hört man heute bei der Floskel »Gott ist tot« überhaupt nicht mehr. Und das macht den Unterschied.

MATUSSEK: Also hat nur die umgedrehte Nietzsche-Formel heute Sprengkraft. »Gott ist nicht tot« ist das Kühnste, was sich sagen lässt.

SAFRANSKI: Er ist einfach auch deshalb nicht tot, weil die Hälfte dieser Aussage ja noch ein anderes Urteil fällt. Sie sagt, dass wir mit unseren Wissensformen im Nebel herumstochern und nur so tun, als wüssten wir alles. Und diese angemaßte Dummheit, diese stickige materialistisch-naturalistische Atmosphäre muss gelichtet werden, und das tut man, indem man sagt: Nein, Gott ist nicht tot. Wir wissen dann zwar nicht, was und wer er ist, und wie und was, aber den Horizont lassen wir uns dann bitte schön nicht nehmen. Ich habe in meinem Buch über *Das Böse* im Augustinus-Kapitel geschrieben: Bitte keinen Transzendenzverrat begehen! Also nicht eindimensional werden. Darum geht es. Man muss öffnen. Unsere geistige Existenz ist etwas, das kann viel Geräumigkeit vertragen. Ob etwas eng ist oder geräumig, das sollte unser leitendes Kriterium sein.

MATUSSEK: Welche Rolle spielt Moral? Kommen wir ohne Sündenbewusstsein aus? Für Augustinus ist die Sünde ganz einfach die Abkehr von Gott.

SAFRANSKI: Letztlich das, aber weil es auch eine Abkehr von dir selber ist, und zwar von dem besseren Teil von dir, und das ist schon eine sehr hochgesinnte Art, über den Menschen nachzudenken. Den Menschen aufzufassen als jemanden, der in sich einen Kredit trägt und damit auch richtig umgehen muss. Der bessere Teil an dir ist etwas, das dir selbst nicht gehört.

MATUSSEK: Mit Augustinus' Erbsündenlehre kam ein neuer Automatismus ins Spiel, eine Beschränkung der Freiheit. Das Christentum hat das ganze Mittelalter hindurch gebraucht, um sich von dieser Augustinischen Schreckenstheologie zu erholen.

SAFRANSKI: Ja, da kam ein neuer Determinismus ins Spiel, das verband sich dann mit dem Karma-Denken und so weiter, davon müssen wir runter. Es gibt aber diesen einen Aspekt in der Erbsündentheorie, der wichtig wird, wenn man den umformulieren kann. Nämlich dass die Erbsünde so etwas bedeutet wie eine Anfälligkeit für Selbstverfehlung. Und dass diese Anfälligkeit sehr tief in uns sitzt. Dafür müssen wir wach bleiben. Das müsste man tüchtig umformulieren, das klingt dann anders als die hergebrachte Erbsündentheorie, aber man kann es machen, sodass es dann doch wieder eine wahren, einen humanen Kern bekommt.

MATUSSEK: Auf jeder dieser Abstufung nach unten gibt es mehrere Trivialisierungen. Auch von Schuld spricht ja keiner mehr. Schuldgefühle gelten als etwas Krankhaftes, das man mit Hilfe von Fachleuten wegtherapiert. Aber lassen Sie uns die Skala nach oben steigen, ins Helle. Von Gottfried Benn gibt es ein spätes Gedicht, in dem er sein Erstaunen über das Gute in der Welt zum Ausdruck bringt. Ist das Gute eine Art Gottesbeweis?

SAFRANSKI: Alles Sanfte, alle Selbstlosigkeit, alle Hilfsbereitschaft, die ja mit dem Guten verknüpft sind, haben immer etwas Unwahrscheinliches, wenn sie geschehen. Das Gute hängt mit dem Gelingen zusammen. Wenn jemand ein gelingendes Leben oder einen gelingenden Lebensabschnitt führt, wenn wir diesem Stück Leben ein Gelingen zusprechen. Das Gute in der religiösen Tradition heißt ja nicht einfach, dass es dir gutgeht, sondern dass du durch dein Verhalten und deine Art mithilfst, das ganze Bild der Ordnung aufrechtzuerhalten, in das man eingefügt ist. Das ist immer in dem religiösen Begriff des Guten enthalten, es ist fest geknüpft an Gott, da ist immer eine ganze Ordnung des Lebens gemeint.

MATUSSEK: Wenn wir im »Vater unser« beten »Dein Reich komme, dein Wille geschehe«, wird diese Ordnung beschworen.

SAFRANSKI: In dieser religiösen Sprache ist das vollkommen ausgedrückt. Das Ideal des Guten der christlichen Tradition bedeutet, schon inwendig an diesem Reich Gottes mitzubauen, das ist der Gedanke.

MATUSSEK: Wenn ich mal zusammenfasse: Sie sagen, dass wir in unserer Stellung zum Leben nicht ohne Glauben auskommen, nicht ohne Moral und letztlich auch nicht ohne Religion, auch wenn wir es nicht wahrhaben wollen. Sie zitieren in Ihrem Essay Max Weber, der sagt: »Jeder entdeckt irgendwann den Dämon, der seines Lebens Fäden zusammenhält.« Dann aber sprechen Sie die Warnung aus, dieser Dämon solle nicht zum Tyrannen werden.

SAFRANSKI: Ja, hier müssen wir unterscheiden. Ich hatte ja einleitend schon darüber gesprochen, wie sehr mir der religiöse Bezug einen geistvollen Relativismus erlaubt gegenüber allen möglichen Ideologien, eine Lockerung von festgemauerten, flachen, eindimensionalen Konzepten. Für mich ist der religiöse Bezug also ein öffnender Bezug.

Aber die Wirklichkeit ist sehr kompliziert. Die Situation stellt sich natürlich ganz anders dar in anderen Weltgegenden. Im Islam, wo wir mit der Wucht staatlicher Organisationen konfrontiert sind, die verschmolzen sind mit theonomen Institutionen der islamischen Religion, ja mein Gott, das mutet mir wie ein Gefängnis an, damit würde ich nicht leben wollen. Dort ist Religion also das Gegenteil von dem, was mich bei uns an die befreiende Kraft von Religion glauben lässt.

MATUSSEK: Wir haben ja auch heiße religiöse Ströme innerhalb unserer Gesellschaft. Wie sollen wir damit umgehen? Vielleicht sind ja heiße Strömungen in einer kalten Gegend auch ein Gewinn? Weil sie eine Ahnung davon vermitteln, was bei uns verloren gegangen ist?

SAFRANSKI: Es ist ein Zweifrontenkrieg. Auf der einen Seite muss man sich von dieser mit staatlicher Macht ausgestatteten Religion befreien. Muss Abstand gewinnen zu diesen theonomen, autoritär staatlichen Diktaturen. Da geht es zwar machtpolitisch heiß zu, aber wenn man sich den Glauben dort näher anschaut, dann ist das eine ziemlich kalte Angelegenheit.

MATUSSEK: Die ritualisierten Gebete, die religiöse Bürokratie, die kaltblütige Vollstreckung der Scharia, die zahllosen Verrichtungen ...

SAFRANSKI: All das. Der Unterschied zwischen »heißer« und »kalter« Religion ist aber auch der Unterschied zwischen »Erlösungsreligion« und »Zivilreligion«, das ist vielleicht deutlicher. Das wäre in etwa der Weg, den das Christentum genommen hat, das ja mal als »Erlösungsreligion« begonnen hat und dann zur »Zivilreligion« abgekühlt ist.

Man kann also sagen, die autoritäre theokratische Religion ist machtpolitisch heiß, aber die zweite Bedeutungskomponente von »heiß« wäre dann die glühende Naherwartung der »Erlösungsreligion«, die der »Zivilreligion« gegenübersteht.

Das Christentum hat in seinen frühen Tagen heiß daran geglaubt, dass die Erlösung nahe ist. Es gab daher nur eine provisorische Welteinbürgerung, das Gefühl, dass unser Erdenleben nur ein Transitraum ist und dass der eigentliche Raum woanders liegt. Von dieser Naherwartung hat das Christentum lange gelebt. Es hatte dann aber mit der Zeit das Problem der Entfristung. Was macht man, wenn man die Frist der Wiederkehr immer weiter hinausschieben muss?

MATUSSEK: Die Bergpredigt ist tatsächlich ein Dokument der Naherwartung und keine Spielanleitung für den Sozialstaat 2000 Jahre später. Da steht: Was sorget ihr euch um euer irdisches Dasein, was wollt ihr noch Häuser bauen, wenn ihr morgen im Himmelreich seid?

SAFRANSKI: Das ist eine bemerkenswerte Fähigkeit, die wir Menschen haben, dass wir derartig die Immanenz überschreiten können und uns schon als Bürger einer anderen Welt sehen können, das ist schon ungeheuerlich. Ich habe übrigens den Verdacht, dass dieses – ich nenne es mal: metaphysische – Talent, das die Menschen in der Geschichte bewiesen haben, dass dieses Talent deshalb jetzt etwas abnimmt, weil das Bewohnen virtuell anderer Räume so ein trivialer Massensport geworden ist in der Medienkultur. Diese religiöse

Fantasie ist durch die digitale Trivialisierung enorm geschädigt worden.

MATUSSEK: Wir lesen nicht mehr über die letzten Tage in der Apokalypse des Johannes, sondern wir sehen sie, in Videokonsolen oder im Kino. Wir können der großen Endschlacht zwischen Gut und Böse beiwohnen in diesen digitalen Ersatz-Andachtsräumen.

SAFRANSKI: Stellen Sie sich vor, man hätte damals Fernsehen gehabt und sehen können, wie Paulus da durch den Mittelmeerraum gefegt ist, da wäre es doch gar nicht möglich gewesen, auf den Tag X zu warten, denn den hätten sich Sie doch vorher schon mal runterladen wollen.

MATUSSEK: Ich wollte noch mal auf die Bergpredigt zurück, die ja eindeutig über den Horizont der letzten Tage hinaus gerichtet war. Da heißt es: »Selig, die keine Gewalt anwenden; denn sie werden das Land erben«, das passt nicht in die heutige Ellbogengesellschaft. Oder: »Seht euch die Vögel des Himmels an, sie säen nicht, sie ernten nicht, und sammeln keine Vorräte in Scheunen: euer himmlischer Vater ernährt sie.« Das sind ziemlich lebensunpraktische Anweisungen.

SAFRANSKI: Sie sind nur auf kurze Fristen angelegt, bis der Moment kommt. Das ist so, wie wenn heute Mittag Gäste kommen und man sagt den Kindern: Bis zum Eintreffen der Gäste wird hier nicht gespielt, hier muss alles sauber bleiben, das halten die Kinder kaum aus … Und bei der urchristlichen Gemeinde müssen wir uns das sehr konkret vorstellen, das kann morgen oder übermorgen der Fall sein, aber auf jeden Fall in den nächsten dreißig Jahren, und dass man dann in einer ganz anderen Veranstaltung ist, nicht nur inwendig, sondern ganz konkret.

MATUSSEK: Aber es gibt, Sie deuten es an, auch die innere Erlösung.

SAFRANSKI: Ja, nachdem das Weltende und das Himmelreich auf sich warten lassen, wird der Moment nach innen verlagert. Also erstens die autoritäre Religion, zweitens die Naherwartung, jetzt aber wird dieses Reich Gottes zur Vorstellung, zu einer Erlösung, die auf den inneren Schauplatz verlegt wird. Das geschieht durch den Protestantismus. Das Reich Gottes ist innen. Auch das ist zunächst eine recht heiße Geschichte. Du bist auf einmal ein ganz anderer. Max Frisch in *Stiller:* »Ich bin nicht Stiller.« Jetzt versuche ich einen neuen Anfang zu setzen, das ist das Charisma der Bekehrung. Die innere Bühne dreht sich, und ohne dass du dein Zimmer verlässt, ist das Leben doch ganz anders. Du bleibst in der gleichen Veranstaltung, aber du hast dein inneres Leben um 180 Grad gewendet, und schon bist du in einer vollkommen anderen Gesellschaft. Das habe ich bei den Pietisten so erlebt.

MATUSSEK: Ein unglaubliches Versprechen.

SAFRANSKI: Unglaublich. Da spielt Glaube eine ganz große Rolle. Die erlösende Wirkung ist nicht etwas, was man zu einem späteren Zeitpunkt erwartet, sondern es lösen sich schon jetzt in dir alle möglichen Fesseln. Das ist dann auch die buddhistische Befreiung, das haben wir nicht nur im Christentum. Das ist existentiell gesehen eine hochheiße Angelegenheit.

MATUSSEK: Die Anhänger der Wiedertäuferbewegung dachten, das Ende ist nah in Münster, damals, und haben einen achtjährigen König gewählt, sie sind übereinander hergefallen, haben gehurt, wie man damals sagte, und gevöllt, noch mal die Sau rausgelassen.

SAFRANSKI: Aber der neue Mensch kommt nicht von alleine, sondern nur im Akt der Bekehrung. Wenn man diesen Akt von außen ansieht, psychologisch, ist es was ganz Ungeheuerliches. Und zeigt übrigens die polymorphe Gestalt des Menschen, der sich jetzt mit dieser religiösen Vorgabe umstülpen kann und auf einmal neue Daseinsgefühle entwickelt, neue Stimmungen, neue Sichtweisen, alles neu. Wovon die Literatur nur träumt. Die Literatur ist ja nur eine Spielwiese für diese Bedürfnisse, während der religiöse Mensch, der bekehrte Mensch sagt, ihr in der Literatur spielt ja nur, aber ich hab's erfahren, ich hab mich umgedreht, und zwar war das genau vorgestern, und seit vorgestern bin ich ganz anders. Und da merkt man, dass in der Religion eine unglaubliche Kraft steckt. Der bekehrte Mensch wird nicht sagen, ich habe mich bekehrt, sondern Gott ist in mein Leben getreten, er wird das passivisch formulieren, er hat eine neue Kraft bekommen, aber es bleibt unklar, ob er sie sich selbst gegeben hat oder ob er sie bekommen hat. In diesem Zwielicht bleibt das. Auf jeden Fall aber hat er neue Kraft.

MATUSSEK: Wie geht man mit dem religiösen Gefühl praktisch um? Kann das inkorporiert werden? Nietzsche schlägt dieses Zweikammersystem vor: in der einen die Wissenschaft, in der anderen die Nichtwissenschaft. Mit Einseitigkeiten und Leidenschaften muss geheizt werden, mit Hilfe der erkennenden Wissenschaften den bösartigen Folgen einer Überheizung vorgebeugt werden.

SAFRANSKI: Für mich war Nietzsches Zweikammersystem immer plausibel. Die Notwendigkeit dieses Denkbildes besteht ja deswegen, weil wir bei aller auch positiven Hitze bedenken müssen: Wie gestaltet sich das Zusammenleben? Vor allen Dingen mit den anderen, die diese heiße Erfahrung nicht gemacht haben? Wie ist das zu bewerkstelligen, ohne dass ich jetzt mit meinem intensiven Gebrauch der Freiheit in diesem transzendenten Sinn andere beschädige? Und in diesem Moment, wo man sich mit dem Problem der Pluralität unter den Menschen beschäftigt, wird Nietzsches Modell wichtig.

An der Schnittstelle zwischen innerer Selbsterhitzung und der Konfrontation mit der Pluralität, da musst du was finden. Es gab ja immer wieder die Versuchung, diesen Raum homogen zu machen. Ihn gleichmäßig so zu erhitzen, wie ich schon bin.

MATUSSEK: Oder umgekehrt, eben alles runterregeln und kälter und nüchterner machen.

SAFRANSKI: Genau, auch umgekehrt. Also weder einen Terror der bloßen Vernünftigkeit noch einen Terror des Religiösen. Und da ist das Zweikammersystem schon eine geniale Konstruktion. Aber es kommt natürlich auch eine gewaltige

Gespaltenheit in die Seele. Man muss gewissermaßen mit zwei Köpfen denken.

MATUSSEK: Das führt dann zu einer ironischen Existenz, einer der doppelten Böden und Spiegelungen. Wobei ich glaube, dass die Katholiken eine höhere Begabung zu dieser Form von Ironie und Spiegelung haben als die Protestanten. Bekannt ist der Ausspruch von Charles Maurras: »Ich bin Atheist, aber ich bin natürlich Katholik.« Ist meine Annahme richtig? Sie sind teilweise unter Pietisten aufgewachsen.

SAFRANSKI: Ja, das kam von meiner Großmutter, mit den Quertreibereien meines Vaters, der Heide war. Insofern hatte ich das Glück, die beiden Optionen immer direkt vor mir zu haben. Und dann auch altersmäßig und vielleicht auch vom Temperament her die beiden Optionen so vor mir gehabt zu haben, dass sie von mir nicht als zerreißend empfunden wurden. Meine Schwester, die anderthalb Jahre älter ist, für die war das eher ein Problem, in diesen beiden Sphären zu sein. Bei mir hat es sich nicht als Problem dargestellt, sondern als Freiheitsmöglichkeit.

MATUSSEK: Sie fanden es spannend.

SAFRANSKI: Ich fand es spannend. Ich habe weder unter dem einen Milieu gelitten noch unter dem anderen. Es gab interessante Wege für mich. Wir sind auf dem Gang zur Bibellesung immer an einem Kino vorbeigekommen, da gabelte sich sozusagen der Weg ab ins Weltliche.

MATUSSEK: Das ist ja wie auf diesen Katechismus-Bildchen, der schmale Weg der Tugend und der breite bequeme Weg in die Sünde und ins Verderben.

SAFRANSKI: (lacht) So ähnlich. Aber es hatte seine Stimmigkeit, seine Wahrheit. Man tauchte in diese Sphäre ab, aber man kam auch wieder raus. Ich kann's nicht jedem empfehlen, aber bei mir war es vielleicht ein Glücksfall, dass es nicht zu einem Problem wurde, sondern zu einem Gewinn an Freiheit geführt hat. Aber dieses Schema »geistig-weltlich«, das ist bei mir auch so geblieben. Dass ich auf der einen Seite alles Geistige zu schätzen weiß, dass ich aber aufpassen muss, dass ich den Leuten, die sich mehr für das Weltliche interessieren, nicht fremd werde.

MATUSSEK: Das protestantische Prinzip »sola scriptura« ist Ihnen geblieben, auch später, als es um weltliche Erlösungsformeln ging, also als man die Exegese der marxistischen Klassiker, der marxistischen Evangelien und frohen Botschaften betrieb in der KPD, der Sie sich dann zugewandt haben. Da gab es ja diese fantastische Buch-Besessenheit.

SAFRANSKI: Ja, das war der Moment in meiner Lebensgeschichte, wo mir das Gefühl der Wiederkehr dieser alten Struktur am deutlichsten wurde. Das Geistliche, das ich bei meiner pietistischen Großmutter erlebt habe, das war dann der Marxismus. Wir waren die Kader, die an der Welterlösung mitarbeiteten, und die anderen lebten da unerlöst und sorglos und verblendet im Kapitalismus, in der Welt.

MATUSSEK: Kann man sagen, dass auch der Marxismus eine heiße Religion war, bis er entfristet wurde über die Generationengrenze in die Zukunft? Er wurde zur Sache der Nachkommen, man starb auf der Barrikade für die befreiten Enkel.

SAFRANSKI: Er war ein Mehrgenerationenprojekt, richtig. Dazu kommt ja eine fast mönchische Lebensweise, zumindest bei uns, da lebte man ja fast asketisch, man nahm unglaubliche Arbeiten auf sich, um Flugblätter um vier Uhr vor den Werkstoren zu verteilen, man hatte Arbeitspläne von 14 bis 15 Stunden am Tag, man rackerte rund um die Uhr, es war ein dienender Asketismus, ganz antihedonistisch, eigentlich war es eine Gegenbewegung gegen den linken Hedonismus von '68, auch gegen die antiautoritäre Phase, man war eine Mischung aus Missionar und Angestelltem in diesem Projekt. Nun gut, man lebte nicht gerade zölibatär, aber man hat ja auch eine ganze Menge Opfer gebracht, auch Karriereopfer.

MATUSSEK: Ich hatte in meinem Zimmer in der WG noch lange vor dem Marx-Plakat eine Madonnenfigur.

SAFRANSKI: Für mich lag diese andere Welt in der Literatur. Ich las meinen Proust, ich las Schopenhauer damals, also das, was mich auch sonst damals so interessierte, das ist, ohne dass ich es richtig verbinden konnte, weitergelaufen. Also diese Art, in zwei Welten zu leben, habe ich als Kind geübt, und dann später auf die andere Art auch fortgesetzt.

MATUSSEK: Sie haben mal gesagt im »Philosophischen Quartett«, man müsse den Katholizismus schon aus Gründen kultureller Gedächtnispflege erhalten ...

SAFRANSKI: Schon aus diesem Grund, richtig. Ein Weltkulturerbe, sozusagen.

MATUSSEK: Nun stehen gerade die Traditionen der katholischen Kirche unter Beschuss. Allem voran der Zölibat. Soll die Kirche daran festhalten oder nicht?

SAFRANSKI: Der Zölibat ist ja freiwillig, es wird keiner gezwungen, Priester zu werden. Im Übrigen ist er nicht bibelbegründet, sondern traditionsbegründet. Aber er hat schon einen tieferen Sinn.

MATUSSEK: Jesus hat sich ja durchaus antifamiliär geäußert. Er sagt: Wenn jemand zu mir kommt und nicht Vater und Mutter, Frau und Kinder, Brüder und Schwestern, ja sogar sein Leben gering achtet, dann kann er nicht mein Jünger sein.

SAFRANSKI: Als der Zölibat dann eingeführt wurde, hatte das zunächst ganz triviale Gründe, es ging um Erbfolgen. Aber nicht nur. Diejenigen, die der katholischen Kirche übel gesinnt sind, ziehen immer nur diesen Erbaspekt heran, weil sie eben nur materialistische Gründe verstehen. Nein es ging von Anfang an auch um die spirituelle Komponente, dass die Liebe, die zwischen den Menschen ist, dass diese Liebe in den Corpus Christus eingeht und das andere in die Gemeindearbeit. Dass das Liebesvorkommen eben auf diese beiden Säulen verteilt wird. Also das ist eine nachvollziehbare, hochgesinnte Begründung. Ich sehe überhaupt keinen Grund, warum die Kirche das aufgeben sollte.

MATUSSEK: Der Zölibat wird mittlerweile als regelrechter Affront diskutiert, als ob es sich um einen Anschlag auf die Demokratie handele. Aber vielleicht ist er das ja auch.

SAFRANSKI: Ich sehe, dass die allgemeine sozialdemokratisierte Meinung das als empörend empfindet, dass diese Priester so was Besonderes sein wollen. Es ist empörend in unserer Gesellschaft, seine Freiheit und Unabhängigkeit gegenüber der Sexualität zu behaupten. Es gibt so eine hämische Art, das Hohe niedrig zu machen nach dieser legendären *Stern*-Schlagzeile, »Runter kommen sie immer«. Also diese Häme gegenüber dem Zölibat, die finde ich besonders widerlich. Schon diese Art der Kritik am Zölibat veranlasst mich, ihn zu verteidigen. Wenn sie da so in diesen Talkshows herumsitzen und darüber lamentieren, welches Leiden diese Priester da erdulden, diese komische Art von Fürsorglichkeit, dahinter steckt doch der übelste Konformismus. Nämlich der Konformismus der Sexualität, das ist doch jetzt unsere Religion. Kurz gesagt, in dem Moment, in dem Sexualität so was wird wie Massensport, tut es einer Gesellschaft gut, wenn es da ein paar Leute gibt, die stolz sagen: Ich verzichte.

MATUSSEK: Sie hatten mal von spirituellen Hochleistungssportlern gesprochen.

SAFRANSKI: Ja, jede Gesellschaft muss sich wünschen, dass es solche Hochleistungssportler der Askese auch gibt, weil dann deutlich wird, dass der Mensch doch eine ganze Menge an Freiheit hat. Er ist halt nicht nur sein Geschlechtsteil, es gibt noch was anderes. Ich bin also beruhigt, wenn es in einer Gesellschaft zölibatäre Strukturen auch gibt. Sollen ja nicht alle sein. Aber wenn es welche tun, ist es toll.

MATUSSEK: Die Buddhisten sitzen in tagelanger Meditation, die Hindus haben ihre Sadhus und Fakire, überall sind da Spezialisten, Fachleute, und sie werden geehrt. Bei uns werden sie mit Hohn und Misstrauen überschüttet von einer völlig verkicherten Gesellschaft.

SAFRANSKI: So ist es.

MATUSSEK: Wie erklären Sie sich den Stimmungsumschwung der Deutschen im Verhältnis zu ihrem Papst? Am Anfang waren alle froh, dass er der lächelnde Papst war und nicht der finstere Inquisitor, als der er galt. Da waren wir alle Papst, zumal er deutsch war. Mittlerweile hat sich das abgekühlt. Fest steht, dass er ein politisch inkorrekter Papst ist. Er ist in stürmische Gewässer geraten. Wie beurteilen Sie ihn?

SAFRANSKI: Ich sehe ihn ziemlich positiv, nur hat er nicht diese Ausstrahlung wie Johannes Paul II. So was hat man oder hat es nicht. Er ist der Theologe, der in heiliger Loyalität zu seiner Kirche dieses Amt ausführt, er würde lieber drei oder vier theologische Werke schreiben, aber er nimmt dieses schwere Amt auf sich, und er ist dabei jemand, dem man wirklich keine Eitelkeit anmerkt. Der wollte nicht unbedingt diese Karriere machen. Er macht es und versucht, es gut zu machen, so wie er es sieht. Insgesamt eine durch und durch eindrucksvolle Figur. Man fühlt geradezu mit, wie schwer das jetzt ist, er lebt in seiner Theologie und hat manchmal eine geradezu kindliche Weltfremdheit, obwohl er auch wieder alles kennt. Er hat sich ja wirklich nicht gedacht, dass er mit seiner Regensburger Rede da irgendwo reingestochen hat, das ist nicht so ein Ausgefuchster, der ist nicht mit allen Wassern der Diplomatie gewaschen, nein, er hat so was Zartes, Kindliches, auch Unschuldiges.

Eine Sache, die auffällt bei ihm, ist, dass er wirklich sehr genau begreift, was die Kraftquellen dieser Kirche sind. Die liegen nicht in der schnellen Anpassung an die jeweiligen Zeitgeister, die liegen in anderen Bereichen. Die liegen in diesem Elefantengedächtnis der Kirche. Das ist ein Schiff, das seit 2000 Jahren durch die Stürme und Zeiten geschippert ist, und er weiß, dass man auf diesem Schiff bleiben muss und dass man dieses Schiff auch intakt halten muss. Er hat schon auf seine Art Größe. Er nimmt es ernst, wenn er mal sagte, dass auf die Kirche jetzt ganz harte Zeiten zukommen, dass sie ihre alte Mächtigkeit verliert, dass sie schrumpft, und gerade dann ist es wichtig, die Identität zu bewahren, als nur um der schnellen Erfolge wegen sich anzupassen. Der Papst steht für diese Art von Heroismus. Das finde ich nobel, aber auch sehr weise.

MATUSSEK: Interessanterweise kommen ja auch die ganzen Reformvorschläge von Leuten, die selber nie in die Kirche gehen. Paul Feyerabend sagte mal, die sollen doch bitte die katholische Kirche in Ruhe lassen, sollen protestantisch werden oder heidnisch.

SAFRANSKI: Ja, ich bin ja auch kein Katholik, ich begleite meine Frau manchmal in München in die Theatinerkirche, wo das Hochamt in lateinischer Sprache gehalten wird. Aber gerade von außen sage ich – und das gilt ja auch beim Zölibat –, ich fände es wunderbar, wenn die Kirche ihre unverwechselbare Gestalt behält, das ist eine Bereicherung für die ganze Gesellschaft und für uns Außenstehende auch.

Von André Heller gibt es dieses schöne Lied »Ich will, dass es gibt, was es gibt«. Es war mal ein Lieblingslied von mir. Ich will, dass es diese Kirche gibt, stolz und unangepasst, und nicht wie die Protestanten immer zu Kreuze kriechen, nein, ich will sie als stolze Institution, die ja ein paar Fehler schon abgelegt hat, die aber ihre Identität bewahrt. Das ist auch für die Restgesellschaft das Beste, was geschehen kann.

MATUSSEK: Richard Dawkins und Christopher Hitchens wollten den Papst verhaften lassen während seines Besuches in England, wegen Verdunkelung von Straftaten im Zusammenhang mit den sexuellen Missbrauchsfällen innerhalb der Kirche. Unter großem Gejohle der Presse. Ist die Vermutung abwegig, dass sich der Kulturkampf des 19. Jahrhunderts wiederholt? Damals ging es ja auch um den Zölibat und um die Beichte, um eine Art Misstrauen gegen das katholische Getuschel, das man durch liberale Aufklärung und Aufhellung beenden wollte. Auch die sogenannte Frauenfeindlichkeit war ein Thema. Sehen Sie Parallelen?

SAFRANSKI: Na ja, es ist ja so, die katholische Kirche ragt in unsere Zeit hinein als die große, immer noch mächtige übernationale Institution mit 2000 Jahren auf dem Buckel, das ist auch Stein gewordene Metaphysik. Sie steht im Zweifelsfalle auch in Idealkonkurrenz zu anderen internationalen Organisationen und Institutionen, UNO oder Rotes Kreuz oder so was, die alle ganz säkular sind. Und diese Kirche ist für einen Zeitgeist, der nicht den langen historischen Atem hat, der nicht liebt, was alt ist, sondern nur, was neu ist, einfach störend.

Dass da untergründig so etwas wie ein Kulturkampf verhandelt wird, dem würde ich zustimmen. Das ist da drin. Es ist auch mit drin, dass der Atheismus abrechnen will mit so einem Überbleibsel. Dahinter steht schon auch der Wunsch, die Dinge weiter zu planieren. Und da hat man jetzt mit dem Missbrauch einfach ein gefundenes Fressen.

Fachleute sagen, die größte Stätte des Missbrauchs sind die Familien. Da müsste man doch jetzt mit Volldampf durchforsten und ermitteln, auch die Sportvereine oder liberalen Internate, aber nein, genüsslich breitet man das über der Kirche aus, und das kann kein Zufall sein.

MATUSSEK: Es geht ja auch direkt gegen den Papst, gegen den Heiligen Vater. Ist diese Debatte vielleicht auch zusätzlich noch ein Aufstand gegen den Vater? Nachdem die 68er ja die Väter auf breiter Front abgeräumt haben, ist da noch einer übrig, der in der Landschaft steht. The last man standing, sozusagen.

SAFRANSKI: Daran habe ich noch gar nicht gedacht, aber der Gedanke scheint mir ganz plausibel, das ist ein Triumph der vaterlosen Gesellschaft. Wobei, ich meine, wenn man das aus Distanz betrachtet, der Heilige Vater, und wenn er dann noch im Rock auftritt, dann die Gewänder und die roten Schuhe, das ist sozusagen das dritte Geschlecht.

MATUSSEK: Noch einmal zum religiösen Bedürfnis zurück, von dem Sie sagen, es wird heute ganz individuell im religiösen Hobbykeller befriedigt, das ist offenbar der Stand. Die großen Kirchen bluten aus. Aber brauchen wir nicht vielleicht doch eine organisierte Kirche, mit Gemeinschaftserlebnissen?

SAFRANSKI: Die Gemeinschaftserlebnisse haben Sie ja auch in kleineren Gemeinschaften. Das religiöse Phänomen ist immer gemeinschaftsbildend. Aber es gibt diesen Ärger gegen die Kirche auch aus diesen neureligiösen, privatisierten Formen, da erscheint dann die katholische Kirche wie ein Monopolist. Die Kleinunternehmen schauen auf das Großunternehmen, dieser Blickwinkel ist auch da.

Das Zweite ist: Was die institutionalisierte Kirche jetzt unterscheidet von diesen neureligiösen, flackernden vielfältigen hobbykellerartigen Bewegungen, ist, dass dort eher doch das Modell des Religionskonsumismus bedient wird, sozusagen das religiöse Fast Food. Diese Einwanderung des Konsumprinzips in das Prinzip Religion ist interessant.

Doch die Kirche steht für was anderes. Da ist ein ganzes Leben, die Dauer, die Institution, die Verbindlichkeit, die Verantwortlichkeit. Sicher sind die kleinen Netzwerke des Religionskonsums Signale, sie zeigen in diesem Markt, der bis hin zur Esoterik reicht, dass man in diesem Materialismus und Konsumismus und Naturalismus doch nicht zufrieden ist. Aber in konsumistischer Manier zieht man sich dann doch noch was Religiöses rein. Der Unterschied zur Institution der katholischen Kirche besteht in der Verantwortung, von organisiertem Permanentem. Ich wünsch mir auf jeden Fall nicht, dass diese Institution aufgesogen wird von den konsumistischen Tendenzen, die es in der religiösen Sphäre gibt.

MATUSSEK: Sie machen in Ihrem Essay darauf aufmerksam, dass auch der moderne aufgeklärte Staat ohne religiöse Letztbegründung nicht auskommt. Zum Beispiel wenn gesagt wird: »Die Würde des Menschen ist unantastbar.« Da wird inmitten des Gesetzes ein heiliges Tabu geschaffen.

SAFRANSKI: Wobei das Interessante ist, dass der Grundrechte-Katalog auch die Formulierung »In der Verantwortung vor Gott« kennt. Da wird einerseits etwas hingestellt, das durch Mehrheit geschaffen wurde, andererseits wird aber klargemacht, dass es durch keine Mehrheit abzuschaffen ist. Mit demokratischem Verfahren wird etwas geschaffen, von dem man dann gegen das demokratische Prinzip sagt, das darf nicht mehr außer Kraft gesetzt werden. Das ist die Schaffung eines Tabus.

Man bezieht sich auf einen Zivilgott, um ansonsten ziemlich säkularen Werten, die aber human und wichtig sind, ein stabileres Fundament zu geben. An den Zivilgott brauchst du jetzt erst mal nicht zu glauben. Da sagst du erst mal, ja, bestimmte Scheußlichkeiten dürfen erst mal nicht geschehen, wir müssen das auch verbieten im Namen einer moralischen Ordnung, die noch eine andere Dimension hat. Vorher, als wir über die anderen Aspekte des Religiösen gesprochen haben, da ging es nicht nur um Moral, sondern da ging's um ein anderes Lebensgefühl, um eine andere Sinnerfahrung. Und das sind zwei deutlich unterschiedene Dimensionen des Religiösen.

Also wenn wir von kalter Religion sprechen, wie ich das getan habe mit der Zivilreligion, dann ist dieser moralische Gesichtspunkt angesprochen, der dann noch dieses Fundament hat, das ganz gut ist. Aber für die sonstigen Sinnbedürfnisse ist anderes zuständig. Umgekehrt steckt in der Religion dann doch noch 'ne ganz Menge mehr drin, als zivilreligiös notwendig ist. Es steckt ein Sinn darin.

Es ist so, man kann an das Sinnangebot von Religion von innen rangehen und von außen. Von außen rangehen wird ja auch schon gemacht, wird man sagen, Religion muss es geben, das ist eine Sinnbeschaffungsmaßnahme, eine Sinnproduktion. Die einen produzieren Strümpfe, die anderen produzieren Sinn. Dann ist auf einmal Religion wie Bücher und Literatur und Event.

MATUSSEK: Ja, das wäre eine weitere Zuschreibung für Religion. Eine Notwendigkeit fürs Soziale. Kitt für die Gesellschaft. Dass die Kirche in diesen Skandal verwickelt ist, finden manche deshalb schlimm, weil sie doch die Gesellschaft mit Sinn versorgen muss.

SAFRANSKI: Ja, Sie können es auch nicht vermeiden, es von außen so zu sehen. Von innen stellt es sich anders dar. Da sagst du nicht, wir produzieren Sinn, wir machen Angebote, so wie die protestantische Kirche Sozialangebote macht und Sinn herstellt, dieser Außengesichtspunkt wird dann verinnerlicht.

Von innen her würde man doch nie sagen, wir bieten Sinn an, sondern wir erinnern die Menschen, dass sie teilhaben können an einem Sinn, den wir nicht produziert haben, sondern den es gibt, offenbarungsmäßig gibt. Es kommt also drauf an, von welcher Seite aus wir jetzt reden.

Wichtig ist auf jeden Fall, dass die Kirchen ihrer Sichtweise treu bleiben und nicht anfangen wie die Werbeträger sich selbst so zu beschreiben, wie sie von außen beschrieben werden wollen. Sie können aus dem Glauben reden oder über den Glauben reden. Und viele Vertreter der Religion, im Protestantismus noch stärker als im Katholizismus, reden über den Glauben statt aus dem Glauben. Da kommt es dann zu solchen Formulierungen wie »Wir sind Sinnanbieter«. Da stehen sie dann aber auch auf einer Stufe mit anderen »Sinnanbietern«.

MATUSSEK: Zum Schluss die Gretchenfrage. Wie halten Sie's mit der Religion? Glauben Sie an Gott?

SAFRANSKI: Ich glaube nicht an einen personalen Gott, als ein Gegenüber, ich glaube aber, dass das Ganze in einem göttlichen Prinzip wurzelt. Wie wir's halt nennen wollen.

MATUSSEK: »Wer darf ihn nennen, und wer bekennen«, sagt der Faust auf Gretchens Frage, »der Allumfasser, der Allerhalter«. Er weicht ein bisschen aus.

SAFRANSKI: Ja, Faust scheint da auszuweichen, aber im Grunde benennt er es doch, soweit es ihm möglich ist. Es gibt ja etwas. Dass man es selber so explizit nicht genau sagen kann, ist gut so, jedenfalls für mich ist es ganz gut. Ich kann aber verstehen, dass es andere auf ein Bild fixieren, und wenn die sorglich damit umgehen, ist das auch nicht weiter schlecht, aber für mich wäre das nicht die Art.

Religionen sterben, aber das, worauf sie sich beziehen, stirbt nicht, und es wird neue Formen geben, welche, das wissen wir nicht.

Oh, Gott!

Warum kann man in diesen Tagen so schlecht
über Religion lachen? Weil sie buchstäblich eine
todernste Angelegenheit geworden ist.

Normalerweise macht der Witz vor nichts und niemandem halt.
Witz ist gelebte Anarchie. Dem Witz ist nichts heilig, das ist ja
der Witz. Und natürlich lebt der Witz von der Gefahr, deshalb
blüht er in Diktaturen, dient als subversives Ventil.

Es gibt wunderbare Religionswitze, und meistens sind sie
jüdisch. Einer der besten und unerschöpflichsten Witzeerzähler
ist Josef Joffe, der Herausgeber der *Zeit,* der uns einen ganzen
langen Abend damit unterhielt. Einer der komischsten war ein
Vergleichswitz:

Ein katholischer Priester, ein Baptisten-Pastor und ein jüdischer Rabbi wetten, wessen religiöse Bekehrungskraft am größten ist, und sie wollen es an der rohen, primitiven Natur testen,
an einem Bären.

Nach seinem Versuch erscheint der katholische Priester mit
einigen Pflastern wieder. Er erzählt, er habe das Kreuzzeichen
geschlagen, der Bär habe aus Reflex kurz zurückgehauen, wäre
danach aber brav gewesen und habe fromm die Tatzen über-
einandergelegt.

Der Baptist kommt humpelnd und schwer bandagiert zum
Treffpunkt. Er hatte mit dem Bären gerungen, beide waren
einen Abhang hinuntergerollt, hinein in einen Fluss. Als sie
dann kurz wieder aufgetaucht waren, hatte der Baptist den
Bären noch einmal unter Wasser gedrückt und schnell gerufen:
»Ich taufe dich.« Aufgabe erfüllt.

Der Rabbi aber muss im Krankenhaus besucht werden. Er
trägt einen Ganzkörpergips. Er hängt am Tropf. Er wird durch
einen Strohhalm ernährt. Die beiden anderen wollen wissen,

was passiert ist, und beugen sich dicht über den Schwerverletzten, der stöhnt: »Vielleicht hätte ich gar nicht erst von der Beschneidung anfangen sollen.«

Was auffällt: Der Islam ist nicht dabei. Über den Islam macht man keine Witze, jedenfalls nicht mehr, seit die Mohammed-Karikaturen die halbe Welt in Brand gesetzt haben.

Die Mohammed-Karikatur übrigens war zunächst gar nicht weiter beachtet worden. Erst als ein paar islamistische Mullahs dieselbe herumreichten und den islamistischen Mob aufputschten, kamen die Mordaufrufe. Dann brannte die Westbank. Dann war die eine Hälfte der Welt beleidigt, darunter viele, die Blut gerne mit Blut abwaschen. Mehr als 150 Menschen kamen in den Rasereien des religiösen Mobs um.

Noch Jahre später glimmte die Wut. Dem Karikaturisten Kurt Westergaard, der seit jenen Tagen unter Polizeischutz lebt, drang ein islamistischer Fanatiker ins Haus ein und bedrohte ihn mit einer Axt. Kurz vor Weihnachten 2010 flog eine Verschwörergruppe auf, die geplant hatte, im Redaktionshaus der *Jyllands Posten,* der Zeitung, die die Karikaturen veröffentlicht hatte, ein Blutbad anzurichten.

Als Bundeskanzlerin Angela Merkel im Jahr 2010 in Potsdam Kurt Westergaard für seinen Mut auszeichnete und dringend Religions- und Meinungsfreiheit einklagte – derweil waren Scharfschützen auf dem Dach postiert und kontrollierten Sicherheitsbeamte den Park –, protestierten Vertreter muslimischer Verbände in Deutschland dagegen. Die hatten allerdings schon damals protestiert.

Bei uns wiederum war man empört über diese Wut auf den Karikaturisten. Zumindest das müsse die Aufklärung doch erbracht haben, rief man sich zu, nämlich dass man auch über das Religiöse Witze machen dürfen muss. Prompt stürmten unsere mutigen Theaterregisseure voran: Hans Neuenfels mit Mozarts »Idomeneo«, in dessen Inszenierung am Ende die abgeschlagenen Köpfe von Poseidon, Buddha, Mohammed und Jesus auf die Bühne getragen werden. Ausgerechnet im Versöhnungsschlussbild.

Poseidon als Religionsgründer? Vermutlich auch das ein Witz, eine Verlängerung ins Absurde, ein Ablenkungsmanöver, was aber religiöse Fanatiker, die keinen Spaß verstehen wollen, überhaupt nicht als Entlastung gelten lassen können. So sah das auch die Opernchefin Kirsten Harms und nahm die Inszenierung kurzfristig aus dem Programm. Und es waren nicht die christlichen, buddhistischen oder altgriechischen Lobbys, die sie fürchtete.

Doch das große Religions- und Toleranz-Testen ging weiter. Auf Bühnen zwischen Hamburg und Frankfurt und Wien wurde nun unbekümmerter als je zuvor berserkert, um den Religionen mal zu zeigen, was eine Harke ist. Die radikalste Verspottung war in Frankfurt zu sehen, und interessanterweise verlangte dort nun der israelische Kulturbund eine Absetzung der Inszenierung, die er als antisemitisch empfand. Irgendeiner fühlt sich immer auf den Schlips getreten, doch genau das gehört zum Wesen unserer Kunstfreiheit. Finden wir doch alle, oder?

Dennoch. Sosehr ich ganz selbstverständlich für die grenzenlose Kunstfreiheit bin und schon den Gedanken, dass auf einen Witz mit Gewalt und Einschüchterung und Terror reagiert wird, erschreckend finde, sosehr ich also militante religiöse Gereiztheit ablehne, sosehr muss ich anerkennen, dass es sie gibt. Es gibt einen heiligen Kern für viele, in allen Religionen. Und ich glaube, dass dieser Respekt verdient.

Wir Katholiken sind mittlerweile kränkungsgewöhnt. Ob es nun Madonna ist, die sich in ihrer Bühnenshow unter eine Dornenkrone an ein Kreuz stellt, oder ob es der Gekreuzigte in der Satirezeitschrift *Titanic* ist, der zum Lustobjekt für einen Bischof wird. Besonders unwohl fühle ich mich, wenn das Passionsmotiv verspottet wird.

Ich hatte mich in den Tagen der Mohammed-Karikatur mit Harald Schmidt über Witz und Religion und die Grenzen der Kunstfreiheit unterhalten. Er sagte, in seiner Show seien Religionswitze tabu.

ICH: Sie machen keine Witze über Religion?

SCHMIDT: Schon wegen meiner Mutter nicht, die guckt zu.

ICH: Was würden Sie tun, wenn jemand einen Fisch ans Kreuz nagelt und sagt:»In drei Tagen steht er wieder auf.«Würden Sie a) eine Botschaft stürmen, b) einen Molotowcocktail schmeißen, c) weggucken?

SCHMIDT: Nee, ich würde sagen, das hat der jetzt mit einer christlichen Religion gemacht, jetzt warten wir mal ab, bis dieser Erbe Heines sich anderen Weltreligionen ähnlich zuwendet und was dann passiert. Und ich glaube zu ahnen, was dann passiert.

ICH: Was denn?

SCHMIDT: Rumms.

Schmidt ist damit keine Ausnahme. Auch Bruno Jonas erklärte kürzlich, in seinem Kabarett kämen keine Religionswitze mehr vor.

Der Cartoonist Til Mette hingegen macht Witze über Religion. Einige davon sind in diesem Buch zu sehen. Seit zwanzig Jahren beliefert er den *Stern* mit seinen Karikaturen, und das wöchentlich, meistens drei auf einer Seite, und er bringt mich öfter zum Lachen als jeder andere deutsche Cartoonist. So einer, dachte ich mir, muss einfach ein entspanntes Verhältnis zum Leben haben.

Allerdings so entspannt dann auch nicht, wie sich herausstellte, denn seit dem Karikaturenstreit können Religionswitze lebensbedrohlich sein. Ganz besonders Witze über den Islam. Ach, eigentlich nur die Witze über den Islam. Und Mette liebt sein Leben und seine Kinder. Eine ganz neue Situation für Witzemacher in der Komfortzone der deutschen demokratischen Laissez-faire-Gesellschaft, zumindest der westdeutschen: dass man durch einen Witz die eigene Sicherheit aufs Spiel setzen könnte.

Til Mette überlegt sich genau, was er tut. Eine plumpe Mohammed-Karikatur aus purer Lust an der Provokation würde er nicht zeichnen, schon deswegen, weil er Plumpheiten hasst. Wir unterhielten uns über Witz und Religion. Er ist ein freundlicher rothaariger Riese, und, soweit ich verstanden habe, ein konfessionsloser Anarchist, ein lächelnder Agnostiker mit Respekt vor den Wundern der Schöpfung und den Mitmenschen. Und er sieht die Waffenungleichheit zwischen Islam und Christentum, was den Humor angeht, durchaus. Für den Cartoonisten eine relativ unbequeme Zwischenlage. Der Islam bis zu den Zähnen bewaffnet, während das Christentum die andere Wange hinhält. Ersteren zu provozieren wäre zu gefährlich, Letzteres zu beleidigen zu ungefährlich. Spaß macht beides nicht. Dass er dennoch unter dem Titel *Gott, oh Gott* ein Buch mit Cartoons aus der religiösen Sphäre vorlegen kann, zeigt, dass sein Humor auch unter schwierigsten Bedingungen funktioniert.

Ich habe mir einige Sachen daraus für dieses Buch entliehen. Zum Beispiel die Anbetung des Oldtimer-Porsche durch eine Jedermanns-Gemeinde von verzückten Andächtigen. Papst

fast gelungene Integration

Johannes Paul II. hätte die Abirrung des inneren Menschen in die Klauen des Konsumismus nicht prägnanter formulieren können (siehe Seite 24). Und ist der Osterhase, der auf die Kanzel hoppelt (siehe Seite 184), nicht eine drastische Beschreibung für den Hokuspokus, den sich heutzutage manche Pfarrer einfallen lassen, um die frohe Botschaft für die TV-Idioten kompatibel zu machen?

Mein Favorit allerdings ist der ganz schlichte Predigtwitz. Der Pastor spricht zu den vier oder fünf, die da im Namen des Herren oder wem immer versammelt sind: »Die heutige Predigt handelt von der Bedeutung Gottes bei einem Kursverlust des Euros von mehr als 8 %.« Diese Andacht auf den Gesichtern (siehe Seite 105)!

Und könnte man die Debatte über religiöse Identität nicht enorm entschärfen durch Karikaturen wie die über das »Teilen des Roten Meeres ohne Spritzer« (siehe Seite 169) oder die hintergründige Klugscheißer-Erläuterung unseres Osterhasenschwachsinns durch einen Migrationsstreber, der seiner Kopftuchfrau angesichts eines Eier-Jongleurs erläutert: »Für Einheimische symbolisiert es das Zentralmotiv ihres Glaubens. Die Auferstehung Jesu« (siehe Seite 139). Eine beißendere Kritik an unserem eigenen erschlafften religiösen Sensorium kann es nicht geben. Es ist die 180-Grad-Drehung der Bühne. Der Migrant klärt uns über unsere verloren gegangene Gläubigkeit in unserer »christlich-abendländischen Kultur« auf. Das ist so genau und hinterfotzig und auf den Punkt komisch, wie es nur sein kann.

Doch auch er beschäftigt sich mit einer Kategorie von Witzen, die mir Bauchschmerzen bereitet. Ich meine die Witze über das Kruzifix, also die über die Passion Christi. Ich würde nie nach dem Zensor rufen, aber ich würde jederzeit laut bekennen, dass ich sie nicht toll finde. Warum? Weil ich mir, während ich mich amüsiere, beim Lachen vorkäme wie einer der römischen Legionäre, die unter dem Kreuz stehen und den Herrn verspotten.

Ich möchte kein dummer römischer Legionär sein und möchte nicht dessen Roheit verdoppeln. Ich habe mitgelitten als Kind, eine meiner frühesten Erinnerungen, und ich habe mich irrsinnig gefreut über die Auferstehung, über Ostern, das für mich immer ein Tag des Lichts war. Passionswitze zielen ins Zentrum meines Glaubens.

Mit dem Monty-Python-Film *Das Leben des Brian* dagegen habe ich kein Problem. Warum? Weil nicht Jesus dort am Kreuz hängt und »Always look at the bright side of life« singt, sondern ..., hm, Brian. Dieser kleine Übersetzungsschritt macht einen großen Unterschied. Er lässt mir Raum, meine religiöse Empfindsamkeit in Sicherheit zu bringen, und Religiosität ist nur ein anderes Wort für Empfindsamkeit. Jesus am Kreuz ist nichts als Ohnmacht und Agonie, und es ist von vornherein nicht komisch, auf einen Sterbenden einzudreschen. Für einen Gläubigen bedeutet es ganz buchstäblich das.

Ich denke, wir alle könnten mit der folgenden Pointe gut leben: Herschel ist im Himmel und darf nach langem Antichambrieren durch Petrus eines Abends an der festlichen Himmelstafel neben dem Schöpfer sitzen. Er ergreift die Gelegenheit beim Schopf und stellt Gott eine Frage, die ihn schon lange umtreibt: »Allmächtiger Herr, es gibt ja so viele Religionen dort unten, und alle behaupten, die alleinige zu sein: Da sind wir und die Katholiken und die Protestanten, die Hindus, die Moslems ... welche von diesen Religionen ist Dir denn die liebste?« Da wendet sich Gott lächelnd zu ihm und sagt: »Ach, weißt du, Herschel, ich hab mich eigentlich nie so richtig für Religion interessiert.« Auch der ist von Joffe.

Wenn er sich nur herumsprechen würde bei denen, die im Namen Gottes töten.

MEINE KIRCHE

Das Geheimnis der Form

»Rituale ohne Glauben sind leer, aber ein Glaube
ohne Ritual ist gestaltlos.«
Father O'Connor, New York

Wie kann ich über den Glauben schreiben oder reden, ohne dass es abgenutzt klingt und mich und andere langweilt? Wie kann man überhaupt diese Gegenwelt des Glaubens betreten, ohne salbungsvollen Eigentlichkeitsjargon oder banale Modernismen einzuschleppen?

Über diese und andere Fragen unterhielt ich mich mit dem Schriftsteller Bernhard Schlink während eines Empfangs, der zu Ehren Claude Lanzmanns im Casino des Springer-Hochhauses gegeben wurde. Schlink, Sohn eines Theologieprofessors, eröffnete mir während des Essens, dass er hin und wieder predige. Und dass man, wenn man die frohe Botschaft Zeitgenossen verkünde, notgedrungen in die Sprache der Psychologen verfalle.

Gerade das aber will ich nicht hören in der Kirche, entgegnete ich heftig. Ich will nicht Käßmanns formvollendete Besinnlichkeiten über die Mitte ihres prominenten Pastorinnenlebens hören oder ihre Ansicht über den Krieg in Afghanistan, weil ich nicht die Magazin-Titel aus dem Kopf kriege, auf denen sie sich darüber beklagt, dass sie ständig Gegenstand von Illustriertentiteln ist. Ich will das Wort Gottes in all der nicht abgenutzten Fremdheit. Ich will die Streckung nach oben, die Anstrengung in ein Geheimnis und ein Glück, das ich womöglich nicht ganz verstehen kann, sondern nur ahnen. Der Himmel soll sich, verdammt noch mal, auftun für mich, wenn ich in der Kirche bin.

»Nichts gegen Käßmann, die bringt immerhin die Frauen wieder in die Kirche«, sagte Schlink überraschend lau.

»Also bei uns sind es in der Mehrzahl sowieso Frauen, die den Gottesdienst besuchen. Ältere Frauen.«

»Sehen Sie«, sagte Schlink.

»Nein, nein, auch jüngere, Ehefrauen und Mütter mit ihren Kindern«, ergänzte ich. »Im Übrigen, so taufrisch sind wir beide ja auch nicht mehr.«

Eine Woche nach unserem Gespräch erhielt ich Post von Schlink. Er hatte mir eines seiner Bücher geschickt mit Aufsätzen. In einigen davon denkt er über die Wichtigkeit von Ritualen und liturgischen Formen nach. Es ist das Buch eines Protestanten, aber die Sehnsucht darin ist katholisch. Es ist eine Sehnsucht nach tradierter Gestalt, die auf Beständigkeit, ja Ewigkeit zielt. Ein weiterer Aufsatz, eine Predigt über Pfingsten, beschwört die Kirche als Gemeinschaft. Er beschreibt darin die Schönheit einer Erfahrung, die er genau so immer wieder gemacht habe. »Aber ich weiß, dass ich immer, wenn ich an einen anderen Ort kam und dort in den Gottesdienst ging, das Gefühl hatte, ich komme in gewisser Weise nach Hause, gleichgültig ob in Deutschland oder im Ausland.«

Wie sehr gilt das auch für mich als Reporter und Korrespondent in allen möglichen Kontinenten. Da ist die Erinnerung an diese schöne Maria-Himmelfahrts-Messe in Goa mit den Chören der Gläubigen, und durch die geöffnete Kirchentür fiel das Licht, und der Gesang schwebte über die Reisfelder und die Palmenhaine hinter der Kirche. Die einfache Bretterbuden-Kirche bei den Gummipflanzern im Amzonas, die das gleiche Sanctus sangen wie die Slowenen in der Zürcher Liebfrauenkirche mit ihren roten Gesichtern und den schlechten Dauerwellen und der Predigt dieses alten Priesters, die ich nicht verstand, dessen Miene aber ernst vom Realismus eines harten Lebens war und die Stimme voller Mitgefühl und Wärme. Die Messe in der dunkel getäfelten Kathedrale von Bogotá oder die in unserer kleinen Kirche in Rio de Janeiro, hoch über der Favela, mit der alten Schwester Lucia, die meinen Sohn und die übrigen Ministranten an den Altar geführt hatte.

In all den Messen, in all den Kirchen wurde das »Vater unser« gebetet, kniete man zur Wandlung, empfing man das

Sakrament der Kommunion. Unterschiede gab es in den Predigten. Verglichen mit den politischen Donnerbeschwörungen und ekstatischen Heilsbekundungen, die ich bei den Baptisten in Harlem erlebt habe, oder mit den tränenreichen und dem Elend trotzenden Strafpredigten, die ich in unserer katholischen Gemeinde in Rio gehört habe, sind unsere Kanzelvorträge hierzulande doch oft sehr entkräftet. Sie trauen sich nicht, von Gott zu sprechen, und auch nicht von Sünde und von Gnade und von Wiederauferstehung. Sie trauen dem religiösen Drama nicht. Hier ist oft alles nach innen gerichtet, alles wohltemperiert, alles Sozialstation.

Für uns Katholiken ist die Liturgie der Ausweg aus dem Alltäglichen, die Tür ins Heilige. Die Liturgie als großer Zeitspeicher. Wenn es eine Gegenwelt gibt, dann ersteht sie, erstrahlt sie in diesen heiligen Verrichtungen. Hier wird der Glaube der Kirche gefeiert in überkommenen Handreichungen von weither. Die Liturgie und ihr zentrales Element, das Opfer, das auch die Erinnerung an das Pascha-Mysterium ist und die Selbstmitteilung Gottes.

Es kann kein Zweifel daran bestehen, dass das Zweite Vatikanische Konzil die Kirchen in Deutschland bis zu einem gewissen Grade entzaubert hat und die Gottesdienste formlos werden ließ. Ein Bildersturm fegte durch die Gotteshäuser, die Hochaltäre wurden zerlegt, buchstäblich zersägt. Ein Kollege erzählte mir, wie der Hochaltar seiner kleinen Gemeinde auf den Dorfanger verfrachtet wurde. »Partizipation« hieß das neue Zauberwort, der Altartisch wanderte in die Mitte, der Tabernakel mit dem Allerheiligsten an die Seite, und in die Gotteshäuser hielt eine grauenhafte Avantgarde Einzug, die von steriler und schnell gestriger Modernität war. In seiner so stimmigen Polemik zur *Häresie der Formlosigkeit* zitiert Martin Mosebach einen Funktionär der Katholischen Akademie Mainz, der sagte: »Wer einen Kreuzweg auf Anhieb schön findet, ist nicht auf Golgotha, sondern in einem Schrebergarten gelandet.« Die Lösung für ihn? Eine abstrakte Installation aus rostigen Coladosen!

Seither gibt man sich Mühe, das Leiden Christi in einen ästhetischen Brutalismus umzusetzen, der die geistloseste und eigentlich spießbürgerlichste Variante des Mitleidens ist. Des Weiteren haben Bastelarbeiten die entrümpelten Kirchenhäuser erobert. Alles, was Kindern in ihren Krabbelgruppen zu den Evangelien oder zur Passion einfällt, wird da aufgehängt. Sympathisch, innig, ohne Zweifel, aber bisweilen auch so nervtötend, wie Kinder nun mal sein können.

Unsere Kirche in Hamburg ist schmucklos. Erbaut 1926, in der Nazizeit unter verschärfte Beobachtung gestellt, ein Pfarrer wurde inhaftiert. Sie war wohl nie prachtvoll, Hamburg ist katholische Diaspora. In den 60ern wanderte das hohe Altarbild mit der Kreuzigungsszene erst in den Fundus, dann an eine Seitenwand. Das Taufbecken wurde 1973 vom neu bestallten Pfarrer als Vogeltränke im Garten aufgestellt. Es gibt ein neues im Altarraum, das dem schweren dreiflügeligen Bronzerelief mit Bibelszenen, Passion und Auferstehung angepasst ist. Unser Pfarrer strahlt einen schönen Ernst aus, eine nüchterne Würde, die zur kargen, ja fast protestantischen Strenge des Gotteshauses passt.

Die Gemeinde hat knapp 6000 Mitglieder, ein Drittel davon sind Ausländer aus insgesamt neunzig Ländern. Sonntagmittags versammelt sich die englischsprachige Vielvölkerfamilie, am frühen Abend gibt es einen Gottesdienst auf Spanisch, und

spürbar weisen die Messen Temperaturunterschiede auf. Doch immer ist es eine Gegenwelt, die man mit anderen gemeinsam betritt. Was mag eine zunehmend kirchenfeindliche oder religiös interesselose Umgebung denken, wie mag es wirken, wenn da sonntags Dutzende von Männern und Frauen an der albanischen Bettlerin auf den Kirchenstufen vorbei hinter der schweren Eichentür verschwinden? Eine Verschwörung, eine Agitationsstunde für Sonderlinge, für schwer einzugliedernde Idioten?

Die Letzten eilen in einen hohen, meist kühlen, meist nur spärlich erleuchteten Raum, in dem bereits über hundert andere Menschen schweigend sitzen oder knien und nach vorn schauen, auf den Altar, auf das Kreuz, das ewige Licht in seiner roten Glasschale! Merkwürdige Empfindungen, merkwürdige Verrichtungen. Das Eintauchen der Fingerspitzen in das Weihwasserbecken. Das Kreuzzeichen. Das Niederknien. Die Stille, die vor allem.

Die Stille ist an manchen Tagen so überwältigend und kaum erträglich in diesen Minuten vor Messebeginn, an manchen anderen Tagen eine unendliche Erholung. In diese Stille muss ich hinein, damit etwas auftauchen kann, das den Rest der Woche runtergehämmert, abgeflacht, verdrängt und unter Terminen und Geschäftigkeiten begraben wurde.

Wie sehr Stille ängstigen kann, habe ich auf einem Vipassana-Meditations-Retreat in der Schweiz erlebt. Dort gab es 14 Tage lang nichts als Sitzen und Gehen und Essen und Schlafen. Und Schweigen. Und Atmen. Sich auf den Atem konzentrieren. Alle Sensationen des Körpers, alle Reizungen der Sinne einfach geschehen lassen und beobachten, und schweigen. Die Stille wächst.

In der Stille steigen Erinnerungen herauf und Pläne. In der Stille wuchern Vorstellungen und Gedanken und Empfindungen. Kopftheater, ständige Bewegung, der Geist will nach vorne oder zurück, er will nie hier sein, und ist es auch noch so schön wie damals mit Bergen, Sonne, Alm. Das Jetzt hält der Geist offenbar für ein Gefängnis, da will er raus. Der Geist ist wie ein junger Welpe, der immer wieder ausbüchst. Man muss ihn behutsam am Nacken packen und zurücksetzen. Trainieren. Bis er bleibt.

Das Meditieren ist eine hilfreiche Praxis. Aber es ist eben nichts als das, eine Praxis, eine Technik. Die meditative Andachtsstille in der Kirche ist von anderer Art. Sie ist erfüllt. In ihr öffnen sich das Herz und das Ich, das tyrannische, aufgeblähte, ständig organisierende und arrangierende und befehlende Ich wird klein. Es macht Platz für denjenigen, den wir uns ganz oben vorstellen. Wenn es klappt.

Oft klappt es nicht. Oft bin ich taubes Holz. Ist es ein Trost, dass es auch Mutter Teresa so ergangen ist, die in ihr Tagebuch schrieb: »Tief in meinem Innersten ist nur Leere und Dunkelheit. Ich habe keinen Glauben.«? Und dennoch seliggesprochen worden ist! Nein, ein Trost ist es bestimmt nicht, eher ein Erschrecken und gleichzeitig die Bewunderung für die schonungslose Offenheit, für diesen Mut zur Selbstbegegnung dieser kleinen, helfenden Titanin der Nächstenliebe.

Wie oft sitze ich da, knie nieder und fechte in Gedanken noch einmal einen Streit aus, den ich diesmal gewinne, ärgere mich noch einmal über eine Demütigung, zahle heim, feile an einer Formulierung aus einem Text, an dem ich sitze. Doch dann werde ich zurückgeholt, durch ein Lied, durch ein Amen, durch eine bestimmte Fürbitte.

Was für eine erhabene und wohlkomponierte Aufführung die Messe ist, selbst in einer schmucklosen Kirche wie der unseren. Natürlich ist der Spektakelwert in Rom ein anderer, und natürlich bin ich als ehemaliger Theaterkritiker nicht unempfänglich dafür, wenn im Petersdom zur Synode die Bischöfe aus allen Teilen der Welt in ihren Mitren und Brokatgewändern durchs Mittelschiff schreiten, an marmorerstarrten Kardinälen und Päpsten und Heiligen vorbei, hinter ihnen die Ministranten und schließ-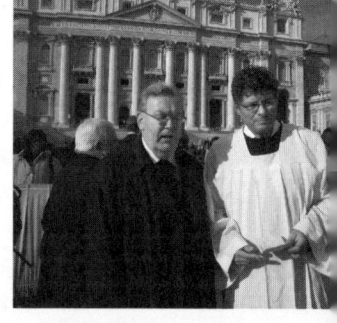lich der Papst mit dem Hirtenstab, alt, freundlich, zerbrechlich, das Schauspiel von 2000 Jahren Geschichte unter dieser gewaltigen Kuppelkulisse, mit Chören die von oben und aus allen Richtungen zu kommen scheinen, hin zum Baldachin-Altar: Das ist die große Oper Gottes, das Festspiel des Heiligen Geistes, der im goldenen Strahlenkranz als Taube über dem Altar erscheint.

Aber das ist auch Rom. Während meine Gemeinde in der Hamburger Diaspora liegt. Doch die Liturgie ist die gleiche. Sie beginnt mit dem Schuldbekenntnis und dem »Kyrie«. Die erste Lesung meist aus dem Alten Testament, eine Einstimmung aus der Wurzel, Prophetentexte, Warnungen und Mahnungen, Wüstensprache, in der von Kriegen erzählt wird und wundersamen Errettungen und Königen und unmittelbaren Eingriffen Gottes und den Hoffnungen für das Volk Israel. Die zweite Lesung meistens ein Brief, meistens von Paulus, diesem glühenden Agitator und Organisator, der seine Gemeinden bereist und sie zusammenhält, völlig durchdrungen von dem Gefühl, dass die letzten Tage angebrochen sind. War Paulus Epileptiker, war er ein halb Wahnsinniger? Er ist in seinen Briefen pädagogisch und belehrend und liebevoll, manchmal zornig, manchmal niedergeschlagen, was für ein Ausnahmemensch, was für eine Gründerfigur! Und schließlich das Evangelium, dieser unendlich tiefe und farbige Episodenroman aus dem Leben Jesu, mit seinen Gleichnissen, die oft paradox sind und verblüffend und verklausuliert. Der Mann ist ja ein Ärgernis für alle, für die Pharisäer, für die Priester, für seine Jünger immer wieder, er ist barsch zu seiner Mutter (»Weib, was habe ich mit dir zu schaffen«), er ist eigensinnig schon als Junge, der in den Tempel ausbüchst (»Ja wusstet ihr nicht, das ich in dem sein muss, was meines Vaters ist?«) – ein Familientyp ist er nicht.

Ich sehe den Jesus aus dem Matthäus-Film von Pasolini vor mir, der durch Galiläa wandert, gefolgt von seinen Jüngern, einen Schritt hinter ihm und mehrere Schritte dümmer und so begriffsstutzig wie ich selber, wie alle, die ihn begreifen wollen. Was für eine geniale Plot-Konstruktion gerade darin liegt, dass unsere Begriffsstutzigkeit durch die Jünger repräsentiert wird?!

Aber seine Botschaft ist auch wirklich bisweilen schwer zu enträtseln. Wie soll diese Geschichte vom untreuen Verwalter verstanden werden, den Jesus auch noch lobt? Ein bizarr unmoralischer Gangster-Film ist das. Da ist der Verwalter, der den Besitz seines Herrn verschleudert hat und seiner Kündigung entgegensieht. Er macht noch einmal die Runde bei den Schuldnern und erlässt ihnen beträchtliche Teile, damit er später, stellungslos und vielleicht mittellos, auf ihre Hilfe rechnen kann. Ein klarer Fall von Untreue und Wirtschaftsbetrug, und hier geht es nicht um 1,30 Euro Pfandgeld. Und der Herr? Lobt ihn wegen seiner »Klugheit«, die man doch mit Fug und Recht als »Gerissenheit« bezeichnen kann. Denn, so sagt er, »die Kinder dieser Welt sind untereinander klüger als die Kinder des Lichts«. Er präzisiert das noch: »Und ich sage euch: Macht euch Freunde mit dem ungerechten Mammon, damit, wenn er zu Ende geht, sie euch aufnehmen in die ewigen Hütten.«

Da geht mir zunächst nicht nur die theologische Dimension völlig ab, sondern auch die Logik. Es gibt doch keinen Grund, warum der strenge Herr nun plötzlich die Ganovenehre hochleben lässt, zumal sie sich eindeutig gegen seine Interessen richtet. Ein Blick in Internet-Foren zeigt mir, dass es auch anderen so geht. Aber auch, dass es einen Deutungsbandwurm gibt, ein Anrennen gegen dieses Rätsel, eine Diskussion, die sich in lauter Versuchen erschöpft. Wie wunderbar, dass solche Geheimnisprovokationen noch möglich sind. Doch eines bleibt, und das ist eine Stimmung: Ich glaube, in dem Evangelium ein Lächeln zu spüren. Jesus weiß, wie der Hase läuft unter den Menschen. Und da gibt es eben auch die Cleveren, darunter diesen Verwalter, der für seine Zukunft zu sorgen versucht. Er sagt, wenn ihr nach deren Regeln spielen wollt, nur zu, aber eines muss euch klar sein: »Kein Haussklave kann zwei Herren dienen. Ihr könnt nicht Gott dienen und dem Mammon.«

Ich glaube, an jenem Sonntag mit dem Gleichnis vom untreuen Verwalter hat sich auch unser Pfarrer um eine Deutung gedrückt und sich auf einen Paulus-Brief gestützt. An einem anderen jedoch legte er das Evangelium aus wie unter Hochspannung. Da ging es um die Geschichte von Zachäus, dem Zöllner, der so kleinwüchsig war, dass er Jesus nicht sehen konnte aus der Menge heraus, also stieg er auf einen Baum. Als Jesus ihn dort sah, rief er ihm zu, dass er gedenke, in seinem Haus zu übernachten. Die anderen, die Stützen der rechtschaffenen Öffentlichkeit, empörten sich darüber, denn unser Zachäus hatte eindeutig ein Image-Problem: Er war Zöllner. Und Zöllner hatten einen schlechten Ruf. Sie rangierten zwischen Gaunern und Zuhältern. Und bei so einem wollte Jesus absteigen? Ausgerechnet bei ihm wollte er essen, sich betten, wo doch die Pharisäer und sonstigen Honoratioren sich bereits einen Besuch bei ihnen ausgemalt hatten? Allmählich, möchte man meinen, ist das kein Zufall mehr, sondern eine Verhaltensauffälligkeit. Jesus fühlt sich offenbar wohl in der Gesellschaft von zweifelhaften Figuren.

Dem Evangelium folgt die Predigt. Jede Predigt ist ein Bruch in der Liturgie. Der Priester tritt aus dem sakralen in den profanen Raum, aus der liturgischen in die Tages-Wirklichkeit. Er schließt sich mit uns kurz. Er deutet, er berichtet womöglich aus seiner Lebenswelt, er greift in unsere, er vergleicht.

An jenem Sonntag begann unser Pfarrer seine Predigt über die Ränder der Gesellschaft, über die Zachäus-Typen, mit einer Bildbeschreibung. Die Kunst ist ein guter Korridor für die Passagen aus der spirituellen in die triviale Welt (und zurück!). Für den Speisesaal der Villa San Pastore, so unser Pfarrer, hatte der Malerpriester Sieger Köder ein Abendmahlsbild gefertigt, das mit einer überraschenden Besetzung daherkommt. Statt der Apostel sind dort eine alte Frau, ein KZ-Insasse mit gestreifter Kleidung, ein skeptischer Intellektueller, eine Prostituierte, ein Farbiger, ein Freiheitskämpfer, eine Versammlung der Ausgestoßenen, Leidenden, Verachteten.

Allerdings sind es nicht nur die Opfer und Getretenen, die Jesus um sich schart. Jeder ist von ihm gemeint. »Jeder ist es wert, gesucht und gefunden zu werden«, ganz besonders diejenigen, denen die Gesellschaft das nicht zubilligen möchte. Also auch diejenigen, die abgedreht, seelisch kaputt, fies, brutal sind. Und unser Pfarrer zitiert Solschenizyn, der sagt, dass jeder »Mensch einen Brückenkopf des Guten« in sich trägt. Und setzt dann die Reihe fort: »Alkoholkranke, Missbrauchstäter, Nazis, Islamisten,

Bankmanager oder der merkwürdige Nachbar.« Moment, noch
mal zurückspulen, wie war das: Nazis, Islamisten, Bankmanager?
Eine ziemlich extravagante Gegenüberstellung, eine ausgefal-
lene Reihe an Verdächtigen, die wir im Geiste da abschreiten,
würde ich sagen. Meint der Pfarrer das wirklich ernst, hat er
keinen Respekt? Hat er. Doch er zählt die für uns Unbequems-
ten auf, diejenigen, vor denen wir, die angeblich Frommen, die
Selbstgerechten, die Meinungslemminge und Kampagnenläufer
und Zeitgeistler, keinen Respekt haben. Genau die meint Jesus,
wenn er sie sucht und zu sich ruft. Jesus ist nicht nur der Mann der
Außenseiter, sondern auch all derer, die aus dem selbstgerechten
Meinungskonsens ausgestoßen sind. Und er sammelt sie, um mit
ihnen zu reden, um sie anzusprechen, um ihr Herz zu gewinnen
und ihre Seelen zu retten.

Die Predigt also. Sie ist Glückssache. Bisweilen gerate ich
in Predigten, die eine beleidigende Unterforderung sind. Und
dann heißt es, den eigenen Hochmut zu erkennen und den
Menschen zu sehen, der da predigt und sich Mühe gibt, das
Netz auszuwerfen. Aber bisweilen gibt es auch Routiniers, die
sich so ganz empörend überhaupt keine Mühe mehr geben.

DIESES JAHR WOLLTE DIE
GEMEINDE, DASS JEMAND UN-
VERDÄCHTIGES DIE OSTERMESSE
LIEST.

Nach der Predigt zurück an die Fundamente, in die Vergewisserung, ins Glaubensbekenntnis, in dem jeder Einzelne all diese haarsträubenden und gleichzeitig wundervoll Hoffnung spendenden Dinge beteuert. Nichts davon hält dem Licht der Aufklärung und der Wissenschaft stand. Ja, recht eigentlich kommt man aus dem Kopfschütteln nicht heraus. Doch wir beten: »Ich glaube an Gott, den Vater, den Allmächtigen, den Schöpfer des Himmels und der Erde. Und an Jesus Christus, seinen eingeborenen Sohn, unsern Herrn, empfangen durch den Heiligen Geist, geboren von der Jungfrau Maria, gelitten unter Pontius Pilatus, gekreuzigt, gestorben und begraben, hinabgestiegen in das Reich des Todes, am dritten Tage auferstanden von den Toten, aufgefahren in den Himmel.«

Das ist der Dreh- und Angelpunkt. Das war er schon für den Apostel Paulus. Jesus ist vom Tod erstanden. »Ist Christus nicht von den Toten auferweckt, so ist euer Glaube vergeblich«, schreibt er im 1. Korintherbrief 15,17. Auferstehung ist hier nicht metaphorisch gemeint. Jesus ist leibhaftig auferstanden, nicht im Grab verwest. Erst so hat die Idee der Auferstehung beflügelnde Kraft. Jeder von uns kann auferstehen, kann sein Leben neu beginnen. Die Auferstehungshoffnung lebt in jeder Messe, in der sie gefeiert wird, neu auf und krempelt uns um. Weiterhin glauben wir an den Heiligen Geist, an die heilige katholische Kirche, und dann noch mal: an die Auferstehung der Toten und das ewige Leben.

Habe ich Zweifel manchmal? Aber wie! Es ist absurd, und da hilft tatsächlich nur der Sprung in den Glauben, und der speist sich aus einer unbürgerlichen Lebenshaltung, das wusste schon der protestantische Religionsrebell und Romantiker Kierkegaard, der den abgesicherten, bequemen Amtsglauben seines Bischofs Martensen in Grund und Boden polemisierte. Könnte man Kierkegaard vielleicht nachträglich zum Katholiken ehrenhalber machen? Er verachtete den Pomp, aber er liebte das Theater.

Es ist ein ständiges Anrennen gegen den Zweifel an diesem Auferstehungswunder, dieser Glaube. André Gide bekannte

Paul Claudel, er könne einfach nicht glauben. Claudel antwortete ihm: Geh in die Kirche sonntags, knie dich hin, der Rest kommt von alleine.

Auf das Glaubensbekenntnis folgt die Kollekte. Unsere Gemeinde ist engagiert in Ruanda. Also geben wir an ziemlich vielen Sonntagen etwas für eine Schule in Ruanda und besorgen Schulhefte und anderes Unterrichtsmaterial davon. An anderen Sonntagen geht das Geld in unser eigenes Dach, denn das ist undicht, und vom Pfarrhaus rutschen Ziegel auf den Vorplatz.

Und dann knien wir, vor Gott und vor dem Mysterium, dem wir beiwohnen, denn nun führen uns die Gebetsformeln des Priesters zum heiligsten Teil der Messe, zur Wandlung. Zur Evokation des letzten Abendmahls. Der Priester erinnert an die im wahrsten Wortsinn erschütternde Handlung an diesem letzten Abend von Jesus im Kreis seiner Jünger, vollzieht sie gleichzeitig und spricht in der Konsekration diese uralten Worte »Nehmet hin und esset alle davon«, Worte, die aufgeladen sind vom Geheimnis der Transsubstantiation, »dies ist mein Leib, der für euch hingegeben wurde ...«

Was ist das für eine völlig außerordentliche Sprache? Wie will man solche Ungeheuerlichkeit anpassen und überführen? Auf jeden Fall ist es nicht die Sprache, die man in der Tagesschau oder in der Kantine hört, und auch deshalb kann ich hier und jetzt meinen Kopf senken. Es ist die archaische Sprache des Opfers.

Früher hieß es »hoc est enim corpus meum«. Auf das »enim« kam es an, es war umkämpft auf Konzilien und in Glaubenskriegen. Ist es der Leib, oder symbolisiert die Hostie nur diesen Leib? Doch auch heute noch wird diskutiert über die Wandlungsformel, die über dem Kelch gesprochen wird. »Das Blut, das für euch und die vielen vergossen wurde.« Muss es nicht heißen »für alle«? Die Deutsche Bischofskonferenz liegt darüber im Clinch mit dem Vatikan, dahinter liegen Weltbilder und philosophische Traditionsketten, die weit zurückreichen.

In dieser Sprache schlurft man nicht. Doch dann gibt es Lieder wie dieses, wo geschlurft wird, und meine Hochspannung ist im Eimer. Gotteslob 165. »Sag ja zu mir, wenn alles nein sagt, weil ich so vieles falsch gemacht.« Na ja, vielleicht ist es doch okay, so hat man 1971 eben getextet. Aber Herr Neander hat es 1680 ergreifender gemacht, als ihm »Lobet den Herren« einfiel.

Das »Vater unser«, das folgt, ist in seinem so oft gesprochenen, ja schon formelhaften Sog das einfachste Gebet überhaupt, weltumspannend und innig, und es wird gemeinschaftlich gebetet. Und da wir nicht wissen, wie wir »in rechter Weise beten sollen« (Römer 8,26), beten wir in Worten, die der Herr selber uns gelehrt hat.

»Vater unser«. Das Gebet beginnt also mit dem Wort »Vater«. Wie groß und wahnsinnig, dass wir Gott unsern Vater nennen. Ist es möglicherweise völlig verfehlt, dass wir Gott männliche Züge geben, könnte er nicht auch weiblich sein oder geschlechtslos? Der Papst versucht sich in seinem Jesus-Buch an einer Erklärung dafür, warum sich diese männliche Vorstellung eines Schöpfergottes durchgesetzt hat, ja durchsetzen musste in einer Religionslandschaft, die von Muttergottheiten und pantheistischen Weltbildern bestimmt war. Davon hatte sich das männliche, monotheistische Schöpferprinzip abzuheben.

Weiter. »Geheiligt werde dein Name.« Gott ist also anrufbar geworden für uns, durch seinen Namen.

»Dein Reich komme.« Damit ist nicht die Hoffnung auf die klassenlose Gesellschaft gemeint, für die auch ich in meinen Jugendtagen eingetreten bin, noch die auf irgendeine andere menschengemachte Utopie, sondern die Hoffnung auf eine Welt, in der wir Gottes Stimme hören.

»Dein Wille geschehe, wie im Himmel so auf Erden« – wir erkennen an, dass letztlich er derjenige ist, der bestimmt, wo es langgeht, und der etwas mit uns vorhat.

»Unser tägliches Brot gib uns heute« – ist das nicht die erhabenste Vereinfachung unseres Lebens auf die Grundbedürfnisse, auf Schlichtheit und Lebenserhaltung, jenseits allen Konsums?

»Und vergib uns unsere Schuld, wie auch wir vergeben unseren Schuldigern.« Wir machen uns schuldig, wenn wir sündigen, Gott gegenüber und oft gegeneinander, und wir brauchen die Vergebung und wir müssen sie gewähren, denn in Hass und Rache und Vergeltung können wir nicht leben, das weiß jeder Therapeut.

»Und führe uns nicht in Versuchung.« Ja, gib dem Bösen keinen Raum, verschone uns von der Versuchung durch die Hybris, die Macht, die Sinne, die Sinnlichkeit, die Räusche, es wäre verdammt schön, Gott, wenn die Versuchungen, die dann doch meistens in Desaster führen, einem erspart blieben. Ein Freund und Theologe schrieb mir, dass es im Aramäischen hieß »… führe uns in der Versuchung«, was darauf hindeuten würde, dass selbst Jesus ein von Versuchungen freies Leben nicht vorstellbar war.

»Sondern erlöse uns von dem Bösen.« Der Papst übersetzt das Böse mit den Mächten des Marktes, dem Drogenhandel, dem Waffenhandel, der Ideologie des Erfolges, der Verdinglichung zu Lustmaschinen – erlöse uns von all dem, weil es uns hindert, Menschen zu sein.

Es ist ein perfektes, ein alle Lebensbereiche umfassendes Gebet. Mehr braucht man nicht.

Dann der Friedensgruß, du reichst den Banknachbarn die Hand, lächelst, murmelst »Der Friede sei mit dir«, ja, man wünscht sich buchstäblich »PEACE«, eine Sekunde lang ist das hier Woodstock, Martin Mosebach würde sich krümmen bei dem Gedanken … und es ist ein anderes Lächeln als das auf Cocktailpartys, es ist das Lächeln, das man teilt, wenn man gemeinsam aus einem Gebet auftaucht. Es gibt keine Klassen im Gotteshaus, dein Banknachbar kann Schlosser oder Chirurg sein, alle schauen nach vorne, alle schauen nach oben, alle sind gleich vor Gott – das, was der Kommunismus mit Terror zu verwirklichen suchte, gewinnt hier utopisch Gestalt im Glaubensraum: die egalitäre Gesellschaft.

Nach dem Agnus Dei, »seht das Lamm Gottes, das hinwegnimmt die Sünde der Welt«, der Priester hebt die Hostie, hebt den Leib Christi hoch, und dann, kurz vor der Kommunion, wird das für mich wichtigste Gebet gesprochen, das ein einziger, großer Stoßseufzer ist, nämlich, »Herr, ich bin nicht würdig, dass Du eingehst unter mein Dach, aber sprich nur ein Wort, so wird meine Seele gesund«. Das Wort »würdig« gefällt mir besonders gut in diesem Zusammenhang, und dann das triumphale »aber«, denn Gott hat Nachsicht und Liebe, und er hat die Allmacht, mich gesunden zu lassen, und er kann es mit einem einzigen Wort. Und dann? »Wird meine Seele gesund.«

Ich glaube daran, dass das selbst für meine zerrissene, oft wundgescheuerte und unruhige Seele gilt, nur ein Wort, und dann heil, was für ein Versprechen, was für eine Hoffnung für einen verwehten, nervösen, oft schwermütigen Großstadtneurotiker wie mich. Das ist nicht wirksam im Sinne eine Instant-Therapie, doch manchmal hat es diese Magie.

Der Priester teilt die Kommunion an die Ministranten und Messehelfer aus, erst dann treten wir aus den Bänken und stellen uns im Mittelgang an, versuchen, uns zu sammeln im langsamen Hinschreiten an den Altar.

Früher wurde die Hostie auf die Zunge gelegt. Nichts sollte sie beschmutzen. In seinem neuen Buch spricht der Papst über die Mundkommunion und darüber, dass er seit neuestem zu ihr zurückkehrt. »Damit, dass ich die Kommunion jetzt kniend empfangen lasse und in den Mund gebe, wollte ich aber ein Zeichen der Ehrfurcht und ein Ausrufezeichen für die Realpräsenz setzen.« Aber auch, setzte er hinzu, um zu verhindern, dass sich Touristen die Hostie später in die Brieftasche stecken und als Souvenir mitnehmen.

Ich forme meine Hände zur Schale, der Priester legt die Hostie hinein, ich nehme sie auf und führe sie selber zum Mund. Zurück in der Bank knie ich und schließe meine Augen und bete, und oft bilde ich mir ein, dass mein Gebet inniger ist, abgeschirmter von allen Außeneinwirkungen, ich trage Jesus in mir.

Dann sitzen wir und lassen einen letzten Gesang erklingen, und der Pfarrer tritt noch einmal an die Kanzel und verliest

Stundenpläne für Messen und Musikgruppen und andere Aktivitäten, das ist der Moment, wo mir klarwird, dass ich tatsächlich Teil einer Gemeinde bin mit einem eigenen Leben. Dann wird der Segen erteilt, und wir gehen hinaus auf den Vorplatz.

Eine Stunde, anderthalb Stunden Gegenwelt. Wir haben unsere Sünden bekannt, die Passion vergegenwärtigt und die Auferstehung. Jeden Sonntag ein Ostergefühl. Wer das erlebt hat, sollte sich verwandelt fühlen.

Das klingt und liest sich so gar nicht cool, wo doch das Bemühen heutzutage darauf gerichtet ist, abgebrüht zu sein. Vielleicht ist die Sprache eine, die sich schämt, von so innerlichen Dingen zu reden. Sie müsste ein Gesang sein oder ein geflüstertes Gedicht oder ein beseeltes Schweigen.

Die Axt Gottes

Eine Erinnerung an Bischof Dybas Kampf
um den Glauben und die Unverletzlichkeit
des Lebens

*Dass wir unsere Religion nicht mehr so selbstverständlich atmen
wie noch vor einem halben Jahrhundert, hat die katholische Amts-
kirche nervös gemacht und in einen Modernisierungswettlauf
getrieben, der ihr nicht immer guttat. Der mittlerweile verstorbene
Bischof von Fulda, Johannes Dyba, hatte da nicht mitgemacht. Er
behauptete seinen Stand. Und genau daraus bezog er seine Medien-
wirkung. Es gab kaum eine Talkshow, die ihn nicht einlud, denn
er blieb sich treu.*

*Johannes Dyba, ein Kämpfer. Dass die Kirche immer mal wieder
unter Druck gerät, fand er nicht schlimm. »Da trennt sich die Spreu
vom Weizen«, sagte er. Notfalls müsse das Christentum zurück in
die Katakomben. Das dürfe aber kein Grund sein, auch nur ein Jota
von den Glaubensüberzeugungen abzurücken. »Die Menschen dort
abzuholen, wo sie sind«, wäre ihm nicht im Traum eingefallen. Die
Menschen sollten von alleine kommen, denn die frohe Botschaft und
die Liturgie und das, wofür die katholische Kirche steht, sollten
attraktiv genug sein. Der Mühe, den Fuß zu heben und über die
Schwelle zu treten, der sollte sich der Gläubige dann schon selber
unterziehen.*

*Ich hatte Dyba zwei Jahre vor seinem Tod im Jahr 2000 besucht.
Ich glaube, man merkt dem folgenden Text an, wie sehr er mich
beeindruckt hat und welche Qualitäten es sind, die ich an manchen
unserer Bischöfe heute vermisse.*

Zur Gründungslegende der Diözese Fulda gehört die Beseitigung eines Verständnisproblems. Der heilige Bonifatius war zu Beginn des achten Jahrhunderts in die hessischen Wälder gezogen, um den heidnischen Germanen die frohe Botschaft zu verkünden. Er hatte Vorgänger. Doch die, die sich da mittlerweile Christen nannten, kann man getrost als sittlich verwahrlost bezeichnen: Sie waren polygam, verkauften ihre Sklaven an Heiden für deren Götteropfer, ja nahmen selbst an ihnen teil.

Bonifatius, durchaus intolerant gegenüber solcher germanischer Spiritualität, hasste Missverständnisse. Um sie gar nicht erst aufkommen zu lassen, setzte er Zeichen. Er legte seine Axt an die allseits verehrte Donar-Eiche und fällte sie. Klarer kann man sich nicht ausdrücken.

Es sieht ganz so aus, als hätte Bonifatius gewonnen. Über seinem Grab erhebt sich rund 1250 Jahre später, barockprächtig und stadtbeherrschend, der Dom von Fulda. Dahinter sorgt das Priesterseminar für katholischen Missionsnachschub, und in dem spätbarocken Vikariat führt der Bonifatius-Nachfolger eine Diözese als Großunternehmen: Erzbischof Johannes Dyba.

Gewonnen? Gewonnen ist gar nichts, wenn es nach diesem Bischof geht. Wer Johannes Dyba reden hört, fühlt sich mit geradezu ansteckender Munterkeit in einen Kampf gezogen, der ihn bis dahin womöglich nichts anging. Wenn Fulda heute über die hessischen Wälder hinaus Bedeutung hat, dann liegt das auch an diesem Bischof, der Missverständnisse so sehr hasste wie sein Vorgänger.

Dyba ist klein, aber athletisch. Er geht aufrecht. Er lacht viel, doch seine Hand würde gut um den Schaft einer Axt passen. Die Lage, wie sie sich für ihn darstellt: Das Land ist nur oberflächlich christianisiert. Ein bisschen lauwarme Sozialstaatsfrömmigkeit, ansonsten Glaubensschwäche, Götzendienste, falsche Idole, Heidenfeuer, TV-Halligalli.

Er scheint nicht ganz unrecht zu haben. Religiosität im öffentlichen Raum ist oft nur noch eine Schmunzelnummer.

Etwa in den beleidigend unterfordernden Jesulein-Schnulzen im »Wort zum Sonntag«, wo Pastorinnen mit unaussprechbaren Doppelnamen dazu auffordern, einmal einen türkischen Mitbürger so richtig doll in den Arm zu nehmen, und mit derartigen Gefühlsplattitüden den anschließenden Krimi regelmäßig aufs Unmenschlichste verzögern.

Oder Pastor Fliege, der Gott den »Gangster da oben« nennt, weil der sich mal wieder nicht um die Soziopathen-Klientel gekümmert hat, die sich im Fliege-Studio an der Gurgel liegt. »Gangster da oben«? Das wäre zumindest ein Verstoß gegen das zweite Gebot: »Du sollst den Namen deines Herrn nicht missbrauchen.« Als die evangelische Kirchenleitung den Moderator sanft rüffelt, protestiert er zeitgerecht und nennt diese Erinnerung an Glaubensgrundsätze: »Fundamentalistisch.«

Die Kirchen? Jenseits der schlagzeilenträchtigen »Kirche-von-unten«-Festivals auf den Kirchentagen: leer. Sie sind heute nicht durch zu viel Widerstand bedroht, sondern durch zu geringen. Sie sind der Spaßgesellschaft gleichgültig, wenn sie ihr nicht gerade mal wieder mit päpstlichen Statements gegen die Abtreibung die Laune verderben. Dann allerdings fühlt sie sich gewaltig gestört.

An ihrem Bedeutungsverlust sind die Kirchen nicht schuldlos. Wenn christliche Religion heute von führenden evangelischen Theologen zur »Software Moral« hinunterdefiniert wird, userfriendly, ohne Opfer und für jeden Pipifreak vor dem Computer leicht zu haben – dann ist sie tatsächlich kaum mehr als fromme Fahrstuhlmusik, jederzeit auswechselbar.

Da legt sich jemand wie Dyba gerne quer. Da macht er sich klotzig, macht sich schwer verdaulich. Und dann lässt er sich auch auf eine Talkshow-Einladung ein, etwa nach Berlin, hinein ins Heidenland, wie immer mit dem Vorsatz, eine Eiche zu fällen. Mindestens.

Mittlerweile wird das Eichenfällen geradezu von ihm erwartet. Dyba, die Axt Gottes. Sabine Christiansen hatte zum Thema »Moral und Politik« geladen. Von Zeit zu Zeit gönnt sich der bunte Quotenrummel solche Kater-Schübe ins Grundsätzliche ganz gerne. Und Dyba, Erzbischof, erzkonservativ, erzschwarz, auf alle Fälle Erz, liefert der TV-Erregungskultur mit schöner Regelmäßigkeit rhetorische Schlüsselreize.

Bisweilen ist die Aufregung, die er auslöst, von abgrundtiefer Dämlichkeit. In einer früheren Sendung hatte er die richtige Feststellung getroffen, dass vor zwanzig Jahren jeder für geisteskrank erklärt worden wäre, der für die Gleichstellung von Schwulenehen plädiert hätte. Diesen Vorschlag hatte die neue SPD-Familienministerin kurz zuvor zu ihrer Priorität erklärt. Anderntags war ein Orkan der Empörung durch den Blätterwald gefegt. Von Westerwelle bis Vollmer zeigten sich alle schwer betroffen: über den rückständigen Dyba. Des Bischofs Nachsatz, dass nämlich »heute sich die Situation wohl geändert habe«, wurde völlig unterschlagen.

Aber natürlich ist Dyba gegen die Schwulenheirat, ganz einfach, weil das Sakrament der Ehe nun mal zwischen Mann und Frau gespendet wird. Das ist, sozusagen, katholische Hausordnung. Die wird im Übrigen nicht nur durch die Bibel, sondern auch durch das Grundgesetz favorisiert, das »besonderen Schutz und Förderung der Familie« will. Dass Dyba, nebenbei, die Familienpolitik auch der Kohl-Regierung für ein Desaster hält, verschweigt er nicht. »Früher hatte eine Familie vier Kinder, heute hat ein Kind vier Väter – eine Katastrophe.«

Kritisiert wird Dyba meist von Kirchenfernen nach dem Motto: Erstens hat es Jesus nie gegeben, und zweitens hat er das so nicht gewollt. Doch während andere Kirchenleute in diesen Fragen lieber nuscheln, um den kirchenfernen Mainstream nicht zu verschrecken, pflegt der Bischof nun mal zu seinem Verein zu stehen, laut, manchmal eitel und bisweilen durchaus begabt zur Gemeinheit.

Nun also Moral in Christiansens Talkrunde. Doch noch ehe Dyba diesmal loslegen konnte, hatte SPD-Däubler-Gmelin dem CSU-Waigel »Heuchelei« vorgeworfen, und in der anschließenden Balgerei war Dyba komplett abgemeldet. Tagelang ärgerte er sich darüber. Erwog nachträgliche Navigationsmanöver, Polemiken. »Ich hätte natürlich sagen können: dass der Waigel ein Heuchler ist, das wissen wir doch«, reminisziert der Bischof sarkastisch, »und dann hätten wir endlich zur Sache reden können.« Seine Sache: der Glaube. Eine Gesellschaft ohne Glauben ist eine Gesellschaft ohne Moral. Punkt. Eine wunderbare Gelegenheit, das in die Wohnstuben zu hämmern. Eine Gelegenheit, die ungenutzt verstrich. Und das wurmt ihn.

Allerdings: Wenn Däubler-Gmelin und Waigel sich beharken, ist das wohl geistesabgewandter als jeder germanische Feuerzauber – selbst der wortgewaltige Bonifatius, Apostel der Deutschen, hätte hier wohl versagt.

Zwei Tage später, im Konferenzsaal der barocken Bischofsresidenz, räumt er sich die Angelegenheit mit lässigem Spott von der Seele. Um sich zusätzlich aufzumöbeln, zieht er eine Flasche »Aha«-Rum aus einer Fensternische und würzt seinen Tee, hemdsärmelig und völlig unbeeindruckt von den Heiligen an den Purpurwänden, die ringsherum auf nachgedunkelten Ölgemälden in stiller Verzückung und heiliger Agonie Beispiele gottesfürchtigen Lebens und Sterbens geben.

An der Längsseite, dem Thronsessel gegenüber, eine weiße Marmorbüste Pius' X. Die stammt von seinem Vorgänger. Seine Wahl des Jahrhundert-Papstes? Pius XII. Oder vielleicht doch Johannes Paul II., der »nur in Deutschland verkannt wird«. Dyba, schon in jungen Jahren an den Vatikan berufen, hat unter vielen gedient, und »allen war ich nah«.

Prunk und Andacht ist in diesem Raum, in dem sich über hundert Jahre lang die Deutsche Bischofskonferenz versammelte, Kunstsinn und Dogma, Raffinesse und Demut, diese spezifisch katholische Aura eben, und Dyba verkörpert all das so souverän, dass er es sich leisten kann, leicht daneben zu stehen. Seine Signatur ist die Hemdsärmeligkeit, unverkennbar berlinisch.

Er stammt aus dem Norden Berlins und hat »schon mit fünf begriffen, dass die Nazis Verbrecher sind«. Sein Vater, ein glühender Katholik, flog aus dem Schuldienst. Johannes Dyba wurde mit Bibel und Heiligenlegenden groß, war selbstverständlich Ministrant. Nach dem Kriege kam er als »young political hopeful« in die Staaten, studierte an der Duke University und verbrachte dort das »wahrscheinlich sorgloseste Jahr meines Lebens«.

Dyba, ein Shooting Star und Aktivist. Er war unter den Mitbegründern des RCDS und legte 1954 in Heidelberg seine Promotion ab – »Der Einfluß des Krieges auf völkerrechtliche Verträge«. Ein Jahr später entschied er sich, Priester zu werden. »Zunächst war es eine intellektuelle Entscheidung.« Er war einer jener brillanten jungen Intellektuellen, die der Vatikan an sich zieht – er trat dem diplomatischen Dienst der Kurie bei, übernahm die Nuntiaturen in Argentinien, Zaire, Kairo.

In den 70er Jahren wurde er in die päpstliche Kommission »Justitia et Pax« berufen, bevor er wieder nach außen geschickt wurde – als Pronuntius von Liberia und Gambia, und als Apostolischer Delegat in Guinea und Sierra Leone. 1983 trat er sein Bischofsamt in Fulda an.

Ganz sicher sind es die Auslandsaufenthalte, die ihn geprägt haben. Hier fand er eine Kirche der Armen vor, deren soziales Engagement jeden europäischen Wohlstands-Linken blass aussehen lässt, und zugleich eine Kirche der Bekenntnisse und Gottesbegeisterung, die der deutschen Religionsbürokratie wesensfremd ist. »Als ich wieder zurückkam in unsere Kirche, war es, wie wenn man eine Tante wiedertrifft und sich denkt: Mein Gott, bist du gealtert.«

Er spricht darüber während des Mittagessens, das von einer Schwester mit der Unnachgiebigkeit serviert wird, die man sich für Sorgenkinder reserviert. Womöglich ist auch sie alarmiert durch seinen letzten Satz. »Das Schicksal des Gremien-Katholizismus ist mir völlig egal«, sagt er da, »mir geht es um die Glaubenssubstanz.« Die Kirchenaustritte bei uns beunruhigen ihn wenig. »Es gibt sowieso viel zu viel Ungläubige innerhalb der Kirche.« Und der Verlust von Kirchensteuern? »Darum machen sich all diese aufgeregten Wichtigtuer im Zentralkomitee der Katholiken viel mehr Gedanken als ich.«

Merkwürdige Macht-Unbekümmertheit von einem Mann, dessen Kritiker ihm zentralistischen Machthunger vorwerfen. Tatsächlich: In Dyba verkörpert sich eine Wendung im Katholizismus, die sich um zeitgeistgerechte Beliebtheitswettbewerbe und tadelnde *Zeit*-Leitartikel nicht mehr schert. Dieser Katholizismus will mehr sein als nur eine romkritische Feelgood-Seance. Kirchenkritiker Drewermann? »Ein wabernder Hirtenpullover, den keiner mehr hören kann.« Papstkritiker Küng? »Ein vergeudetes Riesen-Talent.« Und dann erzählt er seinen Lieblings-Küng-Witz. »Küng sollte ja eigentlich zum Papst gewählt werden, aber er hat abgelehnt – weil er dann nicht mehr unfehlbar wäre.« Gehorsam dem Papst gegenüber hält Dyba durchaus für eine wesentliche katholische Tugend.

Wo Kirchenkritik auch innerhalb der Kirche längst mehrheitsfähig ist, predigt Dyba den »Mut gegen die Mehrheit«. Und unversehens entpuppen sich diejenigen, die mit Tingeltangel und Laienpriestertum und Abendmahl für jedermann die Schwellen tiefer legen wollen, als die eigentlich Machthungrigen – nämlich als diejenigen in der Kirche, die jeden Marketingtrick anwenden, weil sie um ihren Einfluss fürchten. Dybas Kirche dagegen ist keine, in die jeder ohne inneren Aufwand hineinlatschen kann. Amüsiert erzählt er von einem Volksoffizier aus Magdeburg, der sich kurz nach dem Mauerfall bei einem Priester beschwerte: »Bloß weil wir Atheisten sind, sind wir doch nicht die schlechteren Christen.« Aber nein!, würde jeder Integrationist beschwichtigen. »Klar seid ihr die schlechteren Christen«, ruft dagegen Dyba. »Aber ihr habt Chancen, das zu ändern.«

Dyba steht für die Randschärfe, für Beibehaltung von Dogmen und Riten, für Religion als Sprung ins Mysterium, der durchaus unbequem sein darf, aber für ihn immer mit dem Versprechen gottesnahen Halts und innerer Heiterkeit verbunden ist. Die Kirche müsste moderner sein? »Nee, die Kirche muss noch viel altmodischer werden.«

Darin steht er längst nicht mehr allein. In einem geistvollen Interview mit Michael Naumann sprach dieser über die »Sehnsucht nach dem Numinosen«, die die Kirchen zu stillen hätten. Sie seien mehr als nur »soziale Dienstleisterinnen«, sie bereiteten »auf das Eschaton« vor, auf das Reich Gottes, das ewige Leben. Der Papst, so Naumann, sei doch deshalb auch bei Protestanten beliebt, weil er in Glaubensdingen feste Positionen einnehme.

Auch Dyba weiß: Riten ohne Glaube sind leer – aber ein Glaube ohne Riten wird gestaltlos. Sonntagsmesse, Prozessionen, Marienverehrung, die Rätsel von Jungfrauengeburt und Dreifaltigkeit, geflüsterte Taufformeln, Buße, ego te absolvo – das alles gehört genauso zum katholischen Glauben wie die Versenkung im Gebet.

Das Sakrament der Beichte zum Beispiel. Wer geht da noch hin? Der Begriff »Sünde« ist unpopulär geworden in einer Gesellschaft, die jeden Fehltritt zur Auslegungssache macht und mit sozialen oder psychologischen Ursachen wegerklärt.

Doch nur die Beichte nimmt den Menschen in seiner Freiheit ernst, als einen, der gesündigt hat und bereut. Statt als »seelisch Kastrierter« in oft jahrelangen Therapien zu versuchen, mit »Schuldgefühlen« fertig zu werden, gibt es, so Dyba, einen radikaleren und schnelleren Weg: »Reue, die Vergebung der Sünden durch den lebendigen Gott im Sakrament der Buße.« Im Übrigen ist auch Dybas Gott im Zweifel barmherzig – er bietet die befreiende Chance zum Neuanfang.

Dybas Katholizismus ist durchaus wehrhaft. Er ist nicht nur Bischof in Fulda, sondern auch der deutsche Militärbischof, und er sieht die Landesverteidigung als eine wichtige christliche Aufgabe. Als die Friedensbewegung zu Beginn der 80er Jahre die Kirchen bevölkerte und mit Bibelworten die sofortige einseitige Abrüstung der Amerikaner verlangte, wies er ihr in einer gelassenen Predigt nach, dass sie doch nicht so bibelfest sei, wie sie dachte. Die betreffende Textstelle nämlich sprach davon, dass erst mit der Herstellung des Gottesreiches all die »Schwerter in Pflugscharen« verwandelt würden. Nun, das Gottesreich war und ist in weiter Ferne – und in der Zwischenzeit hat es sich als durchaus angebracht erwiesen, die Sowjetunion in die Knie zu rüsten und damit auch die Gefängnisse für Systemgegner und Menschenrechtler und Priester zu öffnen. Wichtiger als jede militärische Aufrüstung ist ihm jedoch die geistige, ganz besonders die in der Kirche: die Verteidigung von Grundsätzen, an die er glaubt.

Sein Sekretär, der 31-jährige Priester Ulrich Schäfer, der den Film *Matrix* mag, Gregorianik und Queen durcheinander hört und auch sonst durchaus von dieser Welt ist, sieht in den von Dyba ermunterten geistigen Erneuerungsbewegungen die einzige Chance der Kirche für die Zukunft. Er zitiert den Bischof: »Lieber als 100 Prozent laue Freunde sind mir 30 Prozent Marktanteil.« Das klingt wie: Wenn es sein muss, machen wir in den Katakomben weiter.

Schäfer gehört der charismatischen Schönstedt-Bewegung an, die »alle zwischenmenschlichen Beziehungen aus der Bindung mit Gott heraus gestaltet«. Ob er sich Sorgen um den Priesternachwuchs mache? Sicher. »Aber das lässt sich nicht durch flotte Plakate beheben – das persönliche Beispiel jedes einzelnen Priesters ist wichtig.« Eine Abschaffung des Zölibats, immer wieder im Gerede, kommt für ihn nicht in Frage. Kann sein, dass es mehr katholische Priester gäbe, wenn sie heiraten dürften wie die Protestanten. Allerdings: Was unterschiede den Priesterberuf dann noch von jedem anderen Brotberuf? Der Zölibat hat für Schäfer seinen Sinn – es verlange Opfer, den tatsächlichen Sprung, stärke die Bindung mit Gott und führe letztendlich zu größerer innerer Freiheit.

Marina Broj, die Diözesan-Referentin und promovierte Theologin, die ihr Kellerbüro mit allen nur denkbaren feministischen Kalendersprüchen bepflastert hat (»Als Gott den Mann erschuf, hat sie nur probiert«), hat mit der »männerbeherrschten« Kirche unverhohlen Probleme. Doch mit Respekt spricht sie von

Dybas Eindeutigkeit. Und die galt ganz besonders in der Frage der Schwangerschaftskonfliktberatung.

Tatsächlich geht Dyba aus dieser heißesten Zerreißprobe des deutschen Katholizismus als einsamer Sieger hervor. Abtreibung, eine Kernfrage. Für Katholiken ist Abtreibung Mord, »ein verabscheuungswürdiges Verbrechen«, wie es das Zweite Vatikanische Konzil nannte. Katholiken glauben nun mal, dass Gott Leben schenkt, noch bevor es zur Welt kommt, so, wie es in Psalm 139 niedergelegt ist: »Du hast mich gebildet im Mutterleib.«

Man muss kein Katholik sein. Man muss nicht daran glauben. Man kann das alles für Humbug halten. Man kann eine Schwangerschaft als Betriebsunfall, als biologische Wucherung betrachten, die man sich wegmachen lässt wie eine Zyste. Man kann es sehen wie Jutta Ditfurth, die einst meinte, zum gesunden Sexualleben einer Frau gehörten mindestens zwei Abtreibungen. Man kann Abtreibung aus wirtschaftlicher Not legitimieren oder aus seelischer. Man kann es für völlig normal halten, dass in Großstädten wie Berlin auf 1000 Geburten 300 Abtreibungen kommen. All das geht. Nur nicht für Katholiken.

Mit der Neuregelung des Abtreibungsparagraphen vom 21.8.1995 war eine absurde Situation für die katholische Kirche geschaffen worden: Nun sollte ausgerechnet sie mit ihren Bescheinigungen in der Schwangerschaftskonfliktberatung die Voraussetzung für eine schnelle, straffreie Abtreibung schaffen. Das war selbst für Außenstehende schwer zu begreifen – als fordere man von einem Abstinenzlerverein, für den Neubau von Kneipen zu sorgen. Konnten das nicht die Säufer selber besorgen? Im Klartext: Warum gab der Staat die Abtreibung nicht gleich frei, wie es in der DDR der Fall war, statt sich mit einem Umweg über die Kirche moralisch abzusichern?

Mit Dyba war das nicht zu machen. Er stieg – als einziger deutscher Bischof – mit seiner Diözese aus. Und sprach ungeniert auch über ein schmutziges Geheimnis der katholischen Beratungsindustrie – Millionen an staatlichen Zuwendungen flossen ihr zu, Büros, Arbeitsstellen, Honorarverträge, ein ganzes Heer lebt davon. »Das ist doch eine regelrechte Industrie geworden«, sagte Dyba, »und die Caritas kassiert ab.« Als gäbe es nicht genug staatliche Büros wie Pro familia, die derartige Lizenzen vertreiben.

Im Bistum Fulda wurde weiterhin Hilfe für Schwangere geboten, Geld, Wohnungen, seelische Unterstützung, alles – bis auf die Abtreibungslizenz. Die Frauen wurden durchweg ermutigt, ihre Kinder auszutragen. Doch erstaunlich: Obwohl es keine Scheine mehr gab, stieg der Beratungsbedarf enorm. Offensichtlich hatte die lebensschützende Eindeutigkeit in Fulda ermunternde Wirkung. Nach Auskunft von Sieglinde Böllert-Abel, Geschäftsführerin der Beratungsstelle in Fulda, wurde im Jahr zuvor über 1300 Frauen in ihrer Notlage geholfen.

Die übrigen deutschen Bischöfe dagegen gaben nach wie vor Scheine aus, um, widersprüchlich genug, weiterhin werdendes Leben zu schützen. Rein statistisch ein evidenter Fehlschlag: Die Abtreibungszahlen stiegen trotz und womöglich wegen des katholischen Beratungsbetriebes in den letzten Jahren sprunghaft an.

Auf einen Brandbrief des Papstes antworteten die Bischöfe unter dem Mainzer Lehmann mit einem, so Dyba, »mephistophelischen« Manöver: Sie versahen die Scheine mit dem Aufdruck, dass sie nicht zum Abbruch berechtigten – wohl wissend, dass sie genau dazu weiterhin verwendet und anerkannt werden würden. Der Effekt aufs Publikum: Noch nicht einmal die Kirche steht zu ihrem eigenen Wort. Selbst die Kanzel wird nun doppelzüngig und verrät die eigenen Prinzipien. Sie biegt sich, krümmt sich, ist vernarrt in eine Beratungsindustrie, die vom Staat großzügig alimentiert wird. Willkommen im Club.

Wie peinlich, dass das Episkopat, vom Papst ertappt, nach einer erneuten Klarstellung aus Rom nun halbherzig zurückzurudern hatte – ausgerechnet in Fulda, wo sich die deutschen Bischöfe zur Herbst-Konferenz versammelt hatten. Ruderanstrengungen unter lautem Fluchen auf den »kuriennahen«

und »papsthörigen« Dyba – wohl weil er der einzige deutsche Bischof war, der sich und seinen Glaubensgrundsätzen treu geblieben ist.

Über den avisierten Ausstieg der katholischen Kirche grollt nun vor allem das politische Establishment. Familienministerin Bergmann, aus der DDR an einen reibungsloseren Abtreibungsbetrieb gewöhnt, sprach es am lässigsten aus – man habe die katholische Kirche nun mal gebraucht, weil es der »politische Konsens« dieser merkwürdigen christlichen Grundordnung im Westen verlange. Nun fällt das Feigenblatt. Nun hat der Gesetzgeber das Geschäft schlank und nackt selber zu besorgen.

Im Abtreibungs-Diskurs, zumindest in den alten Bundesländern, herrscht ja eine absurde Zwischenlage, die mit religiösen Nachwehen selbst in säkularisierten Zeiten zu tun hat. Die Empörung über den Ausstieg der katholischen Kirche lässt nur einen Schluss zu: Insgeheim wünscht man sich von dort Absolution für eine Praxis, die man auch selber rudimentär als Sünde noch begreift. Man will die Kirche im Boot, um das eigene Gewissen zu besänftigen.

Kein Zufall, dass die Aufregung um Dyba zeitgleich mit der um den Philosophen Sloterdijk durch die Blätter rauschte. Natürlich ist Abtreibung »pränatale Selektion«, wie sie von Sloterdijk in seiner eisig-dunklen Rede genannt wurde. Diese Selektion wird in Ländern wie Indien etwa konsequent an der Geschlechtslinie entlang betrieben – man möchte Jungen und treibt Mädchen ab – und bei uns an der zur Behinderung. Sloterdijk, der das Ende des »blinden Geburtenfatalismus« begrüßt, wurde ausgepfiffen. Seine Deutlichkeit machte schaudern. In dieser Krassheit möchte man es nicht ausgesprochen haben. Und jeder, der es tut, wird beschimpft. Dass Sloterdijk und Dyba, die sich einander entfernter kaum denken lassen, plötzlich gemeinsam im Fadenkreuz der Kritik standen, macht Sinn – beide stören die mollige Zwischenlage, die ermogelte Ruhe in dieser Frage.

Dass selbst auf dem Planeten Fulda die Moderne ihre Zersetzungen hinterlassen hat, wird klar, als der Bischof an einem Nachmittag im Prunksaal fünfzig Ministranten um sich versammelt und ein Quiz veranstaltet. Drei Punkte verspricht er demjenigen, der das »Confiteor« auf Lateinisch kann. Die Runde muss zerknirscht passen.

Um sie und vor allem sich selber wieder aufzumuntern, erzählt der Bischof, wie er Woytila kennengelernt hat, damals am Strand in Ostia. Beide in Badehose. »Hätte ich gewusst, dass er acht Wochen später zum Papst gewählt wird, hätte ich mir irgendeinen frommen Spruch einfallen lassen. Stattdessen haben wir uns über das Rauchverbot im Konklave unterhalten.« Die Ministranten kichern.

Ach übrigens: »Wo trifft sich das Konklave?« Schweigen in der Runde. Einzelne Versuche: »Im Massengrab?« Knapp daneben. Sebastian, 14, erlöst den Bischof schließlich mit der richtigen Antwort: »In der Sixtinischen Kapelle.« Das sind zwei Erleichterungspunkte extra.

Beim anschließenden Torwandschießen unter den Kirschbäumen im Bischofsgarten erweist sich Dyba als kluger Taktiker – er schießt nicht mit. »Wenn ich treffen würde, würde ich sie deprimieren«, murmelt er. »Und wenn ich daneben bolze, verliere ich meine Autorität.« Und das wäre ganz sicher eine Katastrophe.

Mit dem deutschen Episkopat nimmt er jeden Streit in Kauf. Aber diese potentiellen Priester von morgen, die will Bonifatius' Nachfolger in Deutschland nicht verlieren.

Die reine Lehre und der Papst

Von Diplomaten, Mystikern und Lehrern –
Warum die Kirche mit ihren Päpsten Glück hat

Die Reform-Eiferei

Der Kampf um die Wahrheit und den Glauben und die reine
Lehre durchzieht die Philosophiegeschichte von der Antike bis
in die Neuzeit. Angefangen von den großen Polemiken zwischen Augustinus und Bischof Julian bis zu Pascals Wahrschein-
lichkeitsrechnungen und Voltaires funkelnden Provokationen
waren der Glaube und seine Ausformungen Gegenstand leiden-
schaftlichster Debatten und Kontinente verwüstender Kriege.
Solange es die Kirche gibt, so lange hält das Suchen an.
Wie können wir glauben in unserer Zeit? Wie sehr müssen
sich theologische Grundsätze neu justieren? Müssen sie das
überhaupt? Kann die Wahrheit denn verfallen? Die großen,
die Fundamente erschütternden Diskurse über den Glauben
als Wagnis, als Lebenskonsequenz werden heute nicht mehr
geführt, so scheint mir. Was geblieben ist, sind kleinkleine Kos-
metikkurse über Modefarben der Saison. Schade, schade. Kein
Ernst mehr in den unzähligen Quasselgruppen der Kirche von
unten und den gravitätisch aufgeblähten Gremien oben, den
Kirchentagsinitiativen mit ihren bunten Ständen und der Les-
ben- und Schwulengruppe und dem »Verein für katholische
Priester und ihre Frauen«.
Immer mal wieder machen, besonders in der deutschen Heimat des Papstes, Reformvorschläge Furore. Da formte sich zum
Beispiel diese Initiative von einigen CDU-Politikern um Bun-
destagspräsident Lammert zur Rekrutierung von verheirateten
Männern zum Priesteramt. Fernziel bleibt, selbstverständlich,
die Aufhebung des Zölibats.

Es ist erstaunlich, wie bereitwillig auch kirchliche Kreise vor der Moderne in die Knie gehen. Um es noch einmal zu sagen: Gerade in Zeiten nivellierter Wellness-Religiosität und allenfalls protestantischem Besinnungspausentum wäre der katholischen Kirche jeder Traditionsstolz zu wünschen, jede Form von Gegenwelt und Sperrigkeit, und dazu gehört zweifelsohne der Zölibat.

Der zölibatäre Priester verkörpert das monastische Leben mitten unter uns. Er ist die auratische Figur, die uns, wenn das Zölibat gelingt, die vollständige Hingabe an Gott und an die Gemeinde vorlebt. Er kennt die Welt und ist so lebensklug wie jener Kartäuser-Mönch in dem Film *Von Menschen und Göttern*, der dem Mädchen, das ihm im Garten hilft, von der Liebe erzählt. Aber er weiß auch noch von einer anderen Liebe zu erzählen. Dass dieser Film die Menschen zu Millionen in seinen Bann zog, hing mit der Sehnsucht nach diesem ganz Anderen zusammen. Und dem Respekt davor. Wollen wir diese Aura, die auch jeden katholischen Priester umgibt, opfern für den Reformgewinn, Lammert-Klone am Altar stehen zu sehen?

Natürlich, Freunde, gibt es nichts Spannenderes heutzutage als Gestrigkeit, nicht Avantgardehafteres als das Bestehen auf Form und Ritus, nichts Aufregenderes als Haltung in einer Zeit, in der Mode-Bekenntnisse im Drei-Sekunden-Takt ausgetauscht werden. Es ist richtig, dass die Zahl der Priester im letzten halben Jahrhundert von 15 500 auf 8500 zurückgegangen ist. Gleichzeitig aber ist die Zahl der Gottesdienstbesucher von 46 Prozent auf 13 Prozent kollabiert. Die »viri probati« als Rezept? Da wäre dann bald mehr Gewimmel im Altarraum als in den Kirchenbänken.

Man hat sich innerkirchlich angewöhnt, über die katholische Kirche zu reden wie über einen schwierigen Absatzmarkt, also in Kategorien von Unternehmensberatern und Marketingexperten. Und je schlapper die Gesamtlage ist, desto schriller wirken die Reparaturversuche, ganz besonders, wenn sie diskutiert werden in den geschichtsschweren Mauern des Vatikan.

Hier zeugt jeder Stein, jede Statue von den Tagen glaubensgewisser Größe, von der triumphalen Selbstverständlichkeit des Christentums. Es konnte keinen würdevolleren Rahmen geben für die Konferenz, zu der der damalige Chef des Vatikan-Radios, Pater SJ Gemmingen, eingeladen hatte, als den Campo Santo im Campo Teutonico, dem deutschen Pilgerfriedhof im Schatten des Petersdoms. Zusammengekommen waren Journalisten, Professoren, Autoren, die diskutieren sollten, wie der Glaube heute zu vermitteln sei. Miteingeladen war ein Werbeprofi, der eine Powerpoint-Präsentation vorbereitet hatte über die Lage der katholischen Kirche.

Es war ein älterer Managertyp im Dreireiher, der dort vortrug, der Einzige, der konservativ dunkel gekleidet war bei hochsommerlichen Temperaturen. Doch er war der Mann der Zukunft. Er legte eine Folie nach der anderen auf den Leuchttisch und machte uns klar, wie sehr wir und das Paket, das von uns Katholiken vertreten wurde, von vorgestern waren. Er zeigte Torten und Kurven und Prozentbalken, und alle ergaben den gleichen Befund: Es sieht schlecht, sehr schlecht aus.

Das läge gar nicht unbedingt an dem Inhalt, den die Kirche zu verkaufen habe, meinte der Mann, sondern an der Form und am Stil. Und damit meinte er nicht die Renaissancegiebel und barocken Verzückungen Roms. Er meinte die Botschaft.

Viele der Gleichnisse des Neuen Testaments seien schlicht unverständlich, und sie seien in einer Sprache abgefasst, die heute niemand mehr spreche. Er schob eine Weile seine Folien hin und her und warf mit Begriffen wie »Zielgruppenorientiertheit« und »Erwartungshorizont« und »Produktplatzierung« um sich. Mir fielen die Augen zu. Weil es sich anhörte, wie sich auch draußen alles anhört. Schwellen tieferlegen. Modern werden. Vorkauen. Ich opponierte schließlich. Etwa so: Warum sollen wir irgendwelche Schwellen tieferlegen? Muss die Kirche jedem Couch Potato hinterherlaufen und sich klein machen?

Warum müssen wir unbedingt Klampfengottesdienste feiern und dazu banalsten Gefühlskitsch und Andachtsplattitüden von uns geben, nur weil irgendeiner dachte, das sei die Sprache der Jugend (was sie in der Regel aber gerade nicht ist!)? Warum »Willkommen sind alle, die der Sonne entgegensehen, / und alle, die auf trübes Wetter stehn«, wenn es doch Lieder wie »Freut euch ihr Christen alle« gibt? Auch dass es gerade die Fremdheit eines Evangeliums ist, die uns herausfordert und fasziniert, mochte unserem Werbefachmann nicht einleuchten.

Die Bischöfe sind in Teilen offen für das Werbekauderwelsch und Soziologendeutsch. Sie fallen rein auf alles, was modern und wissenschaftlich klingt, weil sie der Strahlkraft der frohen Botschaft, wie froh sie auch immer sein mag, nicht so recht trauen. Da redet der Vorsitzende der deutschen Bischofskonferenz Zollitsch wolkig von einer »Option für den Menschen« und möchte eine »Dialogoffensive« starten. Überhaupt will die Bischofskonferenz einen »strukturierten Dialog auf der Ebene der Bistümer über das Bezeugen, Weitergeben und praktische Bekräftigen des Glaubens« führen.

Was noch mal war eigentlich so falsch am Messelesen, Taufen, Beichteabnehmen, an Predigten, an Seelsorgegesprächen? Vor lauter Ratlosigkeit darüber, dass man einen Glauben vertritt, der 2000 Jahre alt ist, möchte man ihn so aussehen lassen, als sei er vorgestern von drei Soziologiestudenten im Internet-Café »Bible Corner« designt worden. Darunter der Aachener Bischof Mussinghoff, der, so Kolumnist Alexander Kissler, »mit dem Papst selten einverstanden und liturgisch anspruchslos ist«. Dafür aber schwer auf Draht, wenn es darum geht, soziologisches Stroh zu dreschen.

Mussinghoff, erinnert Kissler, hat im Frühjahr 2009 einmal eine prima Übersetzung für »Tradition« gefunden. Die nämlich manifestiere sich im Festhalten an »Projektleitungs- und Profilcoachings für alle pastoralen Dienste«, so der Bischof. Doch er fasst durchaus auch heißere Eisen an. In seiner Jahresabschlusspredigt an Silvester 2008 warnte er, durchaus stimmig, vor einem »interkonfessionellen Pluralismus«, der zu einer »Identitätsdiffusion führt, die konsensfähige interkonfessionelle Vereinbarungen erschwert«. Kann man das nicht in deutscher Deutlichkeit ausdrücken? Bei Lichte besehen würde Mussinghoff mit diesem Kauderwelsch wahrscheinlich selbst aus dem »Bible Corner« im Internet-Café fliegen.

Mussinghoff ist ein Symptom für die kriselnde katholische Kirche in säkularen Zeiten, in denen auch die religiöse Sprache verkommt. Mussinghoff ist einer der Aktivsten, wo es um die Zusammenlegung von Pfarreien zu größeren »Gemeinschaften von Gemeinden« geht. Die werden dann von Pastoral-Teams geleitet, der einzelne Seelsorger spielt eine eher untergeordnete Rolle. Der Vatikan sieht das mit Sorge. Berechtigterweise, denn Mussinghoffs »Kooperative Pastoral« macht Seelsorge zum Gruppenevent und Kirchen zum Meeting Point und Messen zum Singsangservice, und alle diese Maßnahmen nehmen sich aus wie die ersten Schritte zu einer priesterlosen Gemeinde und einer sakramentfreien Kirche.

Aber natürlich kann er auch unbequeme Wahrheiten aussprechen: »Als Bischof ist mir durchaus bewusst: Individuelle Identitätsentwicklung geschieht in einem Spannungsfeld von persönlicher Anpassungsfähigkeit und einer mal eher affirmativen, mal mehr konfrontativen Abstimmung mit vorgefundenen Identitätsmustern.« Äh ja. Genau.

Gott sei Dank gibt es den Papst. Genauer: Gott sei Dank gibt es diesen Papst, der sanft spricht, aber unerschütterlich glaubensfest ist und geradeaus denken kann und der Kirche mit seinen Enzykliken Erhellendes und Bindendes für die Fundamente des Glaubens mit auf den Weg gibt. Und mit seinen Hirtenbriefen aktuelle Probleme aufgreift und bespricht in einer Sprache, die auch in der hintersten Provinz noch verständlich ist.

Doch ausgerechnet bei uns deutschen Katholiken spricht er in eine theologische Indifferenz und rabiate Papstfeindlichkeit hinein, die schaudern lässt. Der für mich erschreckendste Satz seines neuen Gesprächsbuches *Licht der Welt* ist dieser: »Dass es im katholischen Deutschland eine beträchtliche Schicht gibt, die sozusagen darauf wartet, auf den Papst einschlagen zu können, ist eine Tatsache und gehört zu der Gestalt des Katholizismus in unserer Zeit.« Wie hat sich das Verhältnis zu ihm nur verändert!

Meine Päpste

In meinem Leben hatte ich Glück mit den Päpsten, soweit ich zurückdenken kann. Und ich denke durchaus mit Ehrfurcht zurück. Der Nachfolger Petri war für mich immer verbunden mit der Strahlkraft und heiligen Entrücktheit, die seinem Amt innewohnte. Wenn wir früher nach Rom fuhren, fuhren wir in die ewige Stadt, mit all den geheimnisvollen Schwingungen, die mit diesem Attribut verbunden waren. Und das Zentrum war der Petersplatz im Gebetsbrausen der katholischen Weltgemeinde, verbunden mit der Hoffnung, einen Blick auf die Gestalt in der weißen Soutane im Fenster zu erhaschen.

Natürlich gab es in dem imponierenden Stafettenlauf der Päpste durch die Jahrhunderte Ausfälle, Unwürdige. Aber Jesus hat sich nun mal entschlossen, seine Kirche auf Menschen zu bauen, und wir haben Grund, dankbar zu sein für diese Entscheidung. Ohne seine Stellvertreter, ohne die Kirche, wäre der Glaubenskorpus längst ausgefranst, verblasst, zerronnen in Tausende von privaten Verrichtungen und Kulten und Kleinkirchen. Gott sei Dank gibt es jene Hirten an der Spitze, die wachen, denn in all dem heiligen oder eitlen Eifern um Richtungen, das der Glauben auslösen kann, ist es wichtig, einen vorne zu haben, der über Zulässigkeiten entscheidet, über Häresie oder Apostasie.

Die Protestanten haben das nicht. Deshalb gibt es eine schier unübersichtliche Anzahl protestantischer Kirchen. Lauter Tante-Emma-Läden des Glaubens. »Autodidakten des Glaubens« hat Philosoph Peter Sloterdijk die Protestanten einmal genannt. In der katholischen Kirche dagegen gibt es verbindliche Lehrmeinungen, und der Papst hat die, so würde Mussinghoff wohl sagen, »Richtlinienkompetenz«. (Was nicht heißen muss, dass er, Mussinghoff, damit einverstanden wäre.) Doch der Primat ist entscheidend. Wer den Primat nicht anerkennt, wie Hans Küng, dem muss, nach kanonischem Recht, die Lehrbefugnis entzogen werden. Aus keinem anderen Grund konnten auch die abtrünnigen Bischöfe des alten Ritus, der Pius-Bruderschaft, wieder aufgenommen werden – sie stellten klar, dass sie sich dem Primat des Papstes beugen, und räumten damit die rechtlichen Hindernisse aus dem Weg. Der Papst ist der Nachfolger Petri, der in der Tradition steht und diese schützt. Als Kardinal hat Joseph Ratzinger die päpstlichen Lehrentscheidungen zugeschriebene »Unfehlbarkeit« in diesem Sinne ausgelegt: als Unterwerfung unter die Tradition.

Als Kind war der Papst für mich eine Figur zwischen Himmel und Erde. Er war der Weltherrscher. Die Menschen knieten sich hin, wenn er in der Sänfte durch die Menge getragen wurde. Papst Pius XII. war für mich ein Name, der aus heftigen, lauten Diskussionen zwischen meinem Vater und seinen Brüdern herüberdrang. Eine Schattenfigur. Hochhuths Stück »Der Stellvertreter« hatte den Papst Anfang der 60er Jahre der zynischen Duldung des Holocaust bezichtigt. Was für ein Debattenstoff, was für ein Skandal! Das konnte nicht sein, fand mein Vater. Das konnte sehr wohl sein, fanden seine Brüder.

Mein Vater behielt recht, wie mittlerweile belegt ist. Der Papst rettete Juden, und er litt unter der Schweigedisziplin, die er sich selbst auferlegt hatte, um die Nazibestie nicht zu reizen, wie es ein Hirtenbrief der holländischen Bischöfe getan hatte, der zu entsetzlichen Vergeltungsmaßnahmen führte. Pacelli war Diplomat. Er wollte nicht durch eine Ansprache, die ihn selber durchaus seelisch entlastet hätte, weitere Juden gefährden. Das wäre ihm zu egoistisch erschienen. Er half im Stillen, und er half effektiv.

Mit Papst Johannes XXIII. betrat eine volkstümliche, ewig lächelnde, gemütliche Hirtenfigur meinen jugendlichen Lebenskreis. Von seinem bauernschlauen Witz wurde mir immer wieder erzählt, von seiner Herzenswärme. Unendlich viele Anekdoten waren damit gespickt, ein Knuddelpapst, der erste »fizzy pope«. Doch er war derjenige, der das alles umwälzende Zweite Vatikanische Konzil auf den Weg brachte.

Dann kam Paul VI., den ich als »Pillenpaul« durch die Kabarettprogramme der »Münchner Lach- und Schießgesellschaft« kennenlernte, eine Art intellektueller Gaglieferant mit strenger Miene. Was für ein Missverständnis. Wie leicht hätte Papst Paul VI. Hildebrandt und Co. links überholt, er, der Arbeiterpapst, der Baldachin und Pfauenwedel und Nobelgarde abschaffte, aber sich gegen die Empfängnisverhütung aussprach – und das kurz nach der Marktreife der Anti-Baby-Pille und mitten hinein in die sexuelle Aufklärungswelle. Wie fantastisch quer das zu der Zeit war!

Und dann der lächelnde kleine Papst der hundert Tage, eine Figur wie aus dem *Paten,* früh gestorben unter Gerüchten, dass hier die Mafia die Hände im Spiel gehabt hätte, ein Zwischenpapst, die Vorhut des Löwen, der kommen sollte: der lang lebende, lang amtierende Athleten- und Dichterpapst, der Skifahrer, der Mediendarling Wojtyla, Papst Johannes Paul II.

Mittlerweile war ich erwachsen und politisch bewusst genug, um die Revolution zu begreifen, die er verkörperte, wenn er mit Mitra und Hirtenstab die Kontinente besuchte und die Rollbahnen küsste und genau wusste, welche Macht Bilder besaßen. Und so machte er den stalinistischen Zaren klar, dass der Papst sehr wohl über Divisionen verfügte, die sie in die Knie zwingen würden: nämlich das Evangelium, die Hoffnung, die Botschaft der Nächstenliebe – und über eine Milliarde Katholiken. Und einige davon waren streikbereite Polen.

Dieser Papst war der große Einzelne, traditionsbewusst, mystisch, Rosenkranzbeter, aber gleichzeitig ein medienstarker Kämpfer. Durch ihn bin ich, nach Jahren der Entfremdung, wieder an die Kirche herangeführt worden. Nicht der brillante Hans Küng mit seinem Buch *Christ sein,* weder Geißler oder

Drewermann oder andere mehr oder weniger eitle Kirchenkritiker haben das bewirkt, sondern dieser starke und starrsinnig
unfehlbare, lachende und zornige Mystiker-Papst. Ich habe den
Großteil meiner journalistischen Karriere mit diesem Papst ver-
lebt. Sein Sterben war gleichzeitig eine der großen katholischen
Inspirationen für die säkulare Welt, sein Martyrium ein Erneue-
rungsmoment.

Rund 1300 Selig- und Heiligsprechungen hat er vorgenommen, um der hedonistischen und glaubensfernen Welt neue
Rollenmodelle zu geben. Er hat 129 Länder bereist. Ja, er hat
die marxistisch bewegten Befreiungstheologen kaltgestellt, weil
er die Seelsorge dann doch für dringlicher hielt als die Verherr-
lichung korrupter sozialistischer Regime. Die Kirche erlebte
eine Blüte an Zuwendung. Katholisch sein war plötzlich auch
für Zaungäste spannend, war inspirierend, war ein Fest des
Glaubens, dem sich auch kirchenferne Medien kaum entziehen konnten. Als auf das ergreifende Sterbespektakel von Papst
Johannes Paul II. das imposante Freudenspektakel der Papstwahl von Kardinal Ratzinger folgte (»Wir sind Papst«), schien
die Begeisterung für den Katholizismus grenzenlos zu sein.

Benedikt schien das konsolidieren zu wollen, was sein Vorgänger an Ausdehnung der Kirche geschaffen hatte. Er sicherte
die Bestände. Mir scheint es manchmal so, als sei nur der
83-jährige Papst in der Lage, auf der Höhe der Zeit mit den
Menschen zu reden, mit Gläubigen genauso wie mit Ungläubigen. Warum? Weil er schmucklos und einfach seine Glaubenswahrheiten ausspricht, aus einer tiefverwurzelten Volksfröm-
migkeit heraus, aber dabei auch dogmatisch Spur hält.

Er ist erster Hüter des Glaubens und der Tradition, und darin
ist er mutig und von schöner Naivität. Zum Beispiel, wenn
er auf seiner Englandreise anmahnt, dass die Insel in ihrem
»aggressiven Säkularismus« den Respekt vor »traditionellen
Werten und kulturellen Ausdrucksformen nicht verlieren«
möge. Oder wenn er in der Westminster Abbey beschwört: »In
einer Gesellschaft, die der christlichen Botschaft zunehmend

gleichgültig oder sogar feindlich gegenübersteht, sind wir umso mehr in der Pflicht, zu zeigen, dass der auferstandene Herr die Antwort auf die tiefsten Fragen und die geistigen Sehnsüchte der Menschen unserer Zeit ist.« Spricht man so in Zeiten von Dschungelcamp und MTV?

Hauptpastor Johannes Hinrich Claussen schreibt in seinem Buch *Zurück zur Religion* nicht ohne Faszination aus dem protestantischen Nachbargarten herüber: »Die Wojtyla-Ratzinger-Strategie ist die einzige, die Erfolg verspricht. Um wahrgenommen zu werden, muss die katholische Kirche eine geschlossene Fassade bieten ... Welcher Vertreter einer demokratisierten Kirche könnte in vergleichbarer Weise die Kameras auf sich ziehen und die Massen in den Bann schlagen? Der Sprecher der Bewegung ›Kirche von unten‹, die Schriftführerin der Initiative feministischer Theologinnen oder der Sicherheitsbeauftragte der kirchlichen Mitarbeitervertretung?«

Papst Benedikt versuchte neue Annäherungen an die orthodoxe Kirche, er brachte die abtrünnigen Pius-Brüder wieder zurück in die Una Sancta – mit dem tragischen Versehen, den absonderlichen Holocaust-Leugner Bischof Wiliamson gleich mit salviert zu haben. Eine, wie er später eingestand, fürchterliche Panne.

Doch schon mit seiner Regensburger Rede, die den Dialog mit dem Islam neu eröffnen und gleichzeitig eine Diskussion über das Verhältnis von Glaube und Vernunft anstoßen wollte und die naiv und gutmeinend vorgetragen war, meldeten sich die Katholizismus-Skeptiker und Kirchenverächter zurück.

Im Missbrauchsskandal, der Anfang des Jahres 2010 Wellen schlug, gingen dann alle Sympathien verloren, die in den Jahren zuvor erworben worden waren. Die Öffentlichkeit beschloss, die Worte der Trauer und der Entschuldigung zu überhören, die der Papst in seiner Predigt am Psalmsonntag 2010 für diese Verbrechen fand. Und sie übersah (vielleicht weil sie die theologische Tragweite nicht begriff), dass er das kollektive Schuldbekenntnis am darauffolgenden Karfreitag in die Fürbitten, also ins Zentrum der Liturgie und damit in den Kern der Kirche selbst nahm.

Insbesondere britische Intellektuelle wie Christopher Hitchens und Richard Dawkins hatten in der Missbrauchsdebatte gegen den Papst mobil gemacht. Publikumswirksam sprachen sie davon, den Papst verhaften zu lassen, sollte er zum Staatsbesuch englischen Boden betreten. Ich hatte einige Jahre zuvor mit Hitchens Kontakt. Da ging es darum, dass er Henry Kissinger verhaften lassen wollte. Allerdings schwenkte er kurz darauf ins Lager der kriegsführenden republikanischen Falken über und vergaß seine moralische Empörung über den »Völkermörder«.

Diesmal also Verhaftungspläne gegen den Papst. Wegen Anstiftung oder Beihilfe zum Missbrauch und logisch auch ja irgendwie Völkermord (wegen Kondomverbot und Aids und so weiter), von den vielen anderen Straftatbeständen (deutsch, unverheiratet, gläubig) ganz zu schweigen. Diese »Eruptionen militanten Atheismus«, so der FAZ-Kommentator Daniel Deckers, gingen einher mit »einem Antikatholizismus ... der sich längst als Antisemitismus der Intellektuellen entlarvt hat«.

Allerdings wurde England auch zum Wendepunkt der antipäpstlichen Kampagnen. Der Papst gab ein kluges Interview, in dem er den Briten zu ihrer »finest hour« gratulierte: zum heldenhaften Widerstand gegen das gottlose Regime der Nazis. Und dann gestand er seine Trauer über die Missbrauchsfälle und verurteilte tief bewegt und glaubhaft die Verbrechen, die katholische Priester in diesem Zusammenhang begangen hatten.

Vorweg muss man feststellen, dass religiöse Abgestumpftheit kein Privileg der Briten ist. Eigentlich weiß keiner so genau, was dieser Mann im weißen Gewand mit seiner merkwürdigen Botschaft will. Diese Gestalt hat nicht direkt mit Kino oder Fußball oder Wirtschaftswachstum zu tun. Meistens berichten kirchenferne oder kirchengleichgültige Ignoranten, und da kommt es dann zu Sätzen wie diesem: »Mit einiger Genugtuung wurde auch berichtet, dass der Papst in Westminster Abbey die Hand der Priesterin Jane Hedges schütteln wird. Die anglikanische Kirche erlaubt auch Frauen, das Priestergewand zu tragen – für Kommentatoren ein weiteres Zeichen, dass man auf der Insel in religiösen Fragen bereits weiter ist.« So, sehen Kommentatoren das so, dass die Insel weiter ist? Und wer noch mal ist das, der da mit Genugtuung berichtet?

Warum Frauen in Priesterkleidern ein Zeichen dafür sind, dass man in religiösen Fragen weiter ist, mag ein Rätsel der Bekleidungsindustrie bleiben, aber eines stand für die Berichterstatter schon vorher fest, dass nämlich »die ›Soho Masses‹ für homosexuelle Katholiken Teil der Protestbewegung gegen den Reaktionär aus Rom« bilden werden. Irgendwann wird der Reaktionär aus Rom doch mal aufgeben müssen!

Die unglaubliche Fixierung der säkularen Presse auf die Themen »Gleichberechtigung« und »gleichgeschlechtlicher Sex« zeigt, wie gleichgültig ihnen die Kirche letztlich ist. Eigentlich wollen sie alle immer über was ganz anderes reden als über die Sakramente oder die Evangelien.

Und dann sollten sie sich alle täuschen. Der Papst blieb bei seinen Grundsätzen. Er machte auch in England unmissverständlich klar, dass er gegen die Abtreibung sei, und rief zum Kampf gegen die Vulgarisierung des Lebens auf. Er redete nicht nach dem Munde. Und kam genau dadurch an. Die wenigen schrillen Protestierer verloren sich in Seitenstraßen seiner Triumph-Fahrt durch den Hyde Park. Die Queen scherzte mit Benedikt über das »kleines Auto«, in dem er gekommen war, er küsste Kinder, die Menge jubelte, und die *Sun,* die ihn einst als »Hitlerjungen« und »deutschen Panzer-Kardinal« tituliert hatte, nannte ihn jetzt fast zärtlich den »fizzy pope«, weil er nicht Tee, sondern Brause trank. Vor die Wahl gestellt, hätten die meisten Briten an diesem Tag wohl eher Christopher Hitchens festgenommen als seine Heiligkeit.

Der Papst gewann die Herzen im Sturm. Georg Gänswein, der Sekretär Benedikts, den ich einige Wochen später mit anderen Kollegen in Rom traf, bestätigte, dass der Englandbesuch die Wende in der öffentlichen Wahrnehmung des katholischen Papstes gebracht hatte. Nicht unbedeutend in all dem war selbstverständlich der Anlass des Besuchs: die Seligsprechung von Kardinal Newman, der von der anglikanischen Staatskirche zum Katholizismus konvertiert war.

Kurz nach der Reise erwies sich erneut, dass auch dieser Papst ein großartiger Kommunikator ist. In dem langen Interview, das er dem Journalisten Peter Seewald gab, umreißt er in einfachen, aber tiefgehenden, auch tiefbesorgten Worten die Lage, in der sich die katholische Kirche befindet. Er kommt dabei ohne Monsterwörter wie »Erwartungshorizont« und »Dialogoffensive« aus. Er spricht vom Beten, von den Irrtümern der Moderne, aber auch von den eigenen. Offen, klar und ungeschminkt.

Die Medien stürzten sich vor allem auf die kurze Passage, die er zum Gebrauch von Kondomen ausführt, dabei ist das Buch wesentlich reicher. Und es erreicht die Leser: *Das Licht der Welt* schoss gleich nach Erscheinen an die Spitze der Bestsellerliste und belegte Platz 2 hinter dem Dauerbrenner von Thilo Sarrazin.

Der Jahrtausend-Papst

Papst Johannes Paul II., die katholische Naturgewalt.
Bilanz eines Lebens, einer Epoche

Dass er jetzt seliggesprochen wurde in einem der schnellsten Verfahren der Neuzeit, verwundert nicht: Schon wenige Stunden nach seinem Tode im April 2005 riefen ja die Gläubigen auf dem Petersplatz: »Santo subito!« Mit ihm war eine Epoche der siegreichen Weltkirche zu Ende gegangen, und noch seine Agonie war ein Triumph.

Wie jeder Christ wusste Papst Johannes Paul II., dass der Tod nicht das Ende ist, sondern der Übergang zum ewigen Leben. Das heißt aber nicht, dass er es ihm einfach gemacht hätte. Und er ersparte der Welt nicht, Zeuge seines langen Abschieds zu werden. Er nahm das Leiden seiner späten Jahre an, und er zeigte einer alternden Gesellschaft, was Altern bedeutet. »Jesus«, sagte er, »ist auch nicht einfach vom Kreuze gestiegen.«

Karol Wojtyla, der Jahrtausend-Papst. Überhaupt nur ein Vorgänger in der ganzen Geschichte seit Petrus amtierte länger. Die meisten der 117 Kardinäle, die in den Tagen nach seinem Tod im Konklave zusammenkamen, waren von ihm ernannt. Viele seiner potentiellen Nachfolger hatte er in all den Jahren überlebt.

Wer sein Pontifikat von seinem Ende her überblickt, sieht den gewaltigen Zeitenwandel, den es überspannt hat. Es begann tief in der erfrorenen alten Welt der politischen Blöcke, und es erlosch im heißgelaufenen, alternativlosen Hochbetrieb des Kapitalismus. Gegen dessen Vulgarisierungen und Zynismen und Erbarmungslosigkeiten kämpfte er in den letzten Jahren seiner Amtszeit an, zunehmend bitterer. Das hat er als große Tragik empfunden: dass sich seine millennischen Hoffnungen nicht erfüllt haben. Die Welt ist nach dem Fall des gottlosen

Kommunismus nicht zum Heil erwacht, sondern ziemlich geschlossen zum gottlosen Kapitalismus übergelaufen.

Die Moderne – ein fast übermächtiger Feind für Glauben und Heil. Dabei war er selbst ein Papst der Moderne. Ja, das Außerordentliche an ihm war, dass er nicht nur außen vor war, sondern immer auch mittendrin. Schon wenn er nur der religiöse Popstar gewesen wäre, als den man ihn immer wieder durch die Feuilletons gezogen hat, hätte dieser Karol Wojtyla, alias Papst Johannes Paul II., eine respektgebietende Bilanz vorzuweisen gehabt und durchaus alles überragt, was sich im Superstar-Geschäft sonst so die Klinke in die Hand gibt.

Der Papst ist bekannter als die Rolling Stones. Er war länger dabei als Madonna. Und noch nicht mal Michael Jackson zu seinen besten Zeiten hat vier Millionen Besucher mobilisiert wie Johannes Paul II. 1995 zu seiner Messe in Manila. Doch dann war er nie nur mittendrin, sondern außen vor: Wo sich heutzutage jede jugendschnittige Message in Ironien auflöst, war die Botschaft des Papstes stets von mystischer Beharrung. Wo alles nur noch Spiel ist, verkörperte er die Spielverderberei. Er sagte: Hinknien, Rosenkranz beten!

Was dagegen die Mehrheit anmacht, nannte er die »Zivilisation des Todes«. Und wenn über 800 Millionen auf der Welt hungern, sagte er noch, ist das irdische System kaputt. Er sagte: Die Party ist aus. Dass er damit besonders bei den Jugendlichen ankam, gehört zu den Paradoxien seines Papsttums. Vielleicht spürten sie immer schon, dass da jemand zu ihnen sprach, statt sich anzubiedern. Oder besser gesagt: nuschelte, denn seit Jahren war er sichtlich hinfällig.

Ja, er war auf geradezu obszöne Weise das Gegenteil von Jugend in einer jugendbesessenen Welt. Für Videoclips eignete sich das nicht mehr, wie er, aufs pastorale Kreuz gestützt, im Vorhof des Todes noch gerade das hervorstieß, was er der Welt mitgeben wollte, unter Aufbietung letzter Kräfte. Dennoch strömte die Jugend zusammen, wenn er nach ihr rief. Auf dem Weltjugendtag in Paris 1997 waren es über eine Million, auf dem

in Rom 2000 zwei Millionen. In Toronto 2002 ist er im Helikopter eingeschwebt, und er hat die Jugend dazu aufgerufen, im
Menschenstaat den Gottesstaat zu errichten, das Salz der Erde
zu sein und das Licht der Welt. Teenager brachen darüber in
Freudentränen aus, Beobachter sprachen von einem Rockkon-
zert ohne Drogen. Merkwürdig.

Die Sprache der Religion ist wohl schon immer eine ekstase-
verwandte gewesen und damit eine Verbündete der Jugend.
Versenkung und Entgrenzung, das, so viel haben die Jugendlichen mitbekommen, war die Motorik dieses polnischen Aben-
teuerpapstes, dieses nicht-italienischen Außenseiters der Kurie,
der seine Angst gestand, als er 1978 berufen wurde.

Der Papst und die Jugend, eine beiderseitige Liebesge-
schichte. Früher ist er gemeinsam mit Bob Dylan vor Hun-
derttausenden von Jugendlichen aufgetreten und besprach
mit Bono die Initiative zur Entschuldung der armen Länder.
In seinen letzten Jahren wurde er von Teenagern verehrt wie
ein wagemutiger Schiffbrüchiger am Ende einer besonders dramatischen Lebensreise.

Jeder kennt sie, zumindest in hagiografischen Bruchstücken:
wie sie 1920 begann, in einer Kleinstadt fünfzig Kilometer vor
Krakau, erste Besuche am Grab der früh gestorbenen Mutter,
später des Bruders, des Vaters. Dann der Sturm und Drang.
Das Studium in Krakau, Karol Wojtyla als Marien-Roman-
tiker, als dilettierender Dichter und Schauspieler; wie nahe
doch die erträumten Heldenrollen beieinanderliegen: Priester,
Feuerkopf, Liebhaber. Während des Zweiten Weltkriegs die
Zwangsarbeit im Steinbruch, um sich der Deportation nach
Deutschland zu entziehen, dann die Untergrundarbeit, lauter
verwegene Kino-Archetypen, das Priesterseminar, der christliche Widerstand, die Theatergruppe »Rapsodyczny«.

1946 ist Karol Wojtyla Priester, 1958 Weihbischof, 1967 Kardinal, 1978 Papst. Jedes Dezennium ein Karrieresprung – das
sind keine Zufälle, sondern das Ergebnis einer beachtlichen
Zielstrebigkeit und der Bereitschaft zu einem unglaublichen

Arbeitspensum. Ohne Sendungsbewusstsein geht so was nicht. Eine Art Gottesglut arbeitete in ihm, und die übertrug sich und bot sich an in der Ära des Niedergangs der Ideologien und des steigenden Angeekeltseins über den schieren Warenverkehr.

Allerdings hat es dieser lachende, scherzende, polternde, grimmige – auf jeden Fall: identifizierbare – Papst seinen Anhängern nie leicht gemacht, trotz aller Papamobile, aller roten Teppiche und Rollbahnküsse und jovialen Gesten. Er war kompromisslos. Er verlangte unbedingten Gehorsam, nach der traditionellen Devise »Roma locuta, causa finita« – Rom hat gesprochen, der Fall ist abgeschlossen.

Seine Moraltheologie galt Kritikern stets als Skandal. Wobei es durchaus aufschlussreich ist, dass es heutzutage die Aufrufe zu Keuschheit und Monogamie sind, die als skandalös empfunden werden. Zumindest in der Ersten Welt hat man bisweilen den Eindruck, dass kein Recht so vehement verteidigt wird wie das auf sofortigen Orgasmus, wo, wie, wann und mit wem auch immer. In einem Schreiben zu seinem silbernen Amtsjubiläum präzisierte dieser Papst dagegen noch mal seine Position zum Zölibat: »Für die Kirche und die Welt von heute stellt das Zeugnis der keuschen Liebe auf der einen Seite eine Art spirituelle Therapie für die Menschheit dar, auf der anderen Seite einen Protest gegen die Vergötzung des Sexualtriebs.« Unnötig zu sagen, dass er härtestes Vorgehen gegen die pädophilen Missbrauchstäter in den eigenen Reihen anordnete. Die Haltung des Papstes zur Abtreibung (Sünde!) war geradezu haarsträubend unzeitgemäß, aber er hat sich auch nie als Vollstrecker des Zeitgeistes gesehen. Nein, dieser Papst verlangte stets einiges an gegenaufklärerischer Selbstverleugnung – aber genau damit kam er an.

Zum Weltjugendtag im August 2005 in Köln, den er dann nicht mehr erlebt hat, hatte er in der schwebenden assoziativen Sprache des Glaubens eingeladen: Macht euch auf die Reise, die eine innere genauso wie eine äußere sein soll. Und dann reichte er die eher unverträglichen, überhaupt nicht schmusefreundlichen Reisebedingungen nach: »Leider gibt es Menschen, die die Lösung der Probleme in religiösen, mit dem christlichen Glauben unvereinbaren Andachtsübungen suchen. Stark ist der Drang, an falsche Mythen des Erfolgs und der Macht zu glauben; es ist gefährlich, verschwommenen Auffassungen des Heiligen anzuhängen, die Gott unter der Gestalt der kosmischen Energie darstellen, oder in anderen Formen, die nicht mit der katholischen Lehre übereinstimmen.« Das war die deutliche Abgrenzung zu den anderen Produkten auf dem gegenwärtigen Heilsmarkt, den kalifornischen Geldkirchen etwa und indischen Celebrity-Gurus und dem Kabbalisten-Zirkus um Madonna. Die katholische Kirche, so Papst Johannes Paul II., ist keine Feel-good-Veranstaltung für jedermann: entweder wir oder die anderen. Beides geht nicht.

Im Rückblick mag man sich darüber streiten, ob Wojtyla ein Papst der Integration oder des Ausschlusses war. Er hat die Aussöhnung mit den Juden und den großen Weltreligionen gesucht, aber den katholischen Weg als einzig wahren propagiert. Er hat um Vergebung für vergangene Kirchen-Verbrechen wie die Inquisition gebeten, aber gleichzeitig hat er dogmatisch geeifert. Er hat der katholischen Kirche Millionen von Gläubigen in der Dritten Welt dazugewonnen, um in der Ersten Welt weiter zu verlieren. Er, dem Popularisierungen und Trivialisierungen vorgeworfen wurden, hielt immer wieder Brandpredigten gegen den Missbrauch des Kruzifixes als Modeaccessoire, gegen die Klunkerkreuze von Victoria Beckham, Liz Hurley, Catherine Zeta-Jones und Co. und ihre degoutanten Plünderungen der katholischen Ikonografie.

Man muss dieses Papsttum als Gegenoffensive lesen. Seine 1300 Selig- und Heiligsprechungen etwa, mehr als alle anderen Päpste vor ihm: Es ist, als ob er gegen den heillosen Zirkus der Pop-Idole und -Ikonen seine eigene katholische Armee aufmarschieren lassen und gegen die Narrationen von absurdem Reichtum andere Helden ins Gespräch bringen wollte, solche des Leidens und der Aufopferung und der inneren

Disziplin, wie im Falle der Mutter Teresa. Bisweilen wurden diese Prozesse als politische Statements verstanden, etwa die stets als düster apostrophierte Heiligsprechung des Opus-Dei-Gründers Josemaría Escrivá. Das irritierte ihn nicht im Mindesten.

Bisweilen konnte Johannes Pauls II. Rigorosität durchaus beklemmend wirken und so grimmig wie die eines katholischen Ajatollahs. Dabei hat er sich lediglich vehement gegen liturgische Aufweichungen gestellt. Gegen die Mitbestimmung im Altarraum, gegen Priesterinnen und Laienbeteiligungen in Kernbereichen. Doch von Beginn seines Pontifikats an war es in unseren modernen Zeiten gerade diese Unbeirrtheit und Antimodernität, mit der er die Welt erobert hat. Sein Katholizismus war immer randscharf.

Sein Papsttum war wohl das erste wahrhaft globale. Es fiel in die Zeit der Siegeszüge von CNN und World Wide Web. Seit seiner Weihe 1978 reiste Karol Wojtyla öfter und ausdauernder als jeder andere Papst vor ihm, und die Medien berichteten darüber, live und nonstop. Insgesamt bereiste er 129 Länder, besuchte Gläubige in 617 Städten und legte dabei mehr als 1,16 Millionen Kilometer zurück. Rund sechs Prozent seiner Amtszeit hat der Papst außerhalb Italiens verbracht. Er war überall vor Ort, er war der Weltbischof.

Die Öffentlichkeit war von Beginn an sein mächtigster Verbündeter. Mit seinen Wallfahrten, seinen Messen, den in Bewegung gesetzten Massen hat der polnische Papst die eisgrauen Bürokraten des Sozialismus in seinem Heimatland in die Knie gezwungen. Bis zuletzt war er auf der öffentlichen Bühne von instinkthafter Sicherheit. Seine Autorität war stets unantastbar, und so leistete er es sich, die Schleier, die bis dahin über dem Privatleben eines Papstes lagen, ein wenig zu lüften. Er ließ sich fotografieren beim Skifahren in den Dolomiten, er schwamm, er saß vor Computern, die er bereits in den 8oer Jahren für den Vatikan hatte anschaffen lassen. Und am Ende war es die Gebrechlichkeit, die er zeigte – ecce homo. Er machte das Sterben, das letzte große Tabu, öffentlich.

Stets ein Zeitgenosse. Auf den Bühnen wurden seine Stücke gespielt, seine Gedichte stürmten die Bestseller-Listen, seine Website brach zum Amtsgeburtstag unter dem Ansturm der Gratulanten zeitweilig zusammen. Die Medien liebten ihn nicht von ungefähr, denn sein Papsttum war voller Dramatik, bis zuletzt. Er hat den Kommunismus besiegt und ein Attentat überlebt, und man kann durchaus verstehen, dass nicht nur er selbst das alles als Wunder und göttliche Vorsehung erlebte. In dem Gesprächsband *Erinnerung und Identität* beschrieb der Papst zum ersten Mal in Ausführlichkeit die Minuten und Stunden des Attentats 1981 auf dem Petersplatz, beschrieb das Gefühl der Nähe des Todes. Später besuchte er seinen Attentäter, den Türken Ali Agca. Das Foto dieses Seelsorgegesprächs, dieses schlichten Beieinandersitzens von Täter und Opfer – oder: wie das Prinzip Liebe siegt über das Prinzip Hass –, ist eines der bekanntesten des vergangenen Jahrhunderts.

Die Medien liebten diesen Papst stets so sehr, dass sie seine Radikalität in sozialen Fragen oft unbegriffen ließen. Tatsächlich hat Papst Johannes Paul II. wie kaum je einer seiner Vorgänger in den Sozial-Enzykliken gegen die Reichen und Mächtigen Stellung genommen. Sein Kampf gegen die Sirenengesänge des Marktes war grimmiger, als es der gegen den Kommunismus je war. Auch da übrigens wurde er eher von der Jugend verstanden, als fast subversiver Verbündeter, denn die führt ja in aller Konsumbesessenheit stets die Rhetorik der Konsumverweigerung mit.

Der Papst also, der lateinamerikanische Befreiungstheologen wie Leonardo Boff zurück ins Glied gerufen oder ausgeschlossen hat, hat nichtsdestotrotz erstaunlich vieles von ihnen übernommen. Schon 1987, in seiner Enzyklika *Sollicitudo rei socialis* (Über die soziale Sorge der Kirche), geißelte er den blinden Konsumismus und die Wagenburgmentalität der wohlhabenden Ersten Welt, und er verlangte Umverteilungen des Reichtums und »ernsthafte Korrekturen des Kapitalismus«, und das schon vor Mauerfall und Zusammenbruch der kommunistischen Nomenklaturen.

Sicher, Karol Wojtyla glaubte nicht an die Segnungen des bewaffneten Kampfes für Gerechtigkeit auf Erden – aber Auseinandersetzungen hat er nie gescheut. Damals, im ersten Jahrzehnt seines Papsttums, schien er sie noch für gewinnbar zu halten. Knapp fünfzehn Jahre später empfand er nur noch Bitterkeit. Auf dem Berg der Seligpreisungen am Ufer des Sees Genezareth, vor rund hunderttausend Jugendlichen und damit der größten Versammlung von Christen, die sich je im Heiligen Land zusammengefunden hatte, geißelte der Papst im heiligen Jahr 2000 die Umwertung der Werte, die die moderne Welt vorgenommen habe. Er tat es mit einer düsteren Umformung der Bergpredigt: »Selig sind die Stolzen und die Gewalttätigen, die sich um jeden Preis bereichern, selig die Skrupellosen, Mittellosen und Hinterhältigen, die Krieg und nicht Frieden machen und diejenigen verfolgen, die ihnen im Weg stehen. Ja, sagt die Stimme des Bösen, sie sind die Gewinner. Glücklich sind sie!«

So spricht einer, der verloren hat. Oder?

Wahrscheinlich ist es so, dass dieser Papst immer gerade in seinen Niederlagen triumphierte. Er konnte den Irak-Krieg nicht verhindern, doch sein Widerstand dagegen brachte ihm Bewunderung und Liebe ein. Er stand da einmal mehr auf der Seite der Jugend, der struppigen Demonstranten im Central Park, der Aktivisten in London, Paris, Berlin. Es konnte kaum etwas Beeindruckenderes geben als diese Friedensgebete des Papstes in seinem Rollstuhl, zur Seite gekippt wie ein gefällter Baum. Dass sie alle zu ihm pilgerten, die modernen Kreuzzügler um Bush und Blair und Aznar, und vergebens um seine Zustimmung buhlten, zeigt, wie wichtig in dieser säkularisierten Welt das Papstamt doch ist und wie sehr es Politik machen kann.

Popularisierungen und Polarisierungen haben Karol Wojtylas Papsttum geprägt. »Die Ironie, die häufig nicht verstanden wird, ist die, dass liberalisierte Kirchen ihre Mitglieder absolut nicht halten können. Es ist dagegen eine soziologische Tatsache, dass Menschen auf Doktrinen ansprechen.« Vielleicht also wird sich eines Tages herausstellen, dass Papst Johannes Paul II. gerade dort, wo er am fragwürdigsten war und sich die meisten Feinde machte, am glänzendsten gewonnen hatte. Eines ist sicher: Dieser polnische Junge, der zum Oberhaupt über mehr als eine Milliarde Katholiken wurde und der dieser veräußerlichten Welt einen Superstar der Innerlichkeit entgegensetzte, hat seinen Weg beeindruckend schwindelfrei zurückgelegt.

Doch es war sein Sterben, das die Weltöffentlichkeit schließlich in den Bann schlug. Normalerweise zieht unsere auf Jugendlichkeit getrimmte Medienöffentlichkeit die Alten und die Sterbenden aus dem Verkehr. Diesmal aber zeigte sie einen Pontifex, der um jedes Wort rang und der aus seinem Leiden ein spirituelles Erlebnis machte. Früher, sagte er einmal, habe er gedacht, er müsse sein Anliegen durch Predigten und Aufrufe vermitteln. Nun wisse er, er müsse es durch Schmerzen tun. So dachte jeder an die Endlichkeit. Und jeder an diejenigen, die gestorben waren in Familie oder Freundeskreis. Mein Vater fiel mir ein, wie er gegen Ende immer milder, immer wirrer, immer freundlicher wurde. Und unerschütterlich war in seiner Frömmigkeit.

Während Johannes Paul II. in jenem März 2005 schwächer und schwächer wurde, füllte sich der Petersplatz mit Jugendlichen aus aller Welt. Sie kamen mit Schlafsäcken, mit Decken, mit Proviant, mit Rosenkränzen, sie hielten Wache für ihren Papst, der sie so oft zusammengerufen hatte. Dies war sein letzter Ruf, und dem folgten alle. Es war still auf dem Platz. Vereinzelte Gebete, vereinzelte Gesänge, den Blick hinaufgewandt zu jenen gelben Fernsterrechtecken der päpstlichen Gemächer.

Die Passionswoche lag hinter ihnen, mit einer letzten Botschaft des Papstes: »Sei gegrüßt, oh Kreuz, einzige Hoffnung, schenke uns Geduld und Mut und erhalte der Welt den Frieden.« Sie hatten die Osternacht und die Auferstehung gefeiert, und der Papst war hinfälliger geworden. Ostersonntag und Ostermontag zeigte er sich, aber er blieb stumm. In den nächsten Tagen verschlechterte sich sein Zustand. Am Freitag nach Ostern mühten sich Ärzte um ihn in seinen Privatgemächern, einen Aufenthalt in der Klinik hatte er abgelehnt. Am Samstag schließlich trat Erzbischof Leonardo Sandri vor die Mikrofone und sagte: »Um 21.37 Uhr ist unser Heiliger Vater in das Haus des Herrn zurückgekehrt.« Seinen Jugendlichen auf dem Platz, den Christen, den Anteilnehmenden in aller Welt hatte er noch, zitternd, eine letzte Botschaft aufgeschrieben: »Seid froh, ich bin es auch.«

Nach seinem Tod ertönten Sirenen in Polen, die Menschen fielen auf die Knie, um zu beten, Staatschefs kondolierten, George Bush schrieb: »Die katholische Kirche hat ihren Hirten verloren. Sie hat einen Champion der menschlichen Freiheit verloren.«

Einem uralten Brauch gemäß trat der Kämmerer an den Toten heran, rief dreimal seinen Namen »Karol«, zog sodann den Fischerring von seinem Finger und zertrümmerte ihn. Uraltes Zeremoniell bestimmte auch die Choreografie der darauffolgenden Tage, und vier Millionen machten sich auf den Weg nach Rom, um dem Papst das letzte Geleit zu geben. CNN und andere Fernsehanstalten berichteten rund um die Uhr, und es gab tatsächlich eine Menge zu besehen und zu bestaunen. Da waren die Aufbahrung und die gregorianischen Gesänge, die Bilder aus der Basilika und dann jene von der eindrucksvollen Totenmesse davor.

Eines bleibt haften: Da steht der schlichte Sarg vor den Trauergästen und Würdenträgern aus aller Welt, und darauf liegt die große Bibel, und der Wind blättert sachte ihre Seiten um.

Der lächelnde Unbeugsame

Sind wir noch Papst? Das Benedetto-Fieber und
die launischen Deutschen – über die Achterbahnfahrt
des Papstes in der öffentlichen Anerkennung

Der Liebessturm

Selten in der Geschichte ist ein Kirchen-Fürst von den Deutschen enthusiastischer gefeiert worden und tiefer gefallen.
Die Erhöhung des Kardinals Ratzinger begann, wie bei seinen Vorgängern, mit weißem Rauch und Glockenklang und
einem Purpurvorhang, der schließlich beiseite geschlagen
wurde. Sie begann am 24. April 2005 mit einem großen Hosi-
anna. Nun, sechs Jahre später, sind wir angelangt beim »Kreu-
ziget ihn!«.

Die Welt hatte den Atem angehalten, als die Kardinäle der
katholischen Kirche den neuen Stellvertreter Christi auf Erden
kürten. Diese Papstwahl war mit 26 Stunden Beratung eine
der kürzesten der Geschichte. Offensichtlich war der Gewählte
einer, auf den sich die Kardinäle aus aller Welt schnell einigen
konnten: Joseph Ratzinger. Ein Deutscher. Ein Polizistensohn
aus Bayern.

Ich war Korrespondent in London und erlebte, wie sehr diese
Wahl draußen ein Politikum war. Während die *Bild*-Zeitung
mit ihrer mittlerweile legendären Zeile »Wir sind Papst« feierte,
kamen die britischen Groschenblätter mit dem »Panzerkardi-
nal« und ausgiebigen Erläuterungen über die Mitgliedschaft
des Pennälers Ratzinger in der Hitlerjugend. Und in den deutschen Talkrunden saßen die üblichen Verdächtigen – Küng und
Drewermann und Geißler – und wiegten skeptisch die Häup-
ter. Hatte der Mann nicht, als Chef der Glaubenskongregation,
also der Nachfolge-Administration der heiligen Inquisition, mit

der Befreiungstheologie aufgeräumt und das dogmatische Tafel-silber der katholischen Kirche poliert?

Die Vertreter der Weltkirche hatten keinen Moment gezö-gert und sich mit Aplomb über die Warnungen der argwöh-nischen Deutschen hinweggesetzt. Der neue Papst präsen-tierte sich mit einem lachenden Gesicht über dem Petersplatz, inmitten der prachtvollen Kulisse, in der in den Wochen zuvor mit dem ergreifenden Sterbe-Schauspiel von Papst Johannes Paul II. ein wahrhaftes katholisches Erweckungsfieber einge-leitet worden war.

Johannes Paul II. hatte mit seinen Weltjugendtagen, seinen Reisen, seiner Medienpräsenz die Weltkirche ausgedehnt. Nun folgte ihm einer nach, der gelernt hatte, zu sorgen, zu bewah-ren, zu befestigen. Ratzinger, oben an der Balustrade über dem päpstlichen Wappen, sprach von einem »ungeheuren Auftrag«. Er sagte nicht, dass er allwissend und unfehlbar sei, sondern das bescheidene Gegenteil. Er sagte: Ich bin ein einfacher Arbei-ter im Weinberg Gottes. Er sagte: Mich tröstet der Gedanke, dass der Herr mit unfertigen Werkzeugen zu arbeiten versteht. Doch als er rief »Die Kirche lebt, die Kirche ist jung«, war die Menge außer sich.

Bereits als Chef der Glaubenskongregation galt Joseph Rat-zinger als prinzipienfest und war schon damit ein Anstoß für viele, die Prinzipienfestigkeit als unmodernes Ärgernis sahen und ihn deshalb »Gottes Rottweiler« nannten. Tatsächlich hat sich der Heilige Geist da eine delikate Pointe geleistet, den Papst ausgerechnet bei denen zu rekrutieren, die ihn am nötigsten haben: bei den Deutschen, den Reformkatholiken, den Protest-religiösen, die bereits gegen Johannes Paul II. aktiv geworden waren, 1989 in einer Brandschrift mit dem Titel »Wider die Entmündigung – für eine offene Katholizität«. Damals war die Ernennung des Kölner Kardinals Meisner Anlass, gegen den »autoritären Führungsstil« des Papstes zu protestieren.

Die Deutschen und Rom – nicht von ungefähr begann das Drama der Moderne und der Kirchenspaltung in deutschen

Landen, und es sind die Deutschen, die heute die Profanisierung mit am weitesten getrieben haben.

In seiner Predigt zu Beginn des Konklaves hatte Joseph Ratzinger gegen den Relativismus der Moderne Stellung genommen. Es war so etwas wie seine Regierungserklärung. Dieser Papst hat wesentlich an den kämpferischen Sozial-Enzykliken seines großen Vorgängers mitgearbeitet. Er hat ihm zugearbeitet. Er hat ihm gedient. Es durfte erwartet werden, dass er sein Vermächtnis weiterführt zum Wohl der Weltkirche. Und man hat sich nicht getäuscht. Ein Deutscher folgt einem Polen auf dem Stuhl Petri. Ein Theologenpaar, das in aller Unterschiedlichkeit der Temperamente doch in den Wesensfragen einig war.

Wir Deutschen konnten hoffen, dass dieser Papst für uns eine ähnliche Ermunterung darstellen würde, wie Karol Wojtyla sie für die Polen bedeutet hatte. Für die Menge hatte der schüchtern lächelnde Kardinal Ratzinger als Papst plötzlich Charisma. Die »Generation Benedikt« wurde gegründet. Dem Papst flogen die Herzen zu. Dieser Papst, der in den unruhigen Sechzigern ein Theologie-Star in Tübingen war (und dort womöglich traumatisiert wurde von lärmenden Hörsaalrevoluzzern), der dann als Professor in Regensburg und als Erzbischof in München wirkte, war schließlich von Johannes Paul II. nach Rom geholt worden, um auf die theologischen Befestigungsanlagen der Weltkirche mit ein Auge zu werfen. Er war Verwaltungsfachmann, Gelehrter, Buchfreund, kein Massentribun.

Und nun war er Papst und verkörperte durch seine Wahl so etwas wie die Apotheose einer deutschen Biografie. Und so gab er nun den Segen urbi et orbi. Lange, das ließ sich in dem Moment getrost sagen, war der Welt nicht mehr so viel Hoffnung gebracht worden von einem Deutschen wie an diesem Tag. Und als er ein paar Monate später sein Heimatland besuchte und zum Weltjugendtag nach Köln kam, säumten Hunderttausende das Rheinufer. Ende des Jahres legte er seine erste Enzyklika vor, und die galt der Liebe, und selbst die linksliberalen Feuilletonisten schienen sich mit ihm versöhnt zu haben.

Inzwischen ist der Honeymoon vorbei. Nun wird ein erneuter Deutschland-Besuch vorbereitet, und die Betriebsnudeln der katholischen Kirche machen mobil. Nach dem Vorstoß von CDU-Politikern, verheiratete Männer zum Priesteramt zuzulassen, verbunden mit einer Generalschelte des Vatikan und Volten gegen die deutschen Bischöfe, folgten 144 Theologie-Professoren, die im Prinzip eine andere Kirche forderten.

Hatte die erste Gruppe aus »Sorge um die pastorale Versorgung« gehandelt, reagierte die zweite auf die durch die Missbrauchsfälle hervorgerufene Kirchenkrise: Sie wollen – rätselhafterweise – ein Ende des Pflichtzölibats, Frauen als Geistliche, Basisdemokratie bei der Auswahl von Bischöfen und Pfarrern, Anerkennung von schwulen Lebensgemeinschaften sowie ein »Ende des moralischen Rigorismus«, ganz nach dem Motto: Sind wir nicht alle Sünder? Also bitte, da kann man doch mal ein Auge zudrücken, und soooo sehr in Stein gemeißelt sind die Zehn Gebote ja wohl auch nicht! Und in diesem Licht einer weniger rigorosen Moral sollte man dann wohl auch die Sache mit der Pädophilie nicht zu eng sehen.

Die deutschen Funktionäre. Wieder einmal postulieren sie aus ihrem Herrgottswinkel der Weltkirche heraus einen kompletten »Neuanfang«, und nicht ohne taktische Perfidie nehmen sie diesmal die Erschütterungen des Missbrauchsskandals zum Anlass, im Gleichtakt mit der kirchenfeindlichen Presse die Hierarchie in toto herauszufordern, statt solidarisch und mitleidend mit dem Kirchenvolk und innerhalb der Kirche zur Heilung beizutragen.

Aber der deutsche Katholizismus war schon immer ein Sonderfall, und der Papst wusste das, als er die deutsche, die bayerische Heimat besuchte. Die Deutschen seien, sagte er auf dem Münchner Marienplatz, mit »religiöser Schwerhörigkeit« geschlagen, und da er dabei lächelte, verstörte es keinen. Er berichtete von den erstaunten afrikanischen Bischöfen, die meinten, die deutschen Katholiken lieferten alle sozialen Hilfen, die man sich vorstellen könne, aber der liebe Gott käme bei ihnen kaum noch vor.

Ich fuhr nach Altötting, wo der Papst einen Gottesdienst unter freiem Himmel zelebrierte. Ich werde nicht vergessen, wie er die Monstranz durch die Menge trug. Ehrfürchtig, vorsichtig trippelnd, und seine Augen wanderten nach links und rechts, leicht misstrauisch, um mögliche Gefährdungen für den Leib Christi rechtzeitig zu erkennen. Als traue er dem Frieden hier unter den Deutschen nicht.

Als er dann sein Heimatdorf Marktl am Inn besuchte, mischte ich mich unter die Wartenden. Mir kam es so vor, als ob alle jubelten, aber keiner so recht bei der Sache war. Szenen von der Dorfstraße: »Näher kommt man ihm kaum«, sagte ein bebrillter Verwaltungsangestellter und ließ sich nieder neben einer Frau, die schon seit sechs Stunden hier saß, am Ortsausgang von Marktl am Inn. Von hier aus würde Benedikt XVI. den letzten Blick werfen, zurück auf seinen Geburtsort,  und diesen Blick würde man gerne einfangen mit dieser prima 1A-Canon-Digitalkamera.

Vorne am Marktplatz würde der Papst das Bad in der Menge nehmen, und dahinten kommt dann nur noch das Umsteigen in den Helikopter, doch hier, genau hier, wird er ein letztes Mal winken durch die Scheiben des Papamobils.

Mit all den geweißten Spritzbetonfassaden sah das hier aus wie jedes andere Straßendorf, wie in Chlodwig Poths Strip »Last Exit Sossenheim«. In den Fenstern hingen Weihnachtsdeckchen aus Plastik. Drüber das Schild »Fahrunterricht für Krafträder«. Wehmütig wird man hier nicht, dachte ich mir. Hier gibt man Gas. Hier ist weder Land noch Stadt, und der bayerische Katholizismus ist weder fromm noch kritisch in dieser gesichtslosen Zwischendrin-Region, die nun überquillt von denen, die das

Papstspektakel anzieht, einerseits, die aber andererseits kaum noch in die Kirche gehen.

»Man war halt als Kind dabei«, sagt die Frau aus dem Lackierer-Betrieb. »Jetzt hat man weniger Zeit.« Sicher, im Prinzip handelt es sich ja nur um eine Stunde, sonntags. »Na ja, ab und zu gehen wir ja.« Es ist gar nicht mal so, dass sie Kritik hätte. Sie müsste sich jetzt regelrecht anstrengen, um sich daran zu erinnern, was heutzutage als Kirchgangsverweigerungsgründe akzeptiert wird. Es ist die ganz alltägliche Glaubensdämmerung, also wie war das noch mal mit den Kondomen?

Der Zahnarzt hat seine Praxis genau auf dem Schnittpunkt der Kreuzung, die der Papst passieren wird. Vom ersten Stock aus übersieht er alles. Seine Frau lehnt mit einem Sektkelch im Fenster, absoluter Logenplatz, und daneben steht der Zahnarzt selber. In Gold! Goldenes Gesicht, goldener Anzug. Das alles ist eine vergoldete Pappmaschee-Replika des Zahnarztes, die ihm von den Helferinnen zum Geburtstag geschenkt worden ist. Anschließend sind sie herumgetanzt um ihren goldenen Zahnarzt. Der echte Zahnarzt lächelt und wartet auf den Papst, der unter ihm vorbeifahren wird.

Katholik? Aber sicher sei er Katholik, hier sind alle katholisch. Kirche? Eher weniger. Und der Papst? »Na, vielleicht bekehrt er mich ja wieder.« Verschmitzte Pause. »Mal abwarten.« Das sind die Kräfteverhältnisse heutzutage: Da muss schon der Papst persönlich vorbeikommen, um den Zahnarzt zurück in die Kirche zu bewegen. Und auch das ist längst nicht sicher. Wer weiß, wie er wirkt auf den Zahnarzt, wenn er vorbeifährt. »Mal sehen, was passiert.«

Sie können sehr anspruchsvoll sein, die deutschen Katholiken. Erst mal soll der Papst die Welt retten, drunter tun sie's nicht. Da ist der rechtschaffene pensionierte Stukkateur Franz, unten an der Absperrung: »Die Globalisierung sollte er stoppen«, sagt er. Da allerdings ist der Papst genau der Falsche, denn er ist schon von Amts wegen Globalisierer. Er ist Chef der größten Organisation des Erdballs, über eine Milliarde Katholiken insgesamt, Schwerpunkt Afrika, da sind die anspruchsvollen Deutschen eine durchaus zu vernachlässigende Größe.

Durch diese aus afrikanischer Sicht kirchenferne, heidnische Horde, die zwar spendet, aber wenig vom lieben Gott spricht, quält sich am Absperrgitter an diesem Tag Bernd aus Chemnitz mit einer mächtigen Plastiktasche voller Benedetto-T-Shirts und weißgelben Vatikan-Auto-Wimpeln. Die Wimpel seien absolut brauchbar für Leute, die es sehr eilig haben, zur Messe zu kommen – »die halten bis zu 80 Stundenkilometer aus«.

Und dann kommt der Papst tatsächlich. Arme werden in die Höhe gerissen, Frauen schreien, ein Kind ruft in seliger Begeisterung hinüber zur weißen Gestalt, die da im Papamobil vorbeischwebt: »Der kann ja fliegen«, der Papst winkt, und dann hat er auch schon den Globalisierungsgegner und den Zahnarzt und die Frau mit dem Lackierbetrieb hinter sich gelassen. Und einer stiert auf sein Handy und ruft entgeistert: »Da ist ja gar nichts drauf.«

So kann das gehen. Da kann man ihm, dem Nachfolger Petri, so nahe sein, und trotzdem alles verfehlen.

Der kontroverse Professorenpapst

Einige Tage später hielt er in Regensburg den mittlerweile berüchtigten Vortrag über Glaube und Vernunft und forderte darin die islamische Welt zur Toleranz auf und erntete Sturm. Es war, als hätten die deutschen Feuilletons auf diese erste naive Blöße, diese in der Sache völlig richtige diplomatische Ungeschicklichkeit gewartet, um über ihn herzufallen. Die deutsche Begeisterung verschattete sich.

Dabei tat er alles, um die Missstimmung zu beheben. Er traf sich mit islamischen Würdenträgern und trat überhaupt, wo immer möglich, als Friedensstifter auf. Er sprach, schon in Köln in der Synagoge, das Kaddisch für die Holocaust-Opfer. Er sprach mit dem Oberhaupt der Kopten und dem evangelischen Bischof Huber. Er verständigte sich mit dem israelischen

Ministerpräsidenten und mit dem Chef der palästinensischen Autonomie-Behörde. Er schrieb einen Brief an die gespaltene katholische Kirche in China, und er bereiste Lateinamerika und entschuldigte sich dort für die Verbrechen, die während der Kolonialzeit im Namen der Kirche begangen worden waren. Der Papst war der Weltversöhner.

Schließlich brachte er sein wundervolles Jesus-Buch heraus, das auf Anhieb zum Weltbestseller wurde, und es war das erste Mal, dass ich von einem Papst als Schriftsteller fasziniert war. Sein Buch richtet sich genauso an Küng wie an die deutschen Bischöfe, an die Kirche von unten genauso wie an die Protestanten wie an die rund zwei Milliarden übrigen Christen auf der Welt, die daran glauben, dass Christus auferstanden ist.

Das Jesus-Bild hat sich, so der Papst, verändert seit den Zeiten Romano Guardinis. »Der Riss zwischen dem historischen Jesus und dem Christus des Glaubens wurde immer größer.« Sein Buch versucht, diesen Riss zu schließen. Mehr nicht. Doch das ist eine gewaltige Aufgabe.

Benedikt beschreibt die Jesus-Figur aus dem Material der Evangelien. »Ich bitte die Leserinnen und Leser nur um jenen Vorschuss an Sympathie, ohne den es kein Verstehen gibt.« Eine feine diskurstheoretische Drehung im akademischen Raum, und wir können unbefangener nach vorne argumentieren – in Benedikts Denken liegt durchaus ein Lächeln. Er setzt sich mit den kritischen Exegesen der Evangelien auseinander, den protestantischen, den orthodoxen. Doch in erster Linie geht es ihm um die eigene Textanalyse, und die vollzieht er in den filigranen Wundern eines theologischen Ausnahme-Stilisten.

In der Bergpredigt sieht er – mit aller Emphase – die Auslegung der Wahrheit unseres Seins: »Die Notensprache unserer Existenz wird uns entschlüsselt.« Er scheut keine Auseinandersetzung, er sucht sie. Hier, anlässlich der Seligpreisungen der Bergpredigt, findet Professor Ratzinger Gelegenheit, mit Nietzsche zu debattieren, dem Dionysiker, der die Christen-Moral als »Kapitalverbrechen am Leben« bezeichnete. Die Bergpredigt kommt bei Nietzsche als Ideologie der Schwachen und Feigen daher, und sie steht dem Willen entgegen, »die Angebote des Lebens jetzt auszuschöpfen, den Himmel hier zu suchen und sich dabei von keinen Skrupeln hemmen zu lassen«. So weit die moderne Bewusstseinslage – eine Diesseits-Versessenheit, die, so der Autor, »zum Missbrauch ökonomischer Macht« führt und zu einem System, das »aus Menschen Waren macht«. Und dagegen wird der »wirkliche Höhenweg des Lebens« gesetzt, der sich nur in den Liebes-Philosophemen der Bergpredigt enthüllt.

Der Papst beschränkt sich in diesem Buch auf Jesu öffentliches Wirken, von der Taufe bis zum Petrusbekenntnis. Dazwischen streut er Essays über die Sprache der Gleichnisse ein oder Betrachtungen über die johanneischen Bilder. Ein ziemlich imponierender diskursiver Bogen, unter dem das Leben des Herrn erzählt wird. Natürlich nutzt er dieses Buch auch, um Randschärfen herauszuarbeiten und klarzumachen, was Katholizismus bedeutet. Zum Beispiel in der Meditation über das Beten, im Kapitel über das »Vater unser«.

Beten ist kein kumpelhaftes Plaudern, sondern ritualisiertes Sprechen, dessen Formensprache ebenso wichtig ist wie das innige Verstehen. Die katholische Dialektik sagt, dass Spektakel und Struktur, Form und Inhalt immer zusammengehören. Die Formensprache aus Anreden und Bitten stützt die Andacht und sorgt für die gebührende Ehrfurcht vor Gott.

Das »Vater unser«, auf Professoren-Art zerlegt: »Drei Bitten sind Du-Bitten, vier sind Wir-Bitten. In den ersten drei Bitten geht es um die Sache Gottes selbst in dieser Welt; in den vier folgenden ...« Und so weiter. Und das Erstaunliche: Dieses geduldige Häuten der Zwiebel fördert im Verlauf des abgenutzten Gebetes mit jeder Bitte neue, sehr aktuelle Deutungen und Wahrheiten zu Tage, die gleichzeitig mystisch und klar sind und damit genau den Zweiton haben, der sein Temperament ausmacht.

Es ist ein warmherzig geschriebenes Buch über Jesus und die Evangelien, doch immer wieder vernehmbar ist die Figur, die die katholische Lehrmeinung ausspricht. Die ersten vier

Kapitel entstanden noch während seiner Amtszeit als Hüter der katholischen Lehre. Die weiteren Kapitel sind dem Papstalltag abgerungen worden. Nun ist ein zweiter Band erschienen, und der beschäftigt sich mit den Essentials des Glaubens, mit den Grundlagen, mit katholischer Orthodoxie: mit Jungfrauengeburt, Tod und Auferstehung. Auch hier wieder der Impuls, der das Pontifikat dieses Professorenpapstes prägte: in einer Zeit schwindender Verbindlichkeiten und zunehmender Glaubensunsicherheit Pflöcke festklopfen, die Bestände sichern. Aber auch Missverständnisse gilt es auszuräumen. Die Juden als Volk sind *nicht* schuldig am Tod Jesu.

Gerade sein Verhältnis zu den Juden war oft Gegenstand von Debatten, ob es sich nun um seine Rede in Auschwitz handelte, die erst im Nachhinein als große Rede gewürdigt wurde, oder sein Bemühen, die Pius-Bruderschaft und die Traditionalisten zurück in den Mutterschoß der Kirche zu holen. Hier allerdings machte ihm sein eigener Beraterstab zu schaffen, der nicht in der Lage war, einen Background-check des ominösen Bischof Williamson durchzuführen, der sich als kruder Holocaust-Leugner entpuppt hatte.

Doch der Papst, der als lächelnde deutsche Lichtgestalt begonnen hatte, der sich in der Folge durch couragierte, politisch nicht korrekte Auftritte ins Gedächtnis schrieb, der die Annäherung zu den orthodoxen Kirchen, der den Dialog mit den Protestanten suchte, ohne das Trennende zu verschweigen, der den Brückenschlag zu den Wissenschaften und den Philosophen suchte, immer anregend und angeregt, dieser Papst wurde schließlich eingeholt und fast überrollt von der Welle der Missbrauchsskandale, von diesem »Vulkanausbruch an Schmutz«, der ihn Kraft kostete und an die Grenze der physischen und seelischen Belastbarkeit brachte.

Und da setzt er sich hin mit dem Journalisten Peter Seewald in Castelgandolfo, eine Woche lang jeden Vormittag von zehn bis elf Uhr, und zieht Bilanz für das Gesprächsbuch *Licht der Welt*. Es machte Furore. Es liest sich wie das Logbuch eines

Kapitäns, dessen Schiff in stürmischer See zwar Leck geschlagen ist, der aber die erforderlichen Reparaturarbeiten erfolgreich durchgeführt hat.

Die Regensburger Rede, die Lateinamerika-Reise, die Missverständnisse um die Auschwitzrede, die Pius-Bruderschaft – alles kommt zur Sprache. Von allen Treffern, die das Kirchenschiff während des Pontifikats Benedikts hinnehmen musste, war die überfällige Aufdeckung der Missbrauchsfälle innerhalb der katholischen Kirche wohl der schwerste.

Keiner kam auf die Idee, zu fragen, warum sich die Flut des Missbrauchs erst nach den tektonischen Erschütterungen der 60er Jahre Bahn gebrochen hatte. Zu einem Zeitpunkt also, als das alte strenge Kirchenrecht kaum noch Anwendung fand. Der Papst schließt daraus, wohl nicht zu Unrecht, dass der Übergang der Rechtskirche zu einer »Liebeskirche«, die nicht mehr strafen dürfe, fatal gewesen sei. Nun müsse auch hier wieder Klarheit geschaffen und streng durchgegriffen werden. Zuallererst aber müsse den Opfern geholfen werden. Aber auch das weiß er, wie er dem Journalisten Seewald gestand: »Dass nicht nur der reine Wille zur Wahrheit diese Presseaufklärung geleitet hat, sondern dass es auch eine Freude gab, die Kirche bloßzustellen und möglichst zu diskreditieren, war nicht zu übersehen.«

Der trauernde Hirte

Die Wirkungsgeschichte dieses Gesprächsbuchs ist äußerst vielsagend. Denn die internationale Presse hat sich vor allem auf eine winzige Stelle gestürzt, in der sich der Papst zum Kondom-Gebrauch äußert. Ja, diese einzigartige und welterschütternde Sensation war bereits durchgesickert, bevor das Buch auf den Markt kam. Sie bestand in der Antwort des Papstes auf die Frage, ob man Kondome benutzen darf. Jetzt alle festhalten: Ja. Man darf. Unter Umständen.

Ein Erleichterungsseufzer entrang sich der geknechteten Christenheit, die ja offenbar immer noch wie im Mittelalter unter bindenden päpstlichen Bullen und Bannflüchen lebt. Leitartikler leitartikelten, Menschenrechtsorganisationen schalteten sich ein, Abendnachrichten wurden mit der Meldung eröffnet, Internetforen liefen heiß, und natürlich warnte Hans Küng, der Gegenpapst, vor einem rein taktischen Manöver. Aber das tut er immer, wenn der Papst Meinungen äußert, die auch Liberale unterschreiben könnten.

Aus dem Gespräch, das Papst Benedikt XVI. mit dem Journalisten Peter Seewald über Gott und Glauben und den einigermaßen heillosen Zustand der Welt führte, über die Merkantilisierung des Lebens, die achtlose Schändung der Natur, die Konfessionen, die religiöse Ermüdung Europas, schnurrte das Interesse der Publikums auf diese 16 Zeilen zusammen. Und diese wiederum auf ein Wort: Kondome.

Diese Verengung muss für jeden deprimierend sein, nicht nur für den Papst. Nichts offenbar interessiert eine bis zur Schwachsinnsgrenze durchsexualisierte Gesellschaft mehr als das, was die bayerische Erzkatholikin Gloria von Thurn und Taxis einst als »Schnackseln« bezeichnet hat. An der grundsätzlichen Antwort der Kirche hat sich auch nach diesem Interview nichts geändert. Moraltheologisch gesprochen: Schnackseln ja, aber bitte aus Liebe und mit dem Wunsch nach Kindern. Gerade das Letztere müsste jedem Bevölkerungsexperten und Familienpolitiker das Herz höher schlagen lassen.

Die Haltung des Papstes ist nicht etwa eine reaktionäre, sondern eine geradezu utopische. Er hat sie bereits in seiner ersten Enzyklika *Deus caritas est* niedergelegt. Schon damals muss er den ungeheuren Bedarf an spiritueller Entwicklungshilfe in Liebesdingen gespürt haben. Er hat nämlich partout Sexualität und Liebe zusammengedacht, in einer Welt, die beides längst entkoppelt und den Sex verdinglicht und zur Ware gemacht hat. Was den Gebrauch von Kondomen angeht, hat der Papst diesen nun also gebilligt, in begründeten Einzelfällen, als »ersten

Schritt zur Moralisierung«, zur »Verantwortung«, besonders bei männlichen Prostituierten.

In ermüdender Monotonie fordern Kirchenkritiker immer wieder, dass der Vatikan endlich »tabulos« über die Sexualmoral reden möge. Wobei, im Ernst, »tabulos« doch dann schon wie eine dieser altmodischen Prickelvokabeln wirkt, mit der Schlepper im vorigen Jahrhundert auf der Reeperbahn die Kundschaft in puffige Plüschbars lockten, die heute, unter Bedingungen des pornografischen Totalschadens, nur noch ein Gähnen hervorrufen.

Doch immer noch scheint es nichts Empörenderes zu geben, als jene über Sex reden zu hören, die nicht von dieser Welt zu sein scheinen. Nichts bringt die liberale Öffentlichkeit mehr auf die Palme als der Zölibat, an dem der Papst festhält.

Der Papst zeigt sich übrigens in seinem Gespräch mit Peter Seewald ganz von dieser Welt: »Tatsächlich ist es ja so, dass, wo immer sie jemand haben will, Kondome auch zur Verfügung stehen.« Das gilt übrigens auch in Afrika und anderen Aids-Notstandsgebieten, wobei stets schleierhaft bleibt, warum sich ausgerechnet mehrheitlich islamische, evangelikale oder stammesreligiöse Klienten aus Angst davor, den Segen der katholischen Kirche zu verspielen, in riskantes Sexualverhalten stürzen sollten. Auch marodierende Söldner oder marodierende Sextouristen haben meiner Ansicht nach nicht aus Kirchentreue auf die Benutzung von Kondomen verzichtet. Hier ein paar Zahlen: In Swaziland gibt es 43 % Aids-Infizierte, aber nur 5 % Katholiken. In Uganda ist es eher umgekehrt: Da sind nur 4 % mit Aids infiziert, aber 36 % sind Katholiken. Eine direkte Korrelation zwischen Katholizismus und Aidsgefahr erschließt sich da nicht auf den ersten Blick.

Dass mit Kondomen allein der Infektionsseuche nicht beizukommen ist, weiß jeder Aids-Aktivist. Der Papst jedoch ist für diese Aussage auf seiner Afrikareise geprügelt worden. Nun kann er seine von der Weltpresse unterschlagene Differenzierung wiederholen: »Es muss viel mehr geschehen. Wir müssen nahe bei den Menschen sein, sie führen, ihnen helfen; und zwar sowohl vor wie nach einer Erkrankung.« Auch das dürfte jeder Aids-Aktivist unterschreiben – es ist die christliche Position, die des Evangeliums vom barmherzigen Samariter.

Jeder weiß doch, wie und wo man sich Kondome besorgen kann, sagt der Papst. Das ist deutlich. Am Ideal, das er darüber hinaus propagieren möchte und von dem er hofft, dass es nicht verschluckt wird im Lärm, nämlich dem der Liebe in Treue, ändert das kein Jota. Dass er jedoch ausgerechnet das Beispiel eines männlichen Prostituierten nimmt, um seine Einsichten zu erläutern, zeigt, dass ihm das Herz im Amt weit geworden ist. Er hat aus den Abertausenden Menschen, Gesichtern, Schicksalen, die ihm in seinem Amt begegnet sind, gelernt, wie schwer ein Leben in Wahrheit ist. Stricher und Huren, Glaubensschwache, Ausgegrenzte, die spricht er an, auch zum Ärger des religiösen Establishments. So was hat schon mal verärgert. Vor rund 2000 Jahren.

Besonders aber provoziert er nun die Schriftgelehrten der säkularen Welt, die Kirchenfeinde in den Redaktionen, die darüber wüten, dass ihnen ein vertrautes Feindbild abhandenkommt. Neben der hysterisch debattierten Kondomerei hat diese große Befragung des Papstes durch Peter Seewald den Charakter einer Bilanz, und die fällt so selbstkritisch aus, dass es denjenigen, die normalerweise mit Kirchenkritik befasst sind, erst einmal die Sprache verschlagen hat.

Das ungemein Lesbare an diesem Buch ist, dass es sehr menschlich daherkommt, aber den Gottesbezug nicht verschämt ausklammert. In den Äußerungen zur weltumspannenden Drogenseuche etwa verknüpft er Sozialpsychologie und Theologie: »Da ist eine Gier nach Glück entstanden, die sich mit dem Bestehenden nicht begnügen kann. Und die dann in das Paradies des Teufels, wenn man so sagen will, flüchtet und Menschen rundum zerstört.« Bibelsprache, deutliche Sprache.

Als Gläubiger redet er in die Zeit hinein. Er stimmt Nietzsche zu, der dichtet »Alle Lust will Ewigkeit«, was wohl als Signet-

Wort unserer hedonistischen Gegenwart gelten kann. Ja, sagt der Papst, der Mensch möchte Lust bis zum Äußersten, »aber wo es Gott nicht gibt, wird es ihm nicht gewährt«. So sieht es nun mal die katholische Kirche. Sorry, Leute, aber irgendwann ist jede Party zu Ende, und dann beginnen die letzten Fragen.

Er spricht über seinen Vorgänger, der die Welt im zerfallenden Sozialismus zum Glauben hin geöffnet habe. Er sieht neue Aufgaben für sich, nämlich die einer Konsolidierung. Dem Streben widerstehen, beim Publikum anzukommen. Also weder politischen Moralismus noch religiöse Psychotherapie betreiben, sondern zur Wurzel, zum Glauben zurückfinden. Das wäre die Aufgabe des Moments, und die ist monumental genug.

Der Papst zieht Bilanz. Sein Pontifikat begann mit der hysterisch-verdächtigen »Wir sind Papst«-Begeisterung und führte nicht lange später in die schwärzeste Verachtung insbesondere in Deutschlands Medien. Andere sprangen ihm bei. Als er mit der Pius-Bruderschaft auch die umstrittene historische Karfreitagsbitte für die »verblendeten Juden« mit rehabilitierte, der er jedoch durch Umformulierung das Bittere nahm, wurde er von deutschen Kommentatoren geradezu als Antisemit beschimpft. Es bedurfte des New Yorker Rabbiners Jacob Neusner, der die Bitte verteidigte mit dem Hinweis, sie liege »in der Logik des Monotheismus«. Schließlich würden auch gläubige Juden dreimal am Tag darum beten, dass eines Tages alle Nichtjuden den Namen JHWHs anriefen.

Den jähen Stimmungsumschwung, das geradezu überschießende Kesseltreiben ließ auch den jüdischen Philosophen Bernard-Henri Lévy nicht kalt. Er bemerkte, dass, sobald die Rede auf Benedikt XVI. käme, »Vorurteile, Unaufrichtigkeit und sogar die glatte Desinformation jede Diskussion« beherrschten.

Wie imponierend, dass der Mann an der Spitze Kurs hält und wie er es tut. Der Zölibat. Er stellt ihn vor den Hintergrund einer Frömmigkeitshaltung. Er weiß: »Der Zölibat ist immer ein Angriff auf das, was der Mensch normal denkt; etwas, das nur realisierbar und glaubhaft ist, wenn es Gott gibt und wenn ich dadurch für Gott eintrete.« Darin liege der Skandal des Zölibats: in seinem kompromisslosen Bekenntnis zum Glauben.

Er beschwört die Notwendigkeit, in unserer modernen Zerstreuungsgesellschaft Inseln zu finden, auf denen der Glaube und die innere Einfachheit des Christentums leben und ausstrahlen können. Egal, ob es die zahlreichen Gemeinschaften und charismatischen Bewegungen sind. Frömmigkeitsübungen, Messen, vor allem aber und immer wieder die Liturgie, die einen Schutzraum bietet, in dem »im Gegensatz zu dem Kaputten um uns herum auch wieder die Schönheit der Welt und des Lebendürfens sichtbar wird«.

Bisweilen, das gibt der mittlerweile 84-jährige Joseph Ratzinger unumwunden zu, sei er müde und erholungsbedürftig. Dann lässt er durchblicken, dass ein Papst, sollte er körperlich oder geistig nicht mehr in der Lage sein, sein Amt auszufüllen, zurücktreten könnte – bisher unerhört!

Was die Unfehlbarkeit angeht: Natürlich spricht ein Papst aus dem Glauben heraus und hat in Glaubensdingen das letzte Wort. »Das heißt aber nicht, dass ein Papst privat nicht auch verkehrte Meinungen haben könnte.« Das war eigentlich nie anders, doch es lohnt sich, mit solchen Passagen in heutigen Zeiten die oft falsch verstandene »Unfehlbarkeits«-Annahme zu korrigieren.

Was sonst? Er mag »Don Camillo«, der alte Gottesdiener, mag diesen Raufbold im Namen des Herrn, und wer mag den nicht, besonders wenn er von Fernandel gespielt wird! Selbstverständlich bedauert der katholische Ober-Hirte den Rückgang des Religionsunterrichts, das Abhängen von Kreuzen in öffentlichen Räumen, er diagnostiziert einen Mangel an Bekennermut, ein Zurückweichen vor den Zerfallserscheinungen der Gesellschaft. Er sieht besonders im katholischen Deutschland Kreise und Schichten, die nur darauf warten, »auf den Papst einschlagen zu können«.

Das in dieser Freimütigkeit zu hören, mag gänsehauttreibend sein, aber gleichzeitig kann sich der Pontifex Maximus mit einem weiten Blick über die Horizonte der katholischen Welt trösten, die wächst, die Kirchen baut, die Priester ordiniert und in außereuropäischen Gegenden »lebt und voller Dynamik ist«. Ja, er baut den bisweilen endzeitlich-pessimistischen Fragensteller Seewald geradezu auf!

Das Gespräch endet mit ganz einfachen Worten der Hoffnung. Sicher, Gott nimmt uns ernst, und er wird am Ende der Tage Gericht halten. Doch er hat Jesus gesandt, »damit wir die Wahrheit kennenlernen. Damit wir Gott berühren können. Damit uns die Tür offensteht. Damit wir das Leben finden, das wirkliche Leben, das nicht mehr dem Tod unterworfen ist.« In diesen schlichten Worten liegt die frohe Botschaft, und der Papst spricht sie in eine säkulare deutsche Glaubenswelt hinein ohne alle Rücksicht auf »Zielgruppenorientierung« und »Erwartungshorizonte«. Es ist die völlig unzeitgemäße Sprache des Glaubens.

Es ist ein neues Papstbild, das in diesem Gespräch aufscheint. Hier spricht nicht der oft als kalter Taktiker verzeichnete Theologieprofessor, der seine Glaubensdogmen mit dem Rücken zur Welt formuliert, sondern der menschenzugewandte, verständnisvolle Seelsorger. Und der antwortet mit oft entwaffnender Schlichtheit und Offenheit. Dieser Papst ist einer, der Fehler eingesteht und seine Trauer über Verirrungen der Kirche zeigt. Der aber auch den Optimismus weitergeben kann, den er aus seinem Gottvertrauen bezieht. Er ist qua seines Amtes Hüter der mächtigsten und geschichtsträchtigsten Glaubensbastion der Welt, der Fels in Zeiten, die ideengeschichtlich in kompletter Auflösung begriffen sind und bisweilen apokalyptische Ängste zeigen – und nichts so sehr schätzen wie Orientierung.

Es sind Zeiten, in denen die Frage »Wofür stehst Du?« bestsellerfähig ist. Dieser Papst gibt eine Antwort. Und die ist, in ihrer Art, unfehlbar.

GOTT UND DIE WELT

Gottes eigenes Land

Warum die Amerikaner den Höchsten
auf ihrer Seite wissen

»Erst als ich in ihren Kirchen saß und ihre Predigten hörte,
habe ich ihre wahre Größe begriffen.«
»Amerika ist groß, weil es gut ist.«
Alexis de Tocqueville, Über die Demokratie in Amerika

So unkompliziert und innig wie in Amerika wird nirgendwo sonst in der Welt über den christlichen Gott gesprochen. Wer hier als Journalist arbeitet und darüber nur den Kopf schütteln kann, reist blind durch den Alltag. Gott ist überall, in den Radiostationen, auf T-Shirts, in Armenküchen, in Kampagnenslogans, in Songs, auf Billboards. Basketballspieler danken Gott für Slam-Dunks, Gangster-Rapper bedanken sich bei Gott für Trophäen, Filmstars für einen gelungenen Drogenentzug, Politiker beschwören Gott in ihren Reden. Über die Hälfte der Amerikaner sind politisch lautstarke Protestanten und Do-it-yourself-Gläubige, ein Viertel sind leisere, hierarchiebewusstere Katholiken, die sich vor allem im Schul- und Universitätsbereich hervortun und ansonsten in Latino-Gegenden verankert sind.

Religiosität elektrisiert linke und rechte Kombattanten und fiebert stets auch im globalen Auftrag: Im religiösen Selbstgespräch der Nation hat nicht militärische Stärke, sondern moralische Größe Faschismus und Kommunismus besiegt – Gott war mit Amerika. Dass Amerika eine höhere Sendung habe, fand zumindest in den 90er Jahren auch die kritische europäische Intelligenz, die zwar die Frömmelei der Supermacht bespöttelte, aber im gleichen Atemzug moralische Interventionen verlangte, ob in Bosnien, Somalia oder Haiti.

Trotz allen Verfalls, aller Trivialisierungen ist Religion im amerikanischen Alltag vital. In schwarzen Gemeinden sind Kirchen rettende Anker, sie stehen in jedem noch so kleinen Flecken. Anders als in Deutschlands großen, müden Amtskirchen ist das religiöse Gefühl in Amerika Verzückung, Gospel, heiliges Gelächter, die Trance. Es ist im Kern rebellisch, antistaatlich. Der amerikanische Gläubige – ob Pfingstler, Baptist, Evangelist, wiedergeborener Christ – sucht die direkte Gefolgschaft zu Jesus, ohne alle Vermittlungen durch Kirche und Bürokratie. Seinem Wesen nach ist der amerikanische Individualismus nichts als das – die grenzenlose Einsamkeit mit Gott.

Die Baptistentaufe ist dramatische Wiedergeburt, ist Bruch mit aller bisherigen Biografie, so wie Amerika Bruch mit aller bisherigen Geschichte war. Über 90 Prozent der Amerikaner glauben an die Rettung durch Gott. Nur so lässt sich erklären, dass der wegen Kokainhandels verurteilte ehemalige Bürgermeister Washingtons Marion Barry einen glänzenden Comeback-Sieg erringen konnte. Sein Wahlkampf hatte ein einziges Thema: Sündenfall und göttliche Rettung.

Wer aus den religiös ausgenüchterten europäischen Notstandsgebieten, besonders den deutschen, nach Amerika kommt, betritt ein strahlendes, oft lärmendes, überbelichtetes Jesus- und Gottestheater und vergisst keinen Moment lang, dass diese Nation von verfolgten Frommen gegründet wurde, die Strapazen, Krankheit und Tod auf sich genommen hatten für das Recht, zu beten, wie und wo und wann sie es wollten. Die Mehrheit der Amerikaner betet täglich. Das muss man im Blick haben, wenn man auf die amerikanische Politik schaut. Die braucht »kein Mehr an Christentum«, wie es Angela Merkel auf einem CDU-Parteitag forderte, sie hat es, im Übermaß. In bisweilen erschreckendem Übermaß. Gott wird besonders gern benutzt, um den politischen Gegner niederzustrecken. Unter den republikanischen Rechten und den Anhängern der staatsverdrossenen Tea Party wird Gott – meist von protestantischen Sekten und Kirchen – als Bündnispartner im Kampf gegen den demokratischen Präsidenten fest eingebucht. Das war in der Ära Bill Clinton so, das ist jetzt der Fall mit Barack Obama.

Sarah Palin und Glenn Beck, die prominentesten Agitatoren gegen Obama, berufen sich besonders gern auf »Gottes Willen«. Nachdem ein geistesgestörter Amokläufer Anfang Januar 2011 die demokratische Kongressabgeordnete Gabrielle Giffords niederschossen und fünf Menschen, darunter ein elfjähriges Mädchen, getötet hatte, beeilten sich die beiden, E-Mails zu veröffentlichen, in denen sie sich gegenseitig ihre friedlichen und frommen Absichten bekundeten. Friedlich? Sarah Palin immerhin ließ auf ihrer Website den Distrikt der angeschossenen Demokratin, die Obamas Gesundheitsreform unterstützt hatte, mit einem Fadenkreuz markieren. Ihr Motto: »Nicht nachgeben, nachladen!« In der veröffentlichten Mail an Glenn Beck indes schreibt sie bigott: »Ich hasse Gewalt. Ich hasse Krieg. Danke dir für all das, was du tust, um die Botschaft von Wahrheit und Liebe und Gott als Antwort zu verkünden.« Die schwarze Unterseite dieses Gesäusels ist natürlich der Hass auf den Gegner.

Vor allem anderen war hier immer schon Religion. Zunächst gab es die religiösen Kommunen, erst dann erwuchsen daraus die empörten Kolonialisten und Unabhängigkeitskämpfer. Erst kam die religiöse, dann die politische Inspiration. Erst gab es das beseelende Gefühl, in Amerika das gelobte Land, das neue Jerusalem gefunden zu haben und die Möglichkeit, den alttestamentlichen Mythos des auserwählten Volkes neu zu leben. Dann erst kamen die Ideen der Aufklärung und der Französischen Revolution hinzu.

In Amerika existiert kein ›regulierter‹ religiöser Markt, jeder ist nach dem lutherischen Motto frei vor Gott, jeder kann seine eigene Kirche gründen, wenn ihm die anderen nicht zusagen – in Branchenbüchern kann man sich seitenlang durch »Kirchen« blättern.

Natürlich ist das anders bei den Katholiken. Als ich in den 90er Jahren als Korrespondent in Manhattan lebte, war unsere

Kirche die Blessed Sacrament Church in der 71. Straße. Es war ein schönes gotisches Gotteshaus mit hohen Kreuzrippengewölben, das der Pariser Sainte-Chapelle aus dem 13. Jahrhundert nachgebildet war. Natürlich errichtet aus Spendengeldern und Gaben reicher Mäzene. Auch der Unterhalt der Kirche wird von der Gemeinde selbst bestritten, es gibt keine Kirchensteuer in den Staaten. Das führt zu einem wesentlich innigeren Engagement der Gemeinde. So ist es auch selbstverständlich, etwa in der Suppenküche zu arbeiten, die sonntags nach der Messe die Armen versorgt. Wer hat, der gibt, und wer nicht so viel hat, hilft. Das Kommune-Prinzip lebt, auch im religiösen Alltag.

Unser Sohn wurde hier getauft, und es konnte keinen gütigeren und klügeren Seelsorger geben als Father O'Connor, der in seinen Predigten die frohe Botschaft tatsächlich strahlen ließ, tolerant und umfassend und alle einschließend. Das ist das freundliche Gesicht amerikanischer Religiosität, insbesondere des amerikanischen Katholizismus, wie ich ihn kennengelernt habe.

Bisweilen gingen wir sonntags zur Messe zu den Baptisten in der Abyssinian Church nach Harlem. Ich mochte die Gospel-Chöre und war berührt vom religiösen Gefühlsüberschwang, der sich dort in Bekenntnissen und Freude und Tränen zeigt. So herzensnah war Religion früher, stelle ich mir vor, der heilige Augustinus berichtet in seinen *Bekenntnissen* vom Überschwang der Seele, von Singen, Tanzen, Weinen. Zum ersten Mal besuchte ich sie nach den Unruhen um den Rodney-King-Prozess. Ein Schwarzer war von vier weißen Polizisten halb tot geprügelt worden. Ein Video existierte. 56 Schläge in 81 Sekunden. Die Weißen wurden freigesprochen, von einer weißen Jury. Danach brannte Los Angeles.

Besonders faszinierte mich der Pastor der Gemeinde, Reverend Calvin Butts. Seine Predigten waren grandiose dramatische Kunstwerke, sie konnten Donner und Blitz herabbeschwören und dann wieder den Himmel aufreißen und die Gesichter leuchten lassen. Er mischte Politik mit Alltagssorgen, brachte

Hoffnung und Zutrauen und Stolz in die schwarze Gemeinde, er war politisch auf der Seite der Demokraten, moralphilosophisch aber konservativ.

Unter den rund 400 Kirchen in Harlem nimmt die »Abessinische« eine Sonderstellung ein. Schwarze Kaufleute haben sie in den Tagen der Apartheid gegründet; sie mochten nicht länger hinnehmen, dass sie bei den weißen Baptisten auf gesonderten Bänken zu sitzen hatten. Die Chöre und Solisten der Abessinischen Kirche singen in der Carnegie Hall. Und ihre Reverends machen Politik – etwa Pastor Adam Clayton Powell, der die Bürgerrechtsbewegung in New York anführte. Und nun ist es Reverend Calvin Butts, dessen Stimme die profilierteste in ganz Harlem ist.

Calvin Butts, ein Intellektueller mit scharfem Verstand und dem Charisma eines Filmstars. An diesem Sonntag nach den Aufständen, den Plünderungen, den Bränden lagen Ratlosigkeit und Wut in den Gesichtern und die Erwartung einer Antwort, eines Kampfaufrufes vielleicht, eines Aufschreis. Doch Calvin Butts, der an den jungen Sidney Poitier erinnerte, stand dort vorn in seiner blauen Robe, senkte den Kopf und stellte die härteste aller Forderungen: »Lasset uns beten für unsere Feinde, auch für die Jury, die das tragische Urteil im Rodney-King-Prozess gefällt hat, auch für die Polizisten, lasset uns beten.« Und die Gemeindemitglieder murmelten: »Amen.« Und dann sang der Chor, achtzig Frauen und Männer in roten Roben, die »Schöpfung« von Haydn.

Eine Messe der Versöhnung? Vielleicht, für einige. Eine Messe frommer Resignation? Nie und nimmer, für keinen der tausend Gläubigen. Denn nun kam Calvin Butts zur Sache. Sagte, worauf sie alle warteten: »Wir dürfen nicht alles Gott überlassen.« Und indem er die Stimme erhob: »Jesus hat sich eingemischt in die Angelegenheiten der Gesellschaft.« Aus den Bänken kamen zustimmende Rufe. »Jesus sagt, ich bin nicht gekommen, euch den Frieden zu bringen, sondern das Schwert.«

Dann las Butts Namen vor – von Teenagern, von jungen Malern, von Studenten, von Obdachlosen, die nichts gemeinsam haben, außer dass sie schwarz sind und tot. Umgekommen durch Polizistenhände. Der Kirchensaal kochte. »Wenn ihr noch nicht von der Polizei verprügelt worden seid«, sagte der Prediger und ließ seinen Blick über die herausgeputzten Gemeindemitglieder schweifen, »dann habt ihr einfach Glück gehabt bisher.« Hinter ihm bündelte sich Licht, das durch die Kirchenfenster fiel, blau und glutrot und grün, und Butts spielte mit den Stimmungen seiner Gemeinde in allen Farben der Rhetorik. »Wir Schwarzen haben in diesem Land keine Chance. Wir alle haben das Video gesehen. 56 Schläge in 81 Sekunden!« Nun standen sie in den Bänken und feuerten ihren Reverend an; schließlich wurde dieser Gottesdienst doch noch ein Gospel der Wut, aber mehr noch des Schmerzes: über das Unrecht eines Urteils und das noch größere Unglück sinnloser Gewalt. Der staubgraue Schmerz und die Irritation waren aus den Gesichtern gewichen. Sie strahlten. Einer rief ihm zu: »Zeig uns den Weg, Prediger!«

Eines Tages bat mich der Schauspieler und Dramatiker Wally Shawn, dem ich von Butts erzählt hatte, ihn zur Abyssinian Church mitzunehmen. Es war in den Wochen nach dem Tod seines Vaters, des legendären Chefredakteurs des *New Yorker* William Shawn. Weder das Blatt noch der Mann waren religiös gestimmt, sie standen für metropolitan, abgeklärt, im Zweifel für eine brillante und zynische Sicht auf die Welt, und auch Wally war nicht religiös.

Wir saßen in der Holzbank auf der Besuchertribüne und schauten hinab auf die Kirchengemeinde, auf das Singen und Bekennen, die Erwachsenen in den weißen Leinengewändern, die ins Taufbad stiegen, um sich wiedertaufen zu lassen, schwarze gebügelte Anzüge und adrette Blumenhüte, denen man ansah, dass sie in dieser armen, schwarzen Gemeinde nur zu besonderen Anlässen aus dem Schrank geholt wurden. Und wir sahen Calvin Butts, wie er mit ausgebreiteten Armen am Pult stand … und da hörte ich es schluchzen neben mir.

Wally weinte. Er war so aufgewühlt, wie ich es bei ihm nie erlebt hatte. Als Dramatiker ist er das Gegenteil von sentimental. Auf der Leinwand ist er oft der komische kleine Verlierer, der die Schläge des Schicksals ergeben hinnimmt, ohne zu murren. Ich war regelrecht erschrocken. Als er später seine Gefühlsaufwallung zu erklären versuchte, gab er es nach einigen Versuchen auf. Da war nichts, was er gehört hatte. Nichts, was er gesehen hatte. Es war eine Schwingung, die ihn ergriffen hatte, in Woodstock hätte man von »Vibes« gesprochen.

Ich habe den Eindruck, dass Amerikanern die religiöse Erfahrung offener steht als uns. Sie ist längst nicht so verbaut und verstellt durch Vorurteile und Bedenklichkeiten und Sophistereien. Sie ist naiver. Religiosität und Erweckungsfieber sind überall, und sie waren in den USA nie nur eine Sache des Establishments, sondern auch Teil der Counterculture, der Hippiekommunen, der Sonnenkinder, der Drogengemeinde, der Halbwahnsinnigen und Entgrenzten.

Bob Dylan hatte seine religiöse Erweckungsphase, Leonard Cohen hatte sie, Kris Kristofferson betete ins Mikrofon: »Thank you Lord, what have I ever done to deserve even one of the blessings you gave …«, und die Byrds sangen »Jesus is just alright« in ihren Konzerten, in denen dicke Marihuanaschwaden durch die Arenen zogen. Einer der schönsten Songs der jüngeren Popgeschichte ist ganz sicher Jeff Buckleys »Hallelujah«.

Das Religiöse zeigt sich in Amerika in allen Schattierungen. Es nimmt die wundersamsten, aber auch bizarrsten und wahnsinnigsten Maskeraden an. Es war mit den marschierenden Bürgerrechtlern und inspirierte die Drop outs. Es beflügelte die Rechte, aber auch den Demokraten Jimmy Carter und seine Wähler, die den Watergate-Sumpf bereinigt sehen wollten. Ronald Reagan wurde von den religiösen Rechten ins Weiße Haus getragen, Bill Clinton zog sich deren Zorn zu wegen seines Lebenswandels.

In den Clinton-Jahren war die amerikanische Religion domestiziert. Sie wurde in den Jahren der Internetmillionäre ersetzt durch einen beispiellosen Konsumismus. Sicher, es gab grimmige Nester der religiösen Rechten, es gab militante Abtreibungsgegner, es gab eine sich neu formierende politische Bewegung von Evangelisten und Fundamentalisten. Es gab aber auch die Bibel und das Wort Gottes in den schwarzen Kirchen, die gleichzeitig Trost und Kampfproviant in den Rassenunruhen nach dem Rodney-King-Prozess spendeten. Doch insgesamt war die Religiosität in den 90er Jahren die innige, aber unaufgeregte Begleitmusik zu einem unaufgeregten Alltag.

All das änderte sich nach dem islamistischen Anschlag auf das World Trade Center. Die amerikanische Religiosität erhitzte sich zur Weißglut. Sie verlangte, ganz alttestamentarisch, nach Rache. Die amerikanischen Kriege, die folgten, trugen unverkennbar religiöse Züge. Sie wurden mit der Rhetorik von Kreuzzügen ausgestattet. Seither ist dieser religiöse Muskel nicht mehr zur Ruhe gekommen.

Ich hatte das Land damals bereist, in den 90er Jahren, um über die religiöse Rechte, aber auch die schwarzen Bürgerrechtler-Pastoren zu berichten. Im letzten Jahr habe ich es erneut befahren auf den Spuren des großen amerikanischen Schriftstellers und Spötters Mark Twain, der so düster mit Gott haderte wie kaum einer vor ihm. Sechzehn Jahre liegen zwischen diesen Reisen. Zuletzt fuhr ich durch ein Land, das im Bürgerkrieg lag. Von der Hoffnung, vom strahlenden Versprechen der amerikanischen Religiosität ist in diesen Tagen nur noch das erschreckende Brausen der Wut geblieben.

Eines aber ist sicher: Gleichgültig ist Gott den Amerikanern nicht – weder damals noch heute. Die folgenden Reportagen, die unterschiedliche Facetten des amerikanischen Glaubens ausleuchten, führen das vor Augen.

Glauben und Sternenbanner

Aus dem Innenleben der fundamentalistischen
Protestanten in den Clinton-Jahren

Wer Peggy Wehmeyer besucht, fährt in die 50er Jahre. Der Rasen
vor dem Haus in einem Suburb von Dallas ist getrimmt wie der
vor den Nachbarbungalows. In der Küche steht der lächelnde
Ehemann und kocht. Die Töchter bringen gute Noten nach
Hause. Vor den Mahlzeiten wird gebetet. Und Peggy ist blond
und witzig und schmeißt den ganzen Laden.

Für den *TV-Guide*, die auflagenstärkste Zeitung der Welt, ist
sie einfach »hot«. Warum? Weil sie attraktiv ist und die erste
Religionsreporterin bei »ABC World News«, der meistgesehe-
nen Nachrichtensendung des Landes. Und weil sie Sachen sagt
wie: »Karriere ist ja ganz nett, aber Vorrang für mich hat die
spirituelle und emotionale Erziehung meiner Kinder.« Das Verrückte daran: Man glaubt ihr aufs Wort.

Ein paar Jahre früher wäre Peggy Wehmeyer ziemlich außer
Mode gewesen. Doch es sind Zeiten, in denen die *New York
Times* von elternlosen elfjährigen Mördern berichtet, die sieben-
jährige Mädchen vergewaltigen, Zeiten, in denen eine ganze
Gesellschaft im permissiven Müll erstickt. Da wünscht man
sich die Welt voller Peggy Wehmeyers. Sie ist die Doris Day
der Internet-Ära. Sie unterrichtet ihre Töchter in der Sonntags-
schule. Sie organisiert Nachbarschaftsabende. Sie glaubt an die
Familie. Und sie findet, dass das Land vor die Hunde geht und
seine Seele verspielt.

Sie ist nicht die Einzige. In einer Umfrage gaben 71 Prozent
der Befragten an, wichtiger als der wirtschaftliche Aufschwung
sei ihnen der moralische. Dieses Lamento über Sinnverlust und
moralischen Verfall verrät vor allem eines: wie groß die Spiritualität noch immer ist im mächtigsten Land der Erde, das oft

als knallbunter Supermarkt missverstanden wird. Wer so nach Gott ruft, hat ihn gerade nicht verloren.

Peggy Wehmeyer ist wiedergeborene Christin – eine von 50 Millionen. Und sie ist Teil einer konservativen, christlichen Erneuerungsbewegung, die den öffentlichen Raum betreten hat und zunehmend mitbestimmt. Die Bewegung erinnert vehement daran, dass sich die Nation nicht dem ausgereizten Vernunftspathos der Aufklärung, sondern der messianischen Vision verdankt: Sie war die Stadt auf dem Hügel, das neue Jerusalem. Religiöses Gefühl hat die amerikanischen Revolutionäre ebenso beseelt wie die Verfassungsväter, die Kämpfer gegen die Sklaverei ebenso wie die Bürgerrechtler.

Jeder zweite Amerikaner betet täglich. Auch Peggy Wehmeyer beginnt ihre Tage mit Gebeten und Meditationen. An diesem Morgen war es eine Passage aus den Reflexionen Bonhoeffers. »Was für eine Glaubensgewissheit, was für ein Weg«, sagt sie bewundernd. Sie dagegen – Gott habe ihr alles gegeben, und dennoch zweifle sie ständig.

Es ist schwierig geworden, in diesen späten, zynischen Zeiten über Religion zu reden. Peggy Wehmeyer kann es. Sie erzählt von ihrer Kindheit, von ihrer Suche nach Antworten. Von ihrem Vater, einem Glücksritter, der mit der Sekretärin durchbrannte, und ihrer Mutter, die Selbstmord verübte. Und wie sie, auf dem College-Campus, die Schrift fand. »Ich habe gespürt – das ist mein Weg.«

Natürlich wird sie kritisiert. Die meisten Journalisten halten Frömmigkeit für einen intellektuellen Kunstfehler, über den sich nur zynisch reden lässt. Als Peggy Wehmeyer ein zweiteiliges Interview mit Präsident Clinton über Glaubensfragen produzierte, gab es auch in der eigenen Anstalt Probleme.

Doch sie hat einen wachen Verstand, Gespür für Geschichten und die Protektion ihres Chefs Peter Jennings. Was Religion vermag, schilderte sie in einem ihrer ersten TV-Beiträge. Skinheads hatten in einem Städtchen in Oregon eine jüdische Familie terrorisiert. Daraufhin schlossen sich die Nachbarn, die meisten von ihnen wiedergeborene Christen, zusammen und hängten Davidsterne in ihre Fenster und stellten siebenarmige Leuchter auf. Die Skins zogen ab.

An diesem Tag arbeitet Peggy an einem Film über Aids und Kirche: Vor Jahren hatte Jim Allen, ein Baptisten-Pfarrer, bei der First Baptist Church in Arlington um Aufnahme in die Gemeinde gebeten. Für sich – und vor allem die Familie seines aidskranken Sohnes. Sie wurden abgelehnt. Heute ist der Pastor Wade bereit, vor der Kamera Selbstkritik zu üben.

Die beiden stehen im oberen Chor der riesigen leeren Kirche. In den steinernen Altarblock sind die Worte des letzten Abendmahls eingemeißelt: »Tut dies zur Erinnerung an mich.«

»Wir haben damals versagt«, sagt Pastor Wade. »Wir haben uns nicht verhalten wie Jesus.« Schnitt. »Vielleicht«, fragt Peggy, »kann man es bildhafter sagen, deutlicher.« Pastor Wade setzt neu an. »In der Gemeinde gab es hysterische Angst vor Ansteckung, vor einer unbekannten Krankheit. Doch das ist keine Entschuldigung. Christus hat seine Hand nach den Leprakranken ausgestreckt – und wir haben diese Familie durch unsere Finger gleiten lassen.«

Nun nickt Peggy zufrieden. Während die Crew andere Einstellungen für die Anschlussschnitte dreht, unterhält sie sich mit Wade über den politischen Riss, der die »Southern Baptists« entzweit. Beide sind sich einig, dass es bald zum endgültigen Bruch kommen wird.

Unter Jimmy Carter beriefen sich die Demokraten auf Gott, unter Reagan waren es die Republikaner. In den 6oer Jahren marschierte Gott mit Martin Luther King. In den neunziger Jahren reklamieren ihn die Aktivisten der Abtreibungsgegner für sich.

Baptist Bill Clinton warnte seine Parteifreunde davor, »alle Christen als Rechtsradikale zu diffamieren«. Doch auch er musste hinnehmen, dass der öffentliche Raum derzeit den christlichen Fundis gehört, die gegen die Sünde der Homosexualität predigen und militant gegen Abtreibung mobilisieren.

Sie nehmen die Schrift wörtlich. Viele von ihnen glauben, dass die letzten Tage angebrochen sind.

»Die wollen den autoritären Gottesstaat«, sagt Pastor Wade schaudernd. »Es gibt einfach zu viel Angst«, sagt Peggy. »Auf beiden Seiten.«

★

Pensacola, der Küstenort im Nordwesten Floridas, besteht aus Shopping Malls, Motels für den Billigtourismus und Kirchen. Vielen Kirchen. Pensacola kann die höchste Kirchendichte des Landes aufweisen, und die höchste Mordrate an Abtreibungsärzten. Fünf Menschen sind hier in den letzten zwei Jahren ums Leben gekommen.

Seit einigen Wochen ist es gespenstisch ruhig im dunklen Holzhaus, dem Ladies Center an der Neunten Avenue. Einige Marshalls bewachen das menschenleere Gelände. Doch draußen, auf einer Grasnarbe gleich neben dem Zaun, steht John Burt und hisst seine Flaggen.

Es ist die Fahne der Militanten Christen, rotes Kreuz auf weißem Grund. Darunter weht eine Klapperschlange. Im Gras eine Friedhofsfigur, daneben ein Schild: »Zum Gedenken an die 26 Millionen Babys, die seit 1973 im amerikanischen Holocaust umgekommen sind.« Die Grasnarbe gehört zu einem Belagerungsring. Für 15 000 Dollar hat John Burt den schmalen Streifen Land rund um die Abtreibungsklinik aufgekauft und für den Stellungskrieg präpariert. Mit Podesten und Kreuzen und Flaggen. Hier standen sie und brüllten und schwangen ihre Bibeln und drohten den schwangeren Frauen, die den Hof zur Klinik betraten, ewige Verdammnis. Bis vor einigen Wochen. Da hatte ein blasser Psychopath mit seiner Neun-Millimeter-Pistole dem Doktor, seinem Leibwächter und dessen Frau gedroht und dann abgedrückt.

Seither, sagt John Burt, seien »keine Babys mehr getötet worden.« Graublaue Augen in einem zernarbten Gesicht. Über dem Hängebauch spannt sich ein schwarzes T-Shirt, auf dem Jesus mit einem Kind abgebildet ist. Darunter der Spruch: »Wie viele Leben müssen verloren werden?«

Ob sein christliches Mitleid auch für die ermordeten Doktoren gelte? Betet er für sie? »Das hat keinen Sinn mehr«, sagt John Burt. »Sie sind bereits in der Hölle.« Woher er das weiß? »Bei einer Neun-Millimeter-Automatic bleibt einem keine Zeit mehr, zu bereuen.«

In Burts Verständnis des Christentums brennt das Höllenfeuer, ist die Verdammnis total. Er ist die Nachtseite amerikanischer Religiosität, fanatisch und dunkel und blutig wie die Pistolero-Prediger in den Romanen Cormack McCarthys. Wenn Peggy Wehmeyer das freundliche Gesicht der Christen-Renaissance ist, ist John Burt das finstere. Peggy ist gutsituierter christlicher Mittelstand. John Burt ist religiöser White Trash, der Soziopath im Zeichen des Kreuzes.

Auch seine Geschichte ist die einer Rettung. Er hatte sich nie für Religion interessiert, sagt er. Sport war seine Sache. Er war Co-Captain seiner Highschool-Basketballmannschaft, danach, 1956, meldete er sich bei den Marines. Er heiratete früh und arbeitete hart. Und er besuchte Veranstaltungen des Ku-Klux-Klan, weil er dachte, dass Schwarze, Kommunisten und Juden das Land umstürzen wollten. »Später war ich klüger«, sagt er. »Da habe ich gemerkt, dass es beim KKK genauso viel Kommunisten gab wie anderswo.« 1971 lässt er seine Frau und die vier Kinder sitzen, um mit Linda zu gehen, die bereits fünf Kinder aufzieht. Er trinkt, er nimmt Tabletten, er raucht Marihuana. Er verliert einen Job nach dem anderen und trinkt noch mehr. Er lebt vom Geld seiner Mutter. Er ist ganz unten. »Ich habe Benzin durch Brot getrunken.«

Eines Abends greift er zur Bibel – und legt sie nicht mehr aus der Hand. Am nächsten Morgen führt ihn die Stieftochter zur Kirche. Er fällt auf die Knie. »Ich war gerettet.« Nun beginnt er das Evangelium zu verkünden, die frohe Botschaft seiner Umkehr. Er wird zum Prediger in der Liberty Baptist Church. Er gründet »Our Father's House«, ein Heim für Frauen. Der

Kampf gegen Abtreibung wird zur Besessenheit und mündet in eine merkwürdige, glühende Anbetung des Fötus. Er tritt mit Föten in Talkshows auf. Er lässt sich mit Föten fotografieren. Er »rettet« Föten aus Klinik-Containern und beerdigt sie. Zehn Meter lang ist der Fötus auf der Plakatwand, die er hinter der Abtreibungsklinik errichtet hat, ein riesiger Reklame-Altar der Abtreibungsgegner: der Bauch der Frau als öffentlicher Raum und der Fötus als Lamm Gottes.

Womöglich hat der Kritiker Harold Bloom recht, der in der Fötus-Faszination von militanten Abtreibungsgegnern wie Burt dunklere, vorchristliche, gnostische Glaubensvorstellungen erkennt, in denen die Schöpfung selber bereits eine Abspaltung von Gott ist und damit Sündenfall. Nur das Ungeschaffene, Ungeborene ist bei Gott und jedes Opfer wert. Um das heilige Ungeborene zu schützen, darf sogar getötet werden.

Nie kann das FBI Burt eine direkte Beteiligung an Bombenanschlägen und Morden nachweisen. Er verbüßt kleinere Haftstrafen wegen Belästigung, erhält Auflagen, Hausarrest. Doch wann immer eine der beiden Abtreibungskliniken in Pensacola angegriffen wurde, ist John Burt nicht weit. Terror und frommer Kitsch liegen oft dicht beieinander. Linke Bombenleger holen sich die moralische Aufrüstung bei Che-Guevara-Postern in Christuspose, rechte Fundamentalisten wie Burt haben die Jungfrau an der Wand, die die Schlange zertritt.

Burts »Our Father's House« ist eine staatlich anerkannte Rehabilitierungseinrichtung. Sechs Mädchen und ihre Säuglinge halten sich derzeit bei ihm auf. In der Küche klappern Teller für das Mittagessen. Daneben der Schlafsaal mit den doppelstöckigen Pritschen. An der Wand im Büro hängen die Pastorenpatente der United Christian Church für Burt und seine Frau Linda. Daneben Hetzposter gegen Evolutionisten, Demokraten und anderes Gesindel. Auf dem Bücherbord ein mit einem Dynamitbündel verbundener Wecker, der anfängt zu heulen, wenn er hochgenommen wird. Burt hat diese Art von Humor. In der Garage züchtet er römische Kampfhunde.

Im Wohnzimmer sitzt die 17-jährige Joan über einer Stick-arbeit, die einen glutäugigen Jesus zeigt. Im Schoß hat sie ihr drei Monate altes Baby. Sie wollte eigentlich abtreiben, hatte aber die 270 Dollar nicht. Burt hat sie überredet, ihr Kind aus-zutragen. »Er hat meine Seele gerettet.«

Neben ihr auf der Couch die blasse Serena, ihr Neugebore-nes auf dem Arm. Ihre Eltern sitzen wegen Drogenhandels im Gefängnis. Serena war mit 13 vergewaltigt worden und trieb ab. Mit 14 hatte sie einen Freund. Und trieb wieder ab. Rauschgift-süchtig und erneut schwanger, landet sie mit 16 im Knast. Von dort hat sie sich um Aufnahme bei Burt beworben.

Die Elendskinder lieben ihn wie den Vater, den sie nie hatten. John Burt, der Prediger des Hasses, tut tatsächlich Gutes. Er hat sie aus dem Knast geholt, hat ihnen zu einem drogenfreien Leben verholfen. Zu einem »heiligen«, wie Juanita es sagt: Sie hat ihm sexuelle Abstinenz geschworen bis zur Heirat.

Die Hausordnung ist streng. Tägliche Schriftlesung, regel-mäßiger Kirchenbesuch. Verboten sind Tabak, Widerworte, Flüche, Jeans, Popmusik und – Liebesromane. Allerdings nicht alle – in Burts Bücherbord steht ein Schmöker mit dem Titel: *Die Männer vom Ku Klux Klan. Eine historische Romanze.*

Kontakte nach draußen werden kontrolliert, Telefongesprä-che überwacht. Die Mütter sind für ihre Babys verantwortlich, für regelmäßiges Füttern und Waschen – keine Selbstverständ-lichkeit in der Trailer-Park-Welt draußen, von der die meisten stammen. Essen, Arbeiten, Schlafen, alles nach Stundenplan. Ein barsches Regime, doch merkwürdig: Die Teenager, die hier zusammen sind, machen den Eindruck, als fühlten sie sich zum ersten Mal in ihrem Leben in Sicherheit.

Zum Dank dafür fahren sie mit John Burt in seinem weißen Dodge Ram in die Stadt, wenn er die Abtreibungsklinik ter-rorisiert. Sie stehen mit ihm auf dem Podest und rufen übers Gitter, verteilen Flugblätter, haben »Abwechslung« und, so Jua-nita, »das schöne Gefühl, zum ersten Mal im Leben was Gutes zu tun«.

In diesen Tagen allerdings lässt Burt sie zu Hause. Das Ladies Center ist ohnehin stillgelegt. Im Übrigen lebt sein Heim von Spenden, und die letzten Morde waren nicht populär. Selbst finsterste Abtreibungsgegner gehen nun auf Distanz. Die Christian Coalition, sonst bei allen möglichen Aktivitäten ein verlässlicher Bündnispartner, hat die Schüsse als absurd verurteilt: »Wir töten nicht, wir sind für das Leben.«

Burt versteht die Welt nicht mehr. »Sie wollen sogar Trosch aus der Kirche rausschmeißen.« David Trosch, ein übergeschnappter Jesuitenpater aus Alabama, hatte die Morde theologisch als Notwehr entschuldigt – und war von der Kirchenleitung mit Exkommunikation bedroht worden.

»Wahrscheinlich ist es vernünftig«, sagt Burt seufzend, »eine Weile unauffällig zu bleiben.«

*

Sie sind adrett, sie sind zahlreich, sie sind rechts. Sie sind der Alptraum für Jim aus New York, der sein sauberstes Hemd angezogen und sich unter die Delegierten ins Washington Hilton geschmuggelt hat. Er berichtet für eine linke New Yorker Zeitung über den Kongress der rechten Christian Coalition.

Nur wenige Wochen vor den Novemberwahlen 1994 lassen Amerikas Fundamentalisten ihre Muskeln in der Hauptstadt spielen. Titel des Kongresses: »Die Straße zum Erfolg«. Operationsschef der Organisation ist Ralph Reed, ein Engelsgesicht mit Seitenscheitel, Typ Timmy aus der Serie »Lassie«. Die Hand über dem Herz spricht er den Schwur auf Fahne und Verfassung. 3000 Delegierte sprechen mit: »Ein Gott, eine Nation.« Dann applaudieren sie – sich, Gott und der Nation. Donnernd.

Jim, der Journalist, steht mit den anderen stramm. Schweißperlen bilden sich auf seiner Stirn. Nervös lächelt er nach links, nach rechts, in verzückte und gerötete und strenge Gesichter, Männer in Strickjacken mit dem Muster des Sternenbanners, Frauen mit strahlenden Silberperücken, Mädchen in schwingenden Röcken, Seifengeruch, Kreuz am Kettchen. Jim ist überzeugt, dass er die Geburtsstunde des amerikanischen Faschismus miterlebt.

Was er tatsächlich erlebt, ist der Start zu einer Polit-Ökumene. »Ihr steht nicht allein«, ruft der jüdische Gastredner Rabbi David Lepin den Delegierten zu. »Euer Gott ist auch unser Gott, und eure Werte sind unsere Werte.« Kurz darauf steht die schwarze Katholikin Star Parker am Mikrofon. »Auch die afroamerikanischen Familien sind im Kern konservativ. Wir sind Bündnispartner.«

Die Christian Coalition (CC) wurde von dem TV-Prediger Pat Robertson ins Leben gerufen – gebildet aus Anhängern seiner erfolglosen Präsidentschaftskandidatur von 1988. Eine religiöse Fundigruppe am rechten Rand der republikanischen Partei, die, etwa mit ihren bibelgrimmigen Sprüchen gegen Abtreibung, die Mitte verschreckte und wegen ihrer Radikalität George Bushs Präsidentschafts-Kampagne von 1992 den Todeskuss versetzte.

Da rigide Abtreibungsverbote in den USA nicht mehr mehrheitsfähig sind, wirbt die CC nun mit moderateren Parolen wie »weniger Staat, weniger Steuern«. Mit Erfolg. Achttausend Aktivisten pro Woche tragen sich in ihre Listen ein. Mittlerweile hat die CC 1,4 Millionen Mitglieder. Sie kontrolliert die Republikanische Partei bereits in 13 Staaten, in 14 weiteren ist sie dominant.

Die Koalition ist zur Sammelbewegung für Konservative aus allen Schichten und Altersgruppen geworden. Familienväter, die den Autoritätsverfall beklagen. Waffenfans, die gegen die Kontrollgesetze sind. Junge Frauen, die vom feministischen Männerhass angewidert sind. Jungkonservative, für die Tugenden wie voreheliche Enthaltsamkeit ein Ideal sind.

Die Christian Coalition – das ist Kulturkampf von rechts, die Revision der 60er Jahre. Umkehr und göttliche Rettung auch hier. Konvertierte linke Aktivisten wie Peter Collier bereuen öffentlich, dass sie eine ganze Generation verführten. Watergate-Einbrecher Gordon Liddy, wiedergeborener Christ, spricht über Gottes Gnade und über Techniken im Wahlkampf. Frauen lassen sich für den antifeministischen Kampf auf dem Campus präparieren. Feministische Ladenhüter-Sprüche wie »Ehe ist legale Prostitution« oder »Familie ist wie KZ mit Komfort« bringen noch einmal das Blut zum Wallen, und an den Bücherständen in der Ausstellungshalle gibt es Videos, die die »homosexuelle Konspiration« entlarven, Clinton-Witze und T-Shirts mit dem Konterfei von Oliver North. Der ultrakonservative Colonel, der den Kongress in der Iran-Contra-Affäre beschwindelte, hat gute Aussichten, mit Hilfe der Christian Coalition zum Senator in Virginia gewählt zu werden.

Die Christian Coalition hat in diesen zwei Tagen die konservative Elite, ein All-Star-Team der rechten Intelligenz versammelt. Natürlich haben sie alle recht: Das Fernsehen ist eine Kloake, die Scheidungsraten sind erschreckend, die Familien verfallen, das Wohlfahrtssystem erzeugt Abhängige, das Knastsystem ist bankrott. Kern des konservativen Sirenengesangs: Die Sozialingenieure der 6oer Jahre haben es gründlich vermasselt. Wenn immer nur die Gesellschaft schuld ist, ist keiner mehr schuld. Wie wär's mal wieder mit dem Prinzip der persönlichen Verantwortung und den Zehn Geboten?

Doch dann wacht man auf und denkt sich: Warum haben sie nicht schon längst dafür gesorgt? Schließlich war ihre Partei, waren die Republikaner, zwölf Jahre lang am Ruder. Und sind geringere Steuern und Schulgebete nicht doch zu wenig, um die Gesellschaft zu heilen?

Völlig unbeeindruckt von solchen Inkonsistenzen feiern die 3000 Delegierten all die Kandidaten, die auf dem Podium vor ihnen ihren Kotau machen: Dan Quayle, Phil Gramm, Dick Cheney. Die dort oben wissen, dass ohne Unterstützung durch die CC nichts laufen wird, denn ihr gehört die Basis. Die unten wissen das erst recht.

In unzähligen kleinen Räumen finden in diesen zwei Tagen Strategiesitzungen und Schulungskurse statt. Gesichter wie auf Norman-Rockwell-Bildern, anständig und rechtschaffen. Die Frauen tragen Dauerwellen und Kostüme und Schmuck und

sehen aus, als wollten sie eine Tupperware-Party organisieren.
Doch diesmal wollen sie die Macht. Das gottesfürchtige Mit-
telstand-Amerika marschiert. Rentner und Hausfrauen und
Studenten reden über Telefonlisten und Kriegsräume und ver-
steckte Umfragen. Was aussieht wie eine Häkelrunde, erinnert
in der Sache an Kadersitzungen studentischer revolutionärer
Zellen der 60er Jahre.

»Möglichst nicht erwähnen, dass ihr von der Coalition kommt«,
sagte die Rednerin. »Fallt nicht gleich mit der Abtreibungssache
ins Haus. Sprecht Probleme an, die im Wahlkreis akut sind.« So
was nannten die Kommunisten Volksfrontpolitik.

Die sich hier zusammengefunden haben, belassen es nicht
bei konservativen Schwärmereien. Sie sind pragmatische Polit-
Profis, die an alles denken. Cathe Halford etwa, noch vor vier
Jahren siegreich fürs Gegenlager, für die Demokratin Ann
Richardson. »Konzentriert euch auf die Waffenleute, auf solche,
die ihre Waffe selbst dann nicht abgeben würden, wenn sie tot
sind.« Waffenleute, so paradox es klingt, gelten als gute Christen. Hier ist die Waffe wie ein Fetisch gegen den modernen
Staat, so wie die Bibel einer gegen die aufgeklärte, moderne,
gottlose Intelligenz ist.

Doch die Christian Coalition mobilisiert längst nicht nur
reaktionäre Radaubrüder – es gibt auch andere, Besorgte,
die einfach ins fundamentalistische Lager weggerutscht sind.
Frauen wie Kelly Givin aus West Virginia, Mutter von zwei
Töchtern, klug, warmherzig, energisch. Sie will was gegen
die Kriminalität tun, gegen die Drogen, gegen die zu hohen
Steuern. Der Familienrat hat beschlossen, dass sie in die Lokal-
politik geht. Nun ist sie bereit, Wochen am Telefon zuzubrin-
gen, Elternabende zu organisieren, Flugblätter zu verteilen,
bereit zu geduldiger Zentimeterarbeit. George Ackron aus
Crystal Lake vertraut ihr an, dass er mit nächtlichen Spazier-
gängen gute Erfahrungen gemacht hat. »Auf denen kann man
Nachbarn ansprechen.« Seinen Wahlbezirk hat er bereits im
Frühjahr gewonnen.

Rund 57 Millionen Wahlbroschüren will die Christen-Koalition in den nächsten Wochen über das christliche Netzwerk, über Kirchen und Schulen verteilen – eine der mächtigsten Mobilisierungskampagnen in der Geschichte der amerikanischen Demokratie rollt an. Auf dem Abschlussbankett erinnert Pat Robertson an den Spruch aus dem Zweiten Weltkrieg: »Lobe den Herren – aber reich mir die Munition.«

Selbstverständlich ist die Christian Coalition ein Magnet auch für politische Freaks. Andrew Patterson aus Virginia sitzt beim Schlussbankett unterhalb des Podiums und starrt auf die Prominenz. Er kaut nervös auf seiner Lippe. Er spürt einen Aufbruch im Lande, sagt er, merkwürdig erregt. Die Christian Coalition habe das gleiche Ziel wie die Nazis. Nämlich? »Unsere Kultur zu retten und die Traditionen zu behaupten.« So wie die Nazis auf die Dekadenz der 20er Jahre geantwortet hätten, so sei die CC die Rettung aus dem moralischen Sumpf der 60er Jahre.

Er schaut verträumt auf die Bühne, wo ein patriotisches Krippenspiel gegeben wird: Washington und Lincoln und Jefferson und Adams sitzen zusammen und beklagen den Verfall der Sitten. »Was soll man nur mit Richtern machen«, sagt ein trauriger Washington, »die den Kindern das Beten in der Schule verbieten?«

»Abknallen«, murmelt Patterson versonnen.

Der schwarze Jesus

Harlems Pastoren und ihre Bedeutung für
Nachbarschaftshilfe und Bürgerrechte

Orgelmusik hat ihn angekündigt. Rund achtzig Schwarze, viele in afrikanischer Tracht, klatschen rhythmisch. Dann steht Al Sharpton, die neue politische Hoffnung der Schwarzen, auf der Bühne der Schulaula. Sein Kampfschrei: »Keine Gerechtigkeit, kein Friede.« Die Versammlung johlt. »No justice, no peace« – seit den Rodney-King-Prozessen ist dies das Hallelujah der Straße.

Selten war die schwarze Bewegung zerstrittener, selten ihre politische Führung in Washington kopfloser. Doch hier, in Harlem, sind die Lösungen einfach, die Alternativen klar: gut oder böse, Himmel oder Hölle, schwarz oder weiß.

Himmel und Hölle kennt Al Sharpton aus frühester Kindheit. Hineingeboren in die Slums von East New York, kurz darauf in Cadillacs chauffiert, weil sein Vater plötzlich zu Reichtum gekommen war, dann wieder in die Slums zurück, weil sich das Familienoberhaupt aus dem Staub gemacht hatte – die einzige Konstante in einem solchen Lebensbeginn ist der schwarze Kirchengospel.

Man merkt ihm an, dort oben, dass er die Rhetorik von Paradies und ewiger Verdammnis inhaliert hat, bevor er überhaupt lesen konnte. Andere Kinder der Nachbarschaft spielten Basketball – er predigte.

Al Sharpton – das ist die Generation nach Martin Luther King. Er wuchs auf als auftrittsgewohntes Kind, und er hatte brillante Ersatzväter. Von Bürgerrechtler Jesse Jackson lernte er die Technik des Protests. Von Soulsänger James Brown die Macht der Show. Und von Box-Promoter Don King, dass es nichts schadet, umstritten zu sein. Al Sharpton, ein Spieler in der Politarena.

Die Märsche auf weiße Bastionen sind heute Geschichte. Sie leben fort als Erinnerung, als Simulation. Die neue Generation muss die Aufhebung der Rassentrennung nicht mehr erkämpfen, sondern beerben. Ein schweres Erbe.

Vielen sind die Erfolge der Integration mittlerweile zweifelhaft geworden. Das Durchschnittseinkommen schwarzer Haushalte liegt unverändert seit Jahrzehnten weit unter dem der weißen. Das Unrecht ist beseitigt, die Ungleichheit nicht.

Die Innenstädte zerfallen, die schwarzen Familien sind zerrüttet. Ein Drittel aller schwarzen Teenager wird straffällig. Wenn er nachts auf der Straße Schritte hinter sich höre, meinte Bürgerrechtler Jesse Jackson kürzlich resigniert, und er drehe sich um und sähe Weiße hinter sich, sei er erleichtert.

Einer wie Sharpton hat den Vorteil, dass er sich die Resignation nicht anmerken lässt. Seine Bühne: die Stufen des Rathauses. Sein Werkzeug: das Megaphon. So sehen ihn die Fernseh-Crews am liebsten, und so hat ihn Tom Wolfe in seinem Roman *Fegefeuer der Eitelkeiten* porträtiert – Sharpton, der Einpeitscher vom Dienst, seit rund fünfzehn Jahren so sehr New York wie die ewig verlierenden Mets oder fluchende Taxifahrer.

Doch nun steht da ein neuer Sharpton. Einer, der für den Senat kandidiert. Bei seinem letzten Rennen zwei Jahre zuvor hatte er überraschend drei Viertel aller schwarzen Stimmen auf sich vereinigt. Er ist nicht länger die schrille Nummer am Rande. Das schwarze Establishment nimmt ihn ernst.

Die alten, angepassten schwarzen Politbroker, so denken viele, haben ausgedient. Schwarze Bürgermeister in Metropolen wie New York und Los Angeles sind abgewählt worden, die Städte sind wieder in weißer, konservativer Hand. Da gehört einem Herausforderer von der Straße, einem wie Sharpton, die Zukunft.

Bullig steht er da, im schwarzen Anzug mit Silberkrawatte, die braungrauen Locken tief überm Kragen. Seine Augen sind aufgerissen, als sei er ein Zauberer, der über die eigenen Tricks am meisten staunt. Gegenüber durchsuchen Polizisten ein Abbruchhaus. Die Versammelten sind wütend. Am Vortag war in einem Nachbarrevier das »Dreckige Dutzend« verhaftet worden – zwölf überwiegend weiße Polizisten, die mit Drogen handelten, Schutzgelder erpressten, stahlen und mordeten.

Ein Kommentar darüber, geschrieben von einem schwarzen Reporter, soll von der *Daily News* unterdrückt worden sein. Braucht es noch mehr Beweise, dass Staatsmacht und Medien ein korruptes, rassistisches Kartell bilden, eine Verschwörung zur Ausrottung der Schwarzen?

Hier, doch nicht nur hier, ist Sharpton die neue Heilsfigur. Vergessen ist der Skandal um das schwarze Mädchen Tawana Brawley, das behauptete, von Weißen vergewaltigt worden zu sein. Sharpton hatte die Hitze hochgedreht, die Volksseele kochte. Später stellte sich die Geschichte als Lüge heraus.

Vergessen auch Sharptons Kontakte zum organisierten Verbrechen, oder die Anklagen wegen Veruntreuung von Spendengeldern. In den Hinterzimmern des National African American Committee (NAAC) ist Sharpton respektabel geworden. Dass er gleichzeitig von den Fanatikern der Nation of Islam unterstützt wird, gilt Washingtons schwarzen Führern nicht länger als kompromittierender Nachteil, sondern als Beweis für seine Integrationskraft.

»Er ist der einzige schwarze Politiker, der nicht gekauft ist«, sagt ein Mann mit afrikanischer Tracht, der wie die übrigen immer wieder aufspringt und rhythmisch klatscht. Diesen Magnetismus hat derzeit kaum ein anderer schwarzer Politiker.

An diesem Morgen sammelt Sharpton Geld für seine Reise nach Südafrika. Er will, so sagt er, die Wahlen dort beobachten, die ersten freien Wahlen in Südafrika. Will die Befreiung »seiner Brüder« erleben. »Während des Golfkrieges eilte Dinkins sofort nach Israel«, donnert er und nimmt den antisemitischen Unterton seines Arguments billigend in Kauf, »aber nach Südafrika macht sich keine offizielle Delegation auf.« Eine Schande!

Sharpton will ein Zeichen setzen und, ganz nebenbei, die internationale Bühne testen. Der Mann, den er in dieser Wahl herausfordert, Senator Patrick Moynahan, fährt nicht. Womit wohl klar ist, wer hier ein Rassist ist.

Sharptons Polit-Dramaturgie parodiert an diesem Morgen die eines Baptistengottesdienstes. Der Brandpredigt folgt eine Art Taufbekenntnis – das politische Kampfgelübde, der Beitritt zum Bund. Jeder, der seinem »Action Committee« angehören möchte, darf nach vorne kommen und ihm feierlich die Hand drücken. Die Aufnahmegebühr von 25 Dollar ist möglichst sofort zu entrichten. Folgt die Opferrunde: Rund 2000 Dollar kommen in einem braunen Karton an Spenden zusammen.

Anschließend dürfen schwarze Schülerinnen, angehende Journalistinnen, Sharpton befragen. Für einen Moment lässt er die Agitations-Rhetorik fallen, als streife er ein Kostüm ab. Hervor tritt ein überraschend besonnener Familienvater, der weiß, dass nicht jeder verantwortungslose Teenager nur Opfer des Rassistenstaates ist – manchen gehört einfach der Hintern versohlt. Draußen – das war die Show für die Medien, für die Klientel. Hier drinnen ist er verwandelt. Er würde, das sagt er klipp und klar, Rap-Musiker und ihre Firmen boykottieren. Die seien ein trauriges Zeichen für den Verfall. Früher war Martin Luther King ein Vorbild. »Heute ist es Snoop Dogg – das ist doch entsetzlich.« Er würde auch die Herstellung von Waffen verbieten. »Es gibt 290 Millionen Waffen in den Straßen, ein Wahnsinn.«

Die jungen Journalistinnen sind aufgeregt, aber nicht auf den Mund gefallen. Wen er eigentlich meine, wenn er »wir« sage? Nur die Schwarzen? Und welche? Sharpton ist irritiert. »Das kommt immer darauf an, wo ich gerade spreche.« Manchmal meine er die Schwarzen. Manchmal alle Progressiven, auch die weißen. »Immer aber – die Entrechteten.«

Als die Mädchen gegangen sind und Sharpton mit einem kurzen, zufriedenen Blick die Kollekte überflogen hat, lehnt er sich zurück wie einer, der seine Mitte längst gefunden hat. Nun ist er Sharpton, der Taktiker. Nicht er habe sich verändert, sagt er, sondern die anderen seien zu ihm übergelaufen. Seit den Ghettobränden von Los Angeles 1992 sei er nicht mehr »der Verrückte am Rande, sondern der, der Recht behielt«. Im Unterschied zu anderen Schwarzenführern habe er sich nie an das Establishment verkauft, sondern stets den Kontakt zur Straße behalten.

Für einen wie Sharpton ist überall Straße, sechzehn Stunden am Tag. Er jagt in seinem schwarzen Mercury von einem Wahlkampfauftritt zum nächsten, ein mörderisches Programm aus Reden und Beratungen, Demonstrationen und Strategiediskussionen. Was ihn treibt? Er schweigt eine Sekunde und schließt die Augen. Dann sagt er, und er lächelt dabei überrascht: »Ich predige, seit ich vier Jahre alt bin – eigentlich habe ich nie etwas anderes gelernt.«

*

Das Idol von Raheem, der vor der St. Paul-Kirche eine Zigarettenpause einlegt, ist Reverend Youngblood, dessen Stimme bis auf die Straße zu hören ist. Die paar Meter bis zur Straßenecke sind Sicherheitszone – selbst die Pusher hier, in East New York, dem Stadtteil mit der höchsten Mordrate, respektieren den Reverend.

Es war Youngblood, der die prächtige afrikanische Beerdigung für Raheems kleinen Bruder organisierte. Und ihn, Raheem, wird Youngblood womöglich davor bewahren, »zur Statistik« zu werden. Er war auf dem besten Wege dazu. Vor einem halben Jahr wurde er eingebuchtet wegen bewaffneten Raubüberfalls. Er hat fünf Jahre Bewährung. Nun geht er auf eine Schule, bleibt weg von den Drogenleuten, hört auf den Reverend. Irgendwann wird er studieren.

Die Statistik allerdings spricht gegen ihn. Die Statistik sieht vor, dass der junge Raheem sein 30. Lebensjahr nicht erleben wird. Er wird von einem Schwarzen umgebracht werden, kaum älter als er selber. Vorher wird er noch ein paar Kinder in die Welt setzen, die ihren Vater nicht kennen. Auch Raheem kannte seinen Vater nicht. »Die Statistik.« Raheem spricht das Wort mit einem gewissen Schauder aus. Bei ihm klingt es wie: Schicksal, Mythos, kein Entrinnen.

Drinnen streckt Reverend Youngblood seine Hände über der Gemeinde aus. Er trägt eine rote Robe, und hinter ihm, im farbigen Kirchenfenster, strahlt das Symbol der Auferstehung: das Kreuz, über das das Grabtuch geschlungen ist. In Reverend Youngbloods Kirche ist jeden Sonntag Auferstehung. Schwarz sein in East New York, das ist ein trotziges Dennoch, das ohne die Kirche nicht möglich wäre. Jeden Sonntag ein Stück Hoffnung, ein Triumph über den Satan, der »Statistik« heißt.

Wenn Amerika eine Erkältung bekommt, sagt man, bekommen die schwarzen Gemeinden Lungenentzündung. Dann sind Kirchen wie St. Pauls die Notaufnahmen. Rund drei Viertel aller Schwarzen stimmen der Aussage zu, dass »Religion die Antwort auf die meisten Fragen unseres Daseins bereithält«.

Allerdings wird sie von Frauen weit öfter befragt als von Männern. Männer haben keinen guten Ruf in schwarzen Baptistengemeinden. Die gehen trinken und türmen mit dem Wohlfahrtsscheck. Gottesdienste also – eine Weiber- und Kinder-Veranstaltung? Nicht in Youngbloods Gebetshaus, das sich die »ungewöhnliche Kirche« nennt. Hier sitzen, links und rechts vom Altar auf Emporen, die Männer der Gemeinde. Jahre an Überzeugungsarbeit hat er gebraucht, bis sie gefüllt waren. Youngblood ist kein politischer Maulheld und kein feinsinniger Akademiker. Mehr als alles andere ist er Sozialtherapeut.

Youngblood bittet die Männer, sich von den Stühlen zu erheben. »Kinder«, ruft er, »schaut euch die Männer an, eure Väter, eure Onkel, eure Nachbarn. Sie sind nicht die Statistik. Sie sind eure Helden.« Und die Gemeinde applaudiert der Wiedergeburt des schwarzen Mannes als Rollenmodell, als Vorbild.

An diesem Sonntag ist Kindergottesdienst. Die Kleinen haben ein Bibelspiel vorbereitet. Dann treten die Teenager vor die Gemeinde. Die Jungen marschieren mit militärischem Drill und rufen ihre Schwüre auf ein tugendhaftes Leben, und die Mädchen tragen Schärpen mit ihren Namen, wie Schönheitsköniginnen. Dann treten sie nacheinander einen Schritt vor und verkünden, was sie einmal werden wollen. Zahnarzt, Lehrer, Friseurin. Doch der Beruf, der am meisten genannt wird, ist – Strafverteidiger.

Youngbloods Gemeinde feiert einen solidarischen, einen schwarzen Jesus, einen Bruder, dem sie applaudieren kann, denn Jesus sagt:«Y'all give me a hand.« Diesem Jesus hat Raheem kürzlich einen Rap-Song geschrieben, der alle elektrisiert hat. Wer Jesu Stellvertreter auf Erden ist, ist allen sonnenklar: der Mann in der roten Robe.

Youngblood verachtet heiliges Getue, Frömmelei, Bigotterie. Er ist Sünder, alle sind Sünder. Er erzählt von dem Mädchen aus einer Nachbargemeinde, das ihr Neugeborenes in die Mülltonne gesteckt hat. Die News-Shows waren voll davon. »Sie war noch am Morgen in der Kirche«, ruft der Reverend. »Offensichtlich hatte sie niemanden in ihrer Gemeinde, an den sie sich wenden konnte in ihrer Not. Sie schämte sich. Wir alle haben sie auf dem Gewissen.« Nun sammeln sie Geld für ihre Verteidigung, das Baby ist bei der Großmutter in Obhut.

Hier, im Ghetto-Gospel, hat Maria nicht jungfräulich empfangen. Hier war sie eine Teenagermutter, und Joe, ihr Mann, wurde angefeindet. Immerhin hat er zu ihr gehalten und zu seinem Sohn. »Söhne brauchen ihre Väter.«

Youngblood weiß, wovon er spricht. Es hat lange gedauert, bis er seinen eigenen unehelichen Sohn anerkannt hat. Die verdammte Statistik sagt: Rund die Hälfte aller schwarzen Kinder wachsen ohne ihre Väter auf. Heute ist Youngbloods Sohn selber Priester – der Reverend hat die Weihe vorgenommen. »Ich habe von ihm mehr über Gott erfahren, als ich in meinem Priester-Seminar gelernt habe.« Und dann ruft er aus: »Väter brauchen erst recht ihre Söhne.«

Zwei Stunden dauert dieser Gottesdienst. Er ist ein bewegendes Freudenfest im trostlosen East New York, ist Donnerhall und Soul-Musik und Gruppentherapie mit gestärkten weißen Kragen und Schleifen im Haar. Youngblood vergleicht ihn anschließend drastisch mit einem Schweine-Wettbewerb. Alle machen sich schön für zwei Stunden – um anschließend wieder in den Schlamm zu marschieren. »Und meine Aufgabe ist es, gegen den Schlamm draußen vorzugehen.« Und dazu braucht es mehr als billige politische Hass-Rhetorik. Da hilft nur das positive Beispiel.

In seinem Büro unter all den Urkunden, die er für seinen Kommune-Einsatz gesammelt hat, steht eine Büste des schwarzen Jesus. Das zumindest dachte er, als er sie gekauft hat. Dann erfuhr er, dass sie Othello darstelle. Doch für ihn erfüllt sie ihren Zweck. »Der schwarze Mann, so wie er in der Statistik auftaucht, ist vaterlos, sitzt im Gefängnis, ist eine vom Aussterben bedrohte Art. Ich predige den anderen Schwarzen, den schwarzen Jesus, das positive Rollenmodell.«

Ona, die Achtzehnjährige, schlüpft zu ihm ins Büro. Sie ist schwanger. Sie will heiraten, doch der Junge will nicht. »Ich würde dich auch nicht heiraten«, scherzt Youngblood. »Mach erst mal die Schule zu Ende.« Immerhin komme sie zu ihm, seufzt Youngblood, als das Mädchen wieder gegangen ist. Er wird auch für sie einen Weg finden.

Als ob er nicht auch seine eigene Hölle hätte. Seine Eltern liegen im Krankenhaus. Seine Schwester ist auf Drogen. Seine vier Neffen »vergeuden ihr Leben«. Die Gemeindemitglieder nutzen ihn als Seelsorger, aber auch als Mülleimer. Dieser Job habe eine »gewaltige Schmerzdimension«. Er hält ihn nur aus, wenn er die »Erfolge übertreibt und die Niederlagen verdrängt«.

Die Erfolge des Reverend lassen sich in Metern messen: In einem über zehnjährigen Kampf hat er, Stück um Stück, die engere Nachbarschaft wiederauferstehen lassen. Wo früher Schnapsläden und Wettbüros waren, sind heute kleine Schneidereien, Frisiersalons, Lebensmittelgeschäfte.

Niederlagen nimmt er nur als vorläufig hin. Die nächste Straßenecke haben sich die Dealer wieder zurückerobert. Auf seinem Marsch durch die Gemeinde kommt der Reverend an ihnen vorbei. Er grüßt sie lässig. »Ihr denkt, ihr könnt mit mir umspringen, wie ihr wollt«, murmelt er dann leise. »Fuck you – nächste Woche seid ihr dran.« Er hat seine Hilfstruppen schon organisiert.

Auf die gedrillten Stadtsoldaten von Farrakhans Nation of Islam, die Erfolge im Kampf gegen die Drogenpusher haben, will er nicht zurückgreifen. Er würde sein Gesicht verlieren, er und sein Gott. Warum, würden die Leute fragen, ist der Gott der Islam-Leute stärker als deiner, Reverend? In East New York ist auch Religion eine Macho-Übung.

Dabei hat er für die »Nation« durchaus Sympathie. Sie gebe den Schwarzen Respekt, Selbstliebe. Auch wenn er die antisemitischen Ausfälle der Gruppe für »wenig nützlich« hält – er bekämpft die »Nation« nicht aus ideologischen, sondern theologischen Gründen. Sie haben das Christentum verlassen wie ein sinkendes Schiff, weil dessen Gott ein weißer Gott sei. »Sie sind die wahren Feiglinge – ich dagegen bin der, der durchgehalten hat und der ändert, was zu ändern ist.«

Er hält durch, Tag für Tag. Und sein zäher Kleinkampf summiert sich in einem schließlich doch spektakulären Erfolg: dem »Nehemia«-Projekt. Mit verbilligten Krediten und Bauhilfen hat der Reverend in den vergangenen zehn Jahren rund 2300 kleine Ziegelstein-Häuser entstehen lassen, hat Straßenzug um Straßenzug für seine stets wachsende Gemeinde erkämpft. Heute hat sich ein kleiner schwarzer Mittelstand dort neu etabliert, wo früher Mietskasernen standen und Abbruchhäuser, in denen Drogensüchtige dämmerten und Wohlfahrtsempfänger apathisch auf den nächsten Scheck warteten. Wenn Gott Wunder tut, dann hat er sie hier mit Hilfe des Reverend vollbracht: Inseln der Würde und Wärme in einer Nachbarschaft, die bisweilen aussieht wie ein zerbombter Planet.

Wenn der Reverend durch »Nehemia« fährt, wenn er Charles, den ghanaischen Kaufmann, besucht oder bei Rita, der Bankangestellten, in den Kochtopf schaut, wenn er die herausgeputzten Häuschen sieht und die Vorgärten, die seine Klienten sich anlegen, dann spürt er vor allem eines: Stolz, wahnsinnigen

Stolz, auf seine Gemeinde, auf sich, ja, auf die schwarze Rasse. Und dieser Stolz lässt ihn durchhalten.

Und dann ist Reverend Youngblood stolz darauf, Amerikaner zu sein. Dabei glaubt auch er, dass es eine Verschwörung gegen die Schwarzen gebe, in der Aids und Drogen und Waffen den Genozid herbeiführen sollen. All diese Gefühle, Stolz und Wut und manchmal auch Paranoia, haben gleichzeitig Platz in seiner Brust.

Er hält es mit Martin Luther King – Amerika, ein wundervolles Land voller Verheißungen, bis auf den einzigen Scheck, der nie gedeckt war: das Versprechen der Menschenwürde auch für Schwarze. »Als diese Nation Martin Luther King getötet hat«, sagt er leise, »hat sie die eigene Seele getötet.« Doch irgendwann, da ist er sicher, wird Amerika aufwachen. »Hoffentlich ist es dann nicht zu spät.«

Bis es so weit ist, wird er seinen Gemeindemitgliedern beibringen, Häuser zu bauen, statt zu jammern. Hilfe zur Selbsthilfe – das ist nicht nur der American way of life. »Jesus möchte Männer, keine Waschlappen.«

Tanzt Gott Samba?

Über den Katholizismus in Lateinamerika

Der Tag, an dem ich die Jungfrau Maria stahl, war heiter und warm, und unter dem ewig blauen Himmel sangen die Vögel zur Ehre Gottes. Die Messe war aus, soeben hatte der Pfarrer in unserer kleinen Kirche Nossa Senhora da Luz auf der Anhöhe über der Favela den Schlusssegen gesprochen, und ich nahm den Weg zur Sakristei. Dort standen mehrere Madonnen. Ich griff nach der falschen, wie sich herausstellte.

Diejenige, die zur Woche der Marienverehrung durch die Haushalte gereicht werden sollte – nach einem sorgfältigen Plan, auf dem man sich einzutragen hatte –, war kleiner und leichter und zugegebenermaßen weniger schön. Ich stand an erster Stelle und sollte mir die Madonna in der Sakristei abholen, die allerdings menschenleer war, als ich kam.

Meine Madonna hatte ein ziemliches Gewicht. Sie war groß wie ein Baby. Als ich sie nach Hause brachte, staunten alle, die Köchin, der Sicherheitsmann, der Rest der Familie. Wir stellten sie auf einen Ehrenplatz in eine erleuchtete Muschelnische im Esssalon. Die Inka-Keramik-Göttin aus Peru musste dafür weichen.

Kurze Zeit darauf jedoch kamen zwei Schwestern aus der Gemeinde vorgefahren. Sie waren verlegen. Sie sagten, ich sei beobachtet worden, wie ich die Gemeinde-Madonna in mein Auto verfrachtet hätte. Ihnen war das peinlich, mir war es peinlich. Die werden sich gedacht haben, da geht dieser Kerl Sonntag für Sonntag in die Kirche und tut unschuldig, und plötzlich stiehlt er unsere Mutter Gottes. Was ist das denn für ein Typ!

Nachdem ich das Missverständnis aufgeklärt hatte, »Ein Versehen, Senhoras!«, strahlten sie erleichtert, wir beteten noch ein Ave Maria vor der erleuchteten Nische, dann durfte die Inka-Göttin zurück an ihren Platz.

Unsere Kirche war klein, umstanden von Palmen und Blumen, betreut von Schwestern eines nahen Stiftes, das auch eine Mädchenschule unterhielt. Mein Sohn ging hier zur Erstkommunion. Wir sammelten Weihnachten für die Favela am Fuße des Hügels, Maniok und Schulhefte und Reis. Mit Geldüberweisungen kam man hier nicht weiter. Gemeindeleben hieß tätige Mithilfe.

Die Gottesdienste setzten Gefühle frei, das in erster Linie, Trauer und Freude und Verzweiflung und Jubel. Heiratsversprechen wurden erneuert, verlorene Gemeindemitglieder neu aufgenommen, in den Predigten wurde von Söhnen erzählt, die erschossen worden waren, und dann wurde der Zorn Gottes auf die Täter herabbeschworen, und im Friedensgruß nach dem »Vater unser« fiel man sich um den Hals. Eines Tages war der Küster tot aufgefunden worden. Er war von Drogengangstern gefoltert und ermordet worden. Der Pfarrer blieb weg, aus Angst. Sein Ersatz war ein Hüne, ein Militärpfarrer, der mit volltönendem Bass vor der Gemeinde stand wie der sprichwörtliche Fels.

Vor dem Seitenaltar mit der Madonna waren die meisten Kerzen aufgestellt. An die Gottesmutter wandten sich alle. Sie hatte das Ohr des Herrn. Madonnen sind wichtig im figurenreichen, üppig schwellenden Katholizismus Lateinamerikas.

Marienprozessionen können zur Staatsaktion werden. Eine der berühmtesten ist die der »Cirio de Nazaree« in Belem an der Amazonas-Mündung, ein 15-tägiges Festival mit rund zwei Millionen Besuchern und Mitwirkenden und Frommen aus aller Welt. Es beginnt mit der feierlichen Zur-Schau-Stellung eines wunderwirkenden Madonnen-Bildnisses, das ein Jäger 1700 im Wald gefunden haben soll. In einer prächtig geschmückten Barke wird es flussabwärts geführt, flankiert von Schiffen der

Kriegsmarine, des Gouverneurs
und anderer Honoratioren sowie
von Hunderten von Fischerbooten.
Sodann wird es unter Gebeten und
Gesängen durch die Stadt getragen,
wobei alle versuchen, das Tau zu
erhaschen, das an den rollenden
Altar mit der Madonna gebunden
ist. Stundenlang windet sich dieser
vielköpfige Lindwurm durch Stra-

ßen und Gassen und Uferwege durch die schwüle tropische
Nacht, das dicke Tau ist durchtränkt von Schweiß und Hingabe
und Hoffnungen und Wünschen. Es ist tatsächlich tropfend
schwer von Frömmigkeit.

Im Volksglauben spielt Maria eine eminent wichtige Rolle für
die Lateinamerikaner. Die größte Marienprozession der Anden
habe ich im bolivianischen Cochabamba erlebt, und dort war
sie eine Mischung aus Volksfest und Voodoo und politischem
Staatsakt.

Der Katholizismus in Lateinamerika hat eine düstere und
eine glühende Tradition. Er kam mit den Conquistadoren, und
seine Wurzeln schließen sich um den vorgefundenen animis-
tischen Glauben der Indios. Gleichzeitig richteten die Patres
Missionsschulen ein und Krankenstationen, sie brachten mit
der Medizin und der christlichen Botschaft humanisierende Elemente in die Kolonialgeschichte. Besonders die Jesuiten küm-
merten sich um Erhaltung von Kultur und lokalen Sprachen.
Sie errichteten in Paraguay eine Art Urkommunismus und Gottesstaat, sie halfen den dort ansässigen Guaranís mit autarker
Verwaltung und kollektiver Bewirtschaftung. Vor allem aber
bemühten sie sich, eine Verteidigung aufzubauen gegen die
brasilianischen Sklavenjäger, die immer wieder in ihr Gebiet
eindrangen, und konnten sie tatsächlich erfolgreich zurück-
schlagen. Doch schließlich entschied sich der spanische Hof
gegen dieses aufrührerische Experiment, die Jesuiten wurden

vertrieben, und die Ureinwohner gerieten in Gefangenschaft oder wurden aufgerieben.

Auf meinen Amazonasreisen habe ich die wunderlichsten synkretistischen Vermischungen erlebt aus Katholizismus und Waldglauben, aus Cadomblé und liturgischem Kalender. Hei-lige wurden zu Dschungelgöttern, selbst eine anverwandelte Jungfrau Maria gab es. Eines habe ich immer gespürt: wie wesentlich der Katholizismus für die Entrechteten war. Egal, ob es sich um die Kirche der Gummipflanzer handelte oder die Indio-Station am oberen Amazonas, wo Jesuiten die Schule führten und von dort aus mit ihren Sanitätsbooten stromaufwärts zu den Stämmen fuhren.

Jesuiten, die Soldaten Gottes. Sie waren überall in Lateinamerika aktiv, auf Seiten der Schwachen. Viele von ihnen ließen ihr Leben, als sie in Guatemala auf der Seite der Indios kämpften gegen die Milizionäre und CIA-Killer. Ich habe dort Folterkammern mit Fleischerhaken gesehen, ich war dabei, als Skelette und Kleidungsstücke ausgebuddelt wurden. Und ich habe mir die Geschichten angehört, von katholischen Priestern, die mehr Mut zeigten als all die hirnlosen Wohlstandsatheisten in unseren Breiten, die ständig die Legende nachplappern, dass die Kirche grundsätzlich auf Seiten der Unterdrücker zu suchen sei. Ich habe mit den Landlosen-Aktivisten in Brasilien gesprochen und mit Patres, von denen sie gegen die Willkürjustiz der Plantagenbesitzer verteidigt wurden. Die mit ihnen marschierten, mit ihnen kämpften und campierten.

Die aus den USA oft im Schutz der CIA eingesickerten Evangelikalen mit ihrem Wohlstandsevangelium (»Streng dich an, du bist deines Glückes Schmied«) waren prinzipiell staatstreu. Die Katholiken prinzipiell aufsässig. Aufsässiger, als es Rom lieb sein konnte. Manche hatten den Marxismus mit der Bibel verwechselt und über dem Kampf für Gerechtigkeit und das Paradies auf Erden ihre seelsorgerischen Aufgaben vergessen, weshalb sich die Kirche in den 70er Jahren von der Befreiungstheologie distanzierte.

Der jetzige Papst hatte als Chef der Glaubenskongregation den Entzug der Lehrerlaubnis für den Franziskaner-Pater und Befreiungstheologen Leonardo Boff verantwortet. Dabei ging es allerdings gar nicht um Marxismus, sondern um Boffs Zweifel an Rom, an den Dogmen, und um sein unverhohlenes Werben für die befreiende Kraft des Synkretismus. In ihren Sozialenzykliken haben weder er noch sein Vorgänger je einen Zweifel daran gelassen, dass sie das Treiben des entfesselten Turbo-Kapitalismus verdammen.

Unser Alltag in Rio de Janeiro war katholisch, und ständig wurden wir daran erinnert. In den Favelas waren oft die katholischen Priester meine Kontaktpersonen und Ansprechpartner. Sie waren es, die sich den Drogengangstern in den Weg stellten, die ihre Gottesdienste und ihre Kindergärten und Sozialstationen gegen das Elend ringsum verteidigten und für Inseln der Hoffnung und Gerechtigkeit sorgten.

Katholisch war die Luft, die wir atmeten. Wie anders auch in einer Stadt, über der sich auf dem 710 Meter hohen Corcovado-Felsen die Figur des Christo Redentor erhebt, von Christus, dem

Retter, der mit seinen ausgebreiteten Armen diesen wilden, diesen liebenden und mordenden und tanzenden und trauernden Lebensdschungel zu seinen Füßen zu schützen und zu segnen scheint. Selbstverständlich bekreuzigte sich unser Sicherheitsmann, wenn er an einer Kirche oder einem Friedhof vorbeikam. »Wir werden uns wiedersehen«, sagte man zum Abschied, »se deus quizer«. Wenn Gott so will. Ja, natürlich kommen wir pünktlich – se deus quizer.

Gott wollte eher selten, er hat sich wohl mehr auf die Pünktlichkeit der Deutschen konzentriert. Der Gott der Brasilianer ist da einfach ein bisschen schlampiger, zumindest der Komö-

die *Gott ist ein Brasilianer* zufolge, die zum absoluten Superhit des Jahres 2003 geworden war. Die Filmidee stammte aus João Ubaldo Ribeiros Kurzgeschichte vom *Heiligen, der nicht an Gott glaubte.* Regisseur Carlos Diegues hatte die Geschichte weitergesponnen. Gott, hoffnungslos überarbeitet, braucht eine Pause und sucht eine Urlaubsvertretung, einen Heiligen, einen guten Menschen – und trifft unter dem endlosen Himmel des armen brasilianischen Nordostens auf den Herumtreiber

Tacoa. Die Analphabetenrate ist hoch hier und die Armut endemisch und – unter diesem Himmel – unglaublich malerisch. Es ist eine Landschaft, in der der Aberglaube blüht und der Einfallsreichtum unbegrenzt ist.

Was Tacoa, den von Gott angesprochenen Fischer angeht – er denkt nicht mehr daran, zu angeln, sondern versucht aus den Special Effects dieses weißhärtigen Reisenden, eben aus den Wundern Gottes, Kapital zu schlagen. Die Lage wird ins Frivole kompliziert, als sich die junge Prostituierte Madá in Gott verguckt. Aber welche brasilianische Frau wäre da nicht in Gefahr, denn Gott wird von Brasiliens populärstem Schauspieler, von Telenovela-Star Antonio Fagundes in aufgeknöpfter Urlaubslaune verkörpert. Er verströmt Lebenslust und Virilität aus jeder Pore und gibt diesem Film boulevardeske Leichtigkeit.

Natürlich hat dieser Film ein Happy End. Gott, der angesichts der brasilianischen Zustände zunächst kopfschüttelnd Verbesserungsvorschläge notiert, schmeißt am Ende seine Notate über Bord. Und zwar lächelnd, nach einem Blick auf den Strauchdieb und die junge Prostituierte, die in Liebe zueinander gefunden haben. Seine Geste sagt: Dieses Land ist nicht perfekt, aber es ist trotzdem wunderbar.

Der Romancier João Ubaldo Ribeiro allerdings mochte den Film nicht – und das hing mit *seiner* Gottesvorstellung zusammen.

JOÃO UBALDO RIBEIRO: Gott kommt nicht in den Nordosten, um Urlaub zu machen. Das finde ich ein bisschen lächerlich. Gott braucht keinen Urlaub.

ICH: Sie mochten den Film nicht?

JOÃO UBALDO RIBEIRO: Diegues, der Regisseur, ist mein Freund. Aber ich bin nicht übermäßig begeistert.

Ich: Glauben Sie nicht an Gott?

JOÃO UBALDO RIBEIRO: Ja, aber nicht im Sinne einer organisierten Religion. Ich bin katholisch aufgewachsen. In unserem Land ist die Kirche mächtig, und sie interpretiert letztgültige Wahrheiten. Dagegen lehne ich mich auf. Ich halte es zum Beispiel für eine viel größere Sünde, den Nachbarn zu hassen, als Sex zu haben. Ich glaube nicht, dass Gott sich Sorgen darüber macht, ob wir Sex haben.

ICH: Sie sind Sohn eines Juristen. Finden Sie nicht, dass der alttestamentliche Gott einen ziemlich schlechten Richter abgibt? Er droht Strafen an, die er nicht vollstreckt, dann wieder wütet er maßlos, ja genozidal ...

JOÃO UBALDO RIBEIRO: Ich glaube nicht, dass wir Gott kritisieren können. Aber wir tun es laufend. In meiner Geschichte sagt Gott: Ihr Brasilianer kritisiert mich dauernd für meine Schöpfung, aber ihr schafft es noch nicht einmal, eine ordentliche Fußball-WM auszurichten.

ICH: Gott ist unbegreiflich ...

JOÃO UBALDO RIBEIRO: Genau. Das Konzept Ewigkeit können wir gar nicht begreifen. Ich glaube schon, dass Gott interveniert. Aber wie er es tut, bleibt uns verborgen.

ICH: Wenn Sie Gottes Urlaubsvertretung wären, was würden Sie ändern?

JOÃO UBALDO RIBEIRO: Gar nichts. Die meisten wollen etwas von Gott, wenn sie beten. Als ich jung war, bat ich Gott, dass ich dieses Mädchen heiraten könne, in das ich verliebt war. Rückblickend wäre ich ziemlich übel dran, wenn er mein Gebet erhört hätte. Er weiß schon, was gut für mich ist. Ich bete einfach, dass ich genau das will, was er für mich vorgesehen hat. Und dass ich seiner würdig bin.

Man redet anstrengungslos über Gott in Brasilien, weil er ständig präsent ist im Alltag. Kaum eine meiner brasilianischen Reportagen kam ohne Gottesbezug aus. Besonders präsent war er – als Schicksalsgott – in meinen Gesprächen mit dem brasilianischen Klavier-Virtuosen João Carlos Martins.

Die Martins-Passion

Der Kampf eines begnadeten Pianisten und Hedonisten
um den rechten Weg zu Bach und Gott

João Carlos Martins, grau im frühen Morgenlicht und noch
im Schlafanzug, haut die Linke in die Tasten. Nur die Linke.
Man muss die Linke üben, immer wieder, wie der Boxer seinen
Jab. Er übt drei Stunden jeden Morgen und nachmittags noch
mal zwei, und im Moment ist es diese Kadenz in Rachmani-
nows Paganini-Variationen, »bis sich die Muskeln die Sprünge
gemerkt haben«.

Allerdings: Rachmaninow hat dieses Stück für zwei Hände
geschrieben. Für zwei sehr gesunde und technisch perfekte
Hände. Diese Fassung nur für die Linke hat Martins selbst
erstellt. Diese eine Hand rührt einen Sturm an, der Mund steht
halb offen, man hört ein Stöhnen in der fauchenden Welle an
Tönen, und die Rechte klammert sich an den schwarzen Rahmen des Petrow-Flügels wie an eine rettende Planke. Mehr
kann sie nicht tun. Sie ist verkrüppelt.

Da liegt eine weitere Hand auf dem schimmernden Flügel,
eine weiße Marmorhand, noch einmal die Rechte, übergroß
und makellos. So muss der Grabstein für eine Pianistenhand
aussehen. Vor zwei Jahren hat er sich den Nerv in seiner Rechten durchtrennen lassen, weil die Schmerzen zu groß wurden.
João Carlos Martins, für viele Kritiker ein ähnlich großer Bach-
Interpret wie Swjatoslaw Richter oder Glenn Gould, hat ein
neues Kapitel begonnen. Ein Pianisten-Leben mit der Linken.
Ein weiteres Comeback.

Jeden Morgen Rachmaninow nur mit der Linken. Das ist
ungefähr so, als würde Baryschnikow üben, den »Schwanensee«
auf dem linken Bein zu tanzen.

Es ist einfach, João Carlos Martins zu mögen. Er findet, dass das 4:3 zwischen Italien und Deutschland bei der WM 1970 in Mexiko das schönste Fußballspiel aller Zeiten war – und das war die WM, in der Brasilien Weltmeister wurde. Seine Penthouse-Wohnung in São Paulo will gleichzeitig Kloster sein und Formel-1-Rennstall. Sie hat weiße Rundbögen und eine Kirchentür aus Lima, dazu eine verspiegelte Bar und einen Kamin aus Chrom, der aussieht wie ein Kotflügel.

»Warum spielen Sie diese Toccata so schnell?«, wurde er einst von einem Kritiker gefragt. »Weil ich es kann«, antwortete Martins. So ist das mit ihm: Er geht in die Kirche, aber er gibt auch gern an. Das übrigens galt auch für Bach.

Die Zimmerdecke ist schwarz lackiert. Die Vitrinen zeigen seine Einspielungen, und die ausgestellten Illustrierten-Titel rühmen ihn, und auf den silbergerahmten Fotos lacht er mit Pelé und Dave Brubeck und Salvador Dalí, der ihm einst den Rat gab: »Sprich darüber, dass du der Beste bist – irgendwann glauben es die Leute.«

Die Wohnung spricht darüber, er selbst spricht darüber – und mittlerweile spricht Hollywood darüber. Dort wird sein Leben gerade zum Drehbuch verarbeitet. Produzent und Komponist George Barrie, oscargekrönt für *A Touch of Class*, hat sich die Rechte gesichert. Der Film wird *Martins-Passion* heißen, mit viel Orgelgebrause unter den Palmen, denn Martins' Karriere ist abwechselnd Triumphzug und Opfergang. Wahrscheinlich ist João Carlos Martins heute der am schlimmsten lädierte Pianist der Welt.

Er hätte Grund zu hadern mit Gott, wie Hiob, der ihm das genommen hat, was ihm das Wichtigste war in seinem Leben. Die Fähigkeit, Bach zu spielen, diese Musik gewordenen Gebete, diese Frömmigkeit aus Tönen, und ihn so zu spielen, dass es den Allmächtigen rührt. Doch gleichzeitig hat er jeden Grund,

Gott zu danken, für Bach und für sein Talent und für seine Seelenstärke und seine Ausdauer, mit der er die erstaunliche Berg- und Talfahrt seines Lebens meistern konnte. Und von meistern kann man in seinem Fall mit Fug und Recht reden.

Seine Karriere beginnt schon mal mit einem Schicksalsschlag. Mit einer Krankheit, mit einer Tumorbehandlung in der Kindheit. Da ist ein geöffneter Hals, aus dem es tropft. João Carlos Martins trägt einen hohen Kragen, und er zieht sich gern an sein Klavier zurück und übt, bis zu zehn Stunden am Tag. Die Jugendfotos zeigen einen Jungen, der gern lacht und mit seinen Brüdern Fußball spielt. Doch er ist auch das Wunderkind, dem Piano-Götter wie Alfred Cortot eine große Zukunft voraussagen. Mit acht, nach sechs Monaten Unterricht, gewinnt er seinen ersten Wettbewerb.

Als Twen spielt er innerhalb von nur einer Woche vor Castro und vor Kennedy, und dann bringt er die Carnegie Hall zum Kochen. Das Publikum beider Welthälften liegt ihm zu Füßen in diesen frühen 60er Jahren. Er sieht aus wie Buddy Holly mit seiner schwarzen Hornbrille, und die Kritiker rühmen das »klarste, artikulierteste und lebendigste Klavierspiel, das je zu hören war«. Die komplette Einspielung des »Wohltemperierten Klaviers«, auf sieben Platten, wird zum Bestseller. Martins, Superstar: »Mir gelang alles.«

Dann, 1966, kickt er im Central Park Fußball mit ein paar Jungs von der brasilianischen Nationalmannschaft. Er kann durchaus mithalten, er ist ein guter Techniker seit seiner Kindheit, doch da ist diese Rempelei, und er fällt so, dass sich ein Stein in seinen rechten Ellbogen bohrt. Der erste Sturz seines Pianisten-Lebens, und er kommt kaum wieder hoch. Spielen kann er, aber einstecken, das muss er noch trainieren. Nach einer langwierigen Rehabilitation kämpft er sich mühsam ein paar Konzerte ab, doch ohne es zu wissen, hat er die Handhaltung verändert und das entwickelt, was in der Fachliteratur »repetitive motion syndrome« heißt. Er hat die Kontrolle über die Finger verloren.

»Zuerst merkst du es selbst, dann merken es die Kritiker, und schließlich merkt es das Publikum.« Nach einer durchwachsenen Kritik 1970 lässt er den Flügel aus der Wohnung entfernen und rührt kein Klavier mehr an. Sieben lange Jahre lang. Er ist Banker und Boxpromoter und Konzertveranstalter, er bringt Alice Cooper nach Brasilien, und er fühlt sich leer bei alldem, und seine Ehe zerbricht. »Der nächste Schritt wäre die Mafia gewesen und Drogen.«

Da sieht er eines Nachts im Fernsehen einen Pianisten, den er mag. »Doch ich wusste, ich kann es besser.« So etwas nennt man wohl eine Wiedererweckung. Eine göttliche Intervention. João Carlos soll spielen. Und er soll allen anderen zeigen, wie man zur Ehre Gottes spielt. Bach! Martins entschließt sich noch im gleichen Moment für seine Rückkehr. Er übt zehn Stunden am Tag, und nach einem Jahr ruft er seinen Agenten an und sagt: »Reservier mir die Carnegie Hall.«

Offenbar ist die mehrjährige Pause genau die richtige Therapie für den Arm gewesen – das »repetitive motion syndrome« ist abgeklungen. Und offenbar hat man Martins vermisst. Nur schrittweise kann sich das Taxi an jenem Oktoberabend 1979 die Fifth Avenue hinunterkämpfen. »Besser, Sie laufen«, sagt der Fahrer, »irgendein Verrückter tritt da auf, den alle sehen wollen.« Der Andrang auf Martins' Comeback-Konzert ist so gewaltig, dass zusätzlich 300 Stühle auf die Bühne gestellt werden. Für Dick Strawser, den Chef des Klassiksenders WITF, gehört dieses Konzert zu den Sternstunden. Martins' Carnegie-Konzert mit dem »Wohltemperierten Klavier«, das ist wie Alis Sieg über Foreman.

João Carlos Martins ist wieder oben. Und hier, ganz oben, nimmt er das gigantische Projekt in Angriff, sämtliche Klavierwerke Bachs einzuspielen. Zur Ehre Gottes, sicher, aber auch ein wenig zur Pflege des eigenen Ruhmes. Und da gibt es diesen Deutschen in New York, Heiner Stadler, der ihm dabei helfen könnte, ein Produzent, der durch Dave Brubeck auf Martins aufmerksam geworden war. »Als ich ihn Bach spielen hörte, ging es mir wie Brubeck – ich musste mit den Fingern schnippen«, erinnert sich Stadler. Er will Bach von Martins. Insgesamt 19 Stunden und 28 Minuten. Das alles »Zur Ehre Gottes«, wie Bach es verlangt, aber auch »zur Recreation des eigenen Gemüthes«, wie es das Barockgenie, der fünfte Evangelist, durchaus konzediert.

Die »Sechs Partiten« werden im Pomona-College in Kalifornien aufgenommen, und Martins ist in der Form seines Lebens. Die Kritiker rühmen, und sie verreißen, doch eines schreibt niemand: dass dieser Bach langweilig wäre. Zehn CDs entstehen so, unter ihnen die »Goldberg-Variationen« und die beiden Bücher des »Wohltemperierten Klaviers«, und die *New York Times* schwärmt: »Er zündet Feuerwerke in alle Richtungen.« Martins' Bach ist von der besonderen Art. Die Pausen sind länger, die Läufe sind schneller, er kann 21 Töne pro Sekunde anschlagen. Er schiebt die Harmonien ineinander mit seinem Pedal und dickt die Töne an mit seiner »Karatetechnik«. Und sie wirkt. Leonard Bernstein sagte ihm auf einer Party, dass sich sein Klavierspiel anhöre wie ein ganzes Orchester.

Stilistisch ist Martins ein Outlaw, von geradezu verbotener Leidenschaftlichkeit. Sein Bach ist romantisch wie Chopin und frivol wie Samba. Für ihn ist Bach alles, er ist fromm und leidenschaftlich und Zwölftonmusik wie diese letzte Fuge im ersten Buch des »Wohltemperierten Klaviers«. »Wenn ich Bach spiele, will ich, dass es der Fabrikarbeiter mag, und der Purist soll sagen: ›Es ist falsch, aber schön.‹« Und es ist schön.

In seinem Apartment hoch über São Paulos infernalischem Straßenlärm bittet Martins seine Frau Carmen, die Sarabande aus der »Fünften Französischen Suite« aufzulegen, und plötzlich erklingt eine Musik, die unermesslich traurig ist. Das ist wohl das Vertrackte an der Kunst. Man fühlt mit, und dann muss man plötzlich an die Fabriziertheit dieses Gefühls denken, und nie weiß man bei Künstlern, was ernst ist und was nur gespielt. Der Meister stützt das Gesicht in die Hände, er ist gramgebeugt, hier oben in seinem Penthouse in São Paulo, mit dem Whirlpool auf dem Dach. Dann seufzt er: »Das hat er geschrieben nach dem Tode eines seiner Söhne.«

Man hört das zarte Piano und könnte mitheulen noch fast 300 Jahre später, so innig und wahr ist die Liebe des Vaters zu spüren, so deutlich enthält die Musik den Schmerz des Verlusts. Oder ist es nur João Carlos Martins, der es ihm eingehaucht hat? Woran mag er in diesem Moment denken? An die Kamera des Fotografen oder an den Tod seiner Eltern? Und: Geht es uns etwas an?

»Damals, als ich es eingespielt habe, ging meine zweite Ehe in die Brüche«, sagt Martins. »Die Schmerzen in der Hand hatten zugenommen.« Und vielleicht spürte er in dieser Sarabande, dass sich eine nächste Krise in seinem Leben vorbereitete, eine Art schwermütige Vorahnung seines nächsten Knockouts.

Es war Mitte der 80er Jahre, als er wieder zu Boden ging. Zunächst körperlich: Während eines Konzerts in Berlin erleidet er einen Blinddarmdurchbruch. Er bringt es dennoch zu Ende und fällt später für zwei Monate im Elisabeth-Krankenhaus ins Koma.

Doch schlimmer ist das moralische K.O., das sich in dieser Zeit anbahnt. Zuerst die Abkehr von der Bibel, von Gott und seinem klingenden Evangelisten: Martins macht Bach zur zweitrangigen Sache. Er kappt seine spirituelle Wurzel. Er gründet eine Baufirma und geht 1990 in die Politik. Man muss sich das vorstellen wie auf einem dieser katholischen Katechismusbildchen: links der schmale Weg zum Himmel und zu Bach und rechts die bequeme, breite Straße in den politischen Sumpf Brasiliens, in die Hölle. Und Martins nimmt die falsche Abzweigung.

Martins lässt sich auf den korrupten Bürgermeister-Kandidaten Maluf ein. Für ihn sammelt er Wahlkampfgelder. Der revanchiert sich später bei seinen Gönnern. Politik eben, in Brasilien und anderswo. Immerhin kann Martins beweisen, dass er sich nicht bereichert hat. »Ich hätte ins Gefängnis kommen können«, sagt er. »Ich habe den größten Fehler meines Lebens gemacht.« Selbst die Klageabweisung durch den Obersten Gerichtshof nützt ihm nichts, Martins ist sozial verbrannt. Er wird nach ganz unten durchgereicht.

Nun gibt es sogar Kritiker, die behaupten, dass er auch als Pianist nichts getaugt habe. Als sein Vater das liest, steigt er für seinen Sohn in den Ring. João Carlos, so erklärt er in den großen Tageszeitungen, sei ein großer Künstler und daran änderten auch politische Fehltritte nichts.

»Damals war er bereits 92«, sagt João Carlos. »Ich fuhr zu ihm nach Hause und schwor ihm auf den Knien, dass ich mir den Respekt meiner Umwelt wieder erspielen werde.« Wem fällt da nicht das Gleichnis vom verlorenen Sohn ein? Der Vater nimmt ihm das Versprechen ab, zurückzukehren zur Musik, zum klingenden Gottesdienst und zum Glauben, den der Vater, ein frommer portugiesischer Bauernsohn, sein Leben lang für das Wichtigste hält. Martins flüchtet zurück zu Bach, in diese Gegenwelt, in der er instinktsicherer ist und in der er sich auskennt. Wieder schuftet er und bringt sich in Form. Und dann kann die Arbeit an der großen Bach-Edition wieder aufgenommen werden. Nun, Mitte der Neunziger, musiziert er mit dem Sinfonieorchester in Sofia. Er spielt die »Englischen Suiten« ein, die »Brandenburgischen Konzerte«, und er ist gut wie nie zuvor. Sein Klavierspiel singt in diesem Holzsaal. Produzent Heiner Stadler ist glücklich, die Bach-Edition steht kurz vor der Vollendung.

Doch es ist, als müsse Martins vorher noch Sünden abbüßen. Es folgt ein neuer Schlag auf seinen absurden Opfergang: Am Abend des 22. Mai 1993, nach erschöpfenden Proben am »5. Brandenburgischen Konzert«, wird João Carlos Martins auf dem Weg zum Hotel in Sofia überfallen. Zwei Halbstarke schlagen ihn mit einem Eisenrohr nieder. »Es regnete«, sagt Martins, »ich lag einige Stunden bewusstlos in der Gosse.«

Er schüttelt den Kopf in stiller Verwunderung, als ob er sagen wollte: »Oh Gott, warum?«

Der Schlag beschädigt Martins Gehirn und ausgerechnet jene Zellen, die die Bewegung seines rechten Arms koordinieren.

Nun beginnt erneut ein unglaubliches Pensum, einige Schraubendrehungen härter als bei den Comebacks davor. »Bei uns zu Hause galt, dass es das Wort ›unmöglich‹ nur für Ignoranten gibt – und ich bin kein Ignorant.«

Ein Jahr lang lernt Martins im Jackson Memorial Hospital in Florida erneut, Klavier zu spielen. Er ist bepflastert mit Sensoren und schafft es, sein Gehirn neu zu programmieren.

Noch nie, sagt der behandelnde Arzt Bernard Brucker später, habe er einen so fleißigen Patienten erlebt. »Er hat zehn Stunden am Tag gearbeitet.«

Nach einem Jahr haben die Zellen seines Sprachzentrums offenbar begriffen, dass sie nun auch für die »Toccata in f-moll« zuständig sind. Doch die Reprogrammierung hat ihren Preis. Sie bedeutet, dass er seine Hand bewegen muss, wenn er spricht. »Das verursachte auf die Dauer unmenschliche Schmerzen.« Oft bricht João Carlos in der Folgezeit Gespräche ab, tränenüberströmt. Nach jedem Auftritt braucht er zwei Tage absoluter Stille. Doch er schafft den Bach, den kompletten, den er 1997 mit den »Fantasias und Toccatas« abschließt: 19 CDs, eine veritable kleine Kommode.

Einer seiner letzten zweihändigen Auftritte ist gefilmt worden. Da ist der Mittelfinger bereits nutzlos geworden und hochgebunden in die Handfläche wie das Bein eines kranken Tiers. João Carlos spielt Mozart und Haydn. Mit neun Fingern. »Ich habe sämtliche Fingersätze geändert«, sagt er, während er die Aufnahme vorführt. Schon damals hat er der linken Hand beigebracht, Passagen mit zu übernehmen, die normalerweise von der Rechten gespielt werden. Was für ein Opfer-Wille, und was für eine Lust, ihn zu demonstrieren.

João Carlos Martins, das sind offenbar mehrere: der Künstler, der Philanthrop, der Favela-Kindern kostenlosen Unterricht gibt, der politische Zocker, der sich verrennt, und der gottesfürchtige Musiker, der gelernt hat, dass er hinnehmen muss, was er nicht ändern kann. Aber auch derjenige, der den Mut hat, zu ändern, was sich ändern lässt. Offenbar hat er lange genug in der sozialen Hölle geschmort. Obwohl der alte Skandal gerade wieder aufgerührt wurde, wird er wieder eingeladen. Er zeigt es ihnen. An diesem Abend geht es zu einem weißen Bungalow in São Paulos Edelviertel Alto da Lapa. Fackeln und E-Gitarre und französisches Büfett. Der Justizminister aus Brasilia ist gekommen, und jede Menge Powerbroker stehen herum, denn es ist Präsidentschaftswahlkampf.

João Carlos Martins beugt sich vor und raunt: »Der hat früher Banken ausgeraubt, für die gute Sache natürlich.« Er meint den Minister. Er grinst. Er durchschaut diesen Society-Spuk, diesen Jahrmarkt an Eitelkeit und Lüge. Kurz darauf steht Martins beim ihm und lächelt und plaudert. In der Musik nennt man so etwas wohl Tonartwechsel, und Bach, der Meister, hat die Tonart sogar innerhalb eines Taktes gewechselt.

Allerdings muss Martins seine Rechte noch trainieren für das soziale Parkett. Er hat eine merkwürdige Begrüßungstechnik entwickelt. Er weicht dem meist rechten Händedruck mit einer Art Vorwärtshaken seiner Linken aus. Dabei greift er nach dem Ellbogen des Gegenübers, was regelmäßig ein heilloses Gehedder und Gefummel ergibt.

»Die Linke ist für Bach«, sagt Martins achselzuckend, »meine Rechte taugt nur noch dazu, den korrupten Maluf zu killen.«

Selbst wenn er das täte, blieben viele unversöhnlich. Der Chef von São Paulos Staatsorchester hat gerade einen französischen Pianisten für Ravels »D-Dur-Klavierkonzert« engagiert. »Dabei habe ich genau das eingespielt«, sagt Martins so, dass es möglichst viele hören können. Es ist für die linke Hand geschrieben, sozusagen ein Martins-Konzert.

Bitter und beseelt neigt er sein Haupt in die Empörung der Runde, wie einer dieser Märtyrer auf den Bildern von El Greco, die er so liebt. Dann nimmt er einen Schluck Champagner und sagt: »Dafür spiele ich das Ravel-Konzert zum französischen Nationalfeiertag auf den Champs-Élysées.« Das sitzt. Brasilianer sind stolz auf Erfolge der Ihren im Ausland. Einige Wochen darauf ist er in Leipzig, später spielt er in Peking, dann in New York.

Martins, der alte Champ, hat sich international wieder nach oben gekämpft. Nur gewisse Provinzler aus São Paulo sehen das nicht. Sie behindern ihn. Was wiederum eine Dame im lachsfarbenen Chanel-Jäckchen »skandalös« findet, allein deswegen um deutlich zu machen, dass sie nicht zu denen gehört. Kurz nach Mitternacht ist der Maestro froh, dass er die Party verlassen kann. Er hat seinen Auftritt gehabt, und er ist zufrieden mit sich. »Das war eine Fantasia Chromatica, und ich habe nicht gepatzt.«

Carmen schiebt sich im Schrittempo durch São Paulos ewigen Stau, und im Jardins-Viertel legen die beiden einen Zwischenstopp in ihrer Lieblings-Eisdiele ein. Fünf leere Tische, gefliester Boden, 50 Eissorten – und Stille. »Ist das nicht schön?«, sagt er. Dann spricht er über den wichtigsten Menschen in seinem Leben. Seinen Vater.

Der Vater ist der Schlüssel zu Martins, dem Comeback-Künstler. Tatsächlich müsste ein Film über den Pianisten mit einer großen, elegischen Rückblende zu seinem Vater beginnen: Die Jahreszahl 1908, ein Junge im portugiesischen Braga, barfuß, lehnt vor dem Fenster eines Klavierlehrers. Jeden Tag auf dem Weg zur Arbeit bleibt er dort für ein paar Minuten stehen. Eines Tages fasst er sich ein Herz, und tatsächlich, der Lehrer verspricht ihm eine Übungsstunde. Glücklich geht der Junge zur Arbeit, und er träumt von der Virtuosen-Karriere, die vor ihm liegt, und er schläft ein an der Maschine.

»Dabei geriet seine rechte Hand in die Druckerpresse, und er verlor einen Finger«, sagt Martins. Er nickt in die leere Eisdiele hinein, als bekräftige er einen Familienfluch. Die Klavier-Karriere seines Vaters endete, bevor sie begann – mit einer Verstümmelung! Doch er, João Carlos, hat den Traum seines Vaters weitergelebt, der zuzeiten durchaus wie ein mörderischer Marschbefehl aussah. Doch es war dieser Marschbefehl, der ihn dann immer wieder gerettet hat in der Niederlage. Der ihn vor Selbstmitleid und Mittelmäßigkeit bewahrt hat. »Nichts ist unmöglich, das war sein Motto.«

Sein Vater. Mit 86, und »ein wenig eifersüchtig« auf die Erfolge seiner Söhne, schrieb er sein erstes Buch und kam prompt, als ältester Buchdebütant der Welt, ins *Guinness-Buch der Rekorde*. Sein letztes war eine Sammlung von Weisheitslehren und eigenen Lektüre-Erlebnissen, von Buddha über Jesus bis Schopenhauer und Charlie Chaplin, stets auf der Suche nach dem Geheimnis des Lebens.

Wie er starb? In Martins' Lächeln liegt eine Art Staunen: »Er rutschte auf einer Bananenschale aus.« Im Alter von 102. Was für eine Schlusspointe!

»Er hat Zettel verteilt, für seine Buchpremiere. Er wollte mehr Besucher, als ich sie auf meiner hatte. Er schlug mit dem Kopf auf und war gehirntot, aber sein Herz schlug noch wochenlang weiter.« Das war dann, so gespenstisch darf man es durchaus sehen, die letzte Mahnung des Alten an die Jungs: Ein Martins gibt nicht auf, ein Comeback ist immer möglich, Gottes Wege sind unerforschlich – man muss nur offen für ihn sein und hinhören!

Doch offenbar gibt es noch eine andere Martins-Regel: Man nimmt jede Herausforderung an, schon aus sportlichen Gründen. Auf dem Weg nach Hause spricht Carmen von den Regengüssen, die am Vortag die Stadt lahmgelegt haben. »Das nennst du Regen?«, sagt João. »Ich zeig dir, was Regen ist.« Er fummelt eine CD aus dem Handschuhfach, und dann erklingen Vivaldis »Vier Jahreszeiten«, die er vor ein paar Jahren aufgenommen hat, eine Version für zwei Pianos. Der Sommer, erster Satz – »hier kommt's«, brüllt João Carlos, und tatsächlich ergießt sich ein enormer Wolkenbruch aus Tönen.

João Carlos ist zu jedem Kampf bereit, gegen wen auch immer. Mein Regen gegen deinen, großer Gott.

Die Aufnahme hat ihn in Schwung gebracht. Zu Hause setzt er sich noch einmal an den Flügel, und die Linke hängt in der Luft wie eine Tatze, die Beute machen will, und dann haut João Carlos Martins den Ravel in die Tasten und singt das Orchester dazu, laut und falsch. Das ganze klassische Repertoire für die Linke wird er mit Stadler aufnehmen, das ist erst der Anfang.

João Carlos Martins ist zurück, und vielleicht ist es ja so, dass sein größtes Kunstwerk sein Leben selbst ist. Sicher schwebt über diesem letzten Comeback die Frage, ob der Markt sich für ihn nur noch als Zirkusnummer interessiert: Martins, der einarmige Pianist, das Verletzungswunder.

»Der Markt interessiert mich nicht«, sagt er entspannt wie einer, der sich seiner Sache sehr sicher ist: Die Leute werden schon mitkriegen, dass er, der Comeback-Künstler, mit einer Hand mehr zu erzählen hat als die Übrigen mit zwei. Er hat gelernt. Mittlerweile kämpft er klüger, doch sein Herz schlägt wie das eines Jungen.

Und am Ende wird Hiob, der schwergeprüfte, vom Allmächtigen zehnfach beschenkt.

Der Dollar als Mysterienspiel

Wie ein ganzes Volk in der größten Marienprozession der Anden gemeinsam für wundersame
Geldvermehrung betet

Das Wunder von Cochabamba ereignet sich kurz nach dem Schlusssegen. Kardinal Julio Terrazas erfleht den Beistand der heiligen Mutter von Urkupiña für ein »geeintes Bolivien« und »Arbeit für alle«. Der in diesem Jahr 2001 bestallte junge Präsident der Republik senkt artig seinen tadellosen Scheitel, die Militärs stehen stramm, und das Volk schaut zum Himmel. Und dann regnet es Dollar.

Als grünes Konfetti rieseln die Scheine von den kolonialen Balkonen und Loggien auf den Platz des 15. August. Dollar regnen über Schönheitsköniginnen mit ihren Schärpen und über Bettlerinnen mit ihren gebuckelten Kinderbündeln, über die Quechua vom Hochplateau und die Guaraní aus den Tropen, sie halten ihre Amulette in die Höhe im Geldgestöber, und die Straßenhändler vergessen ihre glacierten Schweinsköpfe und bekreuzigen sich.

Nur bedrucktes Papier? Aber Geld war doch nie mehr als das, nie etwas anderes, ein kapitalistisches Transsubstantiations-Wunder, und irgendwann wird auch dieses Spielgeld zur Sache selbst werden und alle Wünsche realisieren. Doch das ist es gar nicht – das fröhliche Wunder besteht darin, dass in Bolivien ausnahmsweise einmal Dollar demokratisch über alle regnen.

Es sind weniger Pilger als in den Vorjahren, denn die Zeiten sind hart. Doch noch immer haben rund eine Million Gläubige ins Anden-Hochtal von Cochabamba gefunden, nicht nur aus Bolivien, sondern aus allen Teilen des Kontinents, um ein Fest zu feiern, dessen Ursprung sich im Dämmerlicht frommer Legenden verliert.

War es Maria, die dem Indiomädchen auf dem Hügel erschien, oder die Quechua-Urmutter Pachamama? Hat sie dem Mäd-

chen verlorene Schafe wiedergebracht, oder hat sie das Dorf vor einer schlimmen Seuche bewahrt? Sicher ist nur, dass sie Wunder vollbringt. »Und Wunder«, sagt der Kardinal, »braucht dieses Land.«

Eines wäre bereits, wenn die reichen Länder erkennen würden, dass sie nicht allein sind auf der Welt. Dass es Schlimmeres gibt, als ohne Evian-Wasser zu sein, nämlich: ohne Wasser. Dass sich in den Anden eine Katastrophe anbahnt. Und dass ein Erlass der Auslandsschulden eine der Voraussetzungen dafür wäre, diese abzuwenden – in der Hoffnung, dass die frei werdenden Gelder nicht in den falschen Taschen verschwinden.

Bolivien, das Herz Lateinamerikas, sein Armenhaus: In der Provinz Arque sind 55 Prozent der Kinder unterernährt, Dürre treibt die Indios in die Städte, die Lebenserwartung ist die niedrigste auf dem Kontinent. Dazu belegt Bolivien einen Spitzenplatz in der Länderliste der Korruption – Nummer 5 von 91. Quiroga hat sich bereits vor zehn Jahren als unideologischer Finanzminister empfohlen. Sein Privatisierungsprogramm stammt aus dem Schulbuch der Weltökonomen. Allerdings hat es, anders als erwartet, bisher nur einen rasanten Verarmungsschub gebracht. Tatsächlich: Neben den Prosperitätskurven der Harvard-Strategen nehmen sich die gemurmelten Indiogebete aus wie exakte Wissenschaft.

Zudem hat Quiroga mit einer ganz und gar unkalkulierbaren Hinterlassenschaft zu kämpfen. Es ist das Programm der nationalen Würde, mit dem Vorgänger Banzer den Amerikanern ein kokafreies Land versprochen hatte – ausgerechnet Banzer, unter dessen Clan-Herrschaft Bolivien zum weltweit führenden Koka-Exporteur wurde. Doch nun machte er Ernst:

In den letzten drei Jahren verschwanden Anbauflächen von rund 40 000 Hektar.

Allerdings wurden jährlich geschätzte 500 Millionen Dollar dem Wirtschaftskreislauf entzogen. Cochabambas Bauboom, davon zeugen die Apartmenthaus-Ruinen, ist eine Angelegenheit von gestern. Der Mittelstand verarmt, die Restaurants stehen leer, die Luna-Park-Karussells am See setzen Staub an. Tariferhöhungen für Wasser führten zu Revolten. Vor allem aber: Die den Cocaleros versprochenen Umstellungshilfen blieben weitgehend aus. Koka hat sie ernährt, Pfeffer tut es nicht.

Im Süden besetzen Campesinos nach dem Vorbild der brasilianischen Landlosen-Bewegung MST Ländereien. In La Paz protestieren die um ihre Renten betrogenen Bergarbeiter mit christlicher Opfersymbolik – sie binden sich an Kreuze. Gerade kündigten Cochabambas Wasser-Aktivisten einen Generalstreik mit Totalblockaden an. Das Land brennt.

Cochabambas Cocalero-Führer Feliciano Mamani ist davon überzeugt, dass die Urkupiña-Madonna auf dem Kalvarienberg seinen Kampf und den seiner Genossen versteht: »Sie ist aus dem Volk.« Er sieht nicht aus wie einer, der mit dem begehrtesten Rohstoff der Welt handelt. Seine Hände sind breit und rissig, die Sakko-Ärmel geflickt, das Gesicht ist gegerbt von harter Feldarbeit. Obwohl er für seine Lieferungen nicht mal ein halbes Prozent des Verbraucherpreises in New York kassiert, bringt ihm der Sack Coca doch ein paar Cent mehr als ein Büschel Bananen – die paar Cent entscheiden, ob seine Familie hungert oder nicht.

So ist Mamani bereit zu streiken, zu blockieren und zu kämpfen für das Recht, der Mafia die Konten zu füllen. Wer behauptet, dass es der Marien-Glaube ist, der absurd ist in Cochabamba?

Absurdität ist Alltag in der Andenstadt, ganz besonders für all die guten Menschen, die hierherkommen, um zu helfen. Sie fahren große Jeeps und sitzen abends in der Churrasquería »La Estancia«. Leute wie Rudi und Willem aus Holland, die für eine

NGO Bodenbakterien analysieren. Der Deutsche am Neben-
tisch schüttelt den Kopf. »Für Böden sind doch die Schweizer
zuständig.« Die Claims sind abgesteckt. Holländer und Italiener
machen in Molke, die Deutschen »in Wasser«. Cochabamba hat
nach Phuket in Thailand die höchste Dichte an Hilfsprojekten.
Alle helfen. Und der Hunger wächst.

Den Sieg über das Elend scheint die technische Vernunft nicht
erringen zu können – was liegt da näher, als sich wieder traditionelleren Helfern zuzuwenden? Das krisensicherste Geschäft ist
allemal das mit der Ewigkeit, weshalb Luis Borda, selbst nicht
mehr allzu weit von ihr entfernt, kaum zur Ruhe kommt. Er
handelt mit Heiligenfiguren, Rosenkränzen und Kruzifixen. Der
üppig blutende Stefan geht immer, auch der gütige Franziskus
ist saisonunabhängig. Doch in den Tagen der Urkupiña-Prozes-
sionen ist natürlich die Madonna gefragt, mit all dem frommen
Barbie-Zubehör an goldenen Krönchen und Zeptern.

Früher hat Borda Hüte gemacht. Ja, er hat mit seinen Schach-
teln vor Evita Perón gekniet, aber auch vor unzähligen bolivianischen Potentaten, die sich in den rund 200 Revolutionen und
Putschen des Landes an die Spitze geschossen hatten. Irgendwann gab er die Hüte auf. »Hüte kommen außer Mode, Wunder nie.«

»Die Regierung hat nie etwas für die Campesinos getan«,
sagt er. »Ich stamme aus einer Bauernfamilie, ich weiß, wovon
ich rede.«

Vor ein paar Jahren hat Borda den frommen Zirkus Cochabambas um ein Wunder bereichert, das aus seinem Laden
stammt: den blutenden Jesus. Er hatte diese Batterie von Gips-
büsten bei einem peruanischen Lieferanten bestellt, nichts
Außergewöhnliches: Purpurkragen, Dornenkrone, Augen
himmelwärts. Geplant war ein ruhiger, solider Abverkauf des
Menschensohns – und dann betrat die Stewardess Silvia Arévalo
seinen Laden.

»Eigentlich war sie auf der Suche nach einer Maria.« Sie fand
nicht, was sie wollte. Da nahm sie Jesus mit der Dornenkrone.

»Und am 3. April 1995 hat er zum ersten Mal geblutet.« Borda
lächelt. »Seither kann ich gar nicht genug davon absetzen.«
Rund 80 pro Woche sind es mittlerweile.

Auch die Stewardess konnte vergrößern. Vor drei Jahren hat
sie ihrem Jesus eine Kapelle gebaut, direkt neben der Familien-
villa in einem der besseren Wohnviertel Cochabambas.

In einer silberbeschlagenen Glasvitrine ruht die Büste nun
auf rotem Samt. Das Antlitz ist blutüberströmt, ein einziges
dichtes Kanalsystem unterhalb der Dornenkrone, mit geradezu
absurden Wülsten und Verwerfungen. Rund sechzig Gläubige
haben sich an diesem Nachmittag versammelt. »Im Frühjahr
hat er zum letzten Mal blutige Tränen geweint«, flüstert die alte
Señora Vargas. Sie schließt die Augen in inniger Frömmigkeit
und reißt sie gleich wieder auf, um eine mögliche Sensation
nicht zu verpassen. Wie sieht ein Wunder
aus? Und wie eine Gaunerei?

Draußen, neben der Verkaufsvitrine mit
Videos und gruseligen Blutpostkarten, steht
weich und sanft Silvia, die Stewardess. Sie
erzählt von ihrer Erweckung, und immer
wieder werden ihre Silben verschluckt von
anschwellenden Ave-Marias aus der Kapelle.

Sie war krank, sie lag auf der Intensivsta-
tion, und plötzlich stand Maria neben ihr
und sagte: »Folge mir.« Sie habe sich selbst
von den Transfusionsschläuchen befreit, sei aufgestanden und
gegangen und habe kurz darauf Bordas Laden betreten. »Es ist
richtig, ich wollte Maria«, sagt sie, »doch dann sah ich ihn, und
es war wie Liebe auf den ersten Blick.« Ihre dunklen Augen
schimmern feucht.

Die Andacht ist vorüber, der befreundete italienische Padre
tritt hinzu. »Hat nicht Jesus selbst im Lukas-Evangelium davon
gesprochen, dass die Steine weinen werden?« Nun ja, streng
genommen ist es Gips. Aber noch während nach theologischen
Einwänden und den vielen anderen des gesunden Menschen-

verstands gekramt wird, öffnet sich ein eisernes Tor, und heraus tritt Silvias Mutter mit einer Art Toilettenbeutel. Er enthält Wattebäusche, die sie an verzückte Frauen verteilt. Sie hat die Bäusche Jesus übers Antlitz gezogen. Sie heilen.

Ob man den Jesus in Augenschein nehmen könne? »Sicher«, haucht Silvia und führt hinter den Altar. Sie schließt einen stählernen Zylinder auf, nimmt die Büste behutsam in den Arm. Sie ruht an ihrem Busen wie ein Säugling. Silvia lächelt zärtlich, stolz. Die flüchtige Nahaufnahme bringt keinen Aufschluss, jede der Furchen könnte Kanülen enthalten. Mit einem einzigen Satz beseitigt Silvia jeden Zweifel. »Hat er denn etwa keinen Grund zu weinen?« Den hat er, mehr als einen – man kann sie gar nicht zählen!

Den Gedanken daran, an der großen Urkupiña-Prozession teilzunehmen, weist sie empört von sich: »Das ist doch Aberglaube«, sagt sie – und schiebt ihre Jesus-Büste behutsam zurück in die Altar-Vitrine.

Schon um Mitternacht machen sich die Pilger von der Kathedrale San Ildefonso aus singend und betend auf nach Quillacollo, hin zu jenem Hügel, auf dem die Jungfrau einst dem Hirtenmädchen erschien. In den Vormittagsstunden folgen die Buskolonnen aus der Stadt. Und dann sind es Hunderttausende, die sich über die staubigen Pisten durch ein weißes Betonportal hinauf zum Calvario wälzen.

Die bunten Mützen und Bowlerhüte der Indios sind in der Überzahl, denn Maria, die Mutter, findet einen tiefen Echoraum in den Campesino-Seelen: Sie ist ein einfaches Mädchen aus dem Volk, bescheiden, barmherzig und mit einem Fuß fest in den alten Zeiten. Und sie, ausgerechnet, wurde von Gott erwählt. Maria ist siegreich durch Verständnis. Sie ist die große Fürsprecherin, und in jedem Gebet an sie steckt eine unschuldige List, der Vorschlag zu einem kleinen Tauschhandel.

Im Urkupiña-Kult ist der Handel geradezu Gründungsidee: Schließlich hat die Jungfrau dem Hirtenmädchen Steine in Schafe verwandelt. Und so streben sie den Berg hinan, um

Steine zu sammeln und diese zu verwandeln in Häuser, TV-Geräte oder Autos. Bei der nächsten Prozession werden sie zurückgebracht, steinerne Darlehen, deren Zinsen mit Dankopfern beglichen werden.

In den letzten Jahren gibt es einen erkennbar neuen Ton. »Dólares, Dólares«, singen die Straßenhändler. Auf ihren Brettern türmen sich die grünen Fetische in Pyramiden und wuchern in frivolen Büscheln und Bouquets – Geld als schierer Überfluss. Doch sie verkaufen nicht nur Banknoten, sondern auch deren weitere Abstraktionen – Visa und American Express.

Mit dem Symbolgeld werden kleine Symbolgrundstücke auf dem Berg erworben, die tatsächlich durch symbolische Besitztitel im Grundstücksamt von Cochabamba gedeckt sind. Auch sie sollen sich wundersam in wirkliche wandeln. So wird die kapitalistische Spekulation im religiösen Raum nachgespielt und auf eine fantastische Spitze getrieben. Ein heiliger Handel, der erfolgversprechender erscheint als die undurchschaubaren Gesetze der Weltwirtschaft. In 2500 Meter Höhe, unter Trommeltamtam und Dixiemärschen und ekstatischen Schreien, wird der Kapitalismus zu dem, was er schon immer war: ein moderner Mysterienkult.

Indio-Schamanen wedeln mit Geldbündeln und besprengen sie mit heiligem Wasser und Schnaps, sie brennen Rauchopfer ab, und für Momente wirken sie wie Börsenanalysten des Neuen Markts, die Reichtum aus nichts als einer vagen Hoffnung heraus versprechen. Oben auf dem Hügel sitzt der Schamane Lucio, der die Zukunft noch nach alten Rezepten liest. Er wirft Koka-Blätter. Die persönliche Zukunft kostet fünf Bolivianos (85 Cent), die des Landes ist teurer. »Das Doppelte.«

Da ein Journalist auf seiner Suche nach Wahrheit und Präzision keine Ausgabe scheuen sollte, wandern zehn Bolivianos in die Wolltasche des Schamanen. Er sortiert ein paar intakte Blätter aus und wirft. Er schaut, er murmelt, er schweigt. Nun?

Der Schamane richtet sich auf. Die Zukunft Boliviens also. Suchend schaut er über die Steine-Klopfer auf dem Berghang, die Tanzenden und Trinkenden zwischen den Schweinegrills und die Betenden mit ihren Rosenkränzen, und unter ihm liegt schimmernd der See von Cochabamba vor den braunen Wänden der Anden.

»Das ist schwierig zu sagen«, seufzt er schließlich.

Was soll das? Dafür ist man nicht den ganzen Berg hinaufgestiegen und hat den doppelten Tarif bezahlt.

Der Schamane legt nach. »Der Weg, der vor uns liegt«, sagt er feierlich, »ist ein schmaler, gewundener, gefährlicher Pass.«

Auch nicht besser, das weiß jeder.

»Na gut«, sagt der Schamane. »Dann ist der Weg eben kein schmaler, gefährlicher Pass – was willst du hören?«

ENDSPIELE

Was, wenn der Messias stirbt?

Eine lange Nacht des Hoffens bei den orthodoxen Lubawitschern in Brooklyn

Seit Wochen schon verbirgt er sich dort hinter den Butzenscheiben des kleinen Backsteinhauses in Brooklyn. Nur manchmal öffnet sich die braune Eichentür. Dann hasten graubärtige Rabbiner heraus, Emissäre, Vertraute. Die Frühlingssonne wirft harte Schatten unter ihre Hutkrempen. Und die Jünger, die draußen warten, versuchen vergebens, in ihren Gesichtern zu lesen, eine Antwort, einen Glanz vielleicht, das Anzeichen eines Wunders.

Hier in Brooklyn warten sie nicht auf das Wunder, sie rechnen darauf. Schriftgläubig klagen sie es ein, gesetzestreu. Steht nicht geschrieben, dass der Messias sich offenbare nach 45 Tagen der Verborgenheit? Der 45. Tag ist heute.

Dort drinnen liegt der Mann, den sie als Messias verehren. Menachem Schneerson, siebter Rebbe der belorussischen Lubawitscher Dynastie und ganz sicher der letzte, denn er wird sich als der Messias zu erkennen geben. Vielleicht jetzt, vielleicht in fünf Minuten, vielleicht heute Nacht. Heute Nacht wird er neunzig Jahre alt. Heute, am 11. des Nissan, im Jahre 5752 seit Erschaffung der Welt, könnte das Versprechen des Allmächtigen eingelöst werden.

An diesem Tag, in dieser Nacht im April 1992 wird der Rabbi in vielen Ländern der Erde gefeiert. Wie kein anderer hat er eine weltweite orthodoxe Sammlungsbewegung ins Werk gesetzt. Er vereidigt seine Anhänger auf die eisernen Gesetze der Tora. Zurück zu den Fundamenten, zurück in die Strenggläubigkeit der osteuropäischen Diaspora des 18. Jahrhunderts. Das moderne Judentum sieht er der Gefahr eines »spirituellen Holocaust« ausgesetzt.

Doch er nutzt die Mittel, die die säkulare Welt bereithält, Satellitenleitungen, Ton- und Videokassetten, um sein gewaltiges Werk zu verbreiten – seine in 250 voluminösen Büchern gesammelten Reden, chassidischen Texte und Talmud-Auslegungen.

Seine Gegner sehen in ihm einen Scharlatan; seine Jünger den Messias. Eines ist er sicher: ein Gelehrter von magnetischer Ausstrahlung, einer, der Macht über Menschen hat. Politiker und Popstars pilgern zu seinem Backsteinhaus. Ein Wort des Rabbi kann in Israel Parlamentskrisen auslösen. Aus Italien und Australien, der Schweiz und Kanada sind sie gekommen, hierher nach Brooklyn, um den Geburtstag ihres Rabbi zu feiern.

Crown Heights, Eastern Parkway 770, das ist ein jüdisches Schtetl in New York am Ende des 20. Jahrhunderts. Die Männer tragen altmodische Anzüge und steife schwarze Hüte, und die Kinder spielen mit den Zizes, den Schaufäden, die ihnen von den Hüften hängen. In den Straßen ertönt eine Sinfonie aus chassidischen Musikfetzen und jiddischen Rufen, herrscht Gedränge bei den Buchhändlern und koscheren Krämern, die den Talmud verkaufen und Bilder des Rabbi und Mazzen, denn es ist die Woche vor Passover.

Das Passover-Fest, das den Auszug aus ägyptischer Gefangenschaft feiert und den Aufbruch ins Gelobte Land! Damals führte Mose die Israeliten; und heute ist es der Rabbi, der das Werk vollenden wird, das wissen sie.

Für den jungen Shmuel, der die Tür des Backsteinhauses nicht aus den Augen lässt, ist ganz klar: »Ich werde den Messias erleben. Bald.« Bald ist jetzt, und jetzt heißt: jederzeit. Vor einigen Tagen wurde versehentlich die Sirene ausgelöst, die sonst zum Sabbat ruft. »Das ist der Moment«, durchfuhr es Shmuel. Er lächelt, als er davon erzählt.

Judaismus bedeutet in erster Linie: warten auf den Verheißenen. Doch hier, bei den Lubawitschern, ist das Warten nicht ergeben, ist nicht demütiges Beten, ist nicht ein vages Hoffen auf Erlösung. Hier, in Brooklyn, ist das Warten ein Feuer. Braucht die Welt etwa keinen Messias?

Doch vor einigen Wochen ist das Undenkbare geschehen:
Vor einigen Wochen hatte ein Schlaganfall den Rabbi gelähmt.
Seither dringen nur spärliche Informationen in die Gemeinde.
Der Rabbi mache Fortschritte, er könne sich bereits wieder
verständlich machen. Aber was ist, wenn der Messias stirbt?

Für Rabbi Haschel Greenberg eine unverständliche Frage.
»Er hat unzählige Menschen geheilt. Warum sollte der Messias
nicht auch sich selber heilen können?« Rein »wissenschaftlich«
würde sein Tod keinen Sinn machen. »Seine Krankheit ist ratio-
nalisierbar«, sagt Greenberg, »aber warum sollte ich für Gott
Entschuldigungen suchen.«

Bei ihm, wie bei allen Lubawitschern, sind glühendes Begehren und logischer Geist, sophistische Spitzfindigkeit und gläu-
biger Taumel verschwistert: Alle in
der Gemeinde glauben an den Rabbi
als den Messias. Und doch haben
sie sich medizinische Fachbücher
besorgt und alles über Schlaganfälle
gelesen, was sie finden konnten. Und
am Bürgersteig parkt ein blauwei-
ßer Krankenwagen der »Hatzoloh
Ambulanz«. Nein, für den Rabbi ist dieser Wagen nicht. Aber
es ist gut, dass er da ist.

Rabbi Greenberg und Israel, ein junger Talmud-Schüler aus
der Schweiz, hasten hinüber in die Tora-Schule, die gleichzeitig
die Synagoge ist, dorthin, wo nun die Mincha, das Nachmit-
tagsgebet, gesprochen wird. Ein Raunen und ein Singen sind
in diesem dunkel getäfelten Riesensaal mit den Kristalllüstern,
Bänken und Emporen. An diesem Tage beten sie den 91. Psalm,
denn für den Rabbi beginnt das 91. Lebensjahr. »Orech jamim
asbiehu we-arehu bischuati« – Ich will ihn sättigen mit langem
Leben und will ihm zeigen mein Heil.

Hunderte von Männern wippen rhythmisch über ihren Bänken und blättern hastig die Seiten zerfledderter Bücher um, die
linken, die schwachen Arme entblößt und mit Gebetsriemen

umwickelt, und sie rufen ihre Gebete nicht ehrfürchtig, sondern fordernd – Herr, schick uns den Messias!

Und nun übertragen die schnarrenden Lautsprecher in der
Synagoge direkt aus Israel, wo sich Zehntausende versammelt
haben, um den Geburtstag des Rabbi zu feiern und die bevor-
stehende Ankunft des Messias, und drüben, im Gelobten Land,
feiern sie schon jetzt, denn Israel ist sieben Stunden voraus.

Im brausenden Auf- und Abschwellen der Gebete und
Gesänge, dem Schreien der Kinder, dem Scheppern der Lautsprecher sitzt Chaim Nissenbaum in einer Bank gleich neben
dem Schrein, der die Tora-Rollen enthält. Ein Schriftgelehrter,
der gerade aus Paris gekommen ist, übernächtigt und beseligt.
Keine Frage für ihn, dass der alte Mann im Nebenhaus der Messias ist. Mit stechender Logik weist er die Genealogie des Rabbi
nach, die in direkter Linie zu David führt – Schneerson ist der
Messias, er erfüllt die Bedingung.

Auch seine Prophezeiungen haben sich erfüllt. Hat er nicht
den Zusammenbruch der atheistischen Welt richtig vorherge-
sehen? Ist die Berliner Mauer nicht gefallen? Hat er nicht das
zerstreute Volk Israels gesammelt? Und hat er es nicht jüngst,
vor dem Golfkrieg, beruhigt mit der Zusicherung, es werde
ihm kein Leid geschehen?

Ganz sicher wird er auch noch die letzte Forderung erfüllen
und sein Messiastum beweisen: Er wird den Tempel bauen in
Jerusalem, wie es geschrieben steht. Den Zeitpunkt allerdings,
den bestimmt allein er. Aber läuft ihm die Zeit nicht davon?

Die Nacht ist hereingebrochen, die die letzte sein könnte,
die Nacht der Offenbarung, und hinter den Butzenscheiben
schimmert gelbes Licht. Hinter den Butzenscheiben liegt ein
gebrechlicher alter Mann, linksseitig gelähmt, dessen Mund,
tief vergraben in einen mächtigen grauen Bart, nur unter größten Mühen kaum verständliche Wörter formt.

Wie kann er der Messias sein? In einem koscheren Imbiss um
die Ecke sitzen Israel und sein Freund Mendel über weißem
Hühnerfleisch, und sie reden ungeduldig alle Zweifel nieder.

»Wir werden den Messias sehen, mit eigenen Augen. Er wird sich uns offenbaren.«

Aber hat es in der jüdischen Geschichte, die eine Geschichte ungeduldigen und öfter heißlaufenden Wartens ist, nicht schon Fanatiker gegeben, die den theologischen Sprung über die Grenze vollzogen, die Spannung auflösten, sich als Messias inthronisierten? Da war im 17. Jahrhundert Sabbatai Zwi aus Smyrna, ein Ekstatiker und Mystiker, der den vollen Gottesnamen (»Schem ha-meforasch«) aussprach und sich von seinen Jüngern als Messias verehren ließ, selbst dann noch, als er später, vom türkischen Sultan gezwungen, zum Islam übergetreten war. Sein Weggefährte Abraham Jachini veranstaltete kultische sexuelle Orgien, denn im messianischen Zeitalter gibt es keine Sünde mehr, keine Gesetze, die gebrochen werden könnten, kein Gut, kein Böse.

Israel und Mendel lächeln überlegen: Das allein genüge, Sabbatai Zwi als Betrüger zu entlarven, denn auch der Messias lebe nach dem Gesetz. »Im Übrigen hat der Rabbi von sich selber nie gesagt, dass er der Messias sei.« Aber sie glauben es? »Natürlich.«

Zu ihnen hat sich Cliff aus Chicago gesellt, im modischen grauen Zweireiher, nur die Kippa auf seinem Hinterkopf weist ihn als gläubigen Juden aus. Cliff ist Psychotherapeut. Ein Fachmann für die Seele. Und als Fachmann, so sagt er, hat er gemerkt, wie schmal der psychoanalytische Begriff der Seele sei. Er ist zu den Lubawitschern gestoßen wie einer, der heimgekehrt ist.

Ob er nicht glaube, dass der junge Israel, dessen Heilserwartung in allerhöchste Höhen geschraubt ist, bei einer Enttäuschung suizidal abstürzen könnte, ein Ikarus mit versengten Flügeln? Was, wenn der Rabbi stirbt, ohne sich als Messias offenbart zu haben?

Cliff nickt geistesabwesend, so, als höre nur der Fachmann in ihm zu, der »sicher« murmelt, und dann übernimmt der Gläubige in ihm: »Aber keiner von uns glaubt, dass dem Rabbi irgendetwas zustoßen könnte.« Und er strahlt in stählerner Gewissheit wie die anderen.

Drüben in der Synagoge kann keine Stecknadel mehr zu Boden fallen. Ein schwankendes Meer aus schwarzen Anzügen und schwarzen Hüten in dieser Nacht, und sie tanzen und feiern den Rabbi und die Ankunft des Messias. Von oben, durch schmale Schlitze in getönten Scheiben, schauen die Frauen auf ihre Männer hinab. Unten wird Hering verteilt und süßer Kuchen und Wodka, und Galina oben hält sich an einem Buch fest, das den Titel *Notwendige Verluste* trägt. Ein Buch über Trennungen, über das Altern, über den Tod. Unten singen sie »Der Herr, der König, der Messias soll leben immerdar«, lauter, ekstatischer, denn die Mitternacht rückt näher, und Galina kaut auf ihrer Unterlippe, und ihr schmaler Körper ist wie ein gespannter Bogen. Sie ist klug, sie hat viel gelesen, vor allem über den Tod, aber den Rabbi damit zu verknüpfen fällt ihr nicht ein. »Der Chassidismus ist fröhlich«, sagt sie, »warum sollte ich über den unmöglichen Tod des Messias nachdenken.«

Die Nachtwache dauert bis in die frühen Morgenstunden, im Wechsel von Klagen, Singen und Beten. Immer wieder wird der Grund genannt für das Ausbleiben des Messias. »Wir beten nicht genug.« Dann steigt das Brausen an.

Der Messias hat sich auch diese Nacht nicht gezeigt. Doch am nächsten Morgen besteigen die Lubawitscher 91 Campingwagen mit Lautsprechern, eine Flotte von Autos, die sie Gebetspanzer nennen, und sie rollen gegen Manhattan, und über Lautsprecher verkünden sie die frohe Botschaft in Form eines Rap-Gesangs: »Der Rabbi der Lubawitscher ist Messias. Überzeugt euch davon. Der Messias kommt, seid bereit.«

Im 44. Wagen sitzen Chaim und Yossi, Jim aus Hongkong und Chesky, der vor fünf Monaten aus Australien nach Brooklyn gekommen war, um den Talmud zu studieren. Seine Brüder sind Geschäftsleute, und er hatte kurz überlegt, ob er einmal Rechtsanwalt werden solle. »Aber diese Welt hat genug

Anwälte«, sagt er lächelnd, »und zu wenige Menschen, die sich auf die Ankunft des Messias vorbereiten.«

Die Jungen an Bord sind witzige, schlagfertige Burschen, keine Sonderlinge, sondern Teenager, die Gemeindemitglieder aufs Korn nehmen oder über den Nahen Osten fachsimpeln und über Fußball. Ihr Tag beginnt morgens um sechs mit chassidischen Unterweisungen, und er ist abends um zehn noch nicht zu Ende. In ihnen allen brennt die Leidenschaft für die Mystik, die Tiefen der talmudischen Texte. Und für sie alle ist der Messias nah, zum Greifen nah. Sie glühen. Sie sind dicht vor dem Ziel.

Als die Autokarawane auf der Manhattan-Brücke ins Stocken gerät, klettern sie auf das Dach des Wagens, hinauf in die Sonne. Und dort oben stehen sie im Licht, wie schwarze Vögel in ihren langen Mänteln, und sie breiten die Arme aus. Im Hintergrund funkeln die Spiegeltürme des World Trade Center, und unter ihnen glitzert der East River, und fast sieht es aus, als könnten sie fliegen. In diesem Moment in der blauen Luft glauben sie ganz sicher daran.

PS: Rabbi Schneerson verstarb zwei Jahre später, ohne sich als Messias offenbart zu haben.

Götzendämmerung

Einige Gedanken zu unserem Anbetungsbedürfnis
und dem Geschäft mit Ersatzgöttern

Zur gelegentlichen Dämonisierung der Massenmedien ist zu
sagen, dass sie selbstverständlich berechtigt ist: Nichts hat das
20. Jahrhundert so geprägt wie diese Geistermacht. Mit ihrer
Hilfe ist jeder auf dem Planeten jeden Moment ansprechbar
geworden. Eine einzige Botschaft kann sich zeitgleich in Millionen Köpfe senken, Millionen Seelen durchwühlen, Millionen Träume durchstrahlen oder vergiften. Die Massenmedien
schließen Kontinente und Völker zusammen zu einem erdum-
spannenden Publikum. Sie vor allem bereiten das Podium und
präsentieren: den Star, den Führer, das Idol, den Halbgott – *die*
Erfindung des 20. Jahrhunderts.

Die Massenmedien haben mitgeholfen, die sozialen Pyramiden einzureißen, allein dadurch, dass sie Ruhm ein für alle
Mal demokratisiert haben – Kronen und Tiaras trägt man als
letzten Schrei auf Szene-Partys in New York, und ein Kellner
kann König für eine Nacht werden, weil ihn ein Entertainer in
seine Talkshow einlädt.

Gleichzeitig haben die Medien ein neues Ausbeutungsver-
hältnis geschaffen: »Zugunsten der reichen Beachtung einer
kleinen Zahl von Personen«, so der Wiener Philosoph Franck,
»wird die kostbare Zeit von Millionen von Menschen koloni-
alisiert.« Öffentliche Aufmerksamkeit ist zur neuen Währung
geworden, die tatsächlich mehr und mehr den Wert des Einzelnen bemisst.

Was die Groschenpresse, das Radio, schließlich Fernsehen
und Internet bewerkstelligt haben, ist eine immense Durchlauf-
geschwindigkeit an Berühmtheiten. Jeder kann über Nacht in
den öffentlichen Kosmos katapultiert werden und strahlen und

für Sekunden das Interesse des globalen Dorfes erregen, bevor es sich, zappelig und ungeduldig, der nächsten Sternschnuppe zuwendet.

Die Medien sind neben ihrer Informationsaufgabe zu einer Fabrikationsstätte von Götzen geworden. Und die werden gebraucht in säkularen Zeiten. Je verwechselbarer der Einzelne wird, desto mehr sehnt er sich nach dem Unverwechselbaren.

Die Tröstung durch Religion in früheren Zeiten bestand ja darin, dass sie dem Einzelnen das Gefühl der Einzigartigkeit vor Gott gab. Nun sind die Religionen aus dem Alltag verschwunden, doch sie haben Andachtssehnsucht und gestaltlos gewordene Frömmigkeiten zurückgelassen, die nach Befriedigung suchen. Die Kirchen sind leer, aber es gibt Altäre für Elvis Presley und Schreine für Lady Di noch Jahre nach ihrem Tod. Dann erst recht.

Das 20. Jahrhundert geht als dasjenige in die Geschichte ein, das sich Ersatzgötter am Fließband schuf, immer atemloser, die ungefährlicheren in Hollywood und die gefährlichen in Europa. Es hat Magie, sich mit einem Wort an Millionen zu richten, wie Charlie Chaplin im *Großen Diktator* vorführte: Die Menschen werden tyrannisiert von einer schnarrenden Stimme, die über Lautsprecher übertragen wird, in den Feldern, in den Fabriken, und dann richten sie sich auf, weil eine andere Stimme zu ihnen spricht, die ihnen Lebensmut gibt. Das ist die Spannweite während der Großen Depression: Roosevelts ermunternde Radio-Kaminfeuer-Monologe und drüben Goebbels' nervenaufpeitschende Tiraden über den Volksempfänger – der eine gab Hoffnung, der andere Hass.

Am Beginn dieses neuen Jahrhunderts sind wir gleichzeitig demokratisch-aufgeklärter und verträumter, wenn es um Idole oder Führerfiguren geht. Wir bauen sie schnell auf und räumen sie noch schneller wieder ab – die Medien besorgen das Geschäft in beide Richtungen.

Sie versorgen uns nicht nur mit dem Glanz, sondern auch mit Klatsch, mit Banalitäten, mit den Lächerlichkeiten der Idole. Es ist ja nicht so, dass das Private verschwunden wäre, im Gegenteil: Es gibt viel davon. Zu viel. Wenn wir über TV und Internet am Intimleben des amerikanischen Präsidenten teilnehmen, ist noch längst nicht ausgemacht, ob wir es wirklich wollen oder ob wir als Geiseln genommen werden.

Eine ganze Branche lebt mittlerweile davon, Idolen in die Unterhose zu gucken. Die empörten Schlagzeilen der Groschenpresse zu Beginn des Jahrhunderts, die über Fatty Arbuckles Hollywood-Eskapaden berichteten, wirken heute geradezu unschuldig, wenn man sie mit den Fotos des Drogenwracks Whitney Houston und den Koks-und-Nutten-Eskapaden Charlie Sheens vergleicht.

Unser Verhältnis zum Ruhm ist ironisch geworden. Es ist das Zeitalter einer ewigen Götzendämmerung, in der wir zu den buntbemalten Lampions hinaufschauen, die wir selber aufgehängt haben, und uns für eine Weile einbilden, sie seien die Sonne und vertrieben uns die Angst vor Einsamkeit und Nacht. Das ist das, was wir heute Ruhm nennen – eine schnell erlöschende Angelegenheit.

Doch es geht nicht nur um Idole und ihre Konsumenten, sondern auch um die Projektoren, die sie entwerfen, um Fernsehleute, Journalisten, Kino-Macher. Um uns.

Immer aber geht es um Ruhm. Machen wir uns nichts vor: Jeder von uns hatte schon einmal den Wunsch, berühmt zu sein, zumal es im Zeitalter der Massenmedien ja tatsächlich jeder werden kann. In seinem einsichtsvollen Buch *Ökonomie der Aufmerksamkeit* beschreibt Georg Franck, wie gesellschaftliche Zuwendung dem Geld den Rang abzulaufen beginnt – Prominente sind »Einkommensmillionäre an Aufmerksamkeit«.

Das Spiel um Ruhm und Anerkennung wird besonders in reichen Gesellschaften Bestandteil des Existenzkampfes: »Nicht der sorglose Genuss, sondern die Sorge, dass die andern einen auch ja wahrnehmen, wird zum tragenden Lebensgefühl und zur herrschenden Lebensangst in der Wohlstandsgesellschaft.«

Jeder, der mal zu einer Talkshow eingeladen wird, macht die gleiche Erfahrung:

Er ist drei Tage lang schlaflos vor Aufregung.

Er redet sich während der Sendung um Kopf und Kragen.

Er ist weitere drei Tage lang schlaflos vor Ärger darüber, dass er nicht die spritzigen und klugen Antworten gegeben hat, die ihm hinterher in Endlosparaden durch den Kopf wandern.

Fazit: Er weiß, dass er leiden wird – und geht trotzdem hin. Warum? Ganz einfach: Es geht um Aufmerksamkeit für das, was man tut.

In Don DeLillos Roman *Unterwelt* sinniert der 16-jährige Graffiti-Künstler Ismael über das Hochgefühl, das es bedeutet, seine Signatur zu hinterlassen. »Die Züge muß man signieren. Die Züge kommen die Rattenrennbahn langgezischt, alle gleich, und dann triffst du auf einen Zug, und das ist deiner, überall im Netz zu sehen, und du kommst in die Köpfe der Leute rein und verwüstest ihre Augäpfel.«

Was Ismael sagt, gilt nicht nur für das U-Bahn-Netz, sondern auch für alle anderen Systeme, die Botschaften transportieren können, fürs Internet und fürs Fernsehen erst recht. Aufmerksamkeit ist ein materieller Faktor geworden.

Für den Kulturhistoriker Jacob Burckhardt war der Wille zum Ruhm Kennzeichen des »modernen Bewußtseins«. Einfach ausgedrückt: Ruhm, finden wir alle, ist eine feine Sache. Man wird von allen bewundert, im Restaurant kriegt man den besten Tisch, und alle hämmern einem so lange ein, dass man liebenswert und interessant ist, bis man selber daran glaubt. Ja, das ist überhaupt das Entscheidende, denn jeder von uns vermutet im tiefsten Innern seines Inneren, dass er eigentlich ziemlich uninteressant ist.

Womit er, im nüchternen biologischen Sinne, zunächst recht hätte. Unter einem entgötterten Himmel ist jeder von uns nur ein winziger Punkt im Milliardengewimmel, eine kurzlebige Zusammenballung von Materie, die folgenlos verpufft. Da ist es doch schön, wenn man zuvor wenigstens ein paarmal einen guten Platz im Restaurant hatte und Kellner, die dir das Gefühl geben, dass sie nur auf diesen Moment hingelebt haben, wo sie dir dein Wiener Schnitzel servieren dürfen.

Allerdings ist Ruhm eine zweischneidige Angelegenheit. Irgendwann in den 80er Jahren, dem Jahrzehnt der Star-und-Status-Hysterien und roten Brillenbügel, spazierte ich mit dem Schriftsteller Harold Brodkey den Broadway hinunter, vorbei an Zeitungskiosken, in denen sein Foto hing – gerade war eine Titelgeschichte im *New York Magazine* über ihn erschienen. Ein Passant erkannte ihn und rief ihm zu: »You're just great!«

Wahrscheinlich hatte der Mann keine einzige Zeile des Schriftstellers gelesen, doch dass Brodkey zu den Auserwählten gehörte, die auf der Titelseite eines Magazins abgebildet wurden, genügte ihm, und er freute sich, ihn zu treffen – ja, eigentlich: wiederzutreffen –, so, als fühle er sich durch Brodkeys Glanz erwärmt.

Einige Schritte weiter trafen wir auf einen Kritiker. Auch er beglückwünschte Brodkey, allerdings mit einer undurchsichtigeren, raffinierteren Floskel. Kaum war er in unserem Kielwasser verschwunden, murmelte Brodkey: »Ein Idiot. Völlig von sich eingenommen. Hat noch nie eine brauchbare Zeile zu Papier gebracht.« Ich bin überzeugt, dass der entschwundene Kollege im gleichen Moment etwas Ähnliches vor sich hingemurmelt hat.

Ruhm also hat ein Doppelgesicht. Die einen lieben dich, die anderen wünschen dich zum Teufel, denn so alt wie der Wunsch nach Ruhm ist der Neid, den er auslöst. Reflexartig. Einer ist berühmt, einer spielt sich vor, und die anderen deckeln ihn ab. Ein schönes Beispiel dafür ist der Fall Josef.

Jeder kennt die biblische Geschichte: Josef, das späte Hätschelkind, Liebling seines Vaters, träumt vom Ruhm. Er träumt, dass er mit seinen elf Brüdern auf dem Felde arbeitet und Garben bindet. »Meine Garbe«, erzählte er ihnen anderntags aufgeregt, »richtete sich auf, aber eure Garben stellten sich ringsumher und neigten sich vor meiner Garbe.« Natürlich reagierten die älteren Brüder absolut brudergemäß: Sie hätten den Hosen-scheißer am liebsten auf der Stelle vermöbelt. Doch Josef setzte noch einen drauf. In seinem nächsten Traum, erzählte er versonnen, sei er der Mittelpunkt des Himmels gewesen, und Sonne und Mond und elf Sterne hätten sich vor ihm verneigt. Nun wurde selbst Papa Jakob ungehalten, denn mit Sonne und Mond waren er und Mama gemeint.

Der Fortgang der Geschichte ist bekannt: Die Brüder warfen Josef in eine Grube. Weg mit ihm. Dem Vater sagten sie, ein wildes Tier hätte ihn zerrissen, und irgendwie stimmte das ja auch – Josef hatte ihre niedersten, ihre tierischen Instinkte geweckt und sie zur Weißglut getrieben. Die Pointe des alt-testamentlichen Gottes allerdings ist nicht zu überbieten: Es stellt sich heraus, dass Josef tatsächlich so auserwählt ist, wie er immer geahnt hatte, und diese Auserwähltheit sollte später der ganzen Familie nützen.

Auf unserem kurzen Spaziergang über den Broadway hatte sich Brodkey in diesen beide Seiten des Ruhmes gespiegelt: in Hingabe und Verteufelung, und es war ihm anzusehen, wie verwirbelt das Gemüt darauf reagiert. In die Begeisterung über die eigene Auserwähltheit mischt sich immer die Angst vor den Attacken der Neider.

Schließlich saßen wir in einem Broadway-Café, ließen uns von Kellnerinnen bedienen, die wie Filmstars aussahen, und sprachen über Ruhm. Brodkey vertrat die Auffassung, der Ruhm schütze wie ein Bad in Drachenblut, ja dass dieser Schutz vor Verletzungen die attraktivste Eigenschaft von Ruhm sei. Er war gleichzeitig streitsüchtig und liebenswert, und seine lie-benswerteste Eigenschaft war wohl seine Verletzbarkeit. Er stürzte sich in jede literarische Schlacht und holte sich regel-mäßig Schrammen. Er litt unter Kritikern, was seine Streitlust nur noch erhöhte und damit seine Verletzbarkeit.

Und nun, fragte ich, da er berühmt sei? Er seufzte. Er schaute mich an und fragte: »Wer wärst du lieber? Harold Brodkey oder Mick Jagger?« »Mick Jagger«, sagte ich, ohne zu zögern. Melan-

cholisch sagte er: »Ich auch.« Das ist die nächste Lektion für
den Umgang mit Ruhm: Es gibt keinen Berühmten, der nicht
davon träumte, noch berühmter zu sein.

Vielleicht aber ahnte Harold damals auch schon, dass er bald
sterben würde. Der Wunsch nach Ruhm scheint nicht zuletzt
mit der Angst vor dem Tod zusammenzuhängen. Wer berühmt
ist, stirbt nicht, sondern er bleibt, und zwar über die Grenze
seiner Sterblichkeit hinaus. Das ist der Ruhm, den Brodkey
erstrebte und den er sich mit seinen Büchern erwarb. Nun aber
gibt es, im Medienzeitalter, die Verfallsform von Ruhm – die
schiere Bekanntheit.

Natürlich wäre es schön, für irgendetwas Seriöses berühmt zu
sein, etwas, das die Menschheit weiterbringt, also Entdeckungen,
Kunstwerke, Heldentaten. Es gibt keine euphorischeren, keine
schöneren Schlussworte in einer Tragödie als die, die Kleist seinem Prinzen von Homburg in den Mund legte, ihm, der sein
Leben der Staatsräson opfert und der kurz vor der Hinrichtung
ausruft: »Nun, oh Unsterblichkeit, bist Du ganz mein.«

Aber da dieser Lebenseinsatz mühselig ist, tun es in unseren
Zeiten auch die fünf Minuten, in denen man sich als Saalkandidat
einer Spieleshow mit grünem Glibberzeug begießen lässt. Es ist
anzunehmen, dass besagter Kellner dem siegreichen Kandidaten
der Samstagabend-Show sein Schnitzel mit der gleichen hin-
gebungsvollen Wiedererkennungsfreude servieren wird, die er
einem Nobelpreisträger schenken würde. Ach was, er würde sich
noch die Speisekarte signieren lassen. Vom Saalkandidaten.

Wo es aber um schiere Bekanntheit geht, sind Journalisten
die wesentlichen Mitspieler. Sie sind Meldegänger zwischen den
Berühmten und den Sterblichen, zwischen Star und Publikum.
Sie haben mit ihren Kritiken und Porträts und Homestorys den
Star oft erst zu dem gemacht, was er ist: Star. Gleichzeitig leben
sie von diesem Rummel, denn je begehrter der Star ist, desto
begehrter die Geschichten über ihn. Und so pflegen sich besonders die Journalisten der bunten Blätter zu revanchieren für den
Zugang, den sie zum Star haben, mit weiteren Meldungen und

Schlagzeilen, was wiederum die Berühmtheit noch berühmter macht, in einer schönen, endlosen, sich selbst befeuernden Spirale der Ruhmsteigerung.

Natürlich fühlt sich kein Journalist, der etwas auf sich hält, so richtig wohl dabei. Er will mehr sein als nur der Herold, und wenn er schon auf dem Triumphwagen des Stars in die Menge rollt, dann doch lieber als derjenige, der hinter ihm steht und ihm zuflüstert: »Bedenke, dass du sterblich bist.« Oder, in der modernen Übersetzung: »Nimm dich nicht so wichtig, du Idiot. Wer, denkst du, bist du eigentlich?« Er hat zwei Aufträge gleichzeitig zu erfüllen, die sich im Grunde genommen widersprechen.

Als ich mich in der Woche nach dem tödlichen Autounfall Lady Dianas mit ein paar trockeneren Bemerkungen in die Trauer-Hysterie einmischte, erhielt ich den Anruf einer *Bild*-Zeitungs-Kollegin, die sich bei mir bedankte – ihr hing der aberwitzige vergötternde Todeskult um die Jet-Set-Prinzessin genauso zum Halse raus wie vielen anderen Kollegen, aber sie musste liefern, was das Publikum verlangte, nämlich: eine weitere Hagiographie.

Das Diana-Fieber ist längst abgeklungen – man erinnert sich heute daran wie an einen merkwürdigen intellektuellen Schwächenfall. Doch in den Wochen nach ihrem Tod zeigte sich, dass die Medien durchaus die Qualität von Virenschleudern besitzen – sie können epidemisch Hysterien befördern und mit ihren Narrationen und Heiligenlegenden und Vergötterungen das globale Dorf anstecken. Die amerikanische Autorin Elaine Showalter hat für diese merkwürdigen Erregungswellen und Reizketten den treffenden Begriff »Hystorien« gefunden.

Natürlich sollte man solchen Hystorien entgegenwirken. Nichts gegen Liebeserklärungen, aber alles gegen Jet-Set-Kitsch. Und die meisten meiner Kollegen sind der gleichen Meinung, und das aus einem ganz einfachen Grunde: Sie sind ganz gewöhnliche Menschen mit demokratischen Reflexen, in die sich sicher auch Neid als urmenschlicher Trieb mischen kann.

Sie machen die, die groß sind, ein bisschen kleiner, und die, die unten sind, werten sie auf. Sie versuchen auf diese Weise die Welt wieder zu reparieren und ein Stück Gerechtigkeit herzustellen.

Manchmal geht es dabei buchstäblich um poetische Gerechtigkeit: In einem Irrenhaus in Cincinnati stöberte ich den verscholl geglaubten Schriftsteller Robert Lowry auf – mein Freund, der (mittlerweile leider verstorbene) Fotograf Michael Montfort, hatte mir den entscheidenden Tipp gegeben. Lowry war in den 50er Jahren das ruhmüberglänzte junge Genie der amerikanischen Ostküsten-Intelligenz und wurde oft in einem Atemzug mit Hemingway genannt. Nun war er vollständig vergessen.

Nachdem mein Artikel erschienen war, wurden seine Bücher tatsächlich zum ersten Mal ins Deutsche übersetzt und veröffentlicht – und über diesen Umweg wurde er auch in der amerikanischen Literaturszene wiederentdeckt. Seine Heimat erinnerte sich eines ihrer großen Poeten. So erhaschte Lowry noch einmal, kurz vor seinem Tode, einen Strahl dessen, was man Ruhm nennt.

Der Umgang mit Lowry war nicht einfach. Prominente auf dem Zenit ihres Ruhmes zu interviewen kann allerdings noch komplizierter sein, insbesondere, wenn man selber heimlicher Fan ist. Dann sitzt man weniger den Berühmtheiten gegenüber als sich selber, das heißt: all den Träumen und Sehnsüchten und übermenschlichen Qualitäten, die man ihm, dem Star, zuvor angedichtet hat.

So ging es mir, als ich, noch junger Reporter, vor rund einem Vierteljahrhundert Mick Jagger interviewte, tatsächlich ein Jugendidol. Während sich meine Kollegin um pragmatische Dinge kümmerte – sie klaute sein Rasierwasser, um es ihrem Freund zu schenken –, war ich in erster Linie mit meiner eigenen Faszination beschäftigt.

Mick Jagger war aus Fleisch und Blut und reichte mir nur bis zur Schulter. Ja, er war KLEIN, wo ich ihn mir immer zwei

Meter groß vorgestellt hatte. Und er sprach wie ein ganz normaler Mensch über Bücher, die er las, und seine Konzerte und ich bekam nichts davon mit, denn ich war nur mit drei Dingen beschäftigt:

1.) Wahnsinn, du redest mit Mick Jagger!

2.) Wie ist es wohl, Mick Jagger zu sein?

3.) Warum hast du dir nicht selber sein Rasierwasser unter den Nagel gerissen?

Ich gebe zu: Ich bin anfällig für Idole, und jene Nacht, in der Muhammed Ali George Foreman in Kinshasa auf die Bretter schickte, hatte ich als persönlichen Triumph erlebt.

Doch im Laufe der Jahre wird man misstrauischer gegenüber den eigenen Leidenschaften. Man durchschaut sich selber ein bisschen mehr und gleichzeitig die Idole, und es ist einfach ab und zu erholsam, sich in spöttischer Distanz zu ihnen aufzuhalten.

Es ist tatsächlich bisweilen unmöglich, über die Industrie der Idole, über Ruhmsucht und Votiv-Kitsch anders als satirisch zu schreiben. Natürlich ist es komisch, wenn die SPD Marlene Dietrich ehrt, indem sie sie zu einer Art Rosa Luxemburg uminterpretiert. Das Geschäft mit dem Ruhm ist komisch. Doch nicht alle spielen die Rolle des Berühmten so ironisch und anregend wie der Maler-Star Lüpertz. Viele sind einfach manipulativ und leer. Und anderen hängt das PR-Spiel, das den Verkauf ankurbeln soll, mittlerweile zum Halse raus.

Da war dieses Gespräch, das ich mit Jeremy Irons anlässlich eines neuen Films zu führen hatte. Jeremy Irons ist auf interessante Zwielicht-Rollen spezialisiert. Er war zuvorkommend, liebenswürdig und absolut gleichgültig. Ich teilte seine Gleichgültigkeit, und ich konnte ihm ansehen, wie sehr er mir meine Langeweile ansah, und er versuchte, mir darüber und seine eigene Interesselosigkeit mit Tee und Gebäck hinwegzuhelfen. Es nützte nichts. Wahrscheinlich hatte ich nicht damit gerechnet, auf einen Star zu treffen, der so gelangweilt von diesem PR-Setting war wie ich selber. Plötzlich mussten wir beide darüber lachen. Und dann wurde es doch noch eine muntere Angelegenheit.

Politische Berühmtheiten bewegen sich in einem völlig anderen journalistischen Spannungsfeld. Sie sind gewählt, sie sind rechenschaftspflichtig, und hier üben Journalisten demokratische Kontrollfunktionen aus. Ich habe selten einen gleichzeitig pompöseren und unsichereren Menschen getroffen als Helmut Kohl, den ich wegen seiner politischen Geschicklichkeit in den Tagen der Wiedervereinigung durchaus respektierte. Ich nahm eine zutiefst provinzielle Brutalität an ihm wahr, die ich so nie vermutet hätte – einer, der Kritiker erschlägt, statt mit ihnen zu diskutieren, eine autistische Haltung, die schließlich zur größten Wahlschlappe in der Geschichte der CDU geführt hat.

Eine der wertvollsten Begegnungen aber hatte ich mit diesem merkwürdigen Professor in den kolumbianischen Llanas, der mitten im Bürgerkriegsgebiet eine pazifistische Ökokommune gründete – Paolo Lugari, der über die Zeiten hinweg Thomas Morus' *Utopia* weiterträumt. Berührt haben mich die Bekanntschaften mit Allen Ginsberg und William Burroughs. Mit dem einen meditierte ich, mit dem anderen schoss ich in der Prärie auf Zielscheiben – beide schlugen poetisches Kapital aus ihren biografischen Verwüstungen und waren Anti-Götzen, wundervolle, tiefe, geheimnisvolle Menschen.

Solche Schicksale, solche Biografien, solche Außenseiter-Siege sind befriedigender Erzählstoff. Womöglich sind sie auch unverstellter durch jene Posen, die Idole einzunehmen haben. Die wirken oft wie Gefangene der Erwartungen ihrer Fans. Im Umgang mit ihnen geht es ja nie nur um Ruhm, sondern auch um Erlösungsträume. Die Berühmtheit soll etwas für uns tun: Sie soll unser Leben verbessern und unsere Sehnsüchte vergolden. Idole müssen sich unsere Anbetung verdienen, jeden Tag aufs Neue – tun sie es nicht, kann die Verehrung bisweilen blitzschnell in Aggression und Hass umschlagen. Dann werden Götzenbilder zertrümmert.

Die Samba-Göttin Carmen Miranda bezauberte in den 30er Jahren die ganze brasilianische Nation – doch sie wurde von der Bühne gepfiffen, als sie begann, in Hollywood zu arbeiten. Sie hatte der Heimat den Rücken gekehrt und galt fortan als Verräterin. Erst nach ihrem tragischen Ende, nach ihrer Heimkehr im Sarg, versöhnte sich die Nation wieder mit ihr – Hunderttausende begleiteten schluchzend den Trauerzug.

Als Todesursache wurde eine Überdosis Tabletten angegeben. Über die Ursache dahinter sind sich ihre Landsleute einig: Carmen Miranda war zerbrochen an der Frage: »Wer bin ich, wo gehöre ich hin?« Die Hand der Toten hielt einen Spiegel. Auch das ist Schicksal von Idolen.

Es geht also um die Götzen unserer Zeit, in denen wir uns spiegeln, um ihren Schmelz, ihre Geheimnisse – und um die heimlichen Helden, die eines verstanden haben: dass Ruhm nichts ist und Lebensglück nicht im Rampenlicht, sondern im eigenen Herzen zu finden ist.

Unsere Sehnsucht nach Idolen kann ja ebenso zur Falle werden wie die eigene Sucht nach Ruhm. Als Ausweg empfiehlt Georg Franck in seinem Buch daher: eine größere Selbst-Aufmerksamkeit, eine gesteigerte Wachheit für die Wunder des eigenen Lebens. Wahre Aufklärung heißt ja nicht, dass wir über Gott triumphieren. Nein, siegreich ist die Aufklärung erst dann, wenn wir es schaffen, ohne Götzen zu leben.

Nicht zuletzt: Engel!

Eine Meditation über Engel am Ende des
letzten Jahrtausends samt Anleitung zu einer
imaginären Ausstellung

Wie begegnet man einem Engel? Mit Staunen und Schweigen,
mit leiser Auflehnung oder innerer Zustimmung? Haben alle
Engel Flügel? Und worin unterscheidet sich ein Seraph von
einem Cherub?

Von all diesen Fragen – und handfesten Theaterproblemen –
hatte Tony Kushner noch nicht die geringste Ahnung, als er sich
Ende der hedonistischen 8oer Jahre hinsetzte, um ein Stück über
Aids zu schreiben. Der Plan sah ein Fünf-Personen-Drama vor,
rund neunzig Minuten Spieldauer ohne Pause. Ach ja, Roy Cohn,
der New Yorker Prominentenanwalt, sollte drin auftauchen.

Dann ist Kushner von seinem Material, von Figuren und
Dämonen überwältigt worden. Drei Jahre später gab er ein sie-
benstündiges Mysterienspiel in zwei Teilen ab, ein Stück über
den Zustand der amerikanischen Gesellschaft vor der Jahrtau-
sendwende.

Lange ist das Theater nicht mehr so aufs Ganze gegangen.
Kushner setzt Himmel und Hölle in Bewegung. Er führt durch
ein apokalyptisches Spiel, das von Aids handelt und der Liebe,
von Schizophrenie und Verrat. Er führt nach Salt Lake City
und in die Antarktis. Er liefert eine Vivisektion des verrotteten
Nihilismus der Reagan-Jahre und der selbstgerechten, politisch
korrekten Besserwisserei der neuen Ära. Er debattiert jüdischen
Selbsthass und christliche Bigotterie. Und er beendet seinen
ersten Teil mit einer Offenbarung: Der Engel erscheint.

Wer sagt, dass Kritiker immun gegen Erlösungsfantasien
sind? Schon in der Uraufführung der »Engel in Amerika« in Los
Angeles sah Frank Rich, Chefkritiker der *New York Times,* das

Theater gerettet und die Gesellschaft revolutioniert. Selten hat ein amerikanisches Stück noch vor seiner Broadway-Premiere derartig auf ganzer Linie gesiegt.

Das Stück mutet dem Broadway-Publikum viel zu. Es zeigt Liebe unter Männern. Es zeigt den nackten, dünnen, zerbrechenden Körper der an einer HIV-Infektion sterbenden Hauptfigur Walter Prior. Die wahrscheinlich größte Zumutung aber ist der Durchbruch des Heiligen in das Profane, die Epiphanie des Göttlichen ausgerechnet im Sterbezimmer eines Aids-Kranken. Es ist der Engel der Verkündigung, der Prior erscheint, und er begrüßt den Kranken als »Propheten«. Wie aber begegnet man einem Engel?

Eine der genauesten Beschreibungen in der zeitgenössischen amerikanischen Literatur hat Harold Brodkey in seiner Kurzgeschichte »Engel« geliefert. Seinem Helden Wiley Silenowitz erscheint der Seraph auf dem Campusgelände der Harvard-Universität. Wie in den großen mystischen Texten wird die Erscheinung mit großer gedanklicher Klarheit und Selbstverständlichkeit beschrieben.

Wiley sieht das Göttliche, und er überlebt, und er ist erstaunt darüber. Er erwartet, dass diese »letzte Wahrheit« alle hinwegraffen würde an diesem Nachmittag auf dem Campusgelände, doch: »Der Engel beendete mein Leben nicht.« Er empfindet »rauschendes Vergnügen«. Er ist beeindruckt von der Schönheit des Engels, er fühlt sich gedemütigt, er spielt mit dem Gedanken, auf die Knie zu sinken – und er bleibt zurück mit Kopfschmerzen und einer Erektion.

Prior, der Auserwählte in Kushners Stück, kann zunächst nur über die mächtigen Licht- und Soundeffekte stammeln, mit denen der Bote seinen Auftritt vorbereitet. Es kracht, und der Putz bröckelt von der Decke und violettes Licht wechselt mit rotem und grünem. »Ziemlich Steven Spielberg«, sagt Prior sarkastisch, was ebenfalls eine ziemlich verständliche Reaktion ist – wie sonst wenn nicht sarkastisch soll er mit dem heiligen Schrecken fertig werden?

Anders als etwa in Wim Wenders' Film *Der Himmel über Berlin*, in dem die Schutzengel Menschengestalt angenommen haben, zeigt sich der Engel in Kushners Stück in seiner Himmelsgestalt: weißes Gewand, große weiße Flügel. Aber dieser Engel schwebt nicht anmutig – er kracht durch die Decke, er bricht herein wie eine Katastrophe, und die Seilzüge bringen ihn ruckartig zum Stillstand. Man weiß nicht genau, ob dieser Engel Tröstung bedeutet oder eine apokalyptische Panne.

Der Engel, der diesen ersten Teil des Dramas beschließt, wird im zweiten, dem noch kühneren, als Engel der Beharrung und des Todes deutlich. Prior kämpft mit diesem Engel, wie Jakob in der wohl berühmtesten Engel-Geschichte des Alten Testaments, und er protestiert gegen den göttlichen Sendboten, der ihm ewige Geduld, ewiges Ausharren abverlangt: »Wir können nicht ewig aushalten und warten. Wir müssen immer weiter gehen. Das ist unsere Natur.«

Drei zeitgenössische Künstler, die sich mit Engeln befassen: Der Theatermann Tony Kushner ist erklärter Marxist. Auch der Schriftsteller Harold Brodkey steht nicht im Verdacht, schwärmerische religiöse Traktate zu verfassen. Der deutsche Filmregisseur Wim Wenders entstammt der Generation der politisch unruhigen 6oer Jahre. Drei intelligente, skeptische, aufgeklärte Köpfe, die mit allergrößter Selbstverständlichkeit Engelsgestalten ins Zentrum ihrer Kunstwerke stellen. Und alle drei können damit rechnen, dass sie verstanden werden. Woher stammt diese Selbstverständlichkeit? Und was fasziniert diese Künstler ausgerechnet an Engeln?

Die erste Frage ist schnell beantwortet: Wir können davon ausgehen, dass Figuren mit Flügeln zu den ältesten Archetypen der Menschheit gehören. Noch bevor es die großen kodifizierten Religionen gab, tauchten in den Träumen und Geschichten der Völker, in ihren Sagen und Legenden Engelsgestalten auf, die sich als Bilder ins kollektive Unbewusste gesenkt haben. Um es einfach zu sagen: Jedes Kind weiß, was ein Engel ist.

Die Beantwortung der zweiten Frage ist ein wenig komplizierter. Hier ein Versuch: Engel sind nicht Gott und nicht Mensch. Sie sind Mittler zwischen Himmel und Erde. Sie wissen mehr, als wir wissen. Wir sind mittlerweile über eine Jahrtausendgrenze gestoßen, immer noch von millennischer Nervosität, vor uns eine Welt aus Unsicherheiten. Wir möchten wissen, wie es mit uns weitergeht, jenseits dieser Grenze, jenseits aller Grenzen. Engel sind Grenzgänger.

Wir ahnen, dass wir uns neue und andere Fragen zu stellen haben als bisher, intuitivere, träumerischere. Das letzte Jahrzehnt des vorigen Jahrtausends hat einen Göttersturz erlebt. Die Marx- und Lenindenkmäler Osteuropas wurden geschleift. Die letzte säkulare Heilshoffnung der Menschheit war geplatzt wie eine Seifenblase. Neue Verdunkelungen heißen Terror, Krieg der Kulturen, die ökologische Katastrophe, Unheilsgeschichte.

Die Engel jedoch haben die Beben der Zeit überlebt, auf der Säule des Paseo de la Reforma in Mexico City ebenso wie auf der Siegessäule in Berlin – golden, schön und ein wenig hochmütig. Warum, mögen die drei genannten Künstler gedacht haben, versuchen wir es nicht zur Abwechslung mit solchen Fragen, wie sie uns nur von Engeln gestellt werden können?

Es ist ja nicht so, als seien die Engel je verschwunden. Unter Nietzsches philosophischen Hammerschlägen, unter den Triumphen der Vernunft in Wissenschaft und Technik mag für viele der Gottesglaube ins Wanken geraten sein – die Engel aber haben überlebt, in den Gedichten Rilkes ebenso wie in der Popmusik oder in Kerouacs *On the road:* »Suddenly I had a vision of Dean, a burning shuddering frightful Angel, palpitating toward me across the road …«

Die Engel in Wim Wenders' Film *Der Himmel über Berlin* sind Schutzengel. Sie bewahren die Menschen, die ihnen anvertraut sind, vor Gefahren und rühren damit gleichzeitig an einen vertrauten Kinderglauben und an ein uraltes Sehnsuchtsmotiv der Menschheit: den Wunsch nach Geborgenheit.

Wie stark dieser Glaube sein kann und wie sehr er die Menschen gerade in Grenzsituationen beflügelt, zeigt das Beispiel des deutschen Pastors Dietrich Bonhoeffer. Er schrieb zum Jahreswechsel 1944 die Verse: »Von guten Mächten wunderbar geborgen ...« – und er schrieb diese Zeilen im Konzentrationslager Flossenbürg, kurz bevor er von den Nazis ermordet wurde. Engel geleiten die, die das Glück haben, an sie zu glauben.

Regisseur Wenders zeigt seine Engel in langen Einstellungen in den großen Lesesälen der Berliner Staatsbibliothek. Sie beugen sich über die Lesenden, dort, wo im Schweigen der Menschen eine himmlische Stille wächst. Auch diese Stille ist eine Grenzerfahrung. Es ist die Stille, in der Bücher gelesen und Träume gesponnen werden, in der Fantasien blühen und Herzen auffliegen – die Stille der Kunst.

Hier, in der Kunst, leben Engel seit Tausenden von Jahren, und sie werden weiterleben. Eine Geschichte der Engel ist zunächst in den Abbildungen der Kunst zu erzählen, in den Altarbildern der frühen Gotik ebenso wie in den Gemälden der Rennaissance oder den naiven Darstellungen der Tiroler Bauernmaler.

Ohne eine Einführung in die Angelogie kommen wir dabei nicht aus, denn die englischen Heerscharen sind zahlreich, und jeder einzelne Engel hat unterschiedliche Aufgaben und Funktionen wahrzunehmen und behauptet seinen eignen festen kosmologischen Standort. So gibt es für jeden Tag der Woche und für jede Stunde des Tages einen eigenen Engel.

In den prächtigen Hierarchien und komplizierten, ausgetüftelten Systemen der Engels-Ordnungen unterscheidet sich der Engel der Verkündigung, den Tony Kushner in seinem Stück imaginiert, erheblich von Harold Brodkeys Engel der Wahrheit. Wim Wenders führt seine Schutzengel namentlich ein: Sie heißen Damiel und Cassiel. Der sanfte Cassiel wird im Buch *The Magus* des Francis Barrett als Engel der Einsamen und Traurigen beschrieben. Damiel dagegen ist ein kriegerischer Engel. Er wird in der Beschwörung des heiligen Schwertes angerufen.

Die Endungen der Engelsnamen -el weisen auf ihre hebräische Abstammung hin. El ist der Name des Gottes Kanaas, der auf den Gott Israels übertragen wurde. Die Engel haben nicht nur hebräische Namen, sie sprechen auch Hebräisch, gemäß der Apokalypse des Paulus, in der es heißt: »Hebräisch, die Sprache Gottes und der Engel.«

Ohne dass damit das Geheimnis zerstört würde, das Engel bis zum heutigen Tage darstellen, lassen sich doch einige Entwicklungslinien in die Frühgeschichte der Menschheit zurückverfolgen. Darstellungen von übernatürlichen gefiederten Wesen gibt es bereits in den altägyptischen, sumerischen und persischen Kulturen. So war es etwa der persische Engel Vohhu Manah, der Zarathustra den Willen Gottes verkündete. Erst die Juden jedoch, die all diese verschiedenen Kultureinflüsse adaptierten, schufen ein System von geflügelten Gottesboten und schrieben es in der Thora fest. Die christliche Religion, die aus der jüdischen erwuchs, übernahm dieses System nahezu vollständig im ersten Jahrhundert. Im sechsten Jahrhundert nach Christus war es der Islam, der die himmlischen Engelsordnungen in sein Glaubenssystem aufnahm.

Während Juden und Christen zum Beispiel sieben Erzengel benennen, erkennt der Islam nur vier von ihnen an. Eines jedoch ist allen Systemen gleich, ob es sich um den *Zohar* aus dem Buche Exodus handelt oder die *Apologia Prophet David* des heiligen Ambrosius oder die wohl berühmteste Darstellung, die *Himmlische Hierarchie* (Celestial Hierarchy) des Pseudo-Dionysos: Die Rangordnung der Engel bestimmt sich aus ihrer Nähe zu Gott, der als strahlender Kern aus Licht vorgestellt wurde.

In den christlichen Himmelshierarchien, die bis ins Hochmittelalter des Dante Alighieri hinein auch dem einfachen Volk vertraut waren, sind es die Seraphim, die Gott am nächsten sind. Sie sind reine Lichtwesen, die unaufhörlich Gott verherrlichen und die Schöpfung preisen. Erscheinen sie den Menschen, so nehmen sie die Gestalt von Engeln mit sechs Flügeln an.

An zweiter Stelle rangieren die Cherubim, die auf das altsumerische Wort Ka-ri-bu zurückgehen, das die Wächter der Paläste und Tempel bezeichnete. In der Schöpfungsgeschichte werden die Cherubine als Wächter des Garten Eden benannt. Während von den Seraphen das Feuer der Liebe entfacht wird, sind es die mit vier Flügeln ausgestatteten Cherubine, die das Wissen bringen.

Die Ophanim, die Wagen oder Throne, siedeln an dritter Stelle, in einem Bereich des Himmels, der an die Erde grenzt. Mal werden sie als Räder, mal als große Pupillen beschrieben. Der Prophet Hesekiel nimmt sie in einer Vision als glühende Kohle und als Fackeln wahr, die hin- und hergeschwenkt werden. Mit ihnen, als deren Regent Raphael angesehen wird, schließt sich die erste der Triaden.

Die zweite Triade beherbergt die Herrschaften, Mächte und Gewalten. Die Wesen dieser Stufe, etwa Gabriel, Bariel oder Satanel, leben in einer ständigen Spannung zwischen Gut und Böse, zwischen Anbetung Gottes und Auflehnung gegen ihn. Es sind Engel dieser Stufe, die die Aufgabe haben, Dämonen abzuwehren – und Engel dieser Stufe, die von Gott abfielen, um dem Fürsten der Hölle Beleth zu dienen.

Die dritte Triade beherbergt neben den Fürstentümern, deren Aufgabe der Schutz der Völker und der vier Hauptreligionen ist, jene prominente Klasse von Engeln, die uns am geläufigsten ist: die der Erzengel.

Wie oben schon erwähnt, unterscheiden die Religionen Anzahl und Bedeutung der verschiedenen Erzengel. Für die Rabbiner etwa ist es Metatron, der über allen anderen Engeln thront, da er es war, der die ägyptischen Zauberer besiegte und das Volk Israels aus der Gefangenschaft führte. Metatron, der auch Engel der Bundeslade und der »geringere Jahwe« genannt wird, hat die Aufgabe, die Völker der Erde mit Nahrung zu versorgen. Im Talmud ist er die direkte Verbindung zwischen Gott und den Menschen. Es gibt sogar Berechnungen seiner Körpergröße, die nach dem 2. und 4. Buch Moses angestellt wurden. Danach soll Metatron zwischen 2,40 Meter und 3,90 Meter messen und damit der größte aller Engel sein.

Doch die uns vertrautesten – und für die Ikonographie bedeutsamsten – Erzengel sind zweifellos Michael und Gabriel. Sie sind die Engel, die das Alte Testament vornehmlich erwähnt, und auch im Islam nehmen sie eine zentrale Rolle ein.

Der Name Michael bedeutet »Er ist wie Gott«. Tatsächlich war Michael eine chaldäische Gottheit, bevor er der jüdischen Kosmologie als Führer der Erzengel eingemeindet wurde. Er ist der Engel der Gerechtigkeit und der Barmherzigkeit.

Die Ruhmestaten des Michael sind zunächst militärischer Natur: Er soll ganz allein die assyrische Armee besiegt haben, die 701 v. Chr. Jerusalem mit annähernd 200 000 Mann bedrohte. Doch dieser Sieg ist nichts im Vergleich mit der Umsicht und dem Heldentum, die Michael in der Schlacht der Schlachten bewies – im Kampf gegen die Heere des Satans, die von Gott abgefallenen Engelsarmeen.

Aus den Tränen des Michael, die er über die Sünden der Menschen vergießt, sind, so heißt es im Koran, die Cherubim entstanden. Seine Gestalt wird in islamischen Erzählungen in verzückten Visionen beschrieben: »Smaragdgrüne Flügel bedeckt mit safranfarbenem Haar, von dem jedes einzelne Millionen Gesichter und Münder zeigt und ebenso viele Zungen, die in Millionen Dialekten Allah um Verzeihung bitten.« Michael ist ein Fürsprecher der Menschen vor Gott, ihr mächtiger Verbündeter – woraus sich ein Teil seiner Popularität erklärt.

Michael ist auch der Engel des Jüngsten Gerichts. Er wägt die Seelen der Menschen. In dieser Vorstellung klingt das Echo des ägyptischen Totenkults nach. Hier ist es der schakalköpfige Gott Anubis, der die Waagschalen hält: Auf der einen Schale der Mensch, auf der anderen eine Feder. Es ist sehr wahrscheinlich, dass die Juden während der Zeit ihrer ägyptischen Gefangenschaft diese Idee ihren eigenen Glaubensvorstellungen einverleibten.

Oft greift Michael dramatisch in die biblischen Geschehnisse ein. Er ist es, der Adam und Eva aus dem Paradies geleitet. Er fällt Abraham in den Arm, als dieser auf Geheiß des Herrn daran geht, seinen Sohn Isaak zu opfern. Michael erscheint Moses im brennenden Dornbusch. Später ist es Michael, der der Jungfrau Maria den nahenden Tod verkündet. Kein Wunder, dass Michael der wohl meistgemalte Erzengel der Kunstgeschichte ist.

Nur der Erzengel Gabriel kommt ihm darin annähernd gleich. Für die Moslems ist Gabriel vielleicht sogar noch wichtiger als Michael: Er ist es, der »Engel mit den 140 Flügelpaaren«, der dem Mohammed den Koran eingibt, Sure um Sure. Gabriel ist der göttliche Bote, der Verkünder des göttlichen Willens auch in der jüdisch-christlichen Tradition.

Eines der verbreitetsten Motive kirchlicher Malerei zeigt Gabriel, wie er Maria die frohe Botschaft überbringt. Wenn auf diesen Bildern Gabriel unverkennbare weibliche Züge trägt, so hat dies seinen guten Grund: Tatsächlich gilt in vielen Texten und Offenbarungen Gabriel als einziges weibliches Wesen unter den Erzengeln. Und die Darstellung ist durchaus plausibel – ist das lächelnde Vertrauen, das die Jungfrau Maria diesem Eindringling in ihrer Kammer entgegenbringt, nicht das Lächeln über ein Geheimnis, das sie nur mit einer Vertrauten, einer anderen Frau, teilen kann?

Gabriel ist die Offenbarerin: Sie erscheint bereits Daniel, um ihm das Kommen des Messias zu verkünden. Und kurz bevor sie Maria die frohe Botschaft überbringt, verkündet sie dem heiligen Zacharias die Ankunft des Johannes des Täufers. Einer babylonischen Legende zufolge fiel Gabriel einst in Ungnade, weil sie einem Befehl Gottes nur ungenügend Gehorsam leistete – in dieser Zeit der Verbannung aus den himmlischen Heerscharen wurde sie von dem Engel Dobiel ersetzt.

Der Erzengel Raphael, der »Glänzende, der heilt«, wird im Buche Tobias erwähnt. Er begleitet den jungen Tobias inkognito und weiht ihn in die Künste der Medizin ein. Raphael ist der Nothelfer, der über die Kranken wacht. Er lindert die Schmerzen des alten Abraham, die diesen nach seiner späten Beschneidung peinigen. Und auch Jakob, dessen Hüfte im Kampf mit dem Engel verrenkt wurde, wird von Raphael gepflegt. Die Maskerade des Raphael in der Tobias-Erzählung hat der Apostel Paulus benutzt, um die Gemeinde zu ganz besonderer Wachsamkeit zu ermahnen. Jederzeit, so Paulus, könne man einem Engel begegnen – einem guten ebenso wie einem Abgesandten des Teufels.

Die Gelehrten und Exegeten streiten bis heute, welcher der Erzengel im wohl berühmtesten und dramatischsten Kampf der Bibel gewirkt hat – in Jakobs Ring-Kampf mit dem Engel. Jakob kann uns keinen Aufschluss darüber geben, denn es ist nachts, und Jakob kann ihn nicht erkennen. Michael und Gabriel werden in einigen Quellen genannt, doch es spricht viel dafür, dass es sich bei dem Kämpfer um Uriel handelte. Uriel gilt als derjenige der Engel mit den schärfsten Augen. Er ist der einzige Engel, der Mensch wurde. Obendrein ist Uriel als wüster Kämpfer für die himmlische Gerechtigkeit ausgewiesen. Er wurde sogar wegen seiner Grausamkeit von einem Kirchenkonzil des achten Jahrhunderts verdammt, in einer späteren Revision jedoch wieder in die Schar der Heiligen aufgenommen.

Erzengel Raguel teilte das Schicksal Uriels, als er 745 nach Christus auf Betreiben des Papstes Zacharias vom Heiligenkalender gestrichen wurde. In der Ikonographie der christlichabendländischen Malerei spielt er keine Rolle und braucht in unserem Zusammenhang ebenso nur gestreift werden wie die beiden anderen Erzengel Remiel, der über die Seelen wacht, und Raziel, der mit dem *Buch der Engel* alle Geheimnisse des Himmels und der Erde an Adam übergeben haben soll.

Irgendwann, so will es die Legende, ist dieses Buch in die Hände des Patriarchen Henoch gelangt, der 366 Bücher verfasst haben soll. Später soll Henoch mit Feuerwagen in den Himmel aufgenommen worden sein, wo er sich in Metatron, den König über alle Engel, verwandelt hat.

War der Engelskosmos unter Henoch noch relativ dünn bevölkert, so schwoll die himmlische Population im Mittelalter enorm an – nach Angaben der Kabbala soll es genau 300 655 722 Engel geben. Selbst diese Zahl dürfte, angesichts der irdischen Bevölkerungsexplosion, mittlerweile überholt sein, denn nach christlichen Vorstellungen hat jeder Mensch zwei Engel – einen guten, der den Weg der Tugend weist, und einen bösen, der das Erdenkind verführen möchte.

Wir organisieren Ausstellungen zu allem Möglichen, zu keltischer Nadelarbeit oder Ekstasetechniken der Naturvölker, der Propagandakunst der 30er Jahre oder Motorrädern im Wandel der Zeiten – wären nicht unsere Engel und ihre reiche ikonographische Geschichte auch eine wert? Und wie würde sie aussehen? Sie müsste sieben Räume umfassen.

Beginnen müsste sie mit Engelsdarstellungen der Früh-Renaissance, die ein regelrechtes Engelfieber gesehen hat. Dann allerdings kam es mit den Verwüstungen Europas durch die Pest auch in der Malerei zunächst zu einem jähen Ende der Angelogie – offenbar hatte der Schwarze Tod den Glauben an höhere Wesen, die dem Menschen zum Schutze beigegeben waren, stark erschüttert.

Zunächst müssten wir uns mit einigen typischen Merkmalen christlicher Engelsdarstellungen beschäftigen, etwa der Anzahl der Flügel und ihrer Größe, der Farbigkeit der Gewänder. Und wir müssten der paradoxen Frage nachgehen, wie die Körper körperloser Wesen dargestellt werden.

In einem zweiten Raum würden wir uns mit den alttestamentlichen Engelsdarstellungen befassen: von der Vertreibung aus dem Paradies über Jakobs Kampf zur Tobias-Legende.

In Raum drei sollte ein Sonderaspekt der Engelsdarstellungen betrachtet werden – die Verschmelzung von klassisch-griechischen und christlichen Motiven in Gemälden der Renaissance. Tatsächlich gab es ja auch im antiken Olymp Wesen mit Flügeln, etwa den beschwingten Götterboten Hermes, in dem viele Wissenschaftler das Urbild des Erzengels Michael sehen.

In Raum vier würde man sich mit Engelsgemälden in Schlüsselszenen des Neuen Testaments beschäftigen: mit der Verkündigung der Heiligen Jungfrau und ihrer Himmelfahrt. Mit Jesu Geburt, der Taufe und der Passion. Schließlich mit Engelsvisionen der großen christlichen Heiligen.

Raum fünf wird sich einer eigenen Gattung von Engelsgemälden annehmen – der Engel als Musikanten, ja der Erfinder der Musik überhaupt. Denn schon die höchsten aller Engel, die Seraphim, sind, wie oben ausgeführt, in erster Linie damit beschäftigt, Gottes Ruhm und die Herrlichkeit seiner Schöpfung zu preisen – sie singen in Engelszungen.

Im sechsten Saal sollte gezeigt werden, wie das Engelsmotiv in der Malerei säkularisiert wurde. Der Engel wird erotisch verkitscht oder zum Supermann verweltlicht, er wird als Postillon d'amour eingesetzt oder zur ehernen Bestätigung politischer Macht missbraucht, er findet sich in der Werbung ebenso wieder wie als Kühlerfigur auf Edelkarossen.

Der siebte und letzte Saal schließlich müsste einen Bogen schlagen. Er begäbe sich gleichzeitig in die Schöpfungsfrühe und an das Ende der Zeiten. Hier widmete man sich den Darstellungen der Schlacht zwischen Himmel und Hölle, zwischen Michael und dem abtrünnigen Satan. Und hier müssten die apokalyptischen Engelsvorstellungen der Moderne zwischen den Weltkriegen beschrieben werden, in den Bildern Paul Klees, in den Gedichten der Else Lasker-Schüler, in den Meditationen des Philosophen Walter Benjamin. Und kehrte schließlich zurück zu den aktuellen Engelsdarstellungen des Broadway, wo unsere Reise begann.

Den Besucher, der dieser Ausstellung verlässt, stelle ich mir gleichzeitig stiller und aufmerksamer vor. Und empfänglicher für jene Zwischenwelten, in denen wir beten oder hellwach träumen.

Zum Ausklang: Eine Glaubens-Safari

Eine abschließende Reise zu Inseln und Asylen
des Glaubens in einem glaubensfernen Land

> *»In den alten Kirchen im Süden*
> *Schlage ich manchmal das Kreuz*
> *Um das Gespräch mit dem Heiligen*
> *Zu erleichtern. Es wirkt ...«*
> Michael Krüger, Das Kreuz

Der christliche Glaube ist aus dem Alltag verschwunden. Er regelt nicht mehr den Takt unseres Lebens, schon lange nicht mehr. Er hat sich in schwach besuchte Kirchen zurückgezogen. Doch er flammt auf, wenn es um Trost geht oder Freude. Dann meldet er sich zurück in diesen Zeiten aufgelöster Bindungen, zerfallender Strukturen, schwankender Orientierungen, als ob er nur geglimmt hätte. In einem Radiogespräch sagte der Verlagschef und Lyriker Michael Krüger vor ein paar Jahren, dass das »Christentum zwar vielleicht hinter einer Wolke verborgen« sei, »aber die Strahlungen, die es aussendet, finden sich natürlich in allen unseren Handlungen wieder«.

Wir leben in einem merkwürdigen Zwischenlicht. Es ist ja längst nicht mehr so, dass sich Gläubige und Atheisten als kompakte Lager gegenüberstehen, sondern Gläubige dämmern hinüber in den Unglauben, und Agnostiker lassen sich für Momente vom Glauben erfassen, sowohl innerhalb wie außerhalb der beiden großen Kirchen.

Der Glaube sucht sich Metamorphosen, entlegene Spielfelder, Theaterbühnen, Romane und Gedichte und Kinofilme, um uns anzusprechen. Und sicher sucht er immer wieder die großen Feste, etwa das jähe Spektakel-Christentum bei Papstbesuchen oder Feiertage wie Ostern oder Weihnachten. Nicht jedem ist das recht.

Zu einer regelrechten Orgie der Beschimpfungen kam es in unserer Kirche Nossa Senhora da Luz in Rio de Janeiro, als unser Pfarrer während der Christmette in die vollgepackte kleine Kirche rief: »Wer sonst nicht kommt, kann auch jetzt wegbleiben.« Wir hatten Freunde aus Deutschland zu Besuch. Die wollten wissen, was los ist. Warum schreit der so? »Er macht sich Sorgen um die Ungläubigen«, sagte ich. Sie waren beeindruckt.

Bei uns ist man da weniger wählerisch. Bei uns kann man es sich auch nicht erlauben, wählerisch zu sein. Die meisten Pfarrer freuen sich wohl darüber, dass wenigstens einmal im Jahr die Bude voll ist.

Ansonsten? Man wendet sich an Gott bei Taufen, sicher ist sicher, der Nachwuchs soll die allerbesten Chancen haben,

und Taufpartys sind sowieso die schönsten Society-Events, die man sich vorstellen kann – ich habe mal einer in England beigewohnt, auf der sich das halbe Kabinett, einige Oppositions-Häuptlinge sowie mehrere Chefredakteure auf einer Wiese verloren und zwischen Hecken konferierten, so als ob der *Pate* noch mal gedreht werden müsste.

Bei Taufen also kommen wir zusammen. Sowie bei Beerdigungen, denn selbst unserer restlos aufgeklärten Gesellschaft wird dann klamm und bang, weil sie nicht weiß, wohin die Reise geht nach dem Tode. Und so möchte man dann doch das Familienmitglied oder Robert Enke dem Schutz des Höchsten anempfehlen und möchte im Hamburger Michel trauern mit Helmut Schmidt um seine Frau Loki, kollektiv. Man will zusammenrücken. Wir brauchen Gott also am Anfang des Lebens und am Ende. Zwischendrin soll er sich bitteschön so weit wie möglich raushalten, ach so, ja, es sei denn, es geht um eine Hochzeit in Weiß.

Wir haben ihn ziemlich ruhiggestellt, den lieben Gott, ins Nachtprogramm, ins Wort zum Sonntag, als Bremse zum Spätfilm. Rund die Hälfte der Bevölkerung ist zwar noch pro forma Mitglied einer der beiden christlichen Kirchen, aber nur zehn Prozent davon gehen in die Gottesdienste, und sie werden sich hüten, darüber in der Öffentlichkeit zu reden, denn es gibt nichts, was uncooler und weniger sexy wäre.

Glaubensorte sind wie Flöße im Alltag, mal sind sie klein und unscheinbar, mal öffentlich. Auf jeden Fall sind sie nicht mehr nur die Kirche. Es ist gut, dass wir sie haben, die Kirche, das Mutterschiff, und dass wir festgelegte Liturgien haben, in denen der Glaube Form findet. Doch dann gibt es diese vielen Beiboote.

Eine Reise durch Glaubenslandschaften führt zu unerwarteten Begegnungen. Zum Beispiel dieser hier:

Die Fremde im Zug

Ich komme von der Frankfurter Buchmesse und besteige den Zug nach Hamburg spät. Ein fast leeres Abteil.

Am Fenster sitzt eine junge Frau. Sie trägt Pluderhosen und Hippie-Strickweste und eine Strickmütze mit Troddeln. Sie liest in einem kleinen Handbuch. Ich lege nach einer Weile meine Zeitung weg und döse mit geschlossenen Augen. Ich höre den gleichmäßigen Schwellenschlag des Zuges, und dann, zaghaft, ein leises Schluchzen. Ich öffne die Augen, linse hinüber zu der jungen Frau. Tatsächlich, sie wischt sich verstohlen eine Träne aus den Augen. Sie schaut in die dunkle Nacht hinaus, ich sehe ihr Spiegelbild im Fenster.

Sie schlägt erneut ihr Büchlein auf, dort, wo sie mit ihrem Zeigefinger die Stelle markiert hat, die sie zuletzt gelesen hat. Es muss eine todtraurige Geschichte sein. Was ist es wohl? *Anna Karenina*? Dazu ist es nicht voluminös genug. *Love Story* wird sie wohl kaum lesen, so, wie sie gekleidet ist. Wieder lässt sie das Buch sinken. Ein tiefes Seufzen. Erneutes Schluchzen.

Da geht es um mehr als um Literatur, vermute ich. Da muss ein gewaltiger Kummer zu bewältigen sein. Mir ist unbehaglich. Ich kann dieses Unglück nicht ignorieren. Ein Mensch weint. Ich bin der einzige andere in diesem Abteil, ich fühle mich verantwortlich. Soll ich sie ansprechen, oder wäre ich dann Eindringling? Ich bin müde. Will ich mich wirklich auf eine lange Unglückserzählung einlassen? So was gibt es doch nur bei Tolstoi, und da sind die Bahnfahrten lang, und man vertreibt sich die Zeit mit weitschweifigen Erzählungen von untreuen Ehefrauen und Mördern und Skandalen aus dem fernen Moskau.

Wieder schluchzt sie und seufzt. Ich räuspere mich und spreche sie an.

»Sie müssen sehr unglücklich sein«, sage ich.

Sie schaut überrascht auf.

»Kann ich etwas tun?«, frage ich.

Da lächelt die Frau. Und jetzt erst sehe ich: Sie strahlt, sie sieht selig aus.

»Nein«, sagt sie, »ich bin sehr glücklich.«

»Ich dachte ...«

»Ich fahre zu meiner Hochzeit«, sagt die Frau.

Sie kommt aus Basel und wird in Hannover von ihrem zukünftigen Bräutigam abgeholt. Sie wird die Familie kennenlernen, wird die Stadt sehen, in der sie wohnen wird, die Zugreise ist eine ins Unbekannte, und sie wird von nichts getragen als von der Liebe und einem großen Versprechen.

Das Buch, in dem sie liest? »Das Hohelied der Liebe. Paulus, der Korintherbrief. Er ist so schön.« Die Liebe ist langmütig und freundlich, die Liebe eifert nicht, sie lässt sich nicht erbittern, und es war offensichtlich, dass dieses Mädchen, diese junge Frau begriffen hatte, was Liebe ist. Sie strahlte Liebe aus.

»Ich wünsche Ihnen alles Gute«, sagte ich, nicht ohne ein bisschen erleichtert zu sein darüber, dass ich nicht in ein Drama hineingezogen wurde, das meine Möglichkeiten zur Hilfe übersteigen könnte. Ich hatte völlig schiefgelegen. Was ich erlebt hatte, war eine Entgrenzung ins Glück, eine Entgrenzung der Liebe und des Glaubens, die so heftig war, dass sie die junge Frau sichtbar erschütterte.

Fromme Ekstasen sind selten geworden. In den Zügen der deutschen Bahn kommen sie wohl nie vor. Im Übrigen sind sie auch in unseren Kirchen selten. Das war mal anders. Immer wieder berichtet der heilige Augustinus in seinen *Bekenntnissen* von solchen seelischen Ausnahmezuständen. »Wie weinte ich unter deinen Hymnen und Gesängen, gar tief bewegt vom süßen Klang der Stimmen deiner Kirche. Ach, diese Stimmen drangen in mein Ohr und gossen deine Wahrheit in mein Herz, und meine Frömmigkeit erglühte unter deinem Hauch, und meine Tränen flossen, und mir ward wohl bei ihnen.«

So steht es in den *Confessiones*. Sie sind ein bisschen wortreicher, aber Augustinus meinte das Gleiche wie die junge Frau, die über den Korintherbrief sagte: »Er ist schön.« Und weinte.

Echter Glaube geht mit Erschütterungen einher. Er hat mit Gefahr zu tun, mit Risiko. Kierkegaard hat vom »Sprung« in den Glauben geschrieben, vom Sprung in die Paradoxie. Und er hat jenen gutbürgerlichen, gesättigten Bischof Martensen verachtet, der ein Christentum predigte, das sich mit der Behaglichkeit und Berechenbarkeit vertrug, ein staatsgestütztes Christentum, dem jeder zunicken konnte.

In der Artikelserie »Der Augenblick« griff er ihn an: »Wahrhaftig gibt es etwas, was dem Christentum und dem Wesen des Christentums heftiger zuwider ist als jegliche Ketzerei, jegliche Spaltung, heftiger zuwider ist als alle Ketzereien und Spaltungen zusammen, und das ist: Christentum zu spielen.«

Die Charismatiker vom Prenzlauer Berg

Die junge Rosalie und ihr Mann Konrad sind ganz sicher keine, die das Christentum spielen. Ich treffe sie in der Berliner Herz-Jesu-Gemeinde am Prenzlauer Berg. Wir haben uns zum Adventsgottesdienst verabredet. Die Herz-Jesu-Kirche ist ein prächtiger Bau vom Ende des 19. Jahrhunderts, innen ausgestaltet mit Mosaiken und Goldmalereien im frühchristlich-byzantinischen Stil, zur DDR-Zeit heruntergekommen, seit einigen Jahren aufwendig renoviert.

Die Gerüste stehen noch. In der Kirche über 300 meist junge Leute, Studenten, Künstler, Bohème mit ihren Kindern, das ist enorm. Sie ist untypisch auch insofern, als Ost und West, Alt und Jung hier zusammenkommen.

Hinten steht Wolfgang Thierse. Nach dem Schlusssegen spreche ich ihn an, den Bundestagspräsidenten, der in der DDR groß wurde. »Schwere Zeiten für die katholische Kirche«, sage ich. »Von der Volksreligion zur Entscheidungsreligion.«

»Ach wissen Sie«, sagt er, »im Osten waren wir immer schon Entscheidungsreligion.«

Rosalie und Konrad haben sich entschieden. »Wenn Gott in deinem Leben ist, ändert sich alles«, sagt sie, und es klingt wunderbar schlicht. Sie ist eine stolze, großgewachsene Frau mit dunklen Augen, ein Mannequin-Typ. Sie arbeitet als politische Beamtin im Bundestag, sitzt in der Ethik-Kommission und ist keine Spur verträumt, sondern wach, lustig, schlagfertig.

Sie kommt aus dem Rheinland, ihr Mann auch, beide waren Ministranten, beide dann plötzlich gar nichts mehr, Post-post-68er-Hedonisten, sagt sie, sie reiste, er malte, und dann wollten sie heiraten, und plötzlich war alles möglich: standesamtlich, buddhistisch, hinduistisch. Glaube heute ist ein Selbstbedienungsladen. Da fiel ihnen ein, ach ja, wir sind ja katholisch, wieso eigentlich nicht?!

Und dann lernten sie ihren Glauben buchstäblich neu kennen. Sie entschieden sich neu. Und der Glaube machte immer mehr Sinn. Heute engagieren sie sich in der Gemeinde, sie nehmen an den »Versöhnungsgottesdiensten« teil, eine besondere Form der Andachtsmeditation, die die Priester der Chemin-Neuf-Gemeinschaft anboten, die Herz-Jesu leiten. »Ich muss mich versöhnen, mit mir und der Welt«, sagt sie. Dazu gibt es Rituale in der Kirche, Kerzen und Tische und Schreibzeug. Man schreibt Versöhnungsbriefe, unter Umständen auch an sich selber.

Sie und ihr Mann beten gemeinsam, sie beten frei und das laut, »das ist erst mal eine Überwindung«. Sie haben zwei kleine Söhne, die an diesem Nachmittag zum Weihnachtsspiel beitragen. Die Chemin-Neuf-Brüder bieten Exerzitien an für Eheleute, die Religion spielt eine zentrale Rolle für beide. Ab und zu zieht sie sich allein zurück in ein Kloster, um »Raum in sich zu schaffen«. Sie macht einen glücklichen Eindruck.

Die Chemin Neuf sind eine charismatische Bewegung aus Lyon, eine Gemeinschaft, in der Verheiratete leben und Singles und zölibatäre Männer und Frauen, und sie arbeiten ökumenisch. Der Papst hat die charismatischen Bewegungen innerhalb der katholischen Kirche als die große Zukunft bezeichnet, denn sie bringen das Bekenntnis und das Glühen, mit dem der Kessel der Kirche neu befeuert werden muss. Pater Christophe, der an diesem dritten Adventssonntag über die Freude gepredigt hat – die Messgewänder sind rosa an diesem Tag –, glaubt, dass er ohne den Gemeinschaftsgedanken der Chemin Neuf nicht Priester geworden wäre.

An diesem Nachmittag zwischen Erbseneintopf und Krippenspiel, zwischen Alt und Jung und West und Ost, zwischen etablierten Karrieren und junger Bohème, erlebe ich eine schöne, friedliche, religiöse Utopie im Ostteil jener Stadt, die sich in einer Volksabstimmung gegen den Religionsunterricht entschieden hat.

Der Katholizismus als Volksreligion mag ausgespielt haben in Deutschland, doch als Entscheidungsreligion ist er spannend, und er sucht neue Wege.

Die »Mystische Nacht« bei Hamburger Dominikanern

Die Dominikaner zu Sankt Sophien in Hamburg zelebrieren am 1. Dezember 2010 eine »Mystische Nacht« unter dem so richtigen und wichtigen Motto »In der Tiefe gewinnt der Mensch Höhe«. Sie wird begangen mit Gesängen nach Kompositionen von Heinrich Schütz und mit Texten von Meister Eckhart. Worte wie diese: »Willst du daher vollen Trost und ganze Freude in Gott finden, dann sieh zu, dass du leer bist von allem Trost der Geschöpfe.«

Das klingt wie eine Anweisung aus einer Vipassana-Meditation. Klingt also für viele mittlerweile vertrauter als das »Vater unser« oder das »Te deum«. Wir beten anders als früher, meditativer, und der Mystiker Eckhart passt in diese neue Spiritualität. »Denn fest steht: Solange dich das Geschöpf tröstet und trösten kann, so lange findest du niemals richtigen Trost. Sobald dich aber nichts trösten kann als Gott allein, dann tröstet dich in Wahrheit Gott und mit ihm und in ihm alles, was Glück ist.«

Und das wäre dann nicht mehr fernöstliche Meditationspraxis, sondern christliche Versenkung, von der wir lernen können in den neuen Zeiten. Die Predigten Eckharts – er predigte als einer der Ersten in deutscher Sprache – wurden in einigen Aussagen als häretisch erkannt und 1327 von der päpstlichen Theologenkommission in Avignon verhandelt.

Ich hatte mich mit dem großartigen Philosophie-Historiker Kurt Flasch über Meister Eckhart unterhalten; er hatte eine Biografie über den Mystiker verfasst. Flasch, der einst selbst Dominikaner werden wollte, in den folgenden Jahrzehnten allmählich vom Glauben abkam und in unserem Gespräch durchaus sarkastisch über die Kirche herziehen konnte, sprach mit großer Innigkeit über Eckhart.

ICH: Meister Eckhart ist der stille Star der weltweiten Esoterik-Szene. Weiter abgewandt vom aktuellen Lärm konnten Sie nicht sein, oder?

FLASCH: Mein Buch macht keinen Radau, es lädt zum Nachdenken ein. Eckhart hat gesagt, er wolle philosophisch über das Christentum sprechen. Das interessiert noch immer einige Leute.

ICH: Was können wir von Eckhart heute lernen?

FLASCH: Die Kleinigkeit, konsequent zu denken. Die Frage wachzuhalten: Was heißt Erkennen, Welt, Ich, »Gott«. Wir lernen, unsere übrigen Überzeugungen von diesen Grundfragen nicht abgetrennt festzuhalten. Viele benutzen Eckhart, um einen Ruhepunkt in der Hektik der Gegenwart zu finden, aber dazu gibt es billigere Mittel. Da gehe ich im Wald spazieren oder mache sonst etwas.

ICH: Was war denn das Aufrührerische an Eckhart? Warum wurde er in 28 Punkten vom Papst in Avignon 1329 abgeurteilt?

FLASCH: Der Papst schreibt, Eckhart habe mehr wissen wollen, als sich gehört. Er hat das Christentum so verinnerlicht, dass man äußere Sakramente und Institutionen kaum mehr braucht. Vor allem aber: Er sah im Menschen den Sohn Gottes.

Er fasste die Einheit Gottes so streng, dass dem Papst die christliche Lehre von Gott als Dreifaltigkeit geleugnet schien.

ICH: Die Zeit Eckharts war eine Zeit der Umbrüche. Es gab neuen Reichtum, aber auch neue Armut, die Gesellschaft ging auseinander wie heute.

FLASCH: Die Sensibilität für die Armut hatte zugenommen. Vor 1200 hatte man mehr oder weniger den Eindruck, Armut muss sein, die Menschheit ist sündig, dann gehört sich das. Aber seit 1200, seit Franz von Assisi, hat die Sensibilität für Schmerzen, für Leiden, für Armut zugenommen. Es gab ja zwei Bettelorden, eben die Franziskaner und die Dominikaner, und Meister Eckhart war einer von den Dominikanern, und er hat die Idee der Armut, wie es seine Art auch sonst war, auf die Spitze getrieben. Die allerhöchste Armutsstufe heißt, »nichts mehr wollen, nichts mehr erkennen, nichts mehr haben«. Und das heißt also, ohne Vorgabe lebendig im Leben stehen, das ist ja das Programm der Gelassenheit, dass man die Dinge so nimmt, man will nichts reformieren, man verliert nicht sein Herzblut an irdische Veränderung, man erträgt sie mit einer gewissen Passivität.

ICH: Das hört sich fast buddhistisch an.

FLASCH: Es ist so eine Enthaltsamkeit der äußeren Welt gegenüber, aber nicht der Passivität, sondern der menschliche Geist ist nach Gottes Bild sehr aktiv. Eckhart wollte, dass der Wahrheitsanspruch des Glaubens mit neuen Argumenten gezeigt wird. Also an die Schriften gehen, ans Alte und ans Neue Testament, sagen, was hier die Hauptsachen sind, denn nicht alles kann so vernünftig gemacht werden, manches kann im Dunkeln bleiben, manches ist gleichgültig, aber die Hauptlehre des Christentums, also, dass Er ein Gott ist, dass ein Gott gut ist, dass er mächtig ist, dass er intelligent ist, dass er uns als seine Ebenbilder will und dass er uns nahe ist, dass er uns nah ist in unserer geistigen Tätigkeit, im guten Wollen und im wahren Denken, das ist der Hauptpunkt. Glaube und Vernunft zusammenbringen, das könnte so verstanden werden, dass man den Glauben als Ganzes so belassen und in Harmonie setzen will. Das machen alle, das machen viele damals, aber Eckhart geht sozusagen zu den Wurzeln des Glaubens und hebt die auf eine ganz andere Ebene, nämlich die der rein philosophischen Argumentation.

ICH: Er wollte Glauben und Vernunft versöhnen.

FLASCH: Er wollte nicht nur Glauben und Vernunft versöhnen, sondern mit der Vernunft die wesentlichen Inhalte beweisen. Das tat er so ingeniös, dass sein Versuch interessant bleibt, auch wenn man das Ergebnis nicht teilt. Seine Beweise kamen auf eine neue, symbolische Auslegung des Christentums hinaus. Manche meinen, das sei das Christentum des dritten Jahrtausends.

Womöglich also habe ich an diesem Abend in Sankt Sophien, an dem Texte von Meister Eckhart gelesen und gebetet wurden, einen Ausblick in diese Frömmigkeit im dritten Jahrtausend  werfen können. Zu den schönen meditativen Gesängen in der Kirche schwebte in langen Bögen ein Weihrauchfass. Es pendelte über dem von Hunderten von Teelichtern gebildeten Wort JETZT, das im Mittelgang ausgelegt war. Ein schönes meditatives Schauspiel, die Einsegnung des Augenblicks, der als heilig wahrgenommen werden soll.

Natürlich kann man sich über Religiöses schieflachen, wenn man wie Henryk M. Broder und sein ägyptischer Freund Hamed Abdel-Samad auf der *Deutschland-Safari* Einsegnungen von Autos oder Hundegottesdienste miterlebt. Da werden auch Hinduzeremonien ein Lacher und die Verbeugungen von Muslims aberwitzig. Ich glaube aber, die beiden hätten sich vom Ernst und der Stille der mystischen Nacht ergreifen lassen.

Auch wenn es die Dominikaner seit 1227 in Hamburg gibt, das kulturreligiöse Klima ist protestantisch. Um den Katholizismus als Volksreligion zu erleben, muss man in den Süden. Ich lernte Christian Stückl, den Regisseur der Oberammergauer Passionsspiele, bei den Dominikanern in Hamburg kennen, auf einem Empfang, den der Erzbischof gab. Bei Leberkäs und Buletten berichtete er von seiner Arbeit in Oberammergau, von den theologischen Implikationen und Komplikationen seiner Inszenierung und den Verstörungen der Geistlichkeit. Es wurde viel gelacht. Stückl ist groß und kräftig, mit schwarzen Locken und derbem Akzent, ein Mensch, der brennt für seine Kunst, für seine Mission. Er lud mich ein. Da die Passionsspiele nur alle zehn Jahre stattfinden, nahm ich die Einladung an, eher skeptisch. Ich dachte mir: Was soll ich mir diesen für japanische Touristen aufbereiteten religiösen Bauernkitsch antun? Doch dann kam alles anders.

Das katholische Leidenstheater von Oberammergau

Ich fuhr zur letzten Vorstellung. Ich fuhr an einem sonnigen Oktobertag mit einem BMW über die Autobahn von München aus nach Oberbayern, um mir ein frommes Schauspiel aus dem 17. Jahrhundert anzuschauen, das die Einlösung eines Gelübdes war. Wenn Gott die Ortschaft von der ringsum wütenden Pest verschont, das war die Abmachung, dann würden die Oberammergauer zum Dank die Passion aufführen. Damals konnte man Gott noch mit solchen Wetteinsätzen kommen. Vielleicht auch heute noch? Vielleicht gibt es ja eine andere Art von Pest, eine, die nicht so ins Auge fällt?

Damals haben sich beide Seiten an diesen Vertrag gehalten. Oberammergau wurde verschont, weshalb nun alle zehn Jahre die Passionsfestspiele stattfinden. Seit 1633 zum 41. Mal! Was für ein Überlieferungs-Starrsinn, was für eine religiöse Wucht über die Jahrhunderte hinweg, was für eine großartige Zeitkapsel!

Durch allen Wandel hindurch immer wieder diese eine tiefe Geschichte: wie Jesus Einzug hält in Jerusalem, umjubelt wie ein Popstar, wie sich die Hohen Priester gegen ihn verabreden, wie die Jünger Loyalität schwören und wie einer darunter ist, der Jesus verrät.

An diesem Nachmittag ein langsam dämmernder Himmel über der Freilichtbühne, gelbes Laub an einigen fernen Bäumen, und 4000 Zuschauer unter dem Festspiel-Hausdach, still und gebannt. Die Gefangennahme. Die schlafenden Jünger, Jesu Angst auf dem Ölberg. Fackeln auf der Bühne. Die Verhöhnung. Ein Zwischenspiel mit Herodes Antipas und seiner Prunkkarawane mit echten Kamelen. Schließlich der große Prozess mit Pilatus, der Haudegen als Philosoph, das Verhör: »Bist du der König der Juden?« Und diese ungeheure Antwort: »Mein Reich ist nicht von dieser Welt!«

Das Volk nun ein aufgepeitschter Mob. »Gib uns den Barrabas!« Pilatus wendet sich schulterzuckend ab. »Was ist Wahrheit!« Und verkündet das Urteil. Schließich der Leidensweg, die Kreuzigung: Intime Szenen wie das Abendmahl wechseln mit wuchtigen, großen Theatermomenten wie dem der Kreuzigung, was für eine Aufführung!

»Was glauben die Leute, wer ich sei?« Diese Frage, die Jesus den Jüngern stellt, stellt sich auch Christian Stückl. Wir sitzen in einem Café in der Nähe des Schauspielhauses, es ist Pause, Stückl muss gleich hinüber in einen VIP-Bereich – die halbe Deutsche Bischofskonferenz ist angereist.

Ja, wer war Jesus? »Auf alle Fälle ein Jude!« Stückl lässt keinen Zweifel daran, dass die Passion zunächst eine innerjüdische Angelegenheit ist. Jesus ist ein streitbarer junger Jude, der für seine revolutionäre Botschaft, die bis heute gilt, ans Kreuz geschlagen wird. Das Passionsspiel von Oberammergau ist ein musikalisches Festspiel mit Dutzenden von Chormitgliedern und Hunderten von Statisten. Der ganze Ort spielt mit. Ja, ein ganzer Ort stellt sich in den Dienst dieser einzigartigen religiösen Tradition.

Stückl ist hier aufgewachsen. Er ging im nahen Kloster Ettal zur Schule. Später lernte er Holzbildhauer, Herrgottsschnitzer, bevor er ans Theater geriet, und er redet von der Theaterei wie ein frommer Handwerker. Alle sind sie aus Oberammergau, natürlich auch der Jesus, Frederik Mayet, der gleichzeitig Stückls Pressereferent ist. Es ist der letzte Tag. Die Jungs tragen die Haare lang, zwei Mädchen aus dem örtlichen Frisiersalon sprechen ein paar Jünger an, wer sich die Haare schneiden lässt, kriegt fünfzig Euro, eine Werbeaktion, keiner hat dazu Lust, die Haare sind ihnen heilig wie das ganze Spiel, und nun soll Schluss sein? Sie sind zusammengewachsen in den Monaten und Jahren der Vorbereitung, es war ein großer Teil ihres Lebens.

Tatsächlich, sie haben in der Passion gelebt, in dieser Aufführung gelebt, das ganze Dorf tut es, in vielen Fällen standen bereits ihre Eltern oder Großväter auf der Bühne. »Die Rolle verändert einen schon«, sagt Mayet. Er glaubt, dass sich seine Frömmigkeit vertieft hat. Jesus sein in dieser Passion, natürlich geht das durch die Haut, geht in die Seele.

Die Inszenierung wird immer wieder von Tableaux vivants, von lebenden Figurengruppen, unterbrochen, von gestellten Bildern nach Motiven aus dem Alten und dem Neuen Testament, raffiniert ausgeleuchtet und strahlend, als hätte sie der Theatermagier Bob Wilson nach Träumen von Salvador Dalí erdacht. Moses, Daniel in der Löwengrube, Kain, der Abel erschlägt, in surrealistischer Bildsprache, unter Engelsschwingen, roten Felsen, blauen Bächen, sich ringelnden gelben Schlangen.

Die Chöre, die der Oberammergauer Rochus Dedler unter hörbarem Einfluss Haydns und Mozarts im frühen 18. Jahrhundert komponierte, sind von großer Würde und Schlichtheit. Da entsteht ein Gesamtkunstwerk in dieser Oktobernacht 2010, das eine welterschütternde Botschaft enthält: die des Opfers und der Liebe. Und der Verzweiflung – Christian Stückl spürt besonders den Gewissensqualen des Verräters Judas nach, der enttäuscht ist darüber, dass Jesus nicht die Macht übernimmt – ist er denn nicht göttlich? – und sich und ihm die Agonie und die Schwäche erspart. Judas ist ein Verräter aus enttäuschter Bewunderung und Liebe. Jesus opfert sich auf, das war damals ein Skandal, und heute ist es noch immer einer.

An diesem letzten Abend feiern 4000 Besucher mit den Darstellern, und schließlich kommt Stückl auf die Bühne, und alle singen »Großer Gott wir loben dich« und später »Shma'Israel«.

Was für ein ergreifender Abschied unter Hunderten von Kerzen. Rund eine halbe Million Menschen aus aller Welt, viele aus den USA und aus Japan, haben die Passion in dieser Saison miterlebt, zehnmal mehr hätten kommen wollen. Volksreligion als theatralische Sendung, ein Dorf spielt und lebt und arbeitet die Passionsgeschichte, glutvoll in einer Kultur allgemeiner Glaubenserschlaffung.

Der Abend begann mit Jesus und der Bergpredigt und der Umwertung aller Werte. Nicht mehr »Auge um Auge«, sondern »liebe deinen Nächsten wie dich selbst«. Und er endete mit der Selbstaufopferung und der triumphalen Auferstehung, also mit der Geburt des Christentums aus einer jüdischen Bewegung.

Auf der nächtlichen Fahrt zurück berichtet der Nachrichtensprecher über die Rede des Bundespräsidenten am gleichen Tag und dessen Feststellung, dass der Islam »inzwischen auch zu Deutschland« gehöre, und natürlich geht mir sofort der in den Tagen zuvor heftig diskutierte Fall der Steinigung der iranischen Ehebrecherin durch den Kopf, das alte Gesetz, das auch die Schriftgelehrten fordern, und Jesu Antwort »Wer aber ohne Sünde unter euch ist, werfe den ersten Stein«, und ich denke weiter an die Scharia, die ja auch wie selbstverständlich zum Islam gehört, und der kommt mir in dieser Nacht dann doch sehr fremd vor.

Der Islam gehört inzwischen auch zu Deutschland?

So selbstverständlich im Moment eher nicht. Und ich wache auf aus dieser magischen Nacht und der Verbundenheit mit dem, was ich gerade erlebt habe, und bin mir bewusst, dass ich gerade aus der Wahrheit zurückkehre ins Land der politischen Lüge und der religiös indifferenten Zweckmäßigkeit und der rhetorischen Ingenieurskunst nützlicher Phrasen.

Der Dichter

Da Dichtkunst und Religion aus einer gemeinsamen Wurzel kommen, kann man dem Verbleib des Glaubens heute wohl am zuverlässigsten in der modernen Lyrik nachspüren. Religion sind Gedichte, heißt es bei Les Murray. »Sie bringen unseren Tages- und Traumgeist in Einklang.« Ja, der Glaube findet Asyl in der Dichtung.

Ich rufe Michael Krüger am Tag vor Heiligabend an. Er sitzt noch in seinem Büro, räumt in Stille den Schreibtisch auf, vor seinem Panorama-Fenster die tiefverschneite Riesenbuche, der er ein wunderbares Gedicht gewidmet hat, es bleibt einiges liegen, wenn man fünf Verlage gleichzeitig führt und zwei Literaturmagazine herausbringt und nebenbei Gedichte und Essays und Romane schreibt, die alles andere als nebenbei sind.

An diesem Tag hat das Magazin der *Süddeutschen Zeitung* eine geheimnisvolle Krüger-Geschichte veröffentlicht, über den »Mann, der die Tiere mehr liebte als die Menschen«. Dieser Mann ist Gerichtsvollzieher und nimmt Menschen, die nicht mehr zahlen können, den Fernseher weg oder das Auto, und er übernimmt die Tiere, für die sie nicht mehr aufkommen können. In seinem verwunschenen Haus lebt er, ein moderner Franz von Assisi, mit einer ganzen Manege aus Erdhörnchen, Hunden, Schlangen, Ameisen, und eines Tages ist er weg. Und er bleibt verschwunden.

Ich kenne Michel Krüger nicht gut. Aber ich staune über sein Pensum und die Ruhe, mit der er es bewältigt, und seine begütigende, besänftigende Wirkung auf mich und alle Menschen. Und seine Gedichte mag ich, weil sie gut und witzig und bildhaft sind, kleine Erzählungen, so genau hingeschaut, so nachdenklich und so voller unverhoffter Pointen. Und nicht wenige davon sind religiöser Natur. Und sie sind hellwach und überzeugen.

Der Unterschied zwischen mir und Michael Krüger liegt, abgesehen von seiner Könnerschaft, genau darin: dass ich mit meinem

Werben für den Glauben bisweilen die Türen eintrete, während er gar nicht wirbt, sondern Nachdenkliches durch die Dachluke schmuggelt oder durch eine unverschlossene Kellertür.

In seinem Gedicht »Brief« berichtet er einer Freundin von einem Besuch in einer Dorfkirche. Er »bewegte die Lippen, als hätte ich mitzureden. Es war ganz leicht.« Kein brausendes Offenbarungserlebnis. Der alte Pfarrer pickt lautlos im Evangelium, wie ein schwarzer Vogel, ohne etwas zu finden. »Kein Leitfaden. Kein Trost. / Nach einer Stunde war alles vorbei.«

Eine ganz unspektakuläre Routineangelegenheit also. Doch selbst die birgt die Chance zur Wandlung. Er verlässt die Kirche und sieht:

> *Draußen lag ein unerwartet helles Licht*
> *über dem See, und ein Wind kam auf,*
> *der mich die Unterseite der Blätter*
> *sehen ließ.*

Gott kann nicht geschaut werden, heißt es bei Hildegard von Bingen, er wird durch die Schöpfung erkannt.

Krüger wuchs in einem Dorf südlich von Leipzig auf, und er hörte seine Großmutter mit Gott hadern, nächtelang, nach der Enteignung. Dieses Gottesgemurmel war sein frühester Kindheitsklang, und der bleibt, sagt er. Sie hat ihn, den Herrgott, direkt angesprochen. »Alles war im Fluss, die einzige Instanz war der protestantische Gott. Und diese Instanz, die immer da war, besonders nachts, die ist geblieben.«

Diesen Bezug legt man nie ab. Sicher, später kommen dann Sätze wie dieser: »Die Gebete, die wir in den Himmel rufen, kommen ungehört zurück.« Aber das sind dann schon Sätze, die das Absurde kennen, die sich einstellen nach der Lektüre von Camus und vor allem Beckett, dessen Werk ein einziges großes WARTEN ist. Das Warten, und die Kategorie der Vergeblichkeit. Gott zeigt sich nicht. Und auf keinen Fall nimmt er Anteil.

»In dem Moment, in dem Gott Rührung zeigt, sind wir verloren«, sagt der Philosoph Emil Cioran. Sagt Krüger. Wir brauchen die Religion nicht für Antworten, sondern in erster Linie,
um Fragen zu stellen.

Die Religion und die Literatur. Alle anderen Götter, insbesondere die politischen, haben versagt für Krüger, die Literatur
ist der einzige Gott, der Beständigkeit verspricht. Das einzig
Feste in diesem Ozean an Relativierungen ist dann doch, dass
man immer wieder die Frage in diesen imaginären Raum hinein richtet.

Die Kirchen? »Ihre Zeit ist abgelaufen«, sagt Krüger, eher resigniert. Trotzdem brauchen wir sie. Wir brauchen die Form. Wer
sich der Liturgie aussetzt, kommt verwandelt zurück wie in dem
Gedicht, in dem sich plötzlich die Unterseite der Blätter zeigt.

Über die letzten Fragen, über Gott redet er in manchen
Gedichten mit nachdenklicher Ergriffenheit, in anderen mit
ironischer Distanz. Durchaus spielerisch, wie in dem Gedicht,
in dem »Marx redet«. Er, Marx, erzählt, dass er Gott ab und zu
trifft, gut erholt sieht er aus, von wegen er ist tot.

Von seinem Projekt
spricht er aus Schüchternheit nie. Bitte,
sagte er kürzlich nach einem langen Blick
auf die Erde, bitte halten Sie sich bereit.

Was erstens klarmacht, dass göttliche Interventionen nicht
ausgeschlossen sind, und zweitens, dass der gute Allmächtige
Humor besitzt, wenn er sich ausgerechnet Marx zum Werkzeug wählt. Humor oder eben ein ausgeprägtes Verständnis
für Dialektik.

Allerdings ist Krüger, dem Lyriker, die Hoffnung auf die Heils-
kraft der Revolution dann doch noch eher abhandengekommen
als die auf Gott, wenn er über die Gesellschaft redet an diesem
Vorweihnachtsmorgen an seinem Schreibtisch im verschneiten
München. Sicher hat die Religion zur Frage, wie wir Gesell-

schaft organisieren, erst mal wenig zu sagen. Die Gesellschaft allerdings auch nicht. »Was soll man den Menschen denn anbieten«, sagt er. »Außer dass sie Erfolg haben sollen.« Aber das sei wohl ein wenig dürftig für einen Hartz-IV-Empfänger.

Ist Gott die Antwort?

In der »Rede des ev. Pfarrers« heißt es:

Ach, wissen Sie,
auch ohne ihn
haben wir viel zu tun.
Manche in der Gemeinde
haben ihn schon vergessen.
Anderen fehlt er. Sehr.
War es besser mit ihm
der Trost drang tiefer,
und die Scham darüber
geboren zu sein
ließ sich leichter
verbergen.

Eines scheint immerhin sicher zu sein: Ohne Gott ist die Welt trostloser.

Hier übrigens, in der Lyrik, fällt angenehm die Stille auf, das Ruhen der Argumente, der Wegfall der religiösen Rechthabereien, das, wenn sie gelingt, zögernde Hineintasten in ein Neuland, wo dem christlichen Glauben ein neuer Klang abgehört werden kann, jenseits der liturgischen Absicherungen, aber auch jenseits aller modernistischen Klischees.

»Diesen Klang«, so Hauptpastor Johannes Hinrich Claussen, »brauche ich, der ich als Theologe viel zu viel über das Christentum viel zu gut zu wissen meine.« Und er fährt fort: »Indem ich ihn höre, gewinne ich erneut ein Empfinden dafür, dass mein Glaube, an den ich mich schon längst gewöhnt und den ich professionell zu vermitteln gelernt habe, etwas ganz und gar Unerhörtes ist.«

Claussen hat in seiner Anthologie *Spiegelungen* biblische Texte und moderne Lyrik einander gegenübergestellt, und siehe da, es geht auf. Gleich mit dem ersten Gedicht von Hans Magnus Enzensberger, das den Titel »Empfänger unbekannt« trägt und eine ganz schlichte Danksagung ist, eine leicht zerstreute, denn Großes und Kleines und Banales gehen da durcheinander:

> *Vielen Dank für die Wolken.*
> *Vielen Dank für das wohltemperierte Klavier*
> *und, warum nicht, für die warmen Winterstiefel.*

Aber wie sonst soll man dem Schöpfer für ALLES danken? Und wie anders als in der Sprache eines Kindes, das den Wunschzettel durchgeht, Posten für Posten? Und es korrespondiert aufs Wunderbarste mit Psalm 104, »An den Geber aller Gaben«, eine prächtige Danksagung für Brot und die Berge und den Wein und die Bäume und den Brunnen:

> *Du feuchtest die Berge von oben her,*
> *du machst das Land voll Früchte, die du schaffest.*
> *Du lässest Gras wachsen für das Vieh*
> *und Saat zu Nutz den Menschen.*

Da ist die alttestamentliche Version, sozusagen die biblische Übersetzung für Winterstiefel und Bach.

Enzensberger ist katholisch. Er war Ministrant. Heute nennt er sich einen »katholischen Agnostiker«, und er ist ein fröhlicher Agnostiker, der sich allerdings hütet, den Primitivismus der neuen Atheisten mitzumachen. Im Gegenteil. Bei aller eigenen Leichtigkeit sind ihm die Dauerironie und die coole Abgeklärtheit unserer Tage zuwider, und er äußert seine Freude darüber,

> *dass manche der Ewiggestrigen*
> *unter den Jüngeren*
> *noch ein paar Fragen haben.*

357

Ob daraus eine Wiederbelebung christlichen Glaubens in Deutschland, gar der Kirchen entsteht, kann man offen lassen. Aber ein paar offene Fragen – das wäre schon mal ein Anfang.

Das für dieses Buch verwendete FSC®-zertifizierte
Papier EOS liefert Salzer, St. Pölten.

5. Auflage 2011
Copyright © 2011 Deutsche Verlags-Anstalt, München,
in der Verlagsgruppe Random House GmbH
und SPIEGEL-Verlag, Hamburg
Alle Rechte vorbehalten
Bildnachweis: S. 24, 105, 137, 139, 169, 184, 339
mit freundlicher Genehmigung von © Til Mette;
alle anderen Abbildungen von Matthias Matussek.
Typografie und Satz: DVA / Brigitte Müller
Gesetzt aus der Dante
Druck und Bindung: GGP Media GmbH, Pößneck
Printed in Germany
ISBN 978-3-421-04514-0

www.dva.de

Warum die Zehn Gebote ewig gelten

Die Zehn Gebote gehören zum überlieferten Wertekanon unserer Gesellschaft – doch die meisten kennen ihren Wortlaut nur vage. Kenntnisreich und engagiert führt Mathias Schreiber uns vor Augen, was den Kern und die Besonderheit der Zehn Gebote ausmacht. Er fragt nach ihrer Herkunft und historischen Bedeutung und danach, was sie uns in ihrer Einfachheit und Unbestechlichkeit heute noch zu sagen haben. Sein Buch ist ein Plädoyer dafür, die Zehn Gebote neu für sich zu entdecken.

Mathias Schreiber
Die Zehn Gebote
Eine Ethik für heute
Ein SPIEGEL-Buch
288 Seiten mit Abbildungen
ISBN 978-3-421-04486-0

DVA
www.dva.de

Die Geschichte des Islam –
von den Zeiten Mohammeds bis heute

Vor 1400 Jahren betrat der Islam die Bühne der Weltgeschichte. Verkündet wurde die neue Religion von einem
Mann, der sich als »Siegel der Propheten« verstand, und in
erstaunlich kurzer Zeit eroberten die Gläubigen ein riesiges
Reich. Gemeinsam mit renommierten Islamwissenschaft-
lern zeichnen SPIEGEL-Autoren die Geschichte des Islam
nach und bieten so eine fundierte Einführung in Glauben,
Wissenschaft und Kultur dieser Religion bis hin zu den heftigen Konflikten unserer Tage.

Dietmar Pieper | Rainer Traub (Hg.)
Der Islam
1400 Jahre Glaube, Krieg und Kultur
Ein SPIEGEL-Buch
288 Seiten mit Abbildungen
ISBN 978-3-421-04520-1

DVA
www.dva.de